… *100 Letters that Changed the World*

100통의
편지로 읽는
세계사

100 LETTERS THAT CHANGED THE WORLD
Copyright © B. T. Batsford Ltd, 2024
Text Copyright © Colin Salter 2024
First published in Great Britain in 2024 by Batsford,
An imprint of B.T.Batsford Holdings Limited, 43 Great Ormond Street, London WC1N 3HZ
All rights reserved.

Korean translation copyright © 2025 by HyundaeJisung
Korean translation rights arranged with B.T.Batsford Holdings Limited
through EYA Co.,Ltd

이 책의 한국어판 저작권은 EYA Co.,Ltd를 통해
B.T.Batsford Holdings Limited와 독점 계약한 ㈜현대지성이 소유합니다.
저작권법에 의하여 한국 내에서 보호를 받는 저작물이므로
무단 전재 및 복제를 금합니다.

콜린 솔터 지음
이상미 옮김

100통의 편지로 읽는 세계사

가장 사적인 기록으로 훔쳐보는
역사 속 격동의 순간들

현대
지성

추천의 글

100통의 편지로 읽는 세계사라니, 책의 표지를 본 순간 이미 심장이 두근두근 뛰기 시작한다. 이 책은 세계사의 가장 내밀한 순간에 접속하는 듯한 은밀한 기쁨을 준다. 전 세계를 핵전쟁 직전까지 몰고 갔던 쿠바 미사일 위기 당시 케네디와 흐루쇼프 사이에 오갔던 긴장감 넘치는 서신부터 윈스턴 처칠에게 긴급한 지원을 요청했던 블레츨리 파크의 암호해독가들의 절박한 호소까지 한 줄 한 줄의 문장 속 절박한 사연들은 과거의 인물들이 남긴 잉크와 종이의 질감, 그들의 숨결과 진심이 고스란히 봉인된 100개의 타임캡슐이 되어 우리를 설레게 한다. 우리가 펼쳐 보는 한 통의 편지 안에는, 역사의 표면 아래 감춰져 있던 운명의 드라마가 농축되어 있다.

치열한 전투를 하루 앞두고, 어쩌면 마지막이 될지 모르는 애틋한 사랑을 아내에게 고백했던 설리번 벌루의 편지에서 시대를 초월한 헌신과 슬픔을 느낀다. 빈센트 반 고흐가 동생 테오에게 자신의 영혼과 예술 세계를 설명하고자 쏟아냈던 그 가슴 시린 문장들에는, 광기와 천재성이 뒤섞인 한 인간의 고독한 절규가 묻어난다. 레오나르도 다빈치가 밀라노 공작에게 보낸 놀라운 자기소개서에는 르네상스 시대 한 천재의 끝없는 호기심과 자신이 가진 재능에 대한 확신이 번뜩인다. 마틴 루서 킹 주니어의 '버밍엄 감옥에서 온 편지'는 단순한 옥중 서한을 넘어, 부당한 권력에 맞선 비폭력 저항의 가장 논리적이고 감동적인 선언문이며, 시대를 넘어 정의를 갈망하는 모든 이에게 영감을 준다. 새로운 나라의 탄생을 지켜보며 남편에게 "여성들을 기억하라"라고 외친 애비게일 애덤스의 편지는 역사의 새벽에 울려 퍼진 당당하고 선구적인 외침이었다.

이 책을 읽으면 나도 모르게 사각사각, 펜이 종이에 닿는 소리를 내며 누군가에게 간절히 편지를 쓰고 싶어진다. 그리운 사람들이 보낸 편지를 가만히 쓰다듬고 싶어지기도 한다. 종이를 어여쁘게 꾸미고, 글씨가 마음에 들지 않아 처음부터 다시 쓰기도 하고, 형형색색의 종이학과 반짝이는 학알을 접어 마음을 전하기도 했던 '아날로그 시대의 편지'가 그리워진다. 문득 그리운 사람에게 가만히 편지를 쓰고 싶어지는 순간. 우리는 저마다 '세계사의 수동적인 관찰자'가 아닌 '이 세상을 움직이는 눈부신 주인공'이 될 수 있지 않을까.

☀ **정여울** 작가, KBS 정여울의 도서관 진행자, 『데미안 프로젝트』 저자

역사는 평면적이다. 그러나 편지 속에 담긴 역사는 결코 평면적이지 않다. 편지는 역사적인 서술만으로는 결코 읽어낼 수 없는 다양하고 입체적인 삶의 면면을 우리에게 보여준다. 한 시대를 살아갔던 수많은 사람이 편지를 통해 치열한 고민과 가슴 떨리는 기쁨, 영혼을 압도하는 두려움과 그럼에도 불구하고 우리 마음에 남은 작은 희망을 자신의 목소리로 들려준다. 편지는 역사와 한 사람의 숨결을 담은 그릇이다. 그렇기에 편지 한 통을 읽는 일은 한 사람의 마음을 읽고 한 시대를 어루만지는 일이 된다. 이 책은 건조하게 굳어진 평면적인 역사를 생동감 있고 입체적인 이야기로 되살려줄 것이다.

☀ **최태성** 역사 커뮤니케이터, 『최소한의 한국사』 저자

저자의 편지

> 말이 문자로 발전한 이후 편지는 역사에서 중요한 역할을 해왔다.
> 나라의 운명을 좌우하는 중추적인 역할을 맡은 편지도 있고,
> 중대한 사건을 기록한 편지도 있다. 또 과거의 삶이 어땠는지를
> 보여줌으로써 우리에게 통찰력을 주는 편지도 있다.

독자분들께,

지금이 독자 여러분께 짤막한 편지를 쓰기 좋은 시기라고 생각합니다. 이 책은 역사 속 편지에 관한 이야기입니다. 위대한 인물부터 잘 알려지지 않은 인물까지 수많은 사람이 쓴 편지가 이 책에 담겨 있습니다. 책에서는 사적인 편지부터 공적인 편지, 명령하는 편지, 반항하는 편지, 처음 보낸 편지, 계속 주고받은 편지, 마지막 편지, 잃어버린 편지, 전쟁 중에 보낸 짧은 편지, 전투 직전에 보낸 중요한 편지까지 다양한 편지를 다룹니다.

이 편지들이 실제로 역사를 바꾸지는 않았을지도 모릅니다. 하지만 모두 역사적으로 중요한 가치를 지니고 있습니다. 기원후 79년 소小 플리니우스가 베수비오산 폭발을 목격한 후에 타키투스에게 보낸 편지는 역사를 바꾸지는 못했지만, 고고학자들에게 폼페이와 헤르쿨라네움 발굴에 관한 유용한 통찰을 주었습니다. 소 플리니우스의 삼촌인 대大 플리니우스 장군은 이 화산 대폭발로 목숨을 잃었지만, 조카가 남긴 묘사는 매우 정확해서 현대 화산학자

들이 플리니식 분화(격렬한 화산 폭발을 일컫는 말-옮긴이)를 논할 때 이 이름을 사용할 정도입니다.

더 사적이고 친밀한 내용을 담은 편지도 있습니다. 헨리 8세가 그의 연인인 앤 불린에게 보낸 우아한 연애편지도 이 책에서 다루고 있지요. 흥미롭게도 이 편지는 로마의 바티칸에 보관되어 있습니다. 또한 피에르 퀴리가 미래의 아내 마리아(이후 마리 퀴리)에게 보낸 첫 번째 편지도 수록되어 있습니다. 학문적 협력 관계를 넘어 더 깊은 관계로 나아가고자 하는 열망을 담은 편지지요. 마리 퀴리는 파리에서 유학 생활을 마친 후, 고향인 폴란드로 돌아와 일을 계속했습니다. 하지만 피에르의 열정적인 편지를 받은 이후 다시 파리로 돌아가게 됩니다.

세상을 바꿀 만한 과학적 혁신의 시발점이 된 편지를 받은 과학자는 마리 퀴리만이 아니었습니다. 젊은 찰스 다윈에게 영국 해군 소속 측량선인 비글호에 박물학자 자리가 하나 남았다고 알려준 편지는 겉보기에 평범한 서신에 불과했습니다. 하지만 이후 5년간의 여행을 통해 다윈은 자연선택 이론을 정립했습니다. 1609년 갈릴레오가 망원경으로 목성의 위성을 관찰한 뒤에 보낸 편지와 라이트형제가 역사적인 첫 비행 직후 보낸 전보도 빼놓을 수 없습니다. 레오나르도 다빈치가 1480년에 밀라노 공작에게 보낸 이력서와 자기소개서에는 다른 어떤 편지에서도 찾아볼 수 없는 흥미로운 경력이 담겨 있습니다.

J. 로버트 오펜하이머에게 원자폭탄 개발을 허가하는 내용을 담은 편지도 있습니다. 흥미롭게도 이 편지에는 원자폭탄이라는 단어가 전혀 나오지 않습니다. 그런가 하면, 오펜하이머를 스파이라고 비난한 윌리엄 보든의 편지도 있습니다. 또한 1962년 쿠바 미사일 위기를 해결하기 위해 니키타 흐루쇼프와 존 F. 케네디 대통령이 주고받은 서신은 세계를 멸망 직전으로 몰고 갈 뻔했던 핵전쟁을 피할 수 있게 한 일등 공신입니다.

실제 오펜하이머는 스파이가 아니었지만, 첩보는 이 책에서 상당히 중요하게 다루는 주제입니다. 영국의 매사추세츠만 식민지 총독의 진의를 폭로하기 위해 벤저민 프랭클린에게 비밀리에 전달된 편지나 조지 워싱턴이 미국 최초의 첩보 조직 결성을 의뢰한 편지도 등장합니다. 영국에서 매우 악명 높은 스파이였던 가이 버지스가 마치 학창 시절에 작은 열병을 앓듯 공산주의를 열망했다는 사실을 시사하는 편지도 있습니다.

스코틀랜드의 메리 여왕과 함께 영국의 엘리자베스 1세 여왕을 암살하려던 음모 편지를 사전에 발견할 정도로 16세기에 영국의 첩보망은 이미 잘 구축되어 있었습니다. 윈스턴 처칠에게 직접 독일의 에니그마 암호를 해독하는 데 필요한 자원을 지원해달라는 편지를 쓴 블레츨리 파크의 암호해독자의 이야기도 이 책에 담겨 있지요. 그들의 작업 덕분에 연합군은 제2차세계대전에서 전세를 유리하게 뒤집을 수 있었습니다.

전쟁은 역사의 추악한 이정표로, 수백만 명의 삶을 뒤바꾼 중대한 사건입니다. 이 책에서 첫 번째로 다루는 편지는 고대 마케도니아 군대가 스파르타에게 항복을 요구했을 때 받은 무례한 답장입니다. 또한 이 책은 동맹국의 수장(예: 루스벨트와 처칠, 히틀러와 무솔리니) 사이에 오고 간 편지와 적국의 수장(러시아의 알렉산드르 1세에게 전쟁을 선포하는 프랑스의 나폴레옹) 사이에 오고 간 편지를 담고 있으며, 승자와 패자 사이에 주고받은 편지도 있습니다. 셔먼 장군이 남북전쟁 중 애틀랜타 시민들에게 보낸 편지는 전쟁에서 오는 불가피한 참혹함을 매우 인간적으로 보여주고 있습니다. 한편, 진주만공격을 보도하는 전보는 매우 간결하게 전쟁의 충격을 전달합니다.

전쟁에 관한 더 개인적인 이야기도 많이 다루고 있습니다. 설리번 벌루가 아내 사라에게 보낸 애정 어린 편지는 1861년 제1차 불런전투에서 그가 사망한 후 소지품에서 발견되었습니다. 시인 시그프리드 서순이 제1차세계대전 중 지휘관에게 보낸 직설적인 편지는 그가 전쟁에서 살아남는 데 도움을 주었을 것입니다. 존 F. 케네디가 태평양의 한 섬에 고립되었을 때 코코넛에 쓴 편지는 케네디가 탄 경비정이 침몰했을 때 중요한 역할을 했습니다.

현대의 첩보 활동은 군사뿐 아니라 경제나 정치와도 관련성이 높습니다. 제임스 맥코드는 워터게이트 사건을 폭로한 편지에서 자신이 그 일에 연루되었다고 인정했고, 이 편지로 스캔들의 전모가 밝혀졌습니다. 내부 고발은 현대사회의 두드러지는 현상으로 엔론, 미국 국가안보국 같은 다양한 기관의 불법 행위를 폭로한 사람들의 편지가 이 책에 포함되어 있습니다. 이 사람들은 종종 개인적인 위험을 무릅쓰면서 모두에게 이익이 되는 변화를 일구어냈습니다.

영국의 무기 조사관 데이비드 켈리 박사는 국방부에 보낸 서한에서 이라크전쟁을 지지했던 토니 블레어 총리를 돕기 위해 작성된 '수상한 보고서'의 비밀을 폭로한 이가 자신이었다고 인정했습니다. 이 뉴스가 공개되자, 켈리 박사는 언론과 정치인 모두의 표적이 되었습니다. 그 여파로 사건에 연루된 모든 사람은 경력에 큰 타격을 입었고, 켈리 박사는 결국 스스로 목숨을 끊게 되었습니다. 자살 유서는 끔찍할 정도로 매력을 지니고 있습니다. 이 책에는 버지니아 울프가 남편에게 남긴 가슴 아프고 슬픈 마지막 편지와 프랑스 시인 보들레르가 자신의 정부情婦에게 보낸 마지막이 될 뻔한 편지가 담겨 있습니다. 그는 가슴을 찔려 죽을 뻔했지만 가까스로 살아남아 최고의 작품을 썼습니다.

이 책에서는 예술가의 이야기도 다루고 있습니다. 베아트릭스 포터의 인기작 『피터 래빗 이야기』는 그녀가 어린 친구에게 쓴 편지에 뿌리를 두고 있습니다. 빈센트 반 고흐는 그의 동생 테오에게 자신의 예술 세계를 설명하려고 노력했죠. 모차르트가 아내에게 보낸 편지에는 그가 생애 마지막 며칠간 긴박하게 작곡에 몰두했던 광기를 잘 보여주고 있습니다. 대중음악은 대중의 마음속에 있던 클래식 음악의 자리를 대체했습니다. 비틀스가 데뷔 초기에 영국의 주요 음반 회사로부터 거절 편지를 받았다는 사실은 믿기지 않기도 하죠.

오스카 와일드의 편지도 다루고 있지만, 유쾌한 내용은 아닙니다. 그는 자신의 방탕한 삶을 되돌아보게 된 레딩 감옥에서 훗날 유명해질 편지를 썼습니다. 감옥에 갇힌 마틴 루서 킹 목사도 시민 불복종운동을 변호하기 위해 장문의 편지를 썼습니다. 러시아 페미니스트 펑크 그룹 푸시 라이엇의 멤버인 나데즈다 톨로콘니코바는 폭력 시위로 구금된 동안 대중 시위의 중요성을 고찰하는 철학적 편지를 썼습니다.

킹 목사 외에 또 다른 유명한 수감자 넬슨 만델라는 수 세기에 걸친 아프리카인과 아프리카계 미국인의 시민권 투쟁을 대변하는 편지를 썼습니다. 또한 이 주제에 자신의 견해를 밝힌 에이브러햄 링컨, 조지 워싱턴 윌리엄스, 엘리노어 루스벨트의 편지도 읽어보길 바랍니다. 사회적 불의의 또 다른 측면인 성 불평등과 남성의 학대 종식을 요구하는 2018년의 타임스 업Time's Up 서한도 담고 있습니다. 무려 연예계에서 활동하는 여성 300여 명이 이 서한에 서명했습니다. 우리는 이 서한이 1776년 애비게일 애덤스가 남편 존에게 보낸 편지보다 더 많은 변화를 가져오길 바랄 뿐입니다. 애비게일은 존이 작성을 돕는 미국 헌법에 여성의 권리를 명시해달라고 요청했습니다. 존은 그녀의 의견을 농담으로 치부했죠.

이 모든 편지에는 특별한 무언가가 있습니다. 이 편지들은 편지를 쓴 사람, 편지를 받은 사람, 편지가 쓰인 시대와 우리를 매우 직접적으로 연결해줍니다. 종이와 잉크 그리고 글은 역사와 우리를 생생하게 이어주는 실질적 매개체입니다.

저는 온라인 편지함이 아닌 실제 우편함으로 배달되는 편지를 좋아합니다. 우표가 붙고, 소인이 찍히고, 봉투에 담긴 그런 편지 말입니다. 요즘은 모두가 이메일을 쓰니 종이 편지가 점점 사라지는 분위기입니다. 하지만 아무리 사적인 내용을 담고 있다고 해도 이메일은 결코 진정으로 사적이지 않습니다.

이메일에는 직접 편지지를 고르고 글을 써 내려가는 행위가 빠져 있습니다. 또한 이메일 플랫폼 업체에서부터 국가 안보 기관에 이르기까지 누구나 이메일을 읽을 수 있습니다. 한 번의 실수로 영구히 삭제될 수도 있습니다. 이메일에는 그 어떤 특색도 없으며 어떠한 향도 나지 않습니다! 손으로 쥘 수도, 간직할 수도 없고, 조용할 때 지갑이나 가방에서 꺼내 다시 읽어볼 수도 없습니다. 소중히 간직할 수도 없지요. 부디 이 책이 독자분들 마음에 들었으면 좋겠습니다. 이 책이 마음에 든다면 저에게 편지 한 통 써보는 건 어떨까요?

행운을 빕니다.

스코틀랜드 에든버러에서
콜린 솔터 드림

On board R.M.S. "Titanic."
Sunday afternoon

My dear ones all,

As you see it is Sunday afternoon & we are resting in the Library after Luncheon. I was very bad all day yesterday, Could not eat or drink, & sick all the while, but today I have got over it. This morning Eva & I went to church & she was so pleased they sang "Oh God our help in ages past", that is her Hymn she sang so nicely, so she sang out loud. She is very bonny. She has had a Rice Ball & a box of Toffee

● 불운했던 대서양 횡단 여객선 RMS 타이타닉호에서 발견된 편지들은 종종 비싼 가격으로 경매에 나왔다. 아이러니하게도 RMS는 Royal Mail Ship(우편물을 해상으로 운송하도록 계약을 맺은 선박만 사용할 수 있는 이름—옮긴이)의 줄임말이다.

DEPARTMENT OF STATE
DIVISION OF LANGUAGE SERVICES

(TRANSLATION)

LS NO. 45989
T-85/T-94
Russian

[Embossed Seal of the USSR]

Moscow, October 23, 1962

Mr. President:

I have just received your letter, and have also acquainted myself with the text of your speech of October 22 regarding Cuba.

I must say frankly that the measures indicated in your statement constitute a serious threat to peace and to the security of nations. The United States has openly taken the path of grossly violating the United Nations Charter, the path of violating international norms of freedom of navigation on the high seas, the path of aggressive actions both against Cuba and against the Soviet Union.

The statement by the Government of the United States of America can only be regarded as undisguised interference in the internal affairs of the Republic of Cuba, the Soviet Union and other states. The United Nations Charter and international norms give no right to any state to institute in international waters the inspection of vessels bound for the shores of the Republic of Cuba.

And naturally, neither can we recognize the right of the United States to establish control over armaments which are necessary for the Republic of Cuba to strengthen its defense capability.

We reaffirm that the armaments which are in Cuba, regardless of the classification to which they may belong, are intended solely for defensive purposes in order to secure the Republic of Cuba against the attack of an aggressor.

His Excellency
　　John Kennedy,
　　　　President of the United States of America

● 1962년 쿠바 미사일 위기 당시 러시아의 지도자였던 니키타 흐루쇼프가 존 F. 케네디에게 보낸 편지로, 역사상 매우 중요한 편지로 손꼽힌다.

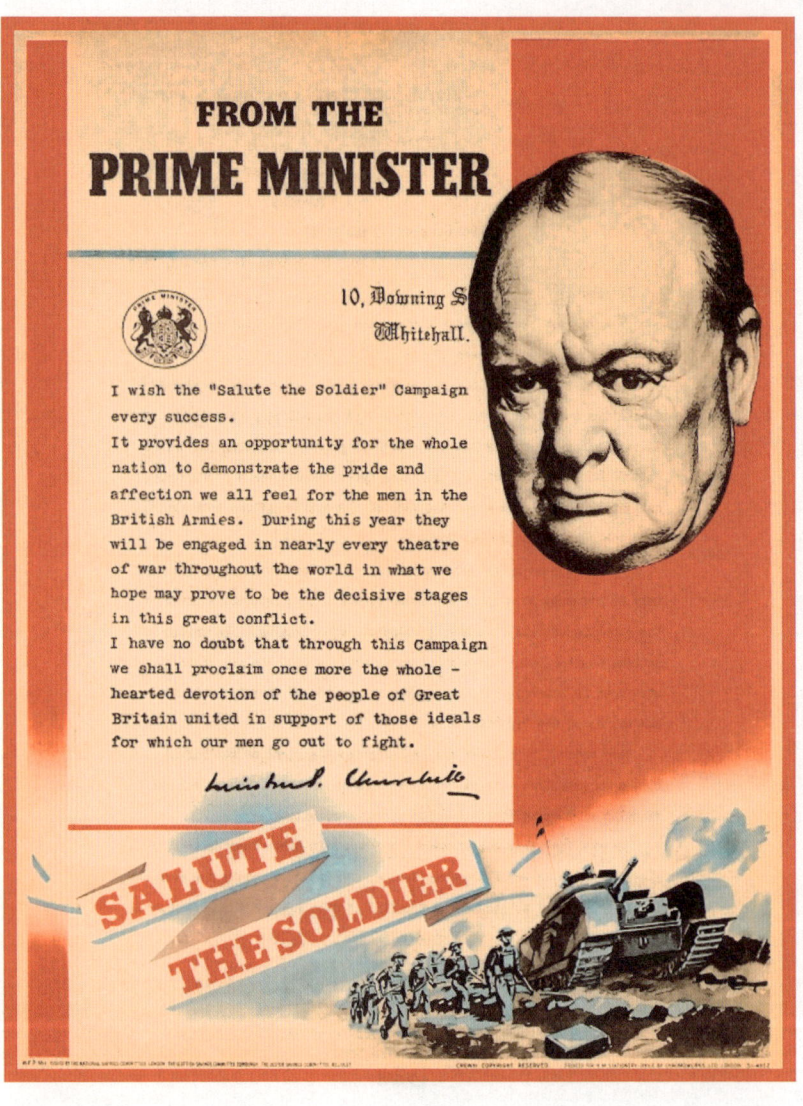

● 편지보다는 감동적인 연설로 더 잘 알려진 처칠은 제2차세계대전 중 군사 장비 기금을 모으기 위해 '병사에게 경례Salute the Soldier' 캠페인을 지원하는 편지를 썼다.

● 앤 불린 왕비의 단정한 필체로 작성된 편지로, 헨리 8세와의 결혼을 주선한 울지 추기경에게 감사를 표하는 내용을 담고 있다.

차례

- 추천의 글 *4*
- 저자의 편지 *6*

1. 기원전 346년경 ◆ 스파르타인이 마케도니아의 필리포스 2세에게 짧은 답장을 보내다 *20*
2. 기원전 44년 ◆ 카이사르의 암살범들이 미래 행보를 정하기 위해 서신을 주고받다 *23*
3. 기원후 50년경 ◆ 사도바울이 편지로 기독교의 원리를 가르치다 *28*
4. 기원후 100년경 ◆ 목판에 새겨진 편지가 제국 변두리의 삶을 보여주다 *33*
5. 기원후 106/107년경 ◆ 플리니우스가 폼페이 화산 폭발 장면을 묘사하다 *37*
6. 기원후 450년경 ◆ 제국이 몰락하자 브리타니아인이 로마에 도움을 요청하다 *42*
7. 1215년 ◆ 잉글랜드 귀족이 대헌장 이후 법적 힘을 과시하려 하다 *45*
8. 1429년 ◆ 잔 다르크가 헨리 6세에게 신이 그녀의 편이라고 말하다 *48*
9. 1480년대 ◆ 레오나르도 다빈치가 밀라노 공작에게 자기소개서를 보내다 *53*
10. 1485년 ◆ 헨리 7세가 잉글랜드 귀족에게 지원 요청 편지를 쓰다 *57*
11. 1493년 ◆ 콜럼버스가 스페인 왕에게 자신의 새로운 발견을 설명하다 *61*
12. 1521년 ◆ 마르틴 루터가 "네 죄가 강해지게 하라"라고 말하다 *66*
13. 1528년 ◆ 헨리 8세가 앤 불린에게 연애편지를 쓰다 *71*
14. 1542년 ◆ 신대륙에서 벌어진 스페인의 잔혹 행위를 폭로하다 *75*
15. 1554년 ◆ 엘리자베스 1세가 '피의 메리'에게 편지를 보내 목숨을 구걸하다 *79*
16. 1586년 ◆ 배빙턴이 스코틀랜드 여왕에게 보낸 암호 편지로 음모가 밝혀지다 *83*
17. 1588년 ◆ 스페인의 왕이 무적함대로 잉글랜드를 공격하라고 명령하다 *88*
18. 1605년 ◆ 몬티글 경이 신중하게 쓰인 경고장을 받다 *93*
19. 1610년 ◆ 갈릴레오가 목성의 위성을 처음 목격한 사건을 설명하다 *97*
20. 1660년 ◆ 찰스 2세가 의회를 안심시키려 편지를 쓰다 *102*

21	1688년	잉글랜드 귀족들이 윌리엄 왕자에게 반역을 제안하다 *107*
22	1773년	벤 프랭클린의 도난당한 우편물이 정치적 스캔들을 드러내다 *112*
23	1776년	애비게일 애덤스가 남편 존에게 "여성들을 기억하라"라고 말하다 *117*
24	1777년	조지 워싱턴이 독립전쟁에서 처음으로 스파이를 고용하다 *122*
25	1787년	제퍼슨이 조카에게 신의 존재에 의문을 품으라고 조언하다 *126*
26	1791년	모차르트가 《레퀴엠》을 완성하기 위해 고군분투하다 *131*
27	1791년	알렉산더 해밀턴의 불륜 관계가 발각되다 *136*
28	1793년	토머스 제퍼슨이 프랑스 식물학자에게 미국 북서쪽 탐험을 의뢰하다 *140*
29	1793년	프랑스혁명 이후 코르데가 자신의 살인을 정당화하다 *144*
30	1805년	전투 전날, 넬슨이 함대에 격려 메시지를 보내다 *149*
31	1812년	나폴레옹이 알렉산드르 1세에게 지금은 전쟁 상황이라고 알리다 *153*
32	1830년	기계가 노동력을 대체하면서 캡틴 스윙이 위협을 가하다 *158*
33	1831년	찰스 다윈이 측량선의 박물학자 직책을 제안받다 *162*
34	1840년	최초의 우표가 편지 발송 방식을 변화시키다 *166*
35	1844년	'프레드' 엥겔스가 '무어' 마르크스와 평생 서신을 주고받다 *169*
36	1845년	보들레르가 애인에게 유서를 남기다… 그리고 살아남다 *174*
37	1861년	로버트 앤더슨 소령이 섬터요새의 항복을 보고하다 *177*
38	1861년	미국 남북전쟁에서 설리번 벌루가 아내에게 편지를 쓰다 *180*
39	1862년	에이브러햄 링컨이 매클렐런 장군에게 최후통첩을 보내다 *185*
40	1862년	에이브러햄 링컨이 남북전쟁의 우선순위를 설명하다 *189*
41	1863년	윌리엄 밴팅이 자신의 체중 감량법을 세상에 알리고 싶어 하다 *193*
42	1864년	셔먼 장군이 애틀랜타 시민들에게 전쟁의 참혹함을 일깨워주다 *196*
43	1880년	빈센트 반 고흐가 동생 테오에게 감동적인 편지를 보내다 *201*
44	1888년	시카고 감리교 훈련학교가 처음으로 '행운의 편지'를 보내다 *206*
45	1890년	윌리엄스가 벨기에의 왕에게 분노의 공개서한을 보내다 *210*
46	1892년	벨이 헬렌 켈러의 선생님인 설리번에게 편지를 쓰다 *214*
47	1893년	베아트릭스 포터가 다섯 살 노엘 무어를 위해 편지에 그림을 그리다 *218*
48	1894년	피에르 퀴리가 마리아에게 사랑의 편지를 보내다 *222*

49	1897년 ◆ 오스카 와일드가 레딩 감옥에서 편지를 쓰다	227
50	1898년 ◆ 에밀 졸라가 프랑스 군대의 음모를 고발하다	232
51	1903년 ◆ 라이트형제가 아버지에게 성공 소식을 전하다	237
52	1907년 ◆ 존 뮤어가 자연보호를 위해 로비를 벌이다	241
53	1909년 ◆ 루이스 윅스 하인이 아동노동의 현실을 폭로하다	245
54	1912년 ◆ 남극 탐험대 스콧 대장이 마지막 편지를 남기다	249
55	1912년 ◆ 타이타닉호에서 보내지 못한 마지막 편지가 발견되다	253
56	1917년 ◆ 독일이 멕시코에 텍사스, 애리조나, 뉴멕시코 반환을 제안하다	256
57	1917년 ◆ 스탬포드햄 경이 영국 왕실에 새로운 이름을 제안하다	259
58	1917년 ◆ 시그프리드 서순이 『타임스』에 공개서한을 보내다	262
59	1919년 ◆ 아돌프 히틀러가 보낸 편지에서 반유대주의 성향이 드러나다	266
60	1935년 ◆ 공산주의 스파이 가이 버지스가 BBC 입사를 위해 추천서를 받다	271
61	1939년 ◆ 엘리노어 루스벨트가 인종차별에 맞서다	274
62	1939년 ◆ 알베르트 아인슈타인이 루스벨트 대통령에게 경고하다	278
63	1939년 ◆ 무솔리니가 독일과 러시아의 협정을 축하하다	282
64	1940년 ◆ 윈스턴 처칠이 그의 개인 비서에게 직설적인 답장을 쓰다	286
65	1941년 ◆ 루스벨트가 처칠에게 에이브러햄 링컨을 감동시킨 시를 보내다	289
66	1941년 ◆ 버지니아 울프가 남편 레너드에게 마지막 편지를 쓰다	293
67	1941년 ◆ 암호해독자들이 윈스턴 처칠에게 긴급 요청을 보내다	296
68	1941년 ◆ 단 여덟 단어로 진주만이 공격받고 있다고 전하다	300
69	1943년 ◆ 나이 장군이 편지를 조작해 독일군을 교란하다	304
70	1943년 ◆ 오펜하이머가 원자폭탄 연구를 허가받다	308
71	1943년 ◆ J. 에드거 후버가 익명의 밀고 편지를 받다	312
72	1943년 ◆ 조난당한 케네디가 솔로몬제도 주민 두 명에게 메시지를 전달하다	315
73	1948년 ◆ 티토가 스탈린에게 암살단 파견을 중단하라고 경고하다	318
74	1952년 ◆ 릴리언 헬먼이 상원의원 매카시에게 당당하게 메시지를 보내다	322
75	1953년 ◆ 윌리엄 보든이 오펜하이머를 소련의 스파이로 지목하다	326
76	1958년 ◆ 재키 로빈슨이 아이젠하워에게 흑인들이 기다리는 데 지쳤다고 말하다	330

77	1960년	월러스 스테그너가 미국 자연에 대한 찬가를 작곡하다	*334*
78	1961년	넬슨 만델라가 남아프리카공화국 총리에게 최후통첩을 보내다	*338*
79	1962년	음반사 데카에서 비틀스 매니저에게 거절 편지를 보내다	*342*
80	1962년	전쟁 직전, 흐루쇼프가 케네디에게 화해의 편지를 보내다	*346*
81	1962년	긴장이 완화되는 가운데 케네디가 흐루쇼프에게 답장하다	*349*
82	1963년	마틴 루서 킹 주니어가 버밍엄 감옥에서 편지를 쓰다	*352*
83	1963년	프로퓨모의 사임으로 영국 정치계 최대의 성 추문이 종결되다	*356*
84	1965년	체 게바라가 피델 카스트로에게 싸움을 계속하고 싶다고 말하다	*360*
85	1973년	제임스 맥코드가 워터게이트 재판 이후 판사에게 편지를 쓰다	*364*
86	1976년	로널드 웨인이 800달러에 애플 지분 10퍼센트를 매각하다	*368*
87	1976년	빌 게이츠가 불법 복제를 막기 위해 공개서한을 작성하다	*372*
88	1991년	미하엘 슈마허가 한 단어를 지우고 세계 챔피언이 되다	*376*
89	1999년	보리스 옐친이 러시아 통치가 예상보다 힘들었다고 인정하다	*380*
90	2001년	셰런 왓킨스가 엔론의 의심스러운 회계 관행을 비판하다	*385*
91	2003년	켈리 박사가 자신이 BBC 보도의 출처였다고 말하다	*389*
92	2005년	바비 헨더슨이 스파게티 괴물을 인정하라고 요청하다	*393*
93	2010년	첼시 매닝이 위키리크스에 민감한 데이터를 보내다	*397*
94	2010년	우주비행사들이 미국의 우주 경쟁력 약화를 안타까워하다	*401*
95	2013년	밴드 푸시 라이엇이 슬라보예 지젝과 철학을 교류하다	*406*
96	2013년	에드워드 스노든이 독일 언론에 충격적인 사실을 폭로하다	*411*
97	2013년	내부 고발자들이 미래의 내부 고발자들에게 호소하다	*414*
98	2017년 ~	예술품에 이어 편지 투자 붐이 일어나다	*418*
99	2018년	엔터테인먼트 산업의 여성들이 변화를 요구하다	*422*
100	2019년	그레타 툰베리가 인도 총리에게 쓴 편지를 낭독하다	*425*

- 부록: 헬렌 켈러와 벨의 평생에 걸친 우정 *430*
- 감사의 글 *437*

기원전 346년경

스파르타인이 마케도니아의 필리포스 2세에게 짧은 답장을 보내다

'라코닉 화법laconic phrase'은 거창하고 장황한 생각을 군더더기 없이 짧게 축약해 전달하는 방식으로, 간결하고 직설적이며 핵심을 잘 살린 재치 있는 화법이다. '라코닉'은 고대 그리스의 도시국가 스파르타의 지역 이름인 '라코니아Laconia'에서 따온 표현이다.

스파르타 사람들은 무시무시하기로 평판이 자자했다. 남자는 7세부터 기초 군사훈련과 학문 교육을 받았다. 질문에 대답하는 기술도 배웠는데, 만약 '라코닉 화법'에 부합하지 않게 대답하면 벌을 받았다. 스파르타 남성은 20세부터 30세까지 의무적으로 군에 복무해야 했으며, 60세까지 예비군으로 소집되었다. 스파르타에는 아내가 전쟁에 나가는 남편에게 방패를 건네며 "이 방패를 들고 돌아오든지, 아니면 방패에 실려 오세요"라고 말하는 전통이 있을 정도였다. 싸움에서 승리하지 못하면, 차라리 죽어서 돌아오라는 뜻이었다.

이웃 국가인 마케도니아의 필리포스 2세는 삼 형제 중 막내였다. 그의 아버지는 오늘날 마케도니아를 통일한 인물이었다. 필리포스 가문은 대대로 이웃 국가와 전쟁을 벌였다. 필리포스의 아버지인 필리포스 1세는 오래 살았지만, 아들들은 그러지 못했다. 필리포스 2세는 형들이 암살과 전투로 일찍 죽자, 기원전 359년에 조카를 폐위시키고 왕위에 올랐다.

비록 조카의 자리를 빼앗아 왕위에 올랐지만, 그는 뛰어난 통치자였다. 군대를 재건해 마케도니아의 영토를 되찾았을 뿐 아니라 확장했다. 마케도니아의 명성이 높아지자, 이웃 국가들은 필리포스의 위협만으로도 두려워 떨었다. 기원전 346년경, 필리포스는 스파르타의 지도자에게 전쟁 없이 항복할 기회를 주기 위해 편지를 보냈다. 그는 편지에서 "더 이상 시간을 끌지 말고 항복하기를 바란다. 만약 내가 군대를 이끌고 스파르타로 간다면, 농장을 파괴하고, 백성을 모조리 죽이고, 도시를 초토화할 것이다"라고 경고했다.

300년이 넘도록 고대 그리스에서 막강한 전투력으로 이름을 떨쳤던 스파르타에는 무례한 제안이었다. 그러나 스파르타는 기원전 371년 테베와의 전쟁에서 패한 데다 노예들이 반란을 일으켜 내부적으로 혼란스러운 상황이었다. 필리포스 2세는 바로 이 점을 이용하려 했다. 하지만 오늘날 사람들은 필리포스 2세의 편지보다도, 스파르타가 보낸 답장으로 이 사건을 기억한다. 스파르타가 보낸 답장에는 "만약If"이라는 단 한마디만 적혀 있을 뿐이었다.

필리포스 2세는 또다시 스파르타에 "내가 당신들 땅에 친구로 들어갈까, 적으로 들어갈까?"라고 편지를 보냈다.

● 중무장한 스파르타 병사hoplite, 즉 시민 군인. 붉은 망토는 스파르타의 특색 있는 군복 중 일부였지만, 전투 중에 폐기되었다.

이때도 대답은 간결했다. "둘 다 아니다Neither."

　필리포스 2세는 기원전 336년에 딸의 결혼식에서 암살당했다. 그의 뒤를 이어 알렉산드로스 3세, 즉 알렉산드로스대왕이 왕위에 올랐다. 알렉산드로스대왕은 인도아대륙까지 정복했지만, 마케도니아 군대는 그때까지 단 한 번도 스파르타를 침략하지 못했다.

● 그리스 올림피아의 필리페이온Philippeion. 이 기념비는 기원전 338년에 일어난 채로니아전투에서 완승한 필리포스 2세를 기리기 위해 세워졌다. 필리포스 2세가 이끈 마케도니아 군대는 테베 군대와 아테네 군대를 격파하고 스파르타를 제외한 모든 그리스 도시국가를 점령했다.

기원전 44년 3월 22일

카이사르의 암살범들이 미래 행보를 정하기 위해 서신을 주고받다

> 율리우스 카이사르를 암살하려는 음모에 가담했던 사람들이
> 주고받은 서신 27통이 다양한 소장품 속에서 발견되었다.
> 2,000년도 더 전에 쓰인 이 편지들은 오늘날까지 전해지고 있다.

오늘날 가장 인기 있는 고대 로마 사람인 율리우스 카이사르는 뛰어난 군사 지휘관이자 숙련된 정치인이었다. 독불장군이었던 카이사르는 윗선의 허가 없이 전쟁을 일으켰고, 정치인이 된 후에는 로마 공화국을 독재정치로 이끌며 최고 권력자가 되었다.

당시 로마는 원로원이 통치하고 있었다. 카이사르에게 존경을 표하고 그의 지위를 인정한 원로도 있었지만, 그가 민주주의를 훼손한다고 우려하는 원로도 있었다. 원로원파 카시우스 롱기누스와 그의 처남 데키무스 브루투스는 이 독재자를 제거하려는 계획을 세웠다. 기원전 44년 3월 15일(전통적으로 빚을 갚아야 했던 날인 3월의 이데스Ides)에 카이사르는 폼페이우스 극장 밖 인도에서 칼에 스물세 번이나 찔렸다.

암살은 하루아침에 일어나지 않았다. 사건 전부터 공모자들은 서로의 집에 자주 모였다. 당연히 이때는 많은 내용을 기록으로 남기지 않았다. 그러나 카이사르가 암살된 이후 큰 사회적 혼란이 발생했고, 브루투스는 며칠이 지나지 않아 카시우스에게 다급하게 편지를 보냈다. 암살자들이 앞으로 어떻게 처신하면 좋을지 논의하기 위해서였다.

암살자들이 아직 붙잡히거나 처형되지 않았다는 사실은 모두가 카이사르의 암살을 반대한 것은 아니었다는 당시 상황을 잘 드러낸다. 암살자들은 카이사르만 죽이고, 그의 최측근인 마르쿠스 안토니우스는 살려두었다. 음모자들의 목표는 정권 교체가 아니라 독재자를 제거하는 것이었기 때문이다.

브루투스는 "로마에 있는 것은 모두에게 안전하지 않습니다"라고 언급했다. 카이사르의 추종자들이 언제 복수할지 모르니 "로마에 있는 동안 제국의 공공 자금으로 경호원을 배치해달라고 요청할 겁니다. 그렇게 하면 우리의 평판은 더 나빠질 테니 그런 특권을 허락할 것이라고 기대하지는 않지만…"이라고 말하기도 했다.

한편 브루투스는 안토니우스와 협정을 맺어 로마에서 빠져나가려고 했다. 그는 안토니우스에게 총독직을 요청했지만, 안토니우스는 "내가 다스리는 지역을 너에게 내줄 수는 없다"라고 말했다. 그래서 브루투스는 "저는 저와 다른 친구들을 위해 명예 대사직을 요구하기로 했습니다. 그러면 로마를 떠날 그럴듯한 명분을 찾을 수 있을 테니까요"라고 말했다. 그뿐 아니라 "상황이 좋아지면 다시 로마로 돌아오는 겁니다. 상황이 별로 좋아지지 않는다면, 계속 망명 생활을 해야겠죠"라며 체념하는 모습도 보였다.

안토니우스가 만약 카이사르의 뒤를 이어 지도자가 되기를 원했다면, 그는 실망할 수밖에 없었을 것이다. 카이사르가 그의 조카인 옥타비아누스를 후계자로 지명했기 때문이다. 카이사르는 이미 많은 권력을 손에 쥐고 있었고, 로마는 다시 민주공화국으로 돌아갈 수 없었다. 새로운 로마제국이 탄생하고 황제 독재정치가 시작되었다.

옥타비아누스의 첫 번째 행보는 먼저 공모자들을 살인자로 선언한 것이었다. 카이사르와 옥타비아누스를 지지하는 무리와 그 반대자들 사이에 내전이 일어났다. 브루투스와 카시우스는 그리스로 도망쳐 군대를 일으켰다. 그러나 필리피전투에서 옥타비아누스와 안토니우스의 연합군에게 패배해 두 사람 모두 자살로 생을 마감하고 말았다.

데키무스 브루투스가
마르쿠스 아우렐리우스와 카시우스 롱기누스에게 보낸 편지

… 이런 곤경에 처해 있으므로 저는 저와 다른 친구들을 위해 명예 대사직을 요구하기로 했습니다. 그러면 로마를 떠날 그럴듯한 명분을 찾을 수 있을 테니까요. 히르티우스(로마공화정의 정치인이자 군인으로 율리우스 카이사르의 부관―옮긴이)가 그렇게 해주겠다고 약속하긴 했지만, 확신이 서지 않습니다. 이 사람들은 너무 무례한 데다가, 계속 우리를 박해하려 들기 때문입니다. 요구를 들어준다고 해도 가까운 시일에 우리가 공공의 적이 되거나 범법자로 추방되는 것까지 막을 수는 없을 것 같습니다.

"그렇다면 어떻게 하는 게 좋겠소?"라고 물으시겠죠? 음, 우리는 불운에 굴복해야 합니다. 저는 우리가 이곳을 떠나야 한다고 생각합니다. 로도스섬이든 다른 어디로든 일단 떠났다가 상황이 좋아지면 다시 로마로 돌아오는 겁니다. 상황이 별로 좋아지지 않는다면, 계속 망명 생활을 해야겠죠. 최악의 경우, 우리 자신을 방어할 마지막 수단까지 동원해야 할 테고요.

왜 제대로 시도조차 해보지 않고 마지막 수단을 준비하느냐고 물으실 분도 계실 것입니다. 사실 섹스투스 폼페이우스Sextus Pompeius와 카이킬리우스 바수스Caecilius Bassus를 제외하면 우리 편에 구심점이 없습니다. 제가 보기엔 폼페이우스와 바수스는 카이사르의 소식을 들으면 더 확고하게 결집할 것 같습니다. 그들의 힘이 실제 어느 정도인지 확인하고 나서 합류해도 시간이 충분할 겁니다. 저는 여러분을 대신해 여러분이 원하는 어떤 약속이라도 할 것입니다. 사실 히르티우스가 제게 요구하는 것도 이것입니다.

두 분 모두 가능한 한 빠르게 제 편지에 답장해주세요. 히르티우스가 제게 네 번째 시간(오전 9시) 전에 이 문제에 대해 알려줄 것이 분명하기 때문입니다. 그리고 우리가 어디서 만날 수 있는지, 제가 어디로 가기를 원하는지도 알려주세요.

히르티우스와 마지막으로 대화한 뒤에 우리가 로마에 있는 동안 제국의 공공 자금으로 경호원을 배치해달라고 요청할 겁니다. 그렇게 하면 우리의 평판은 더 나빠질 테니 그런 특권을 허락할 것이라고 기대하지는 않지만, 그럼에도 합리적이라고 생각하는 일을 요구하는 데 제한을 두어서는 안 되겠다고 생각합니다. …

● 빈센초 카무치니, 〈카이사르의 죽음〉, 1804~1805년경(로마 국립현대미술관 소장).

기원후 50년경

사도바울이 편지로 기독교의 원리를 가르치다

사도바울이 쓴 서신은 신약성경 스물일곱 권 중 열세 권으로 거의 절반을 차지한다. 이 방대한 편지는 사복음서(마태복음, 마가복음, 누가복음, 요한복음)와 함께 교회를 바로 세우는 지침이 되었다.

바울은 예수가 살아 있는 중에 태어났으며, 예수와 비슷한 또래였다. 그러나 본래 '사울'이었던 바울은 독실한 유대인이자, 예수의 추종자를 박해하는 데 헌신했던 바리새인(예수가 활동하던 시대에 존재했던 유대교의 경건주의 분파 - 옮긴이)이었다. 예수가 십자가에서 처형된 지 몇 년 뒤, 사울은 기독교도를 체포하기 위해 다마스쿠스로 가는 길에 환상으로 예수를 보게 되었다. 예수는 그에게 "사울아, 사울아, 왜 나를 박해하느냐?"라고 물었다. 사울은 "주님, 당신은 누구입니까?"라고 대답했다. 그러자, 예수는 "나는 네가 박해하는 예수다"라고 말했다.

이 경험 이후 바울은 일시적으로 눈이 멀었는데, 이 내용은 신약성경 사도행전에 나와 있다. 3일 후 시력을 회복한 그는 즉시 기독교로 개종해 여러 지역을 다니며 복음을 전파했다. 또 많은 지역에 기독교도가 모여 교회를 만들도록 격려했다. 바울은 초기 기독교도의 신앙을 격려하고 확고하게 세우기 위해 그들에게 편지를 보냈다. 교회가 겪고 있던 신학적 문제에 관한 바울의 설명과 조언은 이후 기독교 교리의 근간이 되었다.

바울의 신학은 예수가 십자가에서 처형당한 사건과 예수가 인간의 죄를 위해 대신 죽었다는 믿음에 기반한다. 예수의 제자들은 예수가 재림하는 마지막 때에 자신들도 구원받으리라 확신했다. 바울은 로마인에게 보낸 편지에 "너희가 율법 아래에 있지 아니하고 은혜 아래에 있으므로 죄가 너희를 지배하지 못하리라"라고 썼다.

기독교도는 이 천국의 약속을 바라며 세상의 죄악에서 벗어나고자 했다. 바울은 맹목적으로 세상의 법을 따르는 것보다 더 높은 도덕적 기준을 제시했고, 예수를 믿는 믿음이 행위보다 중요하다고 주장했다. 그는 "우리가 믿음으로 행하고 보는 것으로 행하지 아니함이로라"라고 고린도에 있는 기독교도에게 말했다. 또한 로마 교회에 "이 세대를 본받지 말고 오직 마음을 새롭게 함으로 변화를 받으라"고 조언했다.

이제는 널리 퍼진 가르침이지만, 초기 기독교도에게 이런 지침을 처음 준 것이 바로 바울의 서신이었다. 바울이 제시한 많은 원칙은 상당히 보편적이며, 그 속에는 이웃에 대한 관대함과 꾸밈없는 사랑이 담겨 있다. 바울은 고린도 사람들에게 보낸 또 다른 편지에서 이 원리를 아름답게 설명한다.

사랑은 오래 참고 사랑은 온유하며 시기하지 아니하며 사랑은 자랑하지 아니하며 교만하지 아니하며 무례히 행하지 아니하며 자기의 유익을 구하지 아니하며 성내지 아니하며 악한 것을 생각하지 아니하며 불의를 기뻐하지 아니하며 진리와 함께 기뻐하고 모든 것을 참으며 모든 것을 믿으며 모든 것을 견디느니라

바울이 고린도인에게 보낸 첫 번째 편지

13장

1 내가 사람의 방언과 천사의 말을 할지라도 사랑이 없으면 소리 나는 구리와 울리는 꽹과리가 되고

2 내가 예언하는 능력이 있어 모든 비밀과 모든 지식을 알고 또 산을 옮길 만한 모든 믿음이 있을지라도 사랑이 없으면 내가 아무것도 아니요

3 내가 내게 있는 모든 것으로 구제하고 또 내 몸을 불사르게 내줄지라도 사랑이 없으면 내게 아무 유익이 없느니라

4 사랑은 오래 참고 사랑은 온유하며 시기하지 아니하며 사랑은 자랑하지 아니하며 교만하지 아니하며

5 무례히 행하지 아니하며 자기의 유익을 구하지 아니하며 성내지 아니하며 악한 것을 생각하지 아니하며

6 불의를 기뻐하지 아니하며 진리와 함께 기뻐하고

7 모든 것을 참으며 모든 것을 믿으며 모든 것을 바라며 모든 것을 견디느니라

8 사랑은 언제까지나 떨어지지 아니하되 예언도 폐하고 방언도 그치고 지식도 폐하리라

바울이 로마인에게 보낸 편지

13장

1 각 사람은 위에 있는 권세들에게 복종하라 권세는 하나님으로부터 나지 않음이 없나니 모든 권세는 다 하나님께서 정하신 바라

2 그러므로 권세를 거스르는 자는 하나님의 명을 거스름이니 거스르는 자들은 심판을 자취하리라

3 다스리는 자들은 선한 일에 대하여 두려움이 되지 않고 악한 일에 대하여 되나니 네가 권세를 두려워하지 아니하려느냐 선을 행하라 그리하면 그에게 칭찬을 받으리라

4 그는 하나님의 사역자가 되어 네게 선을 베푸는 자니라 그러나 네가 악을 행하거든 두려워하라 그가 공연히 칼을 가지지 아니하였으니 곧 하나님의 사역자가 되어 악을 행하는 자에게 진노하심을 따라 보응하는 자니라

5 그러므로 복종하지 아니할 수 없으니 진노 때문에 할 것이 아니라 양심을 따라 할 것이라

6 너희가 조세를 바치는 것도 이로 말미암음이라 그들이 하나님의 일꾼이 되어 바로 이 일에 항상 힘쓰느니라

7 모든 자에게 줄 것을 주되 조세를 받을 자에게 조세를 바치고 관세를 받을 자에게 관세를 바치고 두려워할 자를 두려워하며 존경할 자를 존경하라

● 발렌틴 드 불로뉴, 〈서신을 쓰는 사도바울〉, 1618~1620년경.

● 더블린의 체스터 비티 도서관은 이집트에서 발견된, 사도바울이 로마인에게 보낸 편지의 초기 사본을 소장하고 있다.

기원후 100년경

목판에 새겨진 편지가
제국 변두리의 삶을 보여주다

1970년대에 잉글랜드 북부의 로마 요새였던 빈돌란다Vindolanda에서 발굴 작업을 하던 중 수백 통의 편지가 발견되었다. 기원후 1세기가 끝나기 전 마지막 10년간 쓰인 이 편지들은 당시 영국에서 발견된 것으로는 가장 오래된 친필 문서였다.

로마 군인에게 빈돌란다는 불편한 주둔지였다. '빈도vindo'는 겨울을 뜻하는 영어 단어 'winter'와 어원이 같다. 이곳은 로마제국에서 가장 북쪽에 위치한 전초기지로 매우 추운 지역이었다. 특히, 요새가 있었던 곳은 땅이 매우 습한 데다가 평균 강우량도 많아서 상황이 더 심각했다. 로마인은 추위를 막고 열을 가두기 위해 짚과 이끼로 만든 조잡한 깔개로 막사의 굳은 흙바닥을 덮었다.

이 깔개가 워낙 엉켜 있다 보니 물건이 한번 깔개 위에 떨어지면 되찾기 힘들었다. 로마인은 곧 그 물건을 잊어버린 채 다시 그 위에 새로운 깔개를 깔았다. 이런 환경 덕분에 많은 물건이 후대까지 보존될 수 있었다. 여기에서 발견된 편지들은 엽서만 한 얇은 목판에 잉크로 쓰인 것이었는데, 모두 라틴어로 적혀 있었다. 현재 편지 내용 대부분이 해독되었지만, 일부는 속기 형태로 쓰여 있어 아직도 무슨 내용인지 파악되지 않는다. 발견된 편지 중에는 다른 지역에서 온 것도 있었고, 빈돌란다에서 그 지역 요새와 로마령 브리타니아에 속한 더 남쪽 요새로 보낸 초안도 있었다.

지금까지 약 750개의 편지가 번역되었다. 이 편지로 작은 로마 변두리의 일상생활을 전에 없이 생생히 그려볼 수 있게 되었다. 이 방대한 편지는 당시 문맹률이 우리의 생각보다 훨씬 더 낮았다는 사실을 보여준다. 장교 계급뿐 아니라 모든 계급의 구성원, 심지어는 군인이 아닌 사람들도 편지를 썼다. 신발 제작자, 미장공, 마차 정비공, 목욕탕 근무자의 편지도 있었다.

"사투아가 보낸 양말 몇 개와 샌들 두 켤레, 팬티 두 장을 부치네"라는 내용이 일부 적힌 한 편지는 아마 소포와 함께 배달되었을 것이다. 이웃 요새 장교의 아내가 빈돌란다 장교의 아내에게 보낸 생일 파티 초대장도 있다.

클라우디아 세베라가 레피디나에게 인사를 전합니다. 자매님, 9월 11일 제 생일을 맞아 여러분이 잔치에 참석해주시기를 바라며 기쁜 마음으로 초대합니다. 여러분이 와주신다면 더 즐거운 하루를 보낼 수 있을 거예요. 세리얼리스에게도 안부 전해주세요. 아일리우스와 제 어린 아들도 그에게 안부를 전합니다.

이 편지는 대부분 서기관이 작성했지만, 클라우디아 세베라는 마지막에 직접 이렇게 썼다. "당신이 오기를 기대할게요, 자매님. 안녕히 계세요, 나의 가장 사랑하는 영혼. 당신의 번영과 행복을 기원합니다." 이 편지는 여성이 쓴 것으로 알려진 최초의 라틴어 작품이다.

클라우디아 세베라가
설피시아 레피디나에게 보낸 생일 초대장

클라우디아 세베라가 레피디나에게 인사를 전합니다. 자매님, 9월 11일 제 생일을 맞아 여러분이 잔치에 참석해주시기를 바라며 기쁜 마음으로 초대합니다. 여러분이 와주신다면 더 즐거운 하루를 보낼 수 있을 거예요. 세리얼리스에게도 안부 전해주세요. 아일리우스와 제 어린 아들도 그에게 안부를 전합니다. 당신이 오기를 기대할게요, 자매님. 안녕히 계세요, 나의 가장 사랑하는 영혼. 당신의 번영과 행복을 기원합니다.

세리얼리스의 아내 설피시아 레피디나에게, 세베라가

브리타니아인의 전투 특징에 대한 메모

브리타니아인은 갑옷의 보호를 받지 못한다. 기병대가 매우 많다. 기병대는 칼을 사용하지도 않으며 서툰 브리타니아인은 창을 던지기 위해 말을 타지도 않는다.

● 빈돌란다는 하드리아누스 성벽 근처에 있는 로마의 보조 요새였으며, 기원후 85년에서 기원후 370년경 사이에 점령되었다. 노섬벌랜드의 바든 밀Bardon Mill 마을 근처에 있는 이 유적지에 탑 두 개가 재건되었다.

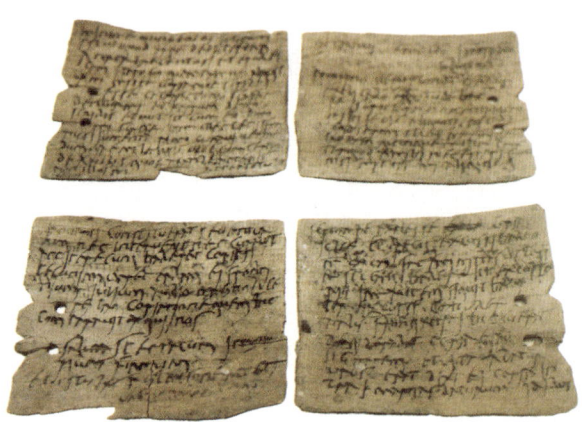

● 빈돌란다에서 750개가 넘는 목판이 발견되었으며, 더 많은 목판이 계속 발굴되고 있다. 이 목판은 로마 병사들이 속옷을 입었다는 사실 등 로마 주둔지의 일상생활을 생생하게 보여준다.

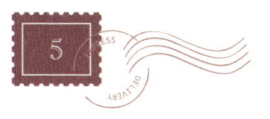

기원후 106년 혹은 107년경

플리니우스가 폼페이 화산 폭발 장면을 묘사하다

> 소小 플리니우스Pliny the Younger는 로마의 변호사이자 치안판사였다.
> 그의 삼촌 대大 플리니우스Pliny the Elder는 유명한 작가였다.
> 두 플리니우스 모두 기원후 79년에 폼페이를 묻었던 베수비오산
> 폭발을 경험했으며, 이 사건을 설명하는 조카 플리니우스의 편지는
> 역사상 최초의 화산 폭발 증언이다.

로마의 변호사였던 소 플리니우스는 평생 얼마나 많은 편지를 썼길래 그의 편지가 247통이나 남았을까? 소 플리니우스는 많은 글을 쓴 서신 작가였고, 역사가들은 로마제국의 삶에 관한 그의 통찰력을 높이 평가한다. 초기 로마 기독교도의 법적 지위에 관해 트라야누스 황제와 주고받은 편지는 시대상을 잘 보여주는 흥미로운 문서다.

소 플리니우스의 아버지는 그가 어렸을 때 세상을 떠났다. 플리니우스는 로마에 있는 삼촌 밑에서 자랐는데, 그는 삼촌을 매우 존경했다. 삼촌인 대 플리니우스는 나폴리 서쪽 미세눔에서 로마의 해군 함대를 지휘하는 직책을 맡고 있었다. 기원후 79년 어느 날, 소 플리니우스와 그의 어머니가 삼촌을 방문하는 동안 나폴리만灣 건너편에 있는 베수비오산이 폭발하기 시작했다.

사람들이 위험에 처해 있다는 소식을 들은 대 플리니우스는 가벼운 배

를 타고 미세눔에서 출항해 베수비오산 아래 해안에 있던 사람들을 구출했다. 두려움과 공포에 떨고 있는 사람들을 본 그는 오히려 태연하게 목욕하고, 식사하고, 낮잠을 자면서 사람들을 안심시키려고 노력했다. 그러나 미세눔으로 돌아가는 시간이 늦어지면서 치명적인 상황에 부닥친다. 떨어지는 파편으로 침실에 갇힐 뻔한 그는 간신히 해안으로 탈출했지만, 유독가스에 휩싸여 결국 죽고 말았다.

25년 후 로마의 역사가 타키투스는 소 플리니우스에게 편지를 보내 화산 폭발에 관해 물었다. 소 플리니우스는 두 번의 답장에서 당시 재난 상황을 상세하고 정확하게 설명했다. 덕분에 오늘날 화산학자들은 이와 유사한 화산 활동을 '플리니식 분화'라고 명명했다.

역사에서 흔히 그렇듯이, 플리니우스의 편지를 생동감 있게 만든 것은 평범한 사람들에 관한 생생한 묘사였다. 그는 "불에 탄 돌과 재가 폭우처럼 쏟아지며 모든 것을 파괴하겠다고 위협했습니다"라고 말하며, 사람들이 지진으로 흔들리는 집에서 도망쳐 들판으로 탈출한 장면에 주목한다. "그들은 수건으로 베개를 머리에 묶고 뛰쳐나왔습니다. 이것이 사방에서 떨어지는 돌 폭풍을 막을 유일한 수단이었어요"라고 회상한다. 그의 묘사에서 사람들의 공포가 생생하게 느껴진다. "여자들의 비명, 아이들의 울부짖는 소리, 남자들의 함성이 들렸습니다. 아이를 부르는 사람, 부모를 부르는 사람, 남편을

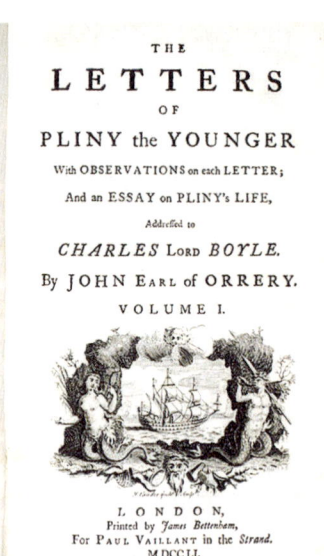

● 로마 귀족의 일상생활을 잘 보여주는 소 플리니우스의 편지들은 이후 『플리니우스 서간집』으로 출간되었다.

부르는 사람도 있었어요 … 죽음에 대한 두려움 때문에 죽고 싶어 하는 사람도 있었고, 신에게 제발 살려달라고 기도를 올리는 사람도 있었습니다. 하지만 사람들 대부분은 이제 신은 어디에도 없고, 우리가 그동안 들어왔던 마지막 밤이 왔다고 확신했습니다."

그는 삼촌의 느긋한 구조 방식을 인간적으로 묘사한다. "삼촌은 걱정거리라고는 하나도 없는 사람처럼 깊이 잠들었던 게 분명합니다. 비만이었던 삼촌의 숨소리가 묵직하고 크게 울려 퍼져서 침실 밖에 있던 수행원에게도 들릴 정도였습니다." 이 편지에서 대 플리니우스는 더 이상 명성 있는 박물학자가 아니라 코를 골며 자는 뚱뚱한 남자일 뿐이었다.

소 플리니우스는 자신이 쓴 편지에 관해 타키투스에게 이렇게 말했다. "내 편지를 읽고 당신이 가장 중요하다고 생각하는 부분을 골라 쓰세요. 편지를 쓰는 것과 역사를 쓰는 것은 별개의 일이니까요. 친구에게 쓰는 편지와 대중을 상대로 한 역사는 당연히 다릅니다." 그러나 소 플리니우스의 훌륭한 글은 이 두 가지를 모두 해냈다.

플리니우스가 타키투스에게 보낸 편지

… 그러므로 나는 당신의 요구에 흔쾌히 응하겠습니다. 당신이 요청하지 않았더라면 제가 나서서 그 일을 맡았을 겁니다. 그 당시 삼촌은 미세눔에서 함대 지휘를 맡고 계셨습니다. 8월 24일 오후 1시경, 어머니가 매우 특이한 크기와 모양을 가진 먹구름이 보인다며 삼촌에게 보라고 하셨어요. 삼촌은 일광욕과 냉수욕을 마친 뒤 가볍게 점심을 드시고 평소처럼 독서를 즐기고 계셨습니다. 삼촌이 바로 일어나서 이 흔치 않은 광경을 더 잘 볼 수 있는 높은 곳으로 나갔습니다. 멀리서

는 그 구름이 어느 산에서 피어오르는지 알 수 없었습니다. 나중에야 그게 베수비오산이라고 밝혀졌죠. 그 거대한 연기는 매우 긴 줄기 형태로 하늘 높이 솟아올랐고 꼭대기에서 일종의 가지 모양으로 퍼져 나가서 마치 소나무처럼 보였어요. 갑자기 불어오는 돌풍 때문에 위로 올라갈수록 연기의 힘이 약해졌거나 연기 자체의 무게 때문에 다시 눌리면서 그런 모양이 되었을 테지요. 흙과 화산재가 스며든 정도에 따라 때로는 밝게 보였고 때로는 어둡고 얼룩덜룩해 보였습니다. 삼촌처럼 박식하고 연구하는 걸 좋아하는 사람에게는 이 현상이 특별하고 더 살펴볼 만한 가치가 있는 것처럼 보였을 겁니다. 삼촌은 배를 준비하라고 명령했고 제게 함께 가도 좋다고 하셨어요. 저는 남아서 일을 계속하겠다고 했습니다. 삼촌이 직접 글 과제를 주셨거든요. 삼촌이 배를 타러 가려던 중 바수스의 아내 렉티나에게서 편지가 왔습니다. 렉티나는 자신을 위협할 만한 위험이 임박하자 극도로 불안해하고 있었습니다. 그녀의 별장은 베수비오산 기슭에 있었기 때문에 바다로 탈출하는 방법밖에 없었습니다. 렉티나는 삼촌에게 자신을 구해달라고 간절히 요청했어요. 그래서 삼촌은 화산을 관찰하려던 마음을 바꿨습니다. 철학적인 의도에서 시작했지만 이제 고귀하고 관대한 의도에서 베수비오산으로 향합니다. 삼촌은 갤리선을 바다에 띄우라고 명령했고, 렉티나뿐 아니라 아름다운 해안을 따라 빽빽하게 흩어진 여러 마을을 돕기 위해 직접 배에 올랐습니다. 다른 사람들이 극도의 공포에 질려 도망치는 곳으로 서둘러 이동한 삼촌은 그 무서운 화산 폭발의 모든 현상을 관찰하고 지시할 수 있을 정도로 위험한 지점으로 향해 침착함과 임기응변을 발휘했습니다. …

● 기원후 79년 베수비오산 폭발을 보여주는 전통 판화. 화산 폭발 속에서 소 플리니우스는 살아남았고, 삼촌인 대 플리니우스는 사망했다.

기원후 450년경

제국이 몰락하자 브리타니아인이 로마에 도움을 요청하다

> 로마제국 쇠퇴기에 접어들면서 로마는 로마령 브리타니아(고대 로마 시대에 영국의 그레이트브리튼섬을 부르던 말—옮긴이)를 포함한 외곽 지방에서 점차 철수했다. 로마라는 강력한 존재 덕분에 유지되었던 질서정연했던 사회가 혼란에 빠지기 시작했다. 암흑시대가 다가오고 있었다.

　기원후 407년에 마지막 로마군이 브리타니아를 떠날 무렵, 우리가 지금 잉글랜드라고 부르는 땅은 픽트족, 스코트족, 색슨족 약탈자들에게 사방으로 공격받고 있었다. 아직 브리타니아에 몇몇 로마 군대가 남아 있었지만, 브리타니아인은 로마에 추가 지원군을 요청할 필요성을 느꼈다. 이로부터 몇십 년 전인 368년에 로마에서 가장 외딴 전초기지였던 하드리아누스 성벽(픽트족 등 북방 세력을 막기 위해 세워진 것으로, 스코틀랜드와 잉글랜드의 경계를 따라 건설되었다)에서 방치된 수비대가 열악한 환경에 반기를 들고 야만인과 연합해 반란을 일으켰다. 이에 로마는 브리타니아로 원정군을 보내 반란을 진압했다. 390년대에도 브리타니아인은 북쪽에서 내려오는 픽트족의 습격을 막기 위해 로마에 추가 지원을 요청했다. 그들은 "부족들의 침입과 그로 인한 끔찍한 피폐함으로 눈물을 흘리며 로마로 사절을 보내 복수를 위한 군대를 보내달라고 호소합니다"라고 썼다.

로마는 브리타니아로 군대를 파견해 문제를 해결했다. 그러나 군대가 로마로 돌아가자마자 북해 건너편에서 온 스코트족과 색슨족의 공격이 재개되었다. 브리타니아인은 다시 로마에 편지를 보냈다. "또다시 찢어진 옷을 입고 머리가 먼지로 뒤덮인 사절단을 보냅니다. 어미 새의 믿음직한 날개 아래 겁에 질린 새끼 새처럼 웅크린 우리는 이 비참한 나라가 전멸당하지 않도록 로마에 도움을 요청합니다."

로마는 마지못해 이를 받아들였지만, 로마 본토도 그 나름대로 여러 문제에 시달리고 있었다. 반달족과 서고트족이 제국의 다른 지역을 침략했고, 로마는 이에 대응하기 위해 많은 병력을 파견했다. 407년에는 브리타니아에 남은 병력마저 유럽으로 파견되었다. 버림받은 것에 분노한 브리타니아인은 409년에 로마의 시민 행정부를 몰아냈고, 410년에 호노리우스Honorius 황제는 골칫거리였던 브리타니아에서 완전히 손을 뗄 명분을 제공했다.

어떤 지원도 받지 못한 브리타니아는 완전히 무방비 상태가 되었다. 아일랜드에서 온 습격자들은 웨일스와 남서부를 공격했고 픽트족은 북동부에서 다시 세력을 확대했다. 440년대에는 잉글랜드 동부 해안을 따라 색슨족 정착지가 생겨났다. 450년경에 브리타니아인은 다시 로마에 필사적으로 도움을 요청했다. 그들은 당대 최고의 로마 장군인 플라비우스 아에티우스Flavius Aetius에게 편지를 보냈다. '브리타니아인의 신음'이라는 제목을 가진 이 편지는 그들이 처한 곤경을 자세히 보여준다. "야만인들이 우리를 바다로 몰아내고, 바다는 우리를 야만인에게 몰아넣습니다. 이 사이에서 우리는 물에 빠져 죽거나 야만인에게 살해되거나 둘 중 하나입니다." 하지만 그는 어떤 답장도 보내지 않았다.

전설에 따르면 보르티게른Vortigern이라는 브리타니아의 왕이 최후의 수단으로 헹기스트Hengist와 호르사Horsa 형제가 이끄는 유럽에서 온 용병을 고용했지만, 그들은 왕을 배신했다. '롱나이프의 배신'으로 알려진 이 사건은 앵글족, 색슨족, 주트족이 유럽에서 영국으로 대거 이주하는 계기가 되었다. 이들은 자신들의 생활 방식, 문화, 언어를 영국으로 가져왔다. 브리타니아인의 신음은 영국 역사에서 한 시기가 저물어가는 마지막 숨결이자, 현대 영어와 현대 영국의 탄생을 알리는 울음소리였다.

● 켄트주 타넷섬에서 용병 헹기스트와 호르사를 만나는 보르티게른 왕의 삽화. 두 형제는 영국 남동부로의 이민 행렬을 이끌었다.

1215년 6월 19일

잉글랜드 귀족이 대헌장 이후 법적 힘을 과시하려 하다

'마그나카르타Magna Carta', 즉 대헌장은 영국 민주주의의 신호탄이었다. 군주로서 절대 권력을 누렸던 잉글랜드의 존 왕은 귀족의 압력에 굴복해 그 권한을 포기해야 했다. 최근 발견된 편지는 러니미드에서 왕이 마그나카르타에 서명한 순간이 얼마나 혁명적이었는지를 보여준다.

중세의 정치와 권력 다툼은 마치 무자비한 게임과도 같았다. 존 왕이 젊었을 때 그의 형들이 아버지 헨리 2세에 대항해 반란을 일으켰다. 존 역시 형이었던 사자심왕 리처드 1세가 중동에서 제3차 십자군전쟁을 치르는 동안 그를 왕좌에서 끌어내리려 했다. 그는 이 권력 다툼에서 끝내 패배했지만, 1199년에 리처드 1세가 사망한 뒤 결국 왕위에 올랐다.

왕이 된 존은 프랑스와의 전쟁에서 앙주 지방의 영토를 대부분 잃으면서 '땅 없는 존John Lackland'이라는 별명을 얻었다. 그는 프랑스 귀족의 미움을 샀을 뿐 아니라 잉글랜드의 귀족과 상의도 없이 새로운 세금을 부과해 프랑스 원정 자금을 마련하려 했다. 이에 귀족들은 반발했다. 귀족들의 불만 섞인 목소리는 점차 소식적인 군사 반란으로 발전했다. 이들은 링컨과 엑서터를 넘어 런던까지 점령했고, 결국 존 왕은 캔터베리 대주교를 통해 왕국을 위한 평화 협상에 강제로 협조하게 된다.

그 결과 평화조약인 대헌장이 탄생했다. 대헌장은 왕이 전통적인 봉건 관행을 남용하지 못하게 제한했다. 왕이 업무를 처리하는 방식에도 변화를 주어 귀족의 권한을 강화했다. 그뿐 아니라 모든 자유민이 재산의 정도와 관계없이 사법 절차에 접근할 수 있도록 서면으로 보장했다. 25명으로 구성된 일종의 '정의 연맹'을 설립해 이 권한을 감시하고 집행하게 했으며, 필요하다면 무력도 행사할 수 있게 했다. 새로운 형태의 정부가 탄생한 것이다. 적국은 어리둥절해하며, 이제 잉글랜드에는 26명의 왕이 있다고 농담처럼 말했다.

오늘날 대헌장은 기본적인 인권을 규정한 문서로서, 전 세계 법체계에서 그 중요성을 인정받고 있다. 그러나 1215년 당시에는 서명한 당사자 중 누구도 이 문서를 진지하게 받아들이지 않았다. 반역자들은 런던을 돌려주겠다는 약속을 어겼고, 존 왕은 평화를 받아들이기는커녕 다시 그들을 공격하기 시작했다. 계속 이어진 내전은 이듬해 존이 사망하면서 마무리되었다.

그러나 새롭게 발견된 편지를 통해 적어도 처음에는 일부 귀족이 그들의 새로운 권한을 행사하려 했다는 사실이 증명되었다. 대헌장에 서명한 지 불과 4일 만에 새로 구성된 위원 다섯 명이 켄트 자치주 당국에 서한을 보냈다. 그 서한에는 귀족들이 기사 12명을 임명하는 선서식에 참석해야 하며, 각 자치주에서와 마찬가지로 켄트주에 임명되어 "주 보안관과 그 부하들이 저지른 극악한 악습을 조사하고 숲과 숲 관리인, 사냥터와 사냥터 관리인, 강둑과 강둑 관리인에 관련된 나쁜 관습을 억제"해야 한다고 쓰여 있었다.

이는 대헌장의 조항 가운데 하나였다. 그 서한은 새로운 법체계가 시작되었다는 사실을 분명히 보여주었다. 즉, 그때까지 주 보안관과 부하들, 숲 관리인, 사냥터 관리인, 강둑 관리인이 저지른 모든 악습을 중단시킬 것이라는 뜻이었다. 새로운 질서로 기존의 부정적 관행과 문제를 청산하려는 의도가 잘 드러나는 대목이다. 켄트의 보안관과 왕의 모든 집행관은 그들이 맹세할 대상이 왕이 아니라 위원회임을 분명히 깨달아야 했다.

대헌장 서명 이후 잉글랜드 귀족 다섯 명이
켄트 자치주 당국에 보낸 서한

우리는 지금, 이 편지를 전달하는 아인스포드의 윌리엄, 윌리엄 드 로스, 토마스 드 켄빌, 그레이브의 리처드를 당신들에게 보냈습니다. 우리는 국왕 폐하가 주 보안관과 앞서 다른 사람들에게 보낸 편지 내용에 따라 이들이 우리를 대신해 당신들 모두의 선서를 받도록 위임합니다. 폐하의 편지에 명시된 양식에 따라 상기 네 명의 기사가 결정할 일정 시간과 장소에서 그들에게 선서할 것을 명령합니다. 또한 귀하의 주에서 12명의 기사를 선출할 때 네 명의 기사가 참석해 주 보안관과 그 부하들이 저지른 악습을 조사하고 숲과 숲 관리인, 사냥터와 사냥터 관리인, 강둑과 강둑 관리인에 관련된 나쁜 관습을 억제하겠다고 서약하기 바랍니다.

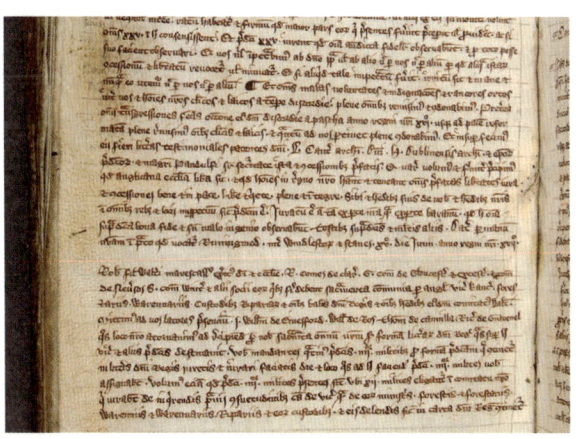

● 램베스 궁전 도서관에 소장된 이 서한의 사본은 최근 학자들에 의해 발견되었다. 해당 부분은 본문의 마지막 단락으로 왕과 귀족 사이의 권력 균형을 새롭게 조명하고 있다.

1429년 3월 22일

잔 다르크가 헨리 6세에게
신이 그녀의 편이라고 말하다

세 성인의 환상을 본 잔 다르크는 프랑스 북부에 주둔하던 잉글랜드군을 몰아내기 시작했다. 문맹이자 양치기의 딸이었던 잔은 오를레앙을 포위하던 헨리 6세와 베드포드 공작에게 보낼 편지를 받아쓰게 했다.

백년전쟁은 1337년부터 1453년까지 프랑스 전역에서 치러졌다. 이 전쟁은 잉글랜드가 프랑스를 통치할 권리가 있다고 믿었던 헨리 5세가 이끄는 잉글랜드군과 프랑스의 왕 샤를 6세를 지지한 프랑스군 간의 전쟁이었다.

전쟁은 샤를 6세의 정신 질환 때문에 점차 복잡해졌다. 샤를 6세를 대신해 나라를 운영하던 그의 동생 오를레앙의 루이와 그의 사촌인 부르고뉴의 장은 의견 차이를 좁히지 못했다. 이 때문에 내전이 발발해 장이 루이를 암살했고, 루이의 지지자들은 장을 암살했다. 당시 부르고뉴의 장을 지지했던 사람들은 잉글랜드를 편들었다. 그러니 15세기 초까지 잉글랜드가 우위를 점했다는 사실도 놀라운 일은 아니었다.

1422년에 헨리 5세와 샤를 6세가 모두 사망했다. 1425년 잔 다르크는 아버지의 양을 돌보던 중 성 미카엘, 성녀 캐서린, 성녀 마가렛의 환상을 보왔다. 이 성인들은 잔 다르크에게 잉글랜드군을 몰아내고 프랑스의 왕위 계승자인 샤를 6세의 아들 샤를 7세를 왕으로 추대하라고 계시했다. 잔 다르크가 살았던 곳은 프랑스 변두리에 있는 작은 마을이었는데, 이곳 사람들은 여전히 프랑스 왕에게 충성했다. 하지만 전쟁 중에 잉글랜드 지지자들의 습격을 받아 마을이 불타버리고 말았다.

1429년 잔 다르크는 오를레앙 포위를 막기 위해 그곳으로의 원정을 계획하고 있던 샤를을 찾아왔다. 다른 계획이 모두 실패한 탓에 절망에 빠져 있던 샤를은 잔에게 깊은 감명을 받았고, 잔이 자신의 군대를 이끌도록 허락했다. 오를레앙에 다다랐을 때 잔 다르크는 헨리 6세와 그의 사촌이자 잉글랜드군을 지휘하던 베드포드 공작에게 보낼 편지를 받아 적게 했다.

잔 다르크는 문맹이었지만, 자신의 이름 정도는 쓸 수 있었다. 양치기의 딸에 불과했지만, 적군을 향해 자신의 목소리를 내는 데 주저함이 없었다. "하늘의 왕이신 신께서 보내신 처녀에게 당신이 프랑스에서 차지하고 침범한 모든 도시의 열쇠를 넘겨주십시오."

"잉글랜드의 왕이시여, 당신이 그렇게 하지 않는다면 이 전쟁의 수장인 내가 프랑스에서 당신의 백성을 만나는 곳이 어디든, 그들이 원하든 원하지 않든 나는 그들이 떠나도록 할 것입니다. 그들이 복종하지 않는다면 그들을 모두 죽일 것입니다"라고 말을 이었다.

잔은 존재만으로도 프랑스군에 활력을 불어넣었다. 곧 잉글랜드군과 전투가 벌어졌고, 오를레앙을 포위한 지 불과 한 달 만에 잉글랜드군은 모두 철수하고 말았다. 잔은 잉글랜드 왕과 하늘 왕을 대조함으로써 백년전쟁을 신성한 전쟁으로 각인시켰다. "하늘의 왕이신 신께서 프랑스 전역에서 당신들을 몰아내기 위해 나를 이곳으로 보내셨습니다."

전세가 역전되었고, 프랑스군은 연이어 승리를 거두었다. 잔은 늘 프랑스군과 함께했으며, 칼 대신 깃발을 들고 다녔다. 여러 차례 다치긴 했지만, 잉글랜드에 편지를 보낸 지 불과 4개월 만에 프랑스의 샤를 7세가 랭스에서 왕으로 즉위하면서 성스러운 사명을 성공적으로 완수했다.

1430년 잔 다르크는 부르고뉴 군대에 체포되어 잉글랜드 편에 섰던 보베Beauvais의 피에르 코숑Pierre Cauchon 주교에게 재판을 받았다. 코숑은 잔 다르크에게 이단 혐의를 씌워 유죄 판결을 내렸다. 1431년 5월 30일, 잔 다르크는 19살의 나이로 화형당했다. 그러나 복수심에 불타던 잉글랜드인에게는 이미 때늦은 죽음이었다. 프랑스는 이미 프랑스 왕의 손에 들어간 후였다. 시간이 지나서 잔 역시 그녀에게 계시를 내린 성인들처럼 성녀로 인정받았다.

잔 다르크가 오를레앙을 포위하고 있는
헨리 6세에게 보낸 편지

잉글랜드의 왕이시여, 그리고 프랑스 섭정을 자처하는 베드포드 공작이여, 서퍼 백작 윌리엄 폴, 존 텔벗 경, 베드포드 공작의 부관 토마스 로드 스케일스 경이여, 하늘의 왕을 만족시키십시오. 하늘의 왕이신 신께서 보내신 처녀에게 당신이 프랑스에서 차지하고 침범한 모든 도시의 열쇠를 넘겨주십시오. 그녀는 신의 뜻에 따라 왕족의 혈통을 되찾기 위해 여기에 왔습니다. 당신이 프랑스를 포기하고 당신이 차지한 것에 대한 대가를 치러서 그녀를 만족시킨다면, 저는 화해할 준비가 되어 있습니다. 또한, 신의 이름으로 이르노니 오를레앙 마을 앞에 있는 궁수들, 군인들, 남자들과 다른 사람들은 당신네 나라로 돌아가십시오. 그렇게 하지 않으면 곧 당신에게 소식을 전하러 올 사람으로부터 엄청난 피해를 당했다는 소식을 듣게 될 것입니다. 잉글랜드의 왕이시여, 당신이 그렇게 하지 않는다면 이 전쟁의 수장인 내가 프랑스에서 당신의 백성을 만나는 곳이 어디든, 그들이 원하든 원하지 않든 나는 그들이 떠나도록 할 것입니다. 그들이 복종하지 않는다면 그들을 모두 죽일 것입니다. 하늘의 왕이신 신께서 프랑스 전역에서 당신들을 몰아내기 위해 나를 이곳으로 보내셨습니다. 그들이 순종한다면, 자비를 베풀 것입니다. 다른 의견은 내지 마십시오. 당신은 성모 마리아의 아들인 하늘의 왕, 신으로부터 프랑스 왕국을 빼앗지 못할 것입니다. 진정한 후계자인 샤를 왕이 처녀가 그에게 계시한 대로 군대를 이끌고 파리로 입성해 프랑스 왕국을 지킬 것입니다. 당신이 신과 처녀로부터 온 이 소식을 믿지 않는다면, 옳은 길에 굴복하지 않는다면, 우리가 당신을 찾아내는 곳이 어디든 그곳을 공격해 프랑스에서 1천 년 동안 듣지도 보지도 못한 엄청난 소동을 일으킬 것입니다. 하늘의 왕께서 처녀와 그녀의 훌륭한 병사들에게 당신이 감당할 수 있는 모든 공격보다 더 큰 힘을 보내리라는 것을 잘 알아두십시오. 그 타격을 받으면, 누가 하늘의 신에게 더 큰 은총을 받는지 알게 될 겁니다. 베드포드 공작이여, 처녀는 당신이 스스로 파멸하지 않기를 기도하고 요청합니다. 처녀에게 권리를 허락한다면, 당신도 그녀의 무리에 합류할 수 있습니다. 그곳에서 프랑스인이 기독교를 위해 할 수 있는 가장 공정한 행동을 할 것입니다. 오를레앙 마을의 평화를 원한다면, 대답하십시오. 그렇지 않으면 곧 큰 해를 입게 될 것입니다.

● 존 에버렛 밀레이스, 〈오를레앙의 소녀〉, 1865년.

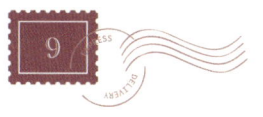

1480년대

레오나르도 다빈치가 밀라노 공작에게 자기소개서를 보내다

레오나르도 다빈치가 예비 고용주에게 자기가 가진
기술을 소개한 편지는 평범한 이력서가 아니었다. 이 이력서는
데생과 그림 실력을 거의 드러내지 않고도 위대한 예술가의
놀라운 독창성과 통찰력을 보여주었다.

1482년경 레오나르도 다빈치는 지성과 창의성의 중심지였던 피렌체 산 마르코 광장 근처에 살았다. 그는 지역의 권력가였던 메디치 가문에 고용되어 작품 활동을 했다. 그가 피렌체 성벽 바로 밖에 있는 스코페토의 산 도나토 교회에 〈동방박사의 경배〉라는 작품을 그리기 시작했을 때, 다른 이탈리아 귀족 가문으로부터 작품 의뢰가 들어왔다. 메디치 가문은 다빈치가 피렌체에서 북쪽으로 약 300킬로미터 떨어진 밀라노에 사는 공작 루도비코 스포르차를 위해 일하도록 허락해주었다.

다빈치는 메디치 가문이 두 권력자 사이 평화를 유지하기 위해 보낸 이종의 선물이었다. 그는 말 머리 모양을 한 거대한 리라(하프의 원조인 현악기 - 옮긴이)를 직접 만들어서 밀라노에 가져갔다. 메디치 가문은 굳은 마음을 달래는 음악과 그것을 만든 사람을 함께 선물함으로써 평화를 향한 그들의 의지를 전하려 했다. 다빈치는 예술적 자질이 풍부했는데, 음악가로서도 훌륭한 재능을 뽐냈다.

그는 자신이 얼마나 귀중한 선물인지 강조하기 위해 자신이 가진 기술을 요약해 자기소개서를 썼다. 이 이력서는 짧은 단락으로 시작해 항목별로 기술을 간단히 제시한 모범적인 문서였다. 다빈치는 다음과 같이 주장했다.

- 저는 안전하면서 덮개가 있어서 어떤 공격에도 끄떡없는 전차를 만들 수 있습니다. 이 전차를 타고 적에게 돌진하면, 아무리 위대한 군대라도 물리칠 수 있을 겁니다.
- 필요하다면 큰 총과 박격포, 가벼운 무기도 만들 수 있습니다.

그는 자신의 군사적 발명품과 혁신을 나열했다. 자신과 메디치 가문이 평화를 위해 얼마나 노력하고 있는지 스포르차 가문에 보여주고 신뢰를 얻기 위해 군사적 능력을 강조했을 것이다. 그의 예술적 능력은 편지 뒷부분에서만 잠시 언급된다.

- 평화로운 시기에는 공적인 건물이나 사적인 건물을 짓는 기술로 각하를 완전히 만족시킬 수 있을 것입니다. 물길도 낼 수 있습니다.
- 대리석이나 청동, 점토로 조각을 만들 수 있으며, 그림은 누구보다 더 잘 그릴 수 있습니다.

다빈치의 기술적 독창성이 밀라노에 어떤 혜택을 주었는지는 알 수 없지만, 그의 예술성은 밀라노에 확실한 이득을 주었다. 그는 그 세기말까지 밀라노에 머물렀다. 이때 루도비코 스포르차가 산타 마리아 델레 그라치에 교회에 놓일 작품으로 의뢰한 것이 바로 그의 가장 유명한 벽화 중 하나인 〈최후의 만찬〉이었다.

레오나르도 다빈치가 밀라노 공작에게 보낸 편지

존경하는 공작님께,

저는 전쟁 무기의 거장이자 장인이라고 자처하는 모든 사람의 업적을 면밀히 검토하고 고려했습니다. 그 결과 그들의 발명품과 기구의 성능이 일반적으로 사용되는 것과 별반 다르지 않다는 점을 알게 되었습니다. 다른 사람을 깎아내리려는 의도는 없지만, 공작님께 제 비밀을 밝히려고 합니다. 이후 전적으로 공작님께 제공할 것이며 적절한 시기에 아래에 간략하게 나열된 모든 것들을 효과적으로 실행하기 위해 노력하겠습니다.

저는 매우 가볍고 튼튼하며 쉽게 운반할 수 있는 다리를 제작할 계획입니다. 적을 추적하거나 적으로부터 도망치는 데 유리할 것입니다. 이 다리는 불이나 전투로는 파괴되지 않습니다. 또한 저는 적의 다리를 불태우고 파괴할 방법도 알고 있습니다.

어떤 지형을 포위할 때 성 주위를 둘러싼 못에서 물을 빼는 방법과 포위에 필요한 수많은 다리, 방탄 방패, 사다리, 다양한 장비를 만드는 방법을 알고 있습니다. 성벽의 높이나 전술적 상황, 지형적 요인으로 포격을 가해도 요새를 포위할 수 없는 상황에서, 바위 위에 세워진 경우가 아니라면 어떤 요새나 장애물도 파괴할 방책을 갖고 있습니다. …

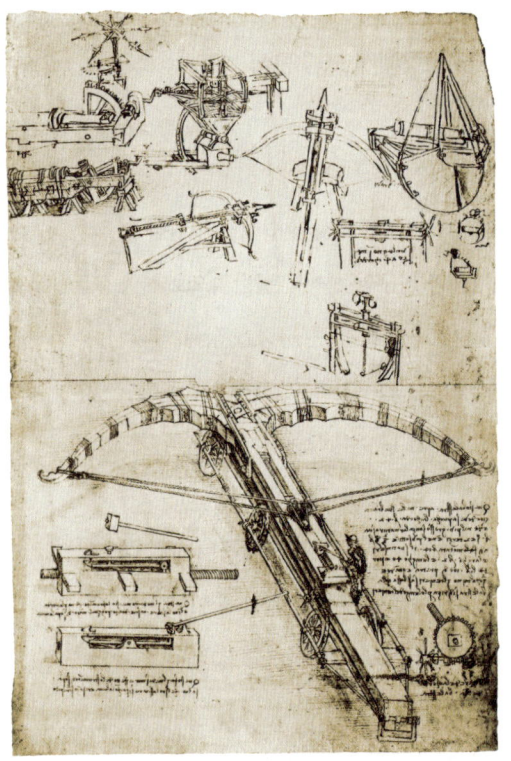 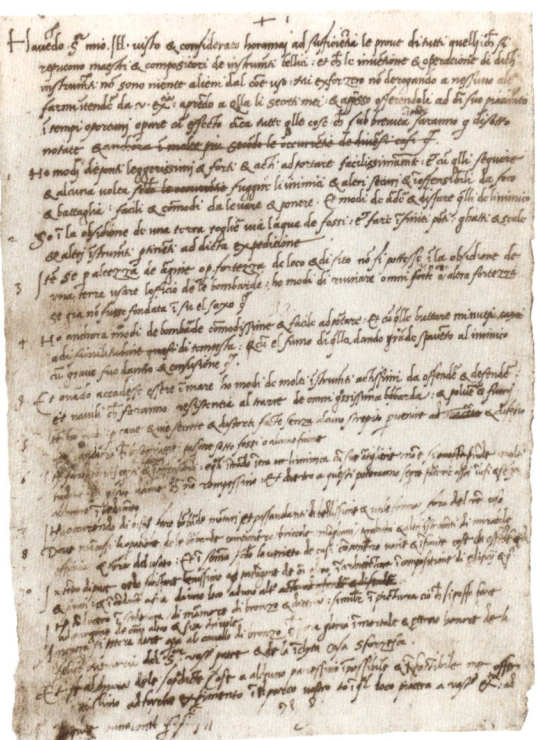

● 레오나르도 다빈치가 그린 거대한 석궁(한 남자가 발사 장치 옆에 서 있는 모습) 그림은 조각가 폼페오 레오니가 1478년부터 1519년까지 다빈치가 그린 그림을 모아 만든 12권짜리 그림 모음집인 코덱스 아틀란티쿠스Codex Atlanticus에 수록되어 있다.
● 다빈치가 쓴 친필 편지.

1485년

헨리 7세가 잉글랜드 귀족에게 지원 요청 편지를 쓰다

15세기 후반 잉글랜드의 역사는 끝없는 경쟁과 배신으로 피비린내 나는 이야기가 가득하다. 플랜태저넷Plantagenet 왕조의 분파들은 서로를 멸망시키기 위해 끝없이 싸웠다. 불만을 품은 귀족들은 새 왕을 찾기만 한다면, 그 왕을 따를 준비가 되어 있었다.

장미전쟁이라는 이름은 흰 장미 문장의 요크 가문과 붉은 장미 문장의 랭커스터 가문 사이에 벌어진 전쟁에서 유래했다. 요크 가문의 에드워드 4세는 랭커스터 가문의 무능한 왕이었던 헨리 6세를 살해하고 권력을 장악했다.

에드워드 4세는 격동의 시기에 자연사한 드문 인물이었다. 그의 아버지와 동생은 웨이크필드전투에서 전시했다. 또 다른 형제는 반역죄로 처형되었으며, 에드워드 4세가 죽은 후에 에드워드 4세의 두 아들(런던탑에 갇힌 왕자들)은 삼촌 리처드의 '보호'를 받던 중 죽었다. 이에 따라 1483년에 리처드가 리처드 3세로 즉위했다.

랭커스터 가문의 헨리 6세는 칼레를 제외하고 프랑스 지역에 있던 모든 잉글랜드의 영토를 잃은 나약한 통치자였다. 이러한 권력의 공백기 속에서 귀족 가문들은 권력을 차지하기 위해 서로 싸웠고, 프랑스와의 전쟁에서 돌아온 군인들을 사병으로 모집했다. 분쟁은 전국적으로 확대되었고, 부유했던 네빌 가문이 요크 가문을 지지했다. 요크 가문 출신이었던 리처드 3세가 권력을 잡자 네빌 가문은 큰 이득을 얻었지만, 리처드 3세의 주장에 반대했던 다른 사람들은 땅을 몰수당했다.

요크 가문의 권력 장악 과정은 엄격하고 무자비했다. 그럼에도 리처드 3세가 통치권을 잡았던 초기부터 그에 대한 저항이 늘 따라다녔다. 그 저항의 중심에는 랭커스터 가문의 사생아이자 모계 혈통으로 왕좌를 차지하기 위해 위태로운 주장을 펼쳤던 헨리 튜더가 있었다. 당시 헨리는 망명해 프랑스 북서부 브르타뉴에 살고 있었다. 하지만 그는 이제 곧 본국으로 돌아갈 날이 얼마 남지 않았다는 사실을 감지했다. 리처드 국왕은 그를 잉글랜드로 끌고 와 처형하려고 했으나, 헨리는 파리로 도망쳤다. 그곳에서 믿을 만한 심부름꾼을 통해 잠재적 지지자들을 설득하는 편지를 보냈다. 헨리의 귀환 계획은 비밀리에 논의되었기 때문에 대부분은 편지를 읽고 나서 바로 그것을 없애버렸지만, 그중 한 통의 편지가 기적적으로 살아남았다.

헨리는 "저의 정당한 권리, 즉 왕관에 대한 정당한 권리와 적법한 직계 상속의 권리를 지키기 위해 도와주십시오. 지금 부당하게 당신들을 지배하는 살인자이자 잘못된 폭군을 정당하게 축출하기 위해 제가 더 나아가게 해주십시오"라고 말하며 편지를 받는 사람들이 자신을 지지하고 있다는 사실을 알게 되어 기쁘다고 썼다.

또한 헨리는 "그대들이 준비할 병력과 지휘관, 지도자에 관해 확실히 알려준다면, 저도 여기 있는 친구들이 군대와 함께 바다를 건널 수 있도록 준비하겠습니다"라고 말했다. 편지를 받는 이들이 어떤 준비를 하고 있는지 아는 것이 그에게는 가장 큰 기쁨이었다. 반란이 성공했을 때 어떤 보상을 줄지도 암시한다. "당신들의 바람대로 내가 빠르게 성공한다면, 이 정당한 싸움에서 당신들이 보여준 위대하고 감동적인 사랑과 자비를 기억하고 그에 전적으로 보답하기 위해 늘 최선을 다할 것입니다."

헨리는 1485년 8월 웨일스의 펨브룩셔에 상륙할 수 있을 만큼 충분한 지원을 약속하는 답장을 받았다. 웨일스를 거치는 동안 점점 더 많은 사람이 헨리의 군대에 합류했다. 3주 후 보즈워스전투에서는 리처드 3세의 충성스러운 부하 상당수가 헨리 편으로 돌아섰다. 결국 헨리는 큰 승리를 거두었고, 리처드 3세는 전투 중에 사망했다. 리처드의 무덤은 2012년에야 레스터에 있는 한 주차장 아래에서 발견되었다.

헨리는 튜더 왕조의 첫 번째 군주인 헨리 7세로 즉위했다. 여섯 명의 아내를 둔 헨리 8세와 손녀 엘리자베스 여왕도 튜더 왕조의 일원이었다. 프랑스에서 헨리 튜더가 보낸 편지는 확실한 성공을 거두었다.

헨리 7세가 랭커스터 가문 지지자들에게 보낸 편지

믿을 수 있고, 고매하며, 명예롭고 좋은 친구들이여, 그대들에게 안부를 전합니다. 저의 정당한 권리, 즉 왕관에 대한 정당한 권리와 적법한 직계 상속의 권리를 지키기 위해 도와주십시오. 지금 부당하게 당신들을 시배하는 살인자이자 잘못된 폭군을 정당하게 축출하기 위해 제가 더 나아가게 해주십시오. 불쌍하게 망명한 나만큼 기쁨과 즐거움으로 가득 찬 기독교도는 없을 것입니다. 그대들이 준비할 병력과 지휘관, 지도자에 관해 확실히 알려준다면, 저도 여기 있는 친구들이 군대와 함께 바다를 건널 수 있도록 준비하겠습니다. 당신들의 바람대로 내가 빠르게 성공한다면, 이 정당한 싸움에서 당신들이 보여준 위대하고 감동적인 사랑과 자비를 기억하고 그에 전적으로 보답하기 위해 늘 최선을 다할 것입니다. 우리의 인장인 H를 찍었습니다. 이 편지를 전달하는 사람이 당신에게 전하는 제 말을 믿어주길 기도합니다.

● 보즈워스전투가 있은 지 20년 후인 1505년에 그려진 헨리 7세 초상화로, 런던 국립미술관에서 가장 오래된 그림이다.

● 셰익스피어는 리처드 3세를 '꼽추'로 묘사했는데, 레스터의 한 주차장에서 리처드의 유골이 발견된 후 그가 척주옆굽음증, 즉 척추측만증을 앓고 있던 사실이 확인되었다. 이 초상화는 리처드 3세가 사망한 지 거의 100년이 지난 16세기 후반 초기 작품의 사본이다.

1493년 3월 15일

콜럼버스가 스페인 왕에게 자신의 새로운 발견을 설명하다

크리스토퍼 콜럼버스는 첫 번째 신대륙 탐험을 마치고 돌아오는 길에 자신이 발견한 내용을 설명하는 편지를 쓴다. 이 편지는 유럽 전역에서 큰 반향을 일으켰으며, 19세기까지는 1492년부터 1493년까지 있었던 역사적 사건을 일인칭으로 서술한 유일한 기록이었다.

콜럼버스는 아시아로 가는 항로를 찾고 있었다. 오스만제국이 콘스탄티노플을 점령한 이후 동방으로 향하는 육로, 즉 "실크로드"라고 불리던 전통 무역로가 위험해졌기 때문이다. 그는 일본이 카나리아제도에서 서쪽으로 약 3,700킬로미터 떨어져 있으리라 낙관했다. 이 정도면 충분한 식량과 물을 갖춘 15세기 범선이 항해하기에 적합한 거리였다.

1492년 콜럼버스는 마침내 오늘날 스페인에 있는 카스티야의 왕 페르디난드를 설득해 항해를 위한 후원을 받게 되었다. 그로부터 불과 1년 전에 가톨릭 군주들이 250년 넘게 이베리아반도 대부분을 지배했던 무슬림 통치자 나스리드Nasrid 왕조를 몰아낸 참이었다. 이제 페르디난드는 통일된 스페인에서 아시아로 이어지는 짧고 안정적인 해상 경로를 장악해 유럽의 다른 나라들보다 우위를 점하길 원했다.

콜럼버스와 그가 이끄는 세 척의 배, 산타마리아호, 핀타호, 니냐호가 대서양을 건너는 데는 5주라는 시간이 소요되었다. 그는 첫 번째 상륙지에 산살바도르, 즉 '거룩한 구세주'라는 이름을 붙였다. 지금의 바하마 동부의 플라나 케이스였을 것이다. 그곳에서 이웃한 바하마에 상륙한 후 (콜럼버스는 "이슬라후아나"라고 부른) 쿠바의 북부 해안과 "에스파뇰라"라고 불렸던 동쪽의 히스파니올라(오늘날에는 아이티와 도미니카 공화국으로 분할)를 탐험했다.

콜럼버스는 편지에서 쿠바를 매우 비옥한 곳으로 묘사했다. "사방에 수많은 항구가 있으며 매우 안전하고 넓어서 제가 지금껏 본 어떤 곳과도 비교할 수 없습니다. 그 안에는 아주 넓은 강이 많이 흐르고 있습니다." 그는 "아름다운 산, 훌륭한 농장, 숲과 들판이 있으며, 땅은 경작과 방목을 하기 딱 좋을 만큼 비옥하고 건물을 짓기에도 적합합니다. 항구로서의 편리성이나 크기, 수질 면에서 탁월한 강들은 직접 보지 않는 한 믿기 어려울 정도로 인간의 생각을 뛰어넘습니다. 이 섬에서 자라는 나무와 풀, 과일은 후아나에서 자라는 것과는 매우 다릅니다"라며 히스파니올라를 천국처럼 표현했다.

이 외에도 "히스파나에는 다양한 종이 살고 있으며 금과 금속이 풍부합니다"라고 덧붙였다. 이것이 그의 진짜 마음이었다. 그의 관심은 유럽 문명이 신대륙을 위해 할 수 있는 일이 아니라 신대륙이 스페인을 위해 할 수 있는 일에 있었다. 콜럼버스는 원주민들이 활과 화살 외에는 무장하지 않았기 때문에 그들을 정복하기 쉬울 것이라고 주장했다. 그는 "그들이 기독교도가 되어 우리 왕과 왕비, 왕자와 스페인의 모든 국민을 사랑하도록 만들기 위해" 노력했다. 그는 페르디난드에게 전리품으로 가져가기 위해 여러 지역의 주민을 붙잡았지만, 그중에서 귀환 여정에 살아남은 사람은 여덟 명뿐이었다.

페르디난드는 콜럼버스를 중남미로 세 차례 더 보낼 정도로 서인도제도가 잠재력이 있다는 데 깊은 인상을 받았다. 콜럼버스의 편지는 라틴어로 빠르게 출판되었다. 이 편지가 전해진 유럽 전역에서 아메리카의 식민지화가 논의되었고, 결과적으로 노예무역이 시작되었다. 콜럼버스는 자신이 아시아로 가는 항로를 발견했다고 평생 주장했지만, 그렇지 않다는 증거가 점점 늘어나고 있었다. 1502년 콜럼버스의 주장을 처음으로 반박한 사람은 이탈리아 탐험가 아메리고 베스푸치였으며, 이후 그의 이름은 새로운 대륙인 아메리카의 유래가 되었다.

콜럼버스가 페르디난드 왕과 이사벨라 여왕에게 보낸 편지

이 항해에서 발견한 것과 있었던 모든 일을 알려드리기 위해 이 편지를 쓰기로 결심했습니다.

카디즈를 떠난 지 33일째 되던 날, 저는 인도양에 도착했습니다. 그곳에서 수많은 사람이 거주하는 많은 섬을 발견했습니다. 저는 우리의 복된 왕을 위해 모든 섬을 점령했습니다. 이를 공개적으로 선언하고 왕의 깃발을 펼쳤지만, 아무도 저항하지 않았습니다. '후아나'라는 섬은 물론, 그 주변의 다른 섬들도 매우 비옥합니다. 사방에 수많은 항구가 있으며 매우 안전하고 넓어서 제가 지금껏 본 어떤 곳과도 비교할 수 없습니다. 그 안에는 아주 넓은 강이 많이 흐르고 있습니다. 매우 높은 산도 많습니다. 이 섬 전체가 매우 아름답고 다채롭습니다. 횡단하기 쉽고, 별까지 닿을 만큼 큰 나무가 가득합니다. … 전에 '히스파냐'라고 불리던 이 섬에는 아름다운 산, 훌륭한 농장, 숲과 들판이 있으며, 땅은 경작과 방목을 하기 딱 좋을 만큼 비옥하고 건물을 짓기에도 적합합니다. 항구로서의 편리성이나 크기, 수질 면에서 탁월한 강들은 직접 보지 않는 한 믿기 어려울 정도로 인간의 생각을 뛰어넘습니다. 이 섬에서 자라는 나무와 풀, 과일은 후아나에서 자라는 것과는 매우 다릅니다. 게다가 여기 히스파냐에는 다양한 종이 살고 있으며 금과 금속이 풍부합니다. 주민들은 … 앞서 말했듯이 어떤 종류의 철붙이도 가지고 있지 않고, 무기를 전혀 알지 못하며 무기를 사용할 줄도 모릅니다. 그들은 좋은 신체 조건을 가졌지만, 소심하고 공포에 가득 차 있습니다 … 하지만 자신들이 안전하다고 느끼며 모든 두려움이 사라지면, 순수하고 정직해서 자신이 가진 모든 것을 매우 관대하게 줍니다. 그가 소유한 것을 요구하는 사람을 거절하는 사람이 아무도 없고, 오히려 우리에게 요구하라고 권유합니다. 그들은 우리 모두에게 큰 애정을 드러내며, 귀중한 것을 사소한 것과 바꾸고, 아주 작은 것을 받거나 아무 것도 받지 않아도 만족합니다 … 저는 그들의 애정을 얻기 위해 제가 가져온 아름답고 귀한 물건들을 아무런 보상 없이 그들에게 주었습니다. 그들이 기독교도가 되어 우리 왕과 왕비, 왕자와 스페인의 모든 국민을 사랑하도록, 그리고 그들이 가지고 있는 우리에게 절실하게 필요한 것을 열심히 찾아서 우리에게 주도록 만들기 위해서였습니다. …

● 1519년 세바스티아노 델 피옴보Sebastiano del Piombo가 그린 이 크리스토퍼 콜럼버스의 초상화는 "배를 타고 대척점 세계에 처음 들어온 리구리아 출신의 콜롬보, 1519"라고 기록하고 있다. 오랜 세월 권위 있는 초상화로 여겨졌지만, 콜럼버스가 1506년에 사망했기 때문에 1519년이라는 날짜는 미심쩍게 여겨진다.

1521년 8월

마르틴 루터가
"네 죄가 강해지게 하라"라고 말하다

1507년 로마 가톨릭 사제 서품을 받은 마르틴 루터는
교황 레오 10세에게 파문당하고, 가톨릭 정교에 반하는 이단이라는 이유로
신성로마제국의 황제에게 추방당했다. 그로부터 불과 두 달 후, 루터가
동료 개신교 신학자인 필립 멜랑히톤Philip Melanchthon에게 보낸 편지는
그가 여전히 '회개'하지 않았다는 사실을 보여준다.

    루터는 교회에 돈을 기부한 대가로 죄를 사해주는 면벌부 관행에 반대함으로써 교회와 그 지도자인 교황의 권위에 직접 도전했다. 루터는 구원은 오직 신을 믿음으로써 얻을 수 있으며, 사제들이 팔 수 있는 것이 아니라 신이 주는 선물이라고 믿었다.
    루터가 독일 웜스에서 교회에 대한 비판을 철회하기 거부하자, '웜스 칙령'이 내려졌다. 이 칙령은 "이제부터 누구나 말로든 행동으로든 마르틴 루터를 받아들이거나, 옹호하거나, 지지하거나, 그에게 호의를 베푸는 것을 금한다 … 그를 잡는 데 도움을 준 사람은 그 공로를 후하게 보상받을 것이다"라고 선언했다.
    루터는 작센의 프레더릭 왕자의 도움으로 체포를 피할 수 있었다. 프레더릭은 루터가 바르트부르크에 있는 자신의 성에서 비밀리에 지낼 수 있게 해주었다. 루터는 바르트부르크에 머무르는 동안 일반인이 직접 성경을 읽을 수 있도록 신약성경을 라틴어에서 독일어로 번역하는 등 매우 혁명적인 활동을 펼쳤다. 또한 종교개혁의 핵심 인물로서, 친구이자 동료 신학자였던 필립 멜랑히톤에게 편지를 보내기도 했다.

멜랑히톤과 루터는 비텐베르크대학교에서 함께 근무한 동료 교수였다. 루터는 가톨릭 교리를 거스르고 결혼한 동료 교수 켐베르크 주교를 지지하는 글을 썼다. 그는 사도바울의 가르침을 인용하며, 바울이 디모데에게 보낸 서신에서 독신주의 율법은 신이 준 율법이 아니므로 따르지 않아도 된다고 말했다. 루터는 "헛된 욕망을 불태우거나" 결혼하지 않고 부도덕하게 행동하느니 차라리 결혼하는 것이 낫다고 주장했다. 루터 자신도 2년 후 한 수녀와 결혼했다.

루터는 성찬에 대한 안드레아스 칼슈타트Andreas Carlstadt의 견해를 지지하는 글도 썼다. 당시에는 성찬 중 빵과 포도주를 모두 받지 않는 것을 죄로 여겼는데, 심지어 빵과 포도주가 고의로 제공되지 않았다고 해도 마찬가지였다. 그러나 루터는 "성경은 이 행위를 죄라고 정의할 만한 어떤 근거도 제시하지 않는다"라고 썼다. 만약 실수로 포도주를 쏟으면 어떻게 될까? 그해 말 칼슈타트는 최초로 라틴어 대신 독일어로 성찬식을 거행했고, 성직자가 빵과 포도주를 먹이는 대신 참석자가 직접 그것을 가져갈 수 있도록 했다. 이것은 사제의 권위에 대한 또 다른 도전이었다.

이러한 교리는 해방 신학이라고 불리며, 오랫동안 가톨릭교회의 권력과 부패에 억압받았던 사람들 사이에서 빠르게 퍼져 나갔다. 루터는 기독교에 광범위한 영향을 미쳤다. 북유럽은 오늘날까지도 스페인, 프랑스, 이탈리아와 비교해 개신교의 영향력이 강한 지역이다.

이 편지는 성경을 잘못 해석한 성직자들을 다시 공격하면서 마무리된다. 루터는 면벌부가 아닌 참된 믿음이 진정한 죄의 용서를 가져오는 것처럼 진정한 죄와 불공정하거나 성경적이지 않은 법으로 생겨난 죄는 다르다고 주장했다. "그러므로 당신은 거짓 죄가 아닌 참된 죄를 짊어지십시오 … 죄인이 되어 당신의 죄가 강해지게 하십시오. 그러나 그보다 예수에 대한 믿음이 더 강해지게 하십시오"라고 말했다. 즉 죄를 지으려면 참된 죄를 짓고, 예수가 당신의 죄를 용서하기 위해 죽었다는 강한 믿음을 가져야 한다는 뜻이었다. "그 어떤 죄도 우리를 신으로부터 뗄 수 없습니다. 우리가 매일 수천 번 살인을 저지르고 간음을 저지른다 해도 말입니다."

마르틴 루터가 필립 멜랑히톤에게 보낸 편지

물론 당신은 당신에게 고백한 죄만 알고 그것만 용서할 수 있습니다. 당신에게 고백하지 않은 죄는 알 필요도 없고 용서할 수도 없습니다. 그 이상을 하려는 건 너무 과도한 것입니다.

사제와 수도사가 한 서약도 마찬가지라고 저를 설득하려는 건 무리입니다. 저는 신께서 사제직을 자유롭게 세웠다는 사실이 매우 우려스럽습니다. 성인이 되기 전에 사제가 되었거나 아직 성인이 되지 않은 사람들은 깨끗한 양심으로 그 상태에서 떠날 수 있다는 결론을 내렸습니다. 하지만, 자발적으로 선택한 사제의 경우는 그렇지 않지요. 오랫동안 성직자였다가 나이가 들어간 사람을 판단하기는 망설여집니다.

덧붙여, 사도바울은 사제들이 결혼하는 것을 마귀들이 금지했다고 아주 자유롭게 말하고 있습니다. 그리고 사도바울의 목소리는 신성한 권위의 목소리입니다. 따라서 저는 그들이 바울에게 의지해야 한다는 것을 의심하지 않습니다. 비록 당시 그들이 마귀의 금지에 동의했다 하더라도, 이제 그들과 맺은 계약이 누구와 맺어진 것인지를 깨달았으니, 그 계약을 기꺼이 파기할 수 있다고 생각합니다.

마귀가 결혼을 금지한 것이 말씀에 분명히 나타나 있으며, 쳄베르크 주교의 행동을 승인하도록 저를 재촉하고 강요합니다. 신께서 이것이 마귀가 금지한 것이라고 말씀하실 때 그분은 거짓말을 하시거나 우리를 속이지 않으십니다. 마귀와 맺은 계약이 있다면, 신을 거스르는 불경한 잘못으로 이루어진 것이므로 지속해서는 안 됩니다. 신께서는 그 금지를 만들어낸 영들이 잘못되었다고 분명히 말씀하시기 때문입니다.

지옥문을 향한 이 신성한 판단에 동참하기를 왜 주저합니까? 이스라엘 자손이 기브온 사람들에게 한 맹세와는 상황이 다릅니다. 그들은 평화를 제안하거나 평화를 받아들여야 한다는 법이 있었고, 그들의 관습을 따르는 개종자들을 받아들여야 한다는 것을 법에 명시했습니다. 모든 것이 그렇게 이루어졌습니다. 거기에는 주님이나 영의 충고를 거역하는 일은 없었습니다. 처음에는 불평했지만, 결국에는 승인했습니다.

게다가 미혼 상태는 단지 인간의 법령일 뿐 쉽게 철회될 수 있다는 점을 고려하세요. 따라서 어떤 기독교도라도 자유롭게 결혼할 수 있습니다. 결혼을 금지하는 것이 마귀가 아닌 경건한 사람에게서 나왔다 하더라도 저는 같은 주장을 할 것입니다. …

● 마르틴 루터는 구원과 영생은 선행으로 얻는 것이 아니라 예수가 자신의 죄를 사해주신 구세주라고 믿는 신자들의 믿음을 통해 주어지는 신성한 선물이라고 믿었다.

1528년
헨리 8세가 앤 불린에게 연애편지를 쓰다

> 앤 불린은 잉글랜드의 왕 헨리 7세를 섬기던 궁정 외교관의 딸이었다. 헨리 7세의 아들 헨리 8세는 앤에게 반했는데, 그가 앤에게 보낸 17통의 연애편지에 적힌 열정 어린 언어가 이를 잘 보여준다. 이들의 연애는 영국 역사의 흐름을 바꿀 만한 사건이었다.

헨리 8세가 여섯 명의 아내와 결혼한 데에는 여러 가지 이유가 있었다. 16세기에 결혼은 두 사람만의 일이 아니라 강력한 가문 사이의 정치적 협약이었다. 헨리 8세의 첫 중매결혼은 사실 헨리 7세의 왕위 계승자이자 헨리 8세의 형이었던 아서 왕자를 위해 계획된 결혼이었다. 하지만 아서는 캐서린과 결혼한 지 6개월 만에 15세의 나이로 세상을 떠났다.

그렇지만 잉글랜드와 스페인 간의 협약을 포기할 수는 없었다. 아서의 동생 헨리 8세가 새로운 왕위 계승자가 되었고, 캐서린은 1509년 헨리의 대관식 직후 남편의 동생 헨리와 결혼했다. 이윽고 둘 사이에 딸 메리가 태어났지만, 헨리는 필사적으로 남자 후계자, 즉 미래의 헨리 9세를 원했다.

그러던 1526년에 앤 불린이 나타났다. 캐서린이 아들을 낳지 못한다는 사실에 절망하던 25세의 젊은 청년 헨리는 10살 연하인 앤에게 정신없이 빠져들었다. 헨리는 앤을 쫓아다니며 계속 연애편지를 보냈다. 처음에는 헨리를 거절했던 앤도 서서히 그에게 마음을 열었다. 1528년 1월에 쓰인 이 편지는 혼인 무효 소송의 경과와 헨리가 앤에게 얼마나 열정적으로 빠져들었는지를 잘 보여준다.

앤은 헨리에게 작은 여자 동상이 담긴 모형 배를 선물했다. 인생이라는 폭풍 속에서 헨리가 그녀의 피난처임을 암시하는 선물이었다. 헨리 8세는 자신은 그런 선물을 받을 자격이 없다고 주장했다. 그는 프랑스어로 "내가 항상 추구했던 위대한 인간애와 호의가 당신에게 없었다면, 내게서 그 선물을 받을 만한 자격을 찾기가 매우 어려웠을 것이오"라고 썼다. 앤은 그에게 자신의 모든 부족한 점을 용서해달라고 겸손하게 부탁했고, 헨리는 친절하게 대답했다. "또한 전에 내가 어떤 식으로든 당신을 서운하게 했다면, 당신이 구했던 용서를 내게도 베풀어주기를 간청하오."

'아라곤의 캐서린'을 아내로 둔 이 남성은 아내가 아닌 다른 여인에게 "이제부터 내 마음은 오직 당신에게만 바치겠소 … 내 몸도 그랬으면 좋겠소"라고 약속했다. "Aut illic, aut nullibi(당신 마음속에 있거나, 아니면 어디에도 없을 것이오)"라며 자신의 마음이 변하지 않을 것이라고 맹세하기도 했다. 헨리는 사실상 결혼 서약을 인용함으로써 앤과 결혼하고픈 의지를 드러내고 자신의 마음이 변치 않을 것임을 보여주고자 했다.

그러나 심각한 문제가 하나 있었다. 헨리는 이미 유부남이었고, 가톨릭 교회는 이혼을 용납하지 않았다. 헨리와 앤 모두 교황 클레멘트 7세에게 간청했지만, 소용없었다. 분노와 좌절감에 휩싸인 헨리는 1533년 캔터베리 대주교를 새로 임명해 캐서린과의 결혼이 무효라고 선언했다. 헨리와 앤은 이미 4개월 전 비밀리에 결혼까지 한 터였다. 이에 교황은 헨리와 대주교 토머스 크랜머를 모두 파문했다. 헨리는 로마가톨릭과 결별하고 영국국교회의 수장이 되었다. 그는 영국 사람들의 일상생활에서 큰 역할을 했던 부유하고 강력한 가톨릭 수도원을 폐쇄함으로써 영국의 종교와 경제, 사회생활을 완전히 뒤바꾸었다. 이 모든 것이 사랑 때문에 벌어진 일이었다.

앤은 미래의 엘리자베스 1세가 될 딸을 낳았지만, 캐서린과 마찬가지로 아들은 낳지 못했다. 그리고 헨리는 전에 그랬던 것처럼 다른 여자(제인 시모어)를 찾기 시작했다. 앤은 반역, 불륜, 근친상간이라는 날조된 혐의로 참수당했다. 이 희대의 스캔들은 사랑으로 시작되어 증오로 끝나고 말았다. 헨리는 마치 나무에 함께 이름 약자를 새기는 10대 소년처럼 앤 불린과 결혼하겠다고 서약한 편지에 이렇게 서명했다. "헨리 왕은 앤 불린만을 사랑하겠습니다H aultre AB ne cherse R." 그리고 AB라는 글자는 하트로 둘러싸여 있었다.

헨리 8세가 앤 불린에게 보낸 연애편지

이렇게 아름답고 완벽한 선물은 없을 것이오. 진심으로 감사를 표하오. 멋진 다이아몬드와 여인이 홀로 타고 있는 배도 인상적이지만, 특히 이 상황에서 당신의 선함이 나한테 보여준 훌륭한 메시지와 극도로 겸손한 마음에 고마움을 느낀다오. 내가 항상 추구했던 위대한 인간애와 호의가 당신에게 없었다면, 내게서 그 선물을 받을 만한 자격을 찾기가 매우 어려웠을 것이오. 내 힘이 닿는 한 모든 친절을 다해 그것을 보존하려고 노력하겠다고 약속하오. 내 희망은 'Aut illic, aut nullibi'이라는 변함없는 결심 속에 있다오.

당신의 애정을 보여주는 표현과 편지의 아름다운 문구는 영원히 당신을 존경하고, 사랑하며, 섬기게 만드는구려. 앞으로도 변함없이 이 굳건하고 변함없는 결심을 계속해주기를 간청하며, 나 역시 당신을 기쁘게 하려는 열망과 충성으로 당신을 향한 마음이 더 커지도록 노력할 것을 약속하오.

또한 전에 내가 어떤 식으로든 당신을 서운하게 했다면, 당신이 구했던 용서를 내게도 베풀어주기를 간청하오. 앞으로 내 마음은 당신에게만 바친다는 것을 믿어주시오. 내 몸도 그렇게 되길 바라오. 신께서 원하신다면 그렇게 하실 수 있을 것이기에 내 기도가 신에게 닿기를 바라며 매일 기도드린다오. 머지않아 우리가 다시 만나길 바라지만, 그 시간이 정말 길게 느껴질 것 같소.

✳ '당신 마음속에 있거나, 아니면 어디에도 없을 것이오'라는 뜻이오.

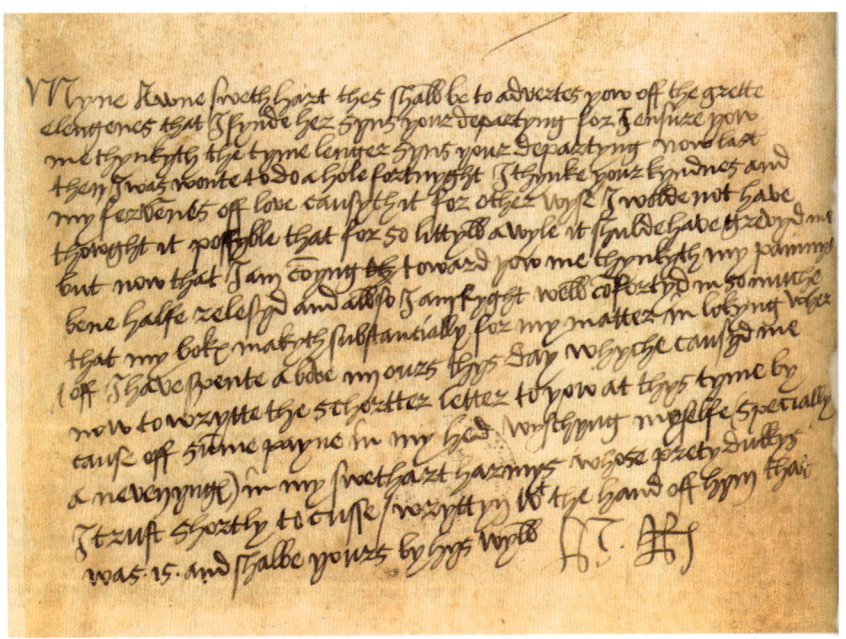

● 헨리 8세가 앤 불린에게 보낸 연애편지 묶음이 바티칸 사도 도서관에서 발견되었다. 헨리 8세가 '아라곤의 캐서린'과의 결혼을 취소하는 문제로 가톨릭교회와 갈등을 빚던 상황에서 앤은 이 편지들을 도둑맞았다. 이 편지들은 이후 교황청으로 보내진 것으로 추정된다.

1542년

신대륙에서 벌어진 스페인의 잔혹 행위를 폭로하다

스페인은 신대륙 식민지로 많은 상품을 수출했다. 그중에는 스페인 종교재판소에서 처음 시작된 잔혹한 처벌 방식도 있었다. 그러나 1542년, 한 남성이 원주민에 대한 야만적 대우를 폭로하는 편지를 썼고, 이를 계기로 원주민을 보호하기 위한 신인도법New Laws of the Indies이 제정되었다.

바르톨로메 데 라스 카사스Bartolomé de las Casas는 라틴아메리카에서 활동한 스페인 출신의 식민지 개척 사제였다. 그는 1502년, 18세의 나이에 아버지와 함께 처음 히스파니올라(현재의 아이티)로 건너가 현지인을 고용해 땅을 일구는 대농장주가 되었다. 1510년에 가톨릭 사제가 된 이후로는 쿠바 식민지화에 참여하며 군 목사로 활동했다. 데 라스 카사스는 원주민들을 유럽 종교로 개종시키기 위해 노력했고, 원주민들의 생활 환경을 개선해 모범적인 식민지를 세우고자 했다. 그는 원주민을 노예로 삼는 관행에 반대하며(대신 아프리카인을 노예로 사용할 것을 제안했다), 원주민의 권리를 지지했던 초기 활동가였다.

스페인은 식민지를 개척하는 과정에서 비인도적인 일을 많이 저질렀다. 1542년 신성로마제국의 황제 카를 5세는 이 문제를 논의하기 위한 특별 토론회를 소집했다. 데 라스 카사스는 이를 기회로 삼아 황제에게 자신이 직접 목격한 일을 담은 편지를 보냈다. 스페인 사람들이 히스파니올라와 쿠바 원주민에게 저지른 잔혹 행위를 고발하는 내용이었다.

회의에서 이 편지가 낭독되자 장내에 있던 사람들은 차마 그 내용을 들을 수 없을 만큼 괴로워했다. 그는 스페인 이주자들이 마치 스포츠를 즐기듯 원주민들에게 행했던 잔혹 행위를 생생하게 묘사했다. 지역 지도자들은 교수형과 화형으로 천천히 죽임당했으며, 살아 있는 사람들은 칼과 창으로 무참히 학살당했다.

"기독교도는 말에 올라타 칼과 창을 들고 원주민을 학살하며 끔찍한 잔혹 행위를 저질렀습니다. 그들은 시골로 침입해 아이, 노인, 임산부, 심지어 산고를 겪는 여성들까지 가리지 않고 마치 우리에 갇힌 어린 양들을 공격하듯 그들의 몸을 찌르고 해쳤습니다." 그는 이 모든 것이 분명 단순한 '재미' 때문이었다고 적었다. "웃고 농담하면서 사람을 두 동강 낼지, 한 번에 목을 베어버릴지 내기를 하기도 했습니다"라고 썼다.

그는 거의 30년 동안 히스파니올라 원주민의 권리를 위해 싸워왔기 때문에, 스페인 식민지에서 큰돈을 벌어들이던 권력자들에게 쫓겨나는 일에 익숙했다. 그러나 이번에는 그의 충격적인 증언이 큰 반향을 일으켰다. 그가 스페인의 황제와 개인적으로 친분이 있었다는 사실도 도움이 되었다. 결국 카를 5세는 '신인도법'을 제정해, 스페인 식민지의 일부 관리를 소환하고 서인도제도에서 원주민 노동 착취를 규제했다.

신인도법은 식민지 정착민에게 원주민을 영구적으로 부릴 수 있는 권리를 부여하는 엔코미엔다encomienda 제도를 점진적으로 폐지하는 내용을 담고 있으며, 현재 소유자가 사망하면 자동으로 소유권이 종료되도록 규정했다. 노예제도는 불법이 되었고, 이로써 가혹한 대우로 거의 멸종 위기에 처한 서인도제도의 원주민이 스페인 사람에게 물자나 노동을 제공할 의무도 사라졌다.

데 라스 카사스는 신인도법이 충분하지 않다고 생각했던 반면, 뉴 스페인(아메리카 전역의 스페인 식민지)의 총독을 비롯해 '엔코멘데로'라고 불렸던 감독관들은 신인도법이 지나치게 엄격하다고 여겼다. 결국 그는 목숨의 위협을 받았고, 여러 지역에서 폭동이 일어났으며, 신인도법은 시행된 지 불과 3년 만에 폐지되었다. 패배한 데 라스 카사스는 뉴 스페인을 떠나 스페인 제국 법정에서 식민지 옹호자로 남은 생애를 보냈다.

바르톨로메 데 라스 카사스가
스페인의 카를 5세 국왕에게 보낸 편지

신께서는 이 수많은 사람을 아주 순수하게 창조하셨습니다. 그들은 악의나 이중성이 없으며, 자신들의 군주와 섬기는 기독교도에게 매우 순종적이고 충성스럽습니다. 또한 가장 겸손하고 인내심이 강하며 평화롭고 차분해 다툼이나 소란을 일으키지 않습니다. 그들은 언쟁하거나 불평하지 않으며, 세상 그 누구보다도 소란, 증오, 복수심에서 멀리 떨어져 있습니다. …

스페인 사람들은 창조주께서 이런 자질을 선물로 주신 이들을 알게 되자마자, 며칠 동안 굶주렸던 늑대와 호랑이, 사자처럼 이 온순한 양들 사이로 들어가, 지난 40년 동안 그들을 괴롭히기만 했습니다. 이전에는 본 적도, 들은 적도, 읽은 적도 없는 기이하고, 새로운 잔혹함으로 그들을 괴롭히고, 학대하고, 죽였습니다.

기독교도는 말에 올라타 활과 창을 들고 원주민을 학살하며 끔찍한 잔혹 행위를 저질렀습니다. 시골로 침입해 아이, 노인, 임산부, 심지어 산고를 겪는 여성들까지 가리지 않고 마치 우리에 갇힌 어린 양들을 공격하듯 그들의 몸을 찌르고 해쳤습니다.

그들은 웃고 농담하면서 사람을 두 동강 낼지, 한 번에 목을 베어버릴지, 창자를 찢어낼지 내기를 하기도 했습니다. 아기를 어머니의 품에서 떼어내어 발을 찢고 머리를 바위에 내리쳤습니다. 어깨를 잡아 강에 던지며 웃고 농담했고, 물에 빠진 사람을 보고는 "그 시체를 끓여버려!"라고 외쳤습니다. 아기의 시신을 어머니와 그 앞에 있던 모든 사람 앞에서 칼로 찔렀습니다.

발이 땅에 겨우 닿을 만한 교수대를 만들었고, 13명이 모여서 우리 구세주와 12사도에 대한 존경과 경의를 표하며 교수대 아래 나무를 깔고 불을 피워 원주민들을 산 채로 불태웠습니다.

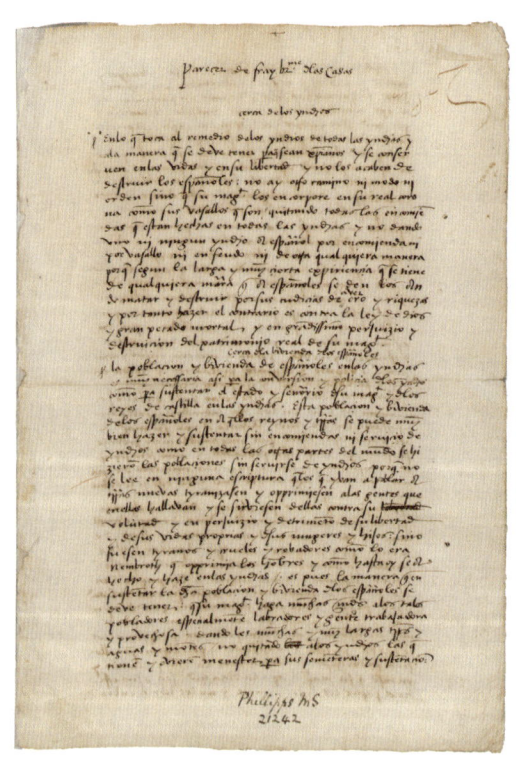

● 반향을 일으킨 바르톨로메 데 라스 카사스의 편지.

1554년 3월 16일

엘리자베스 1세가 '피의 메리'에게 편지를 보내 목숨을 구걸하다

> 헨리 8세는 아무리 친밀했던 관계라도 자신의 이익에 부합하지 않으면 바로 끊어냈다. 헨리 8세가 사망한 후, 장녀였던 메리는 이복 여동생 엘리자베스를 런던탑으로 보내라고 명령했다. 엘리자베스는 언니가 아버지처럼 무자비하게 자신을 해칠까 두려워 편지를 보내 목숨을 구걸했다.

메리는 헨리 8세의 첫 번째 아내인 '아라곤의 캐서린'이 낳은 딸이었다. 엘리자베스의 어머니는 헨리 8세의 두 번째 아내인 앤 불린이었다. 헨리 8세는 캐서린과의 결혼을 무효화하고 앤을 참수한 후 제인 시모어와 결혼했다. 제인은 여섯 명의 아내 중 세 번째 아내였다. 헨리는 자신의 뒤를 이을 아들을 낳기 위해 결혼을 거듭했고, 마침내 제인이 아들 에드워드를 낳았다.

에드워드가 헨리의 뒤를 이어 왕이 되었을 때는 고작 아홉 살이었다. 그는 후계자 없이 15살에 세상을 떠나고 말았다. 헨리 8세의 장녀인 메리는 서열상 후계자가 되어야 마땅했지만, 가톨릭교도라는 이유로 그렇게 되지 못했다. 교황이 헨리 8세를 파문한 후 에드워드는 개신교도로 자랐고, 에드워드의 고문들은 그의 먼 사촌이자 개신교도인 레이디 제인 그레이를 새로운 여왕으로 선포했다. 그러나 제인이 여왕으로 재임한 기간은 고작 9일이었다.

메리의 지지자들이 제인을 폐위시켰기 때문이다. 피의 메리Bloody Mary라고도 불리는 메리 1세는 아버지의 개신교 개혁을 무너뜨리고, 전형적이면서도 잔혹한 방식을 활용해 왕위를 굳건히 세워나갔다.

제인은 1554년 2월 12일에 참수당했다. 3월 18일, 메리는 왕좌의 또 다른 잠재적 경쟁자 엘리자베스를 제인이 처형당하기 전 갇혀 있었던 런던탑에 가두라고 명령했다. 개신교도였던 엘리자베스는 가톨릭 국가였던 스페인의 왕과 메리의 결혼을 막으려는 음모에 자신이 연루된 것을 두려워했다. 엘리자베스는 메리에게 편지를 보내 자신의 결백을 주장하며 자비를 구했다.

"저는 신께 항변합니다. 폐하의 사람에게 해를 가하거나 이 나라를 위험에 빠뜨릴 어떤 일도 절대 실행한 적이 없으며, 조언하거나 동의를 하지도 않았습니다." 엘리자베스에게 불리하게 작용한 증거는 반란을 주도한 토머스 와이어트Thomas Wyatt가 쓴 위조 편지였다. "반역자 와이어트가 제게 편지를 썼을지도 모르겠습니다. 하지만 저는 맹세코 그에게 편지를 받은 적이 없습니다. 또한 제가 프랑스 왕에게 보냈다는 편지와 관련해 만약 단어나 표식, 메세지 중 단 하나라도 제가 보낸 것이 있다면, 신께서 영원히 저를 혼란에 빠뜨리길 기도합니다."

엘리자베스는 분명 많은 공모자를 알고 있었다. 하지만 대부분 역사가는 엘리자베스가 결백하다고 생각한다. 그녀는 "폐하께 간청하옵건대, 제가 폐하 앞에서 직접 대답할 기회를 주십시오. 의회에 이 일을 맡겨서 제게 고통을 주지 않으시기를, 가능하다면 제가 탑에 가기 전 혹은 유죄판결을 받기 전에 기회를 주시기를 엎드려 간청합니다"라고 말하며 메리가 자신의 변론을 직접 듣고 의회의 말만 믿지 않도록 설득하려고 노력했다.

엘리자베스가 편지를 얼마나 천천히 썼던지 편지를 다 쓰기도 전에 템스강의 조류가 바뀌었기 시작했다. 이 때문에 엘리자베스를 런던탑으로 보내려던 일정도 미루어지고 말았다. 이것이 과연 우연이었을까? 엘리자베스는 영리한 사람이었다. 편지에 서명한 후 그녀는 누군가가 편지에 유죄를 입증

할 만한 내용을 추가하지 못하도록 남은 공간에 선을 그렸다. 메리는 엘리자베스를 죽이지 않기로 결정했다. 그리고 마침내 1558년 후계자 없이 죽어가면서 엘리자베스를 왕위 계승자로 인정했다.

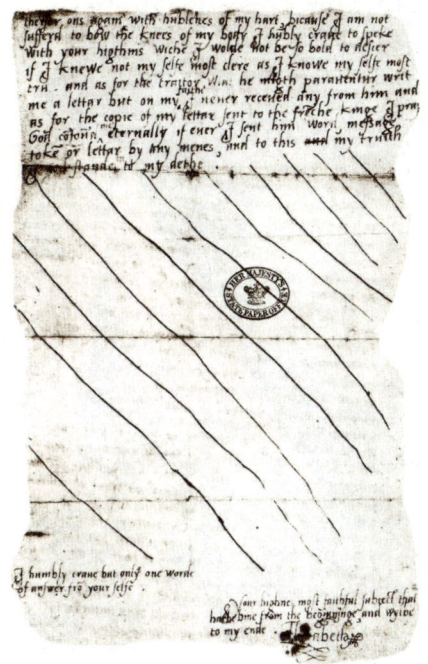

● 엘리자베스는 궁정을 둘러싼 의혹을 고려해 편지에 공백을 남기지 않았으며, 편지의 빈 부분에 선을 그었다.

● 윌리엄 스크롯William Scrots이 그린 엘리자베스의 초상화로, 그녀가 13~14세 정도였던 1546년이나 1547년에 그려진 것으로 추정된다.

1586년

배빙턴이 스코틀랜드 여왕에게 보낸 암호 편지로 음모가 밝혀지다

감옥에 갇힌 스코틀랜드 여왕 메리의 지지자들이 엘리자베스 1세 여왕을 암살하려는 음모를 꾸몄다. 그들은 현명하게도 암호로 편지를 작성했다. 그러나 음모자들 사이에 스파이가 잠입했고, 이 암호를 해독해 치명적인 결과를 초래했다.

두 여왕은 사촌 사이였다. 자신이 잉글랜드의 적법한 여왕임을 주장하던 메리는 별거 중인 남편 헨리 스튜어트 단리 경이 수많은 의혹을 낳으며 살해된 이후, 스코틀랜드에서 도망쳤다. 좋지 않은 소문이 퍼지던 당시 엘리자베스 여왕은 메리에게 편지를 보냈다. "내가 … 온 세상이 그 사건을 어떻게 생각하는지 네게 말하지 않는다면, 충실한 사촌이나 다정한 친구의 역할을 다하지 못하는 거겠지. 사람들은 네가 살인자를 잡는 대신 그들이 도망치는 걸 알면서도 모르는 척한다고 얘기해. 널 그렇게 기쁘게 만들어준 사람들에게 복수하지 않을 거라고 말이야."

메리는 남편 단리 경을 살해했다는 혐의를 받고 있던 보스웰 경과 재혼했고, 이 결혼은 스코틀랜드의 여론을 분열시켰다. 로클레벤성에 갇혀 있다가 탈출한 그녀는 1568년에 결국 사촌 엘리자베스의 보호를 받기 위해 남쪽 잉글랜드로 도망쳤다.

이곳에서 메리는 왕족 신분에 걸맞은 대우를 받았다. 그러나 점차 엘리자베스의 적들이 메리를 중심으로 결집하게 되면서 자유를 빼앗기기 시작했다. 그녀는 엄격한 감시 아래 여러 성을 옮겨 다녀야 했다.

영국 역사에서 흔히 볼 수 있듯이 이번에도 갈등의 중심에 종교 문제가 있었다. 엘리자베스 1세는 개신교도였으며, 당시 잉글랜드의 국교도 개신교였다. 메리는 가톨릭교도로, 왕좌에 가톨릭교도를 다시 앉히고 싶어 하는 모든 사람에게 등대 같은 존재였다. 메리를 풀어주고 엘리자베스 여왕을 죽이려는 음모를 주도한 예수회 사제 존 발라드John Ballard도 그런 사람 중 하나였다. 발라드는 뜻을 같이하는 동조자들을 모집했다. 그중에서도 주목할 만한 인물이 메리의 전 감옥장이었던 슈루즈베리 백작의 참모 앤서니 배빙턴Anthony Babington이다.

배빙턴은 1586년 초 메리에게 편지를 보내 자신의 암살 계획을 알렸지만, 엘리자베스 여왕의 스파이가 모임에 침투했다는 사실은 알지 못했다. 배빙턴의 친구이자 동료였던 로버트 폴리는 엘리자베스의 보안 책임자인 프랜시스 월싱엄 경에게 매수되어 돈을 받고 있었다. 또한 월싱엄은 메리가 주고받은 편지를 맥주 통에 넣어 밀반입하고, 그 편지 내용을 월싱엄에게 전달할 이중 스파이 길버트 기포드Gilbert Gifford를 심어놓았다.

메리가 엘리자베스 1세를 살해하려는 음모를 주동하지는 않았지만, 그녀도 이 계획에 가담했음이 틀림없다. 메리가 배빙턴에게 보낸 한 편지에서 그녀는 자신을 왕좌에 앉히려면 가톨릭 국가인 스페인의 침략이 필요하다고 강조했다. 다른 서신과 마찬가지로 월싱엄의 암호 해독가 토머스 펠리페스Thomas Phelippes가 이를 가로챘다. 월싱엄은 이 편지에 몇몇 문장을 덧붙이라고 지시했다. 그 결과, 배빙턴은 메리로부터 동료 공모자들의 이름을 알려달라는 위조 편지를 받았다. 메리가 배빙턴에게 보낸 마지막 자필 편지로 월싱엄은 메리가 반역을 꾀한다는 사실을 확신했다. 그 편지에 "이제 거사를 시작합시다"라는 메리의 친필이 담겨 있었던 것이다.

　1586년 9월 메리의 지지자들은 차례로 잡혀가 재판을 받고 교수형을 당했으며, 사지가 찢겼다. 메리 자신도 포더링헤이성에서 여론용 공개 재판을 받았지만, 자신을 변호할 권리조차 허락되지 않았다. 암호를 해독한 편지들이 낭독되었고, 잉글랜드의 주교, 백작, 영주로 구성된 배심원단은 45대 1의 표 차이로 메리에게 유죄를 선고했다. 오랫동안 문제를 일으켜온 사촌을 처형하라는 요구를 계속 거부했던 엘리자베스 여왕도 더 이상 그 요구를 미룰 수 없었다. 1587년 2월 8일, 결국 메리는 참수되었다.

앤서니 배빙턴이 스코틀랜드 여왕
메리에게 보낸 암호 편지

우선, 침략을 확실히 합니다. 충분한 병력 필요. 약속된 항구에 도착하고 장소마다 강력한 부대가 그들과 합류해 상륙을 보장해야 합니다. 폐하의 구출. 찬탈하는 경쟁자를 신속하게 처리. 이 모든 것을 실행하기 위해 폐하께서는 제 조력을 믿어주시길 바랍니다 … 지금 일이 지체되면 극도로 위험해지므로 폐하께서 지혜로 우리를 인도하시고 군주의 권위로 이 일을 추진할 사람들에게 권한을 주시길 바랍니다. 지금 이 절박한 임무에서 폐하께 충성을 다할 자유로운 귀족이 없다는 사실을 고려할 때(우리가 알지 못하는 자들 제외), 이 나라의 대중은 본래 귀족을 따르려는 성향이 있으므로 대중을 이끌 지도자가 꼭 필요합니다. 그렇게 하면 대중과 지주가 모순이나 다툼 없이 따르게 되고, 그 일이 지도자들에게도 큰 용기를 더해줄 것입니다. 이러한 필요를 고려해 저는 서부, 북부, 남웨일스, 북웨일스, 랭커셔, 더비, 스태퍼드 지역에서 폐하의 부관으로 가장 적합한 인물을 추천

합니다. 그는 이 모든 지역에서 이미 세력을 형성했고 폐하의 이름으로 협정을 받았으므로 의심할 여지 없이 충성을 다할 것입니다. …

… 저와 신사 10명, 추종자 100명이 폐하를 적들의 손에서 구출할 것을 약속드립니다. 찬탈자를 신속하게 처리하기 위해 그녀에게 파문당해 복종할 필요가 없는 여섯 명의 귀족 신사들이 그 비극적인 처형을 감행할 것입니다. 이들은 모두 제 친구들이며, 가톨릭이라는 대의를 위한 폐하의 섬김을 열정적으로 지지하고 있습니다.

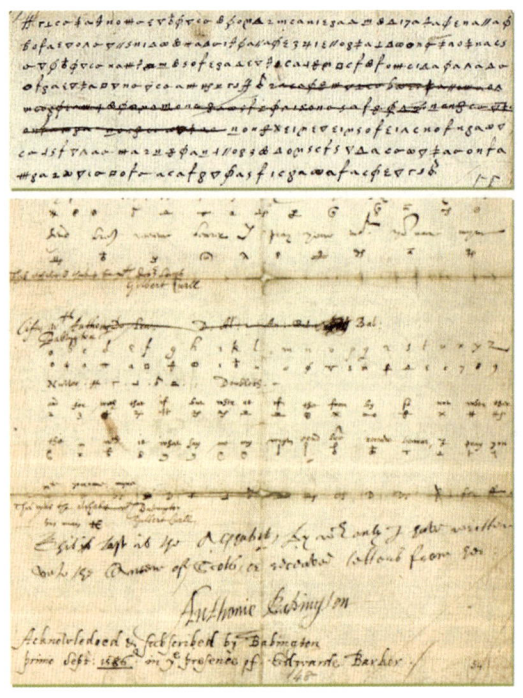

● 월싱엄의 암호해독자인 토머스 펠리페스는 1586년 메리가 배빙턴에게 보낸 편지 중 하나에 위조 문서를 첨부해 공모자들의 이름을 알려달라고 요청했다.

● 1585년 프랜시스 월싱엄 경의 초상화. 개신교도인 그는 엘리자베스의 이복 언니인 메리 1세의 통치 기간에 스위스와 이탈리아 북부로 추방되었다.

1588년 7월 5일

스페인의 왕이 무적함대로 잉글랜드를 공격하라고 명령하다

> 무적함대는 1588년 5월 말, 메디나 시도니아Medina Sidonia 공작의 지휘 아래 130척의 배를 싣고 스페인에서 출항했다. 시도니아 공작은 플랑드르에 집결한 군대를 호위해 잉글랜드를 침공하는 임무를 맡았다. 하지만 시도니아는 해군 지휘 경험이 없는 귀족이었고 … 여기에서 문제가 발생했다.

무적함대가 출항한 목적은 엘리자베스 1세 여왕과 그녀가 다시 세운 개신교 체제를 전복하고 수익성이 높은 새로운 스페인 식민지와의 무역을 심각하게 방해하던 잉글랜드의 사략선(전시에 적선을 붙잡을 권리를 인정받은 민간 무장선 - 옮긴이)을 막는 것이었다.

메디나 시도니아 공작은 펠리페 2세가 원래 임명한 지휘관인 산타 크루즈 후작이 사망하는 바람에 뒤늦게 함대 사령관으로 임명되었다. 펠리페 2세는 시도니아 공작이 자신의 명령을 충실히 따를 것이라고 여겼다. 하지만 시도니아 공작은 군 복무 경험이 거의 없었고, 해군 경험은 더더욱 없었으며, 뱃멀미를 심하게 했다.

함대는 리스본에서 출발한 직후, 비스케이만을 건너던 중 폭풍에 휩쓸려 흩어져버렸다. 이때 시도니아의 연약함이 시험대에 올랐다. 공작은 펠리페

2세에게 함대에 문제가 생겼다고 보고했다. 라코루냐A Coruña로 돌아가 군을 재정비하고 함대를 수리하면서 양국 간의 평화 협상을 위한 시간을 벌 수 있도록 출격을 연기해달라고 요청했다.

펠리페 2세는 1588년 7월 5일에 답장을 보냈다. 펠리페 2세의 지시는 매우 명확했다. "이번 사건 때문에 계획을 중단할 의도는 없으며, 어떤 경우에도 이미 시작된 임무를 계속 진행할 것이오. 이 어려움 때문에 원정을 포기해서는 안 되오."

시도니아 공작은 함대에 성격이 다른 배들이 섞여 있는 것을 문제 삼았다. 130척의 함선 중 28척만이 전용 군함이었고, 나머지는 병력과 보급품을 실어 나르기 위해 개조된 화물선과 바지선이었다. 이 배들은 애초에 바다가 아닌 연안 지역에 적합하도록 만들어져서 폭풍에 취약할 수밖에 없었다.

폭풍이 지나간 후에도 여전히 많은 사람이 실종된 상태였다. 왕은 임무를 계속하고 싶은 마음에 공작에게 실종자들을 찾지 말라고 명령했고, 나머지만으로도 항해를 완벽하게 마칠 수 있다고 주장했다. "시간을 벌기 위해 가장 쓸모없는 배 12척에서 15척을 남겨두고 그 배에 실린 짐을 다른 배로 옮기면 될 것이오."

항해가 지연되면서 원정대의 물품 공급에도 차질이 생겼다. 무적함대는 2개월분의 식량과 음료를 싣고 항해를 시작했지만, 일부 선박에서 물과 식량이 바닥났다. 펠리페 2세는 "항구에 머무르는 동안 신선한 빵, 고기, 생선을 제공하시오. 예비비를 사용하면 됩니다. 내가 다음 명령을 내리는 즉시 항해를 시작할 준비를 하시오"라고 명령했다. 평화 회담은 이미 무산되었고, 다음 날 시도니아 공작은 마지못해 왕에게 복종하며 다시 항해를 시작했다. 영국해협의 악천후, 네덜란드에서 대기하고 있던 스페인 지원군과의 통신 불량, 칼레 외곽에 정박해 있던 스페인 함대를 겨냥한 프랜시스 드레이크Francis Drake 경의 발화 사건, 북해의 폭풍 등 여러 요인이 얽혀 무적함대는 결국 스페인 왕실의 국제적 망신거리가 되고 말았다.

영국의 드레이크와 존 호킨스 경은 거대한 스페인 갤리온선보다 작지만 빠른 전함을 가지고 있었다. 또한 잉글랜드군의 방화선fireship 사용은 침략군이 배에 타기만을 기다리던 스페인 함대에 큰 혼란을 불러일으켰다. 펠리페 2세는 고집스럽게 1596년과 1597년에 두 척의 더 작은 함대를 보냈지만, 두 척 모두 중간에 폭풍을 만나 바다에 가라앉고 말았다. 마침내 잉글랜드가 승리하면서 잉글랜드 해군이 스페인 해군보다 한 수 위라는 사실이 인정되었고, 북유럽에서 가톨릭의 정치적 영향력은 완전히 약화되었다. 무적함대의 3분의 1이 스코틀랜드와 아일랜드 앞바다에서 난파되었다. 코네마라(아일랜드 서해 지역 - 옮긴이) 지역의 유명한 야생마는 이때 해안으로 헤엄쳐온 스페인 기병이 타던 말의 후손이라고 전해진다.

스페인의 펠리페 2세가
메디나 시도니아 공작에게 보낸 편지

그대가 28일에 보낸 편지를 어제 받았소. 답장을 하기에 앞서, 지난 26일 편지와 1일자 편지에서 밝혔듯이 이번 사건 때문에 계획을 중단할 의도는 없으며, 어떤 경우에도 이미 시작된 임무를 계속 진행할 것이오. 이 어려움 때문에 원정을 포기해서는 안 되오. 함대를 다시 정비하고 흩어진 주요 병력이 다시 결집하면 작전을 진행할 것이오.

이미 말한 것처럼 내 의도는 앞서 언급한 편지에서 명확하게 말했소. 다만 두 번째로 보낸 편지에서 한 명령, 즉 함대가 10일 이내에 출항하는 것은 실종된 함선이 합류하는 것을 조건으로 하며 최대한 빨리 함선을 수리하고 남겨둘 함선의 무기, 병력, 식량을 출항할 함선에 실어야 하오. 여기서 남겨둘 함선이란 수리에 시간이 오래 걸리는 함선으로, 그 배만 놔두고 배에 실었던 모든 물품은 다른 배에 옮겨 실어야 하오.

그래도 여기에서 내 뜻을 분명히 반복해서 말하는 게 좋을 것 같소. 이에 따라 전쟁위원회는 시간을 벌기 위해 가장 쓸모없는 배 12척에서 15척을 남겨두고 그 배에 실린 짐을 다른 배로 옮기면 될 것이오. 물론 나머지 실종된 함대가 모두 합류했다는 것을 전제로 말이오.

이제 그대가 소집한 협의회 보고서와 의견을 첨부한 그대의 편지에 대해 말하겠소. 무적함대가 코루냐를 떠나 해안을 따라 실종된 배를 수색해야 한다는 의견은 어떤 경우에도 채택해서는 안 되오. 실종된 함선은 코루냐에서 그대와 합류해야 하며, 모든 선박 혹은 충분한 수의 함선이 집결되면 원정을 계속해야 하오. 이런 취지로 보낸 명령을 승인하겠소. …

● 펠리페 2세는 잉글랜드 내부에 있던 일부 세력의 지지를 얻었음에도 무력으로 잉글랜드의 국교를 가톨릭으로 되돌리는 데 실패했다.

1605년 10월 26일

몬티글 경이 신중하게 쓰인 경고장을 받다

1605년 의회 폭발 음모 사건은 개신교도였던 제임스 1세가 참석하는 잉글랜드의 새 의회 개회식에서 의회 건물을 폭파하려는 가톨릭 지지자들의 계획이었다. 폭발이 일어나기 일주일 전, 저명한 가톨릭 귀족인 몬티글 경Lord Monteagle은 익명의 편지를 받았다.

엘리자베스 여왕이 후계자 없이 사망한 뒤 잉글랜드는 여왕이 다져놓은 개신교 전통을 이어가기를 원했다. 그래서 스코틀랜드의 왕에게 잉글랜드의 왕위를 맡기기로 했다. 아이러니하게도 제임스 왕은 열렬한 가톨릭교도였던 스코틀랜드 여왕 메리의 아들이었지만, 개신교도였다. 앞서 살펴본 것처럼 엘리자베스는 왕위를 찬탈하려는 메리의 음모가 밝혀진 후, 그녀를 처형했다.

몬티글 경은 엘리자베스에게 대항해 가톨릭 봉기에 가담한 혐의로 투옥된 전적이 있었다. 이후 제임스가 엘리자베스보다 가톨릭에 더 관용적일 것이라는 기대를 품은 몬티글 경은 제임스 1세에게 편지를 보내 자신은 "더 이상 공식적인 음모와는 아무런 관련이 없다"라고 주장했다.

모든 가톨릭교도가 새 왕이 관용적일 것이라고 생각한 것은 아니었다.

몬티글 경과 같이 봉기에 참여하고 투옥되었던 로버트 캐츠비Robert Catesby는 제임스 1세가 1603년 즉위 후 생각했던 것보다 가톨릭에 관대하지 않다고 생각했다. 1604년 캐츠비는 1605년 11월 5일에 열릴 예정인 의회 개회식에서 화약을 터뜨려 제임스를 살해하겠다는 음모를 꾸몄다. 제임스가 그 행사에 참석할 것은 거의 확실했다. 캐츠비는 자신의 대의를 함께 할 다른 가톨릭교도를 모으기 시작했다. 그는 이 의회 폭발이 가톨릭교도를 잉글랜드의 왕으로 복귀시키기 위한 대중 봉기의 서곡이 될 것이라고 여겼다.

캐츠비는 폭발 사고로 수백 명의 개신교 귀족과 평민이 죽게 된다는 사실에 크게 개의치 않았다. 그러나 전 동료 혁명가였던 몬티글 경을 비롯한 가톨릭 영주들이 개신교 왕과 운명을 함께할 가능성도 배제할 수 없었다. 몬티글이 받은 편지에는 아무런 서명이 없었지만, 이 편지는 캐츠비나 적어도 몬티글의 종교적 성향을 알고 있던 공모자가 보냈을 가능성이 높다.

편지는 이 사건을 간접적으로 언급했지만, 메시지는 분명했다. 편지의 저자는 몬티글을 두고 "당신과 친구들 몇몇을 향한 애정"이라고 언급했고, 개신교도를 향해 "신과 사람들이 처단하기로 합의한 이 시대의 사악함"이라고 언급했다. 그는 "이번 의회에 참석하지 않을 핑계를 만드시오"라고 쓰며, "안전하게 결과를 기다릴 수 있는 당신 영지로 후퇴하시오"라고 경고했다.

또한 앞으로 일어날 사건의 성격을 강력하게 암시했다. "이번 의회에서 그들은 끔찍한 타격을 받을 것이오. 하지만 누가 그들을 해쳤는지는 알지 못할 것이오." 그리고 몬티글에게 "이 조언은 당신에게 해를 끼치지 않고 오히려 도움이 될 것이니 비난하지 마시오. 당신이 편지를 읽고 태우는 즉시 위험은 사라질 것이오"라며 편지를 태우라고 권고했다.

몬티글이 새 왕의 환심을 사기 위해 직접 편지를 썼다는 설도 있었다. 어쨌든 그는 자기가 한 말을 지키는 사람이었다. 그는 "모든 공식적인 음모"를 거부한 후 그 편지를 국무장관에게 가져갔고, 국무장관은 이를 다시 왕에게 보고했다. 나머지 일은 역사가 모두 알려주고 있다. 개회식 전날에 의회 건물을 샅샅이 수색한 결과, 공모자였던 가이 포크스가 지하에 숨어 있다는 사실과 석탄 더미 아래 화약통을 숨겨두었다는 사실이 모두 드러났다.

고문을 당한 포크스는 동료 공모자들의 이름을 밝혔고, 이들은 모두 1606년 1월에 처형되었다. 몬티글은 개신교 왕실을 향한 충성의 대가로 돈과 토지를 받았다. 이 편지는 지금까지 영국 국립 문서보관소에 남아 있다.

몬티글 경이 받은 익명의 편지

1605년 10월 26일. 친애하는 경, 당신과 친구들 몇몇을 향한 애정으로 나는 당신의 안전을 걱정하고 있소. 그러므로 당신의 목숨을 지키고 싶다면, 이번 의회에 참석하지 않을 핑계를 만드시오. 신과 사람들이 이 시대의 사악함을 처단하기로 합의했기 때문이오. 내 얘기를 가볍게 여기지 말고 안전하게 결과를 기다릴 수 있는 당신 영지로 후퇴하시오. 어떤 소동도 없을 것처럼 보이겠지만, 이번 의회에서 그들은 끔찍한 타격을 받을 것이오. 하지만 누가 그들을 해쳤는지는 알지 못할 것이오. 이 조언은 당신에게 해를 끼치지 않고 오히려 도움이 될 것이니 비난하지 마시오. 당신이 편지를 읽고 태우는 즉시 위험은 사라질 것이오. 신께서 당신에게 이 편지를 잘 활용할 수 있는 은혜를 주시기를 바라며, 신께서 당신을 보호해주시길 바라겠소.

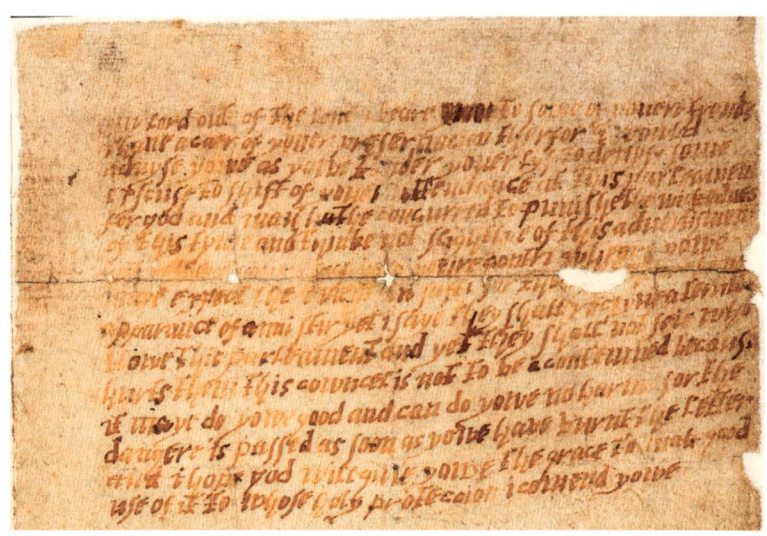

● 몬티글 경에게 의회 폭발 사고 음모를 알려준 익명의 경고 편지.

1610년 1월

갈릴레오가 목성의 위성을 처음 목격한 사건을 설명하다

> 갈릴레오 갈릴레이는 종종 현대 과학의 아버지로 불린다.
> 그는 새로운 관점에서 문제를 바라보고 과학적 해결책을 찾을 수 있는
> 지성과 상상력을 가지고 있었다. 1610년 1월 갈릴레오는 자신의 최근
> 천문학적인 발견을 묘사하고, 설명하는 편지를 썼다.

    갈릴레오 갈릴레이는 17세기 초 이탈리아 북부에 있는 파도바대학교에서 기하학, 천문학, 역학을 가르쳤다. 1609년, 갈릴레오는 네덜란드의 새로운 발명품인 초기 망원경을 보게 되었다. 갈릴레오는 이 초기 망원경의 원리를 즉시 이해하고 더 나은 망원경을 만들기 시작했다.

    그 후 갈릴레오는 베네치아공화국의 도제(정치 지도자)인 레오나르도 도나토Leonardo Donato에게 편지를 보냈다. 베네치아는 네덜란드처럼 해상무역으로 부를 축적한 강력한 국가였다. 갈릴레오는 초기 만원경을 대폭 개선한 자신의 망원경에 도제가 관심을 가질 것이라고 확신했다. 그는 "이 망원경은 맨눈으로 보는 것과 비교했을 때 적의 함선을 두 시간 먼저 발견할 수 있다는 장점이 있습니다"라고 썼다.

    갈릴레오가 설명한 것처럼 이 망원경은 미리 적의 전력을 평가하고 "추

격하거나 싸우거나 도망칠 준비를 하는 데" 분명한 장점이 있었다. "탁 트인 공간을 샅샅이 살펴볼 수 있고, 어떤 움직임이라도 식별할 수 있습니다"라고 말한 것처럼 바다뿐만 아니라 육지에서도 망원경을 활용해 얻을 수 있는 이점은 분명했다.

그러나 갈릴레오는 이 새로운 장치에 훨씬 더 큰 잠재력이 있다고 생각했다. 왜 망원경으로 지상의 지평선까지만 봐야 할까? 갈릴레오는 하늘을 볼 때도 이미 망원경을 사용하고 있었다. 그는 도제에게 보낸 편지의 마지막 부분에서 목성의 위성 네 개를 그리기도 했다. 그는 편지를 쓰기 며칠 전 그 위성들을 발견했고, 날이 흐렸던 1월 14일을 제외하고는 매일 밤 바뀌는 위성의 위치를 추적했다.

갈릴레오는 망원경 관찰을 통해 그것들이 별이 아니라 목성 주위를 도는 위성임을 깨달았다. 그는 태양계에서 지구 외에 다른 행성의 위성을 발견한 최초의 사람이었으며, 오늘날까지도 이 네 위성, 즉 이오, 유로파, 칼리스토 그리고 가장 큰 위성인 가니메데는 '갈릴레오위성'이라고 불린다.

이 위성들은 현재 목성 주위를 돌고 있는 위성들 중 가장 큰 위성이며, 이 발견은 우주의 모든 것이 지구를 중심으로 돈다는 일반적인 믿음에 의혹을 제기했다. 갈릴레오는 태양이 지구를 중심으로 공전하는 것이 아니라 반대로 지구가 태양 주위를 돌고 있다고 주장하며, 그 주장을 파고든 것으로 유명하다. 이 발견은 기존의 세계관을 크게 흔들었다. 1633년 갈릴레오는 그의 가설을 철회하라고 강요받으며, 남은 인생을 가택 연금 상태에서 보내야 했다.

그러나 역사가 증명했듯 결국 갈릴레이의 말이 옳았다. 1989년 미국 항공 우주국NASA은 그의 이름을 딴 갈릴레오 우주탐사선을 발사해 목성과 목성의 위성을 가까이서 관측하는 임무를 수행했다. 2003년 임무를 마친 탐사선은 목성 표면에 불시착한 후 데이터를 보냈다. 그 데이터 덕분에 우리는 1609년 갈릴레오가 직접 만든 망원경으로 처음 연구한 우주 물체에 관해 헤아릴 수 없을 정도로 많은 것을 알게 되었다.

갈릴레오 갈릴레이가
베네치아의 도제 레오나르도 도나토에게 보낸 편지

총독님,
갈릴레오 갈릴레이는 폐하 앞에 겸손하게 엎드려 경의를 표하며, 파도바(이탈리아 동북부의 도시)에서 수학을 강의하는 데 관련된 사안들을 충실히 이행할 뿐 아니라, 해상 및 육상 사업에 큰 도움이 될 망원경 '오키알레'를 전하께 바치기로 결심했음을 말씀드립니다.
저는 이 새로운 발명을 철저히 비밀로 유지하며, 오직 폐하께만 이를 보여드릴 것을 약속드립니다.
이 망원경은 거리를 정확하게 측정하기 위해 만들어졌습니다.
이 망원경은 맨눈으로 보는 것과 비교했을 때 적의 함선을 두 시간 먼저 발견할 수 있다는 장점이 있습니다. 그래서 함선의 수와 특징, 전투력을 식별하고 추격하거나 싸우거나 도망칠 준비를 할 수 있습니다. 또한 탁 트인 공간을 샅샅이 살펴볼 수 있고, 어떤 움직임이라도 식별할 수 있습니다.

● 갈릴레오가 베네치아의 도제 레오나르도 도나토에게 보낸 편지. 이 편지에는 '목성의 위성 그림'이 포함되어 있다.

● 갈릴레오가 70대 중반이었던 1640년경에 그려진 갈릴레오 갈릴레이의 초상화.

1660년 4월 4일

찰스 2세가 의회를 안심시키려 편지를 쓰다

> 한때 공화국이었던 잉글랜드에서는 왕과 의회 중 누가 국가를 통치해야 하는지를 놓고 내전이 벌어졌다. 이 일로 찰스 1세가 처형당했고 그의 아들 찰스 2세는 유럽으로 피신했다. 이후 올리버 크롬웰이 호국경(왕을 대신한 섭정 귀족에게 붙이던 호칭—옮긴이)이 되어 국가를 통치했다. 시간이 흘러 크롬웰이 죽고, 마침내 기회가 왔다.

찰스 1세는 왕이야말로 모든 국가 결정을 스스로 내릴 절대적인 통치권을 가졌다고 생각했다. 하지만 아이러니하게도 왕이 아니었던 크롬웰이 찰스가 원했던 완전한 권력을 가진 군사 독재자로 5년 동안 의회 없이 나라를 통치했다.

1658년 크롬웰이 죽자, 왕정에 대한 반향으로 그의 아들 리처드 크롬웰이 권력을 이어받았다. 그러나 리처드는 아버지와 같은 권위와 역량이 부족했다. 얼마 지나지 않아 공화국의 신모범군New Model Army이 리처드 대신 의회를 지지하고 나섰다. 하지만 의회가 실제로 통치권을 행사하려고 하자, 신모범군은 다시 의회를 해산하고 나라를 어떻게 통치할지 논쟁하며 여러 파벌로 분열되었다. 무정부 상태가 임박한 순간이었다.

스코틀랜드에서 크롬웰의 총독이었던 조지 멍크George Monck 장군은 군대를 이끌고 남쪽으로 진군해 상황을 안정시켰다. 의회 지지자에게는 놀라운 일이었지만, 멍크 장군은 당시 네덜란드에 망명 중이던 찰스 2세에게 비밀리에 편지를 보내 국가를 위해 잉글랜드의 왕으로 돌아오라고 권유했다. 찰스는 역사가들에게 '브레다 선언Declaration of Breda'으로 알려진 답장을 썼다.

이 편지는 본질적으로 입사지원서였다. 그 편지에서 찰스 2세는 자신이 왕으로서 이 나라에 어떻게 기여할 수 있는지를 설명했다. 적이었던 자들에게는 화해의 마음을 담아 "40일 이내에 … 충성을 다하고 국민에게 복종한다면 자유를 허락하고 사면하겠다"라고 말했지만, 아버지 찰스 1세의 처형에 관여했던 이들은 예외로 두었다.

종교의 자유도 약속했다. 전임자들의 통치 기간에 계속된 성공회와 가톨릭 간의 끊임없는 이성적·감정적 싸움을 고려한 조치였다. 그리고 "완전한 관용을 베풀기 위해 고심 끝에 만들어진 의회의 법에 동의할 준비가 되어 있다"라고 약속했다.

그는 국민의 이익을 위해 의회와 협력할 준비가 되어 있었다. 편지에서도 "자유로운 의회"라고 언급하며, "의회의 자문을 받을 것"이라고 명확히 밝혔다. 찰스 2세는 현명하게도 내전 과정에서 주인이 바뀐 많은 토지와 관련해 누가 어떤 땅의 소유주인지 결정하는 임무를 의회에 맡겼다. 그리고 멍크의 병사들에게 미지급된 급여를 정산해주고, 임금을 삭감하거나 고용 조건을 하향 조정하지 않고 그들을 자신의 군대로 데려가겠다는 의지를 보이며 재정적 유인책을 제시했다.

브레다 선언은 모든 사람에게 새롭게 나아갈 길을 제시했다. 왕은 왕좌를 되찾았고, 찰스 1세의 처형에 직접 연루된 사람들을 제외하고는 왕위를 빼앗은 일로 처벌받은 사람은 거의 없었다. 이 선언은 찰스가 말한 바와 같이 "오랜 세월 피 흘린" 상처 입은 나라에서 군주제를 평화롭게 회복할 수 있는 진정한 가능성을 제시했다. 멍크는 특별 의회를 소집해 찰스 1세가 처형된 이후 줄곧 진정한 왕은 찰스 2세였다고 선언했다. 찰스 2세는 1년 후 웨스트

민스터사원에서 대관식을 치르면서 영국 의회 민주주의의 새로운 시대를 열었다.

찰스 2세가 백성들에게 보낸 편지

신의 은총으로 잉글랜드, 스코틀랜드, 프랑스, 아일랜드의 왕이 된 신앙의 수호자 찰스가 신분의 고하를 막론하고 모든 사랑하는 백성들에게 인사드립니다.
온 나라에 퍼진 혼란으로 오랜 세월 피 흘린 상처가 치유되기를 바라는 모든 이의 열망과 바람을 불러일으키지 못한다면, 우리가 무슨 말을 하더라도 아무 소용이 없을 것입니다. 그러나 이 오랜 침묵 끝에 이 상처를 치유하고자 하는 강한 소망을 표명하는 것이 우리의 의무라고 생각했습니다. 우리는 적절한 시기에 신과 자연이 우리에게 부여한 그 권리를 언젠가 되찾을 것이라는 희망을 결코 포기할 수 없습니다. 신께서 우리와 우리 백성들을 불쌍히 여기셔서 그의 섭리로 오랜 고난과 고통을 끝내고 가능한 한 적은 희생과 피해로 우리의 권리를 평온하고 평화롭게 되찾게 해주시기를 매일 기도합니다. 또한 우리가 마땅히 누려야 할 권리를 되찾고자 하는 것만큼이나, 모든 백성이 법으로 보장된 권리를 누리기를 바라며, 온 나라에 공정하고 완전한 정의가 시행되고, 필요하고 합당한 곳에 자비가 베풀어지기를 바랍니다.
과거에 저지른 행동으로 죄책감을 느끼는 자들이 처벌에 대한 두려움 때문에 왕과 귀족, 백성이 정당하고 고유한 기본 권리를 회복하는 것을 방해함으로써, 나라의 평화와 행복에 반하는 행위를 지속하지 않도록 하기 위해, 우리는 이 문서를 통해 다음과 같이 모든 백성에게 자유롭고 전반적인 사면을 허락할 것을 선언합니다. 우리는 잉글랜드의 위대한 왕실 도장 아래 이 사면 조치를 통과할 준비가 되어 있습니다. 신분이나 자질을 불문하고, 이 선언이 발표된 후 40일 안에 우리의 은혜와 호의를 받아들인 모든 백성을 대상으로 합니다. 단, 의회에서 제외하기로 결정한 자들은 예외로 합니다.…

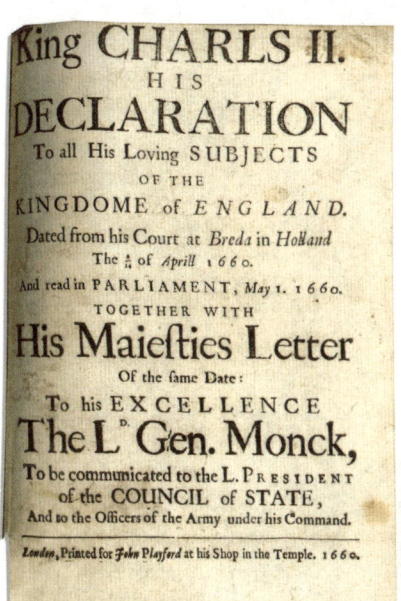 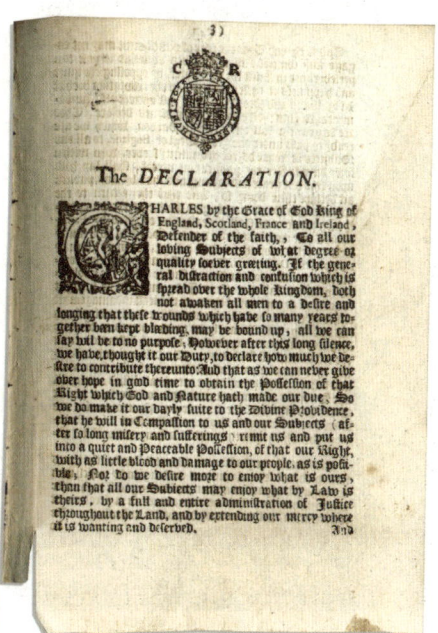

● 찰스가 의회에 보낸 편지는 인쇄되어 널리 배포되었다.

● 찰스 2세는 엄청난 예술의 후원자로 자신의 궁정을 널리 홍보하는 데 열심이었고, 예술을 이용해 합법적이고 위엄 있는 군주로서 자신의 입지를 강화했다. 존 마이클 라이트John Michael Wright가 그린 찰스 2세의 초상화는 그가 대관식 구슬과 홀(왕이나 왕비가 들고 다니던 긴 장식 막대기—옮긴이)을 들고 있는 모습으로, 이 구슬과 홀은 1953년 엘리자베스 2세가 들고 있던 것과 동일하다. 이 초상화는 찰스의 목적에 완벽하게 부합했다.

1688년 6월 30일

잉글랜드 귀족들이 윌리엄 왕자에게 반역을 제안하다

> 역사는 승자의 기록이다. 따라서 네덜란드 왕자에게 잉글랜드를 침략해달라고 요청하는 이 편지에 서명했던 사람들은 오늘날 '배신자 7인'이 아니라 '불멸의 7인'으로 불리며, 그들이 쓴 편지가 촉발한 사건은 '명예혁명Glorious Revolution'이라고 불린다.

명백한 반역 행위였다. 제임스 2세가 통치하던 1688년, 잉글랜드 백작 세 명, 영주 한 명, 상류 계층 두 명, 런던 주교 한 명은 네덜란드 왕자에게 편지를 보내 군대를 이끌고 해협을 건너 잉글랜드의 왕이 되어달라고 권유했다. 고위층이었던 그들이 반역을 저지른 원인은 다름아닌 종교 문제였다.

찰스 2세는 잉글랜드의 왕으로 복귀하면서 종교적 관용을 약속했다. 하지만 이 약속은 지켜지지 않았다. 성공회는 가톨릭교도와 청교도, 기타 소수 기독교도에게 공직을 주지 않음으로써 그들을 배제했다. 찰스 2세는 임종 직전에 가톨릭으로 개종했으며, 가톨릭교도인 그의 동생 제임스 2세가 왕위를 이어받았다. 제임스는 군대를 비롯한 공직에 가톨릭교도를 고위직으로 임명하기 시작했다. 그의 두 번째 아내가 아들을 낳았을 때, 성공회교도는 새로운 가톨릭 왕조가 수립될까 두려워 떨었다.

제임스 2세가 성공회를 제외한 개신교도와 가톨릭교도의 종교적 자유를 선언한 신교 자유령Declaration of Indulgence을 모든 성공회 강단에서 낭독하라고 명령하면서 상황은 극으로 치달았다. 주교 일곱 명이 이를 거부했고, 제임스는 이들을 선동 혐의로 체포했다. 1688년 6월 30일, 이 주교들은 무죄 판결을 받았고, 이 결정으로 제임스 2세는 가톨릭 정책을 강요할 수 있는 권위를 잃었다.

그날 오후, '불멸의 7인'은 네덜란드의 오랑주 공 윌리엄에게 편지를 썼다. 윌리엄은 제임스 2세의 첫 번째 아내가 낳은 딸 메리와 결혼했으며, 윌리엄과 메리는 모두 열렬한 개신교도였다. 메리는 제임스 2세의 새로운 아들이 태어나기 전까지 잉글랜드의 왕위 계승자이기도 했다.

이 편지는 제임스 2세가 선포한 새로운 종교적 자유에 맞서는 저항을 강조했다. "백성들은 종교와 자유, 재산에 관한 현 왕실의 행태에 전반적으로 매우 불만을 품고 있습니다 … 폐하께 왕국 전역에 있는 백성 20명 중 19명이 변화를 갈망하고 있다는 사실을 명확하게 알려드립니다."

편지를 쓴 사람들은 윌리엄이 잉글랜드에 상륙하겠다고 결정을 내리기만 하면, 군사적 지원을 받을 것이라고 말했다. "많은 병사가 매일 가톨릭에 대한 강한 반감을 드러내고 있어서, 그런 일이 생긴다면 수많은 탈영병이 나올 가능성이 높습니다."

이 무렵 새로운 왕위 계승자가 진짜 왕의 핏줄이 아니라는 소문이 무성했다. 진짜 아기는 사산되었고, 다른 아기가 오줌통에 담겨 왕실 침실로 밀반입되었다는 내용이었다. 편지는 "1,000명 중 단 한 명도 그 아기가 여왕의 아기라고 믿지 않는다"라고 말하며, 이것이 윌리엄 왕자의 침략 구실이 될 수 있음을 시사했다.

마침내 윌리엄은 데본 지역에 상륙했고, 네덜란드 군대의 침공은 명예혁명으로 이어졌다. 이 일 이후 성공회가 국교로 채택되었고, 잉글랜드의 마지막 가톨릭 군주가 된 제임스 2세는 유럽으로 피신했다. 그는 아일랜드 가톨릭교도의 지원을 받아 왕좌를 되찾으려고 마지막 시도를 했지만, 1690년 7월 1일 보인전투에서 군대를 이끌었던 윌리엄에게 패배하고 말았다. 이 승리는 가톨릭교도가 중심이 된 아일랜드와 개신교도 사이에 극심한 분열을 고착시켰다. 오랑주 공 윌리엄에게 보낸 편지의 후유증은 거의 350년이 지난 지금도 여전히 아일랜드에 뿌리내리고 있다.

잉글랜드 귀족들이
오랑주의 윌리엄 왕자에게 보낸 편지

폐하께서 저희에게 도움을 주시고자 준비하시고, 저희를 기꺼이 지원하실 것이라는 사실을 알게 되어 매우 기쁩니다. 이곳 상황은 매일 더 나빠지고 있으며, 저희 스스로 방어할 능력이 점점 줄어든다고 믿는 데는 충분한 이유가 있습니다. 따라서 더 늦기 전에 우리 자신을 구할 수 있는 해결책을 간절히 찾으려 합니다. 그러나 이러한 바람에도, 이 문제에 있어 폐하를 잘못된 판단으로 이끌 어떠한 기대를 드리려는 것이 아닙니다. 저희가 드릴 수 있는 가장 좋은 조언은 폐하께 지금 이곳의 상황과 저희가 직면한 어려움을 솔직하게 알리는 것뿐입니다.

먼저, 백성들은 종교와 자유, 재산에 관한 현 왕실의 행태에 전반적으로 매우 불만을 품고 있습니다. 이 모든 것이 크게 침해당했고, 앞으로 더 나빠질 것이라고 예상합니다. 폐하께 왕국 전역에 있는 백성 20명 중 19명이 변화를 갈망하고 있다는 사실을 명확하게 알려드립니다. 그들이 스스로를 방어할 수 있는 위치가 될 때까지 죽지 않고 보호받을 수 있다면 기꺼이 변화에 참여할 것이라고 확신하셔도 됩니다. 귀족과 상류 계층 대부분도 마찬가지로 불만을 품고 있지만, 그들 중 많은 사람과 사전에 이야기하는 것은 안전하지 않습니다. 하지만 그들 중 상당수가 폐하께서 처음 상륙하실 때 폐하와 함께 모험을 감행할 것이며, 자신들의 영향력을 발휘해 더 많은 인원을 끌어들일 수 있을 것입니다. 그리고 만약 상륙하는 병력이 어느 정도 질서가 잡힐 때까지 스스로 방어할 수 있다면, 그 병력은 이곳에 있는 군대의 두 배 규모로 빠르게 증가할 것이라는 데 의심의 여지가 없습니다. 비록 이곳의 군대가 전부 그들에게 충성한다고 해도 말입니다. 우리는 그들 군대 내부에서도 많은 불만이 있다는 확실한 근거를 가지고 있습니다. 많은 장교가 불만을 품은 채 그저 생계를 유지하기 위해 계속 복무하고 있으며, 일부 장교들의 생각은 이미 알려져 있습니다. 또한 많은 병사가 매일 가톨릭에 강한 반감을 드러내고 있어서, 그런 일이 생긴다면 수많은 탈영병이 나올 가능성이 높습니다. 전쟁이 일어났을 때 선원 중에는 그들에게 도움 될 사람이 10명 중 한 명도 없을 것이라고 거의 확신합니다.

● 1680년에서 1684년 사이에 그려진 오랑주의 윌리엄. '보인전투'는 잉글랜드와 스코틀랜드, 아일랜드의 두 왕이 전장에서 맞붙은 마지막 전투였다.

1773년
벤 프랭클린의 도난당한 우편물이 정치적 스캔들을 드러내다

> 벤저민 프랭클린은 런던에서 활동했던 매사추세츠만 식민지의 우체국장이었다. 그는 매사추세츠 주지사 토머스 허친슨Thomas Hutchinson이 그의 대리인 앤드류 올리버Andrew Oliver에게 보낸 편지 뭉치를 전달받았는데, 그 안에는 놀랄 만한 내용이 들어 있었다.

토머스 허친슨의 편지들은 영국의 식민지 통치에 대한 불만이 널리 퍼져 있던 1760년대에 쓰인 것이었다. 당시 영국은 미국 식민지를 지키는 데 드는 군사 비용을 충당하기 위해 식민지 주민들에게 세금을 계속 부과했다. 주민들은 세금을 내야 한다면 사용처에 관해 발언할 권리를 받아야 한다고 생각했다. 그들은 '대표성 없는 세금 부과 금지'라는 슬로건을 내걸었다.

허친슨은 앤드류 올리버에게 보낸 편지에서 이에 따른 불안을 잠재우기 위한 대응을 논의했다. 이 편지는 민주주의와는 거리가 먼 내용을 담고 있었다. 똑같은 영국 국민이었던 식민지 정착민들이 영국에 사는 사람들과 같은 권리를 갖지 못하도록 군사력을 강화하고 '영국인으로서의 자유'를 축소할 것을 요구하는 내용이었다.

벤저민 프랭클린은 혁명적 관심사에 대한 정보를 공유하기 위해 설립된 여러 위원회 중 하나인 매사추세츠 통신연락위원회에 이 편지의 내용을 알릴 가치가 있다고 여겼다. 하지만 동시에 이 편지의 폭발적인 영향력을 일찌감치 알아보고 위원회를 제외한 다른 곳에 이 편지가 유포되어서는 안 된다고 당부했다. 그럼에도 1773년 6월, 결국 『보스턴 가제트Boston Gazette』가 이 편지를 유포했고, 식민지 주민들의 분노에 기름을 부었다.

연말이 가까울수록 보스턴에서는 분노가 점점 더 끓어올랐다. 그해 여름 새로운 법률이 통과되면서 영국동인도회사는 면세 경쟁에서 식민지의 차 수입업체보다 우위를 점하게 되었다. 보스턴 상인들은 영국동인도회사 선박에 탑승해 화물을 바다로 던짐으로써 분노를 표출했다. 바로 그 유명한 '보스턴 차 사건'이다.

영국에서 벤저민 프랭클린은 자신이 그 편지를 매사추세츠 통신연락위원회에 제공했다는 사실을 인정할 수밖에 없었다. 의회는 보스턴 차 사건과 허친슨의 편지 내용을 밝히는 청문회에서 프랭클린을 엄하게 꾸짖었다. 프랭클린은 절도와 불명예스러운 일을 행했다는 비난을 받고 우체국장직을 박탈당했다. 허친슨은 무죄 판결을 받았음에도 곧 해임되었고, 북미 지역의 영국군 사령관인 토머스 게이지Thomas Gage 장군이 그 자리를 대신했다.

프랭클린은 청문회 내내 입을 굳게 다물었지만, 영국으로부터 독립해야 한다는 확신을 가지고 미국으로 돌아왔다. 1774년 영국 의회는 자신들의 결정에 저항한 매사추세츠 식민지 주민들을 처벌하기 위해 일련의 법안인 '참을 수 없는 법Intolerable Acts' 혹은 '강제법Coercive Acts'이라 불리는 법을 통과시켰다. 이 법안은 영국 통치에 대한 격렬한 반대를 한층 강화했고, 1년 만에 식민지 주민들의 감정이 폭발해 독립전쟁으로 확장되었다. 독립전쟁이 마무리된 후, 프랭클린은 독립선언서 초안을 작성하는 데 큰 역할을 했다. 보스턴 태생의 허친슨은 영국에서 망명 생활을 하던 중 생을 마감했고, 그곳에서 매사추세츠 역사에 관한 세 권의 책을 썼다.

벤저민 프랭클린이 런던 크로니클 인쇄소에 보내는 편지, 1773년 12월 25일

선생님,

최근 두 신사분이 스스로 전혀 알지 못하고 아무런 관련이 없는 결투에 휘말리게 된 불행한 상황을 고려했을 때, 이 오해로 발생할 수 있는 추가적인 피해를 방지하기 위해 그 편지를 입수해 보스턴으로 전달한 사람이 바로 저라는 사실을 공개적으로 선언할 필요가 있다고 생각합니다. W 씨는 그 편지를 소유한 적이 없으니, 그것을 전달할 수도 없었습니다. 같은 이유로 T 씨가 W에게서 편지를 빼앗을 수도 없었습니다. 이 편지들은 '친구 사이에 주고받은 사적인 편지'가 아닙니다. 이는 한 공직자가 또 다른 공직자에게 보낸 편지로, 공공 업무에 관한 조치를 마련하기 위한 것이었습니다. 따라서 이 편지는 해당 조치에 영향을 미칠 수 있는 공직자들에게 전달된 것입니다. 그들의 목적은 본국이 식민지를 향해 분노하게 하고, 편지에서 제안된 조치를 통해 양측 간에 차별을 두려는 것이었습니다. 작성자는 이 편지의 내용이나 사본이 식민지 대리인에게 그 내용이 전달되지 않도록 주의하라는 지침을 포함했습니다. 이 편지가 다시 미국으로 보내질 것을 우려했기 때문입니다. 이 편지를 손에 넣은 첫 대리인이 편지의 내용을 식민지 주민들에게 전하는 것이 자신의 의무라고 판단한 것으로 미루어볼 때, 그 우려는 타당한 것이었겠지요.

B. 프랭클린,
매사추세츠만 하원 대리인

●벤저민 프랭클린은 유출된 편지의 출처가 자신이라고 밝히는 것이 명예로운 일이라고 느꼈다. 이는 윌리엄 휘틀리가 존 템플이 편지를 훔쳤다고 비난했기 때문인데, 템플은 이를 강력히 부인했다. 템플은 휘틀리에게 결투를 신청했고, 1773년 12월 초 벌어진 대결에서 휘틀리에게 상처를 입혔다. 두 번째 결투가 계획되자, 프랭클린은 『런던 크로니클』에 편지를 보냈다.

● 영국에서 유배 생활로 여생을 보낸 매사추세츠 주지사 토머스 허친슨의 초상화.

1776년 3월 31일

애비게일 애덤스가 남편 존에게 "여성들을 기억하라"라고 말하다

존 애덤스는 미국독립선언서 초안을 작성하기 위해 위원회를 구성했다.
이 위원회는 애덤스와 토머스 제퍼슨, 벤저민 프랭클린,
로버트 리빙스턴, 로저 셔먼으로 구성되었다. 그 외 다른 사람들도
선언문에 어떤 내용이 들어가면 좋을지 의견을 제시했는데,
애덤스의 아내 애비게일 애덤스도 그중 하나다.

존 애덤스 애비게일 애덤스가 서로 주고받은 편지들은 초기 미국 역사를 생생하게 보여주는 소중한 자료다. 이들이 독립전쟁 전후에 일어난 사건을 직접 목격하고 작성한 편지이기 때문이다. 애비게일은 미국의 독립을 열렬히 지지했으며, 두 사람은 새로운 나라의 정치적·도덕적 방향을 모색하기 위해 긴밀히 협력했다.

독립선언과 함께 새로운 기회가 열렸다. 순례자였던 선조들은 종교적 신념을 지키기 위해 먼바다를 건너와 이곳에 정착했다. 그랬던 땅이 이제 새로운 법체계를 써 내려갈 백지의 땅이 되었다. 존과 위원회 구성원들이 필라델피아에서 세부 사항을 검토하는 동안, 애비게일은 매사추세츠주 브레인트리Braintree에서 편지를 썼다. 애비게일은 존이 맡은 중대한 임무를 염두에 두고 있었다. "당신이 독립을 선언했다는 소식을 간절히 듣고 싶어요. 그리고 당신

이 만들어야 할 새로운 법체계에서 부디 여성들을 기억해주세요"라고 썼다.

미투#MeToo 운동이 일어나기 250년 전, 애비게일은 남자들로만 구성된 위원회를 향해 이렇게 말했다. "남편들에게 무제한의 권한을 주지 마세요. 모든 남자는 권력을 가지면 폭군이 된다는 점을 기억하세요." 그녀는 자신의 남편만은 그 규칙에 해당하지 않는다고 여겼던 것 같다. "모든 시대의 이성적인 남성들은 여성을 남성의 농노로 취급하는 관습을 혐오했어요. 그러니 우리를 당신의 보호 아래 놓인 존재로 여기고, 최고의 존재를 본받아 그 힘을 오로지 우리의 행복을 위해 써주세요."

애비게일은 농담 반 진담 반으로 "여성들에게 특별한 관심과 주의를 기울이지 않는다면, 우리는 반란을 일으킬 거예요. 우리의 목소리나 대표성이 반영되지 않은 어떤 법도 따르지 않을 거고요"라고 위협했다. 이는 여성의 권리문제를 미국독립혁명에 비유한 것이었다. 영국 의회에 (남성) 식민지 이주자 대표가 없다는 이유로, 식민지 사람들이 영국의 법과 세금을 받아들이지 않기로 한 결정이 미국독립혁명의 시작이었기 때문이다.

그녀의 말이 진심이었든 아니든, 남편 존은 확실히 그 말을 농담으로 받아들였다. "당신이 말한 그 기상천외한 법 이야기는 웃지 않을 수가 없네요." 존은 답장에서 애비게일의 의견을 다소 가부장적으로 일축했다. "안심해요. 우리는 그런 어리석은 일로 남성 중심의 체계를 폐지하지는 않을 테니까. 그 체계가 완전히 힘을 발휘하고 있는 것처럼 보여도 실상은 이론에 불과하다는 걸 모두가 알잖아요 … 그리고 당신도 알다시피 실제로는 우리가 지배받는 쪽이지 않소. 우리는 단지 '주인'이라는 이름만 가지고 있을 뿐이오."

미국독립선언문에서 "모든 인간men은 평등하게 태어났다"라고 말할 때, 이는 모든 남성이 아니라 모든 사람을 의미한다. 비록 수정헌법 제19조(여성의 선거권을 보장한 조항 – 옮긴이)는 1920년이 되어서야 성별에 상관없이 투표권을 보장했지만, 그 이전에도 많은 주의 여성들이 투표권을 가지고 있었다. 매사추세츠주의 여성들은 심지어 미국독립전쟁 이전부터 투표권을 행사하고 있었다. 그러나 오늘날에도 여전히 존이 애비게일을 대했던 것처럼 행동하는 남자들이 있다. 애비게일은 편지에 이렇게 썼다. "당신처럼 행복해지기를 바라는 사람은 '주인'이라는 거친 칭호를 기꺼이 포기하고, 더 부드럽고 애정 어린 '친구'라는 칭호를 택할 거예요."

애비게일 애덤스가 존 애덤스에게 보낸 편지

내가 당신에게 편지를 쓰는 것의 절반만큼이라도 나한테 편지를 써주면 좋겠어요. 그리고 당신이 탄 함대가 어디쯤 갔는지 알려줄 수 있나요? 버지니아가 우리 공동의 적을 어떻게 막을 수 있을까요? 당신은 강력하게 방어할 수 있는 위치에 있나요? 신사 계급이 영주고 평민들은 봉신인 건가요? 우리를 미개한 원주민으로 묘사하는 영국처럼 그들도 그런가요? 그들의 소총수들이 매우 야만적이고 피에 굶주린 모습을 보였다고 들었는데, 그들이 일반 국민의 표본은 아니면 좋겠어요.

나는 식민지가 워싱턴을 배출한 점에는 큰 공로를 돌리고 싶지만, 부끄럽게도 던모어에게는 속아 넘어갔지요.

나는 때때로 타인의 자유를 빼앗는 데 익숙한 사람이 품은 자유에 대한 열망이 우리와 같을 수는 없다고 생각해요. 이건 다른 사람이 우리에게 해주길 바라는 대로 다른 사람을 대하라는 관대한 기독교 원칙에 기초하지 않았다고 확신해요. 당신이 독립을 선언했다는 소식을 간절히 듣고 싶어요. 그리고 당신이 만들어야 할 새로운 법체계에서 부디 여성들을 기억해주세요. 우리 신조들보다 여성에게 더 관대하고 우호적이길 바랍니다. 남편들에게 무제한의 권한을 주지 마세요. 모든 남자는 권력을 가지면 폭군이 된다는 점을 기억하세요. 여성들에게 특별한 관심과 주의를 기울이지 않는다면, 우리는 반란을 일으킬 거예요. 우리의 목소리나 대표성이 반영되지 않은 어떤 법도 따르지 않을 거고요.

남자들이 원래 독재적이라는 것은 너무 확고한 사실이라 더 이상 논쟁의 여지가 없지만, 당신처럼 행복해지기를 바라는 사람은 '주인'이라는 거친 칭호를 기꺼이 포기하고, 더 부드럽고 애정 어린 '친구'라는 칭호를 택할 거예요. 그렇다면 왜 사악하고 무법한 자들이 우리를 잔인하게 모욕하면서도 아무런 처벌을 받지 않는데도 막지 않나요? 모든 시대의 이성적인 남성들은 여성을 남성의 농노로 취급하는 관습을 혐오했어요. 그러니 우리를 당신의 보호 아래 놓인 존재로 여기고, 최고의 존재를 본받아 그 힘을 오로지 우리의 행복을 위해 써주세요.

● 애비게일 애덤스가 남편인 존 애덤스에게 쓴 '여성들을 기억하라'라는 편지.

● 애비게일 애덤스와 그녀의 남편 존 애덤스는 초대 재무부 장관 알렉산더 해밀턴을 좋아하지 않았다. 그녀는 그에 대해 이렇게 쓴 적이 있다.
"나는 그의 사악한 눈에서 그의 마음을 여러 번 읽었다. 그 안에는 악마가 깃들어 있다. 그것은 음탕함 그 자체이거나 내가 관상학에 전혀 소질이 없는 것이다."

1777년 2월 4일

조지 워싱턴이 독립전쟁에서 처음으로 스파이를 고용하다

미국은 1776년 독립을 선언한 날부터 국가로 첫발을 내디뎠다. 그러나 그 후 일어난 독립전쟁의 결과는 결코 누구도 예상하지 못했다. 독립군을 이끈 조지 워싱턴 장군의 첩보 작전은 우세했던 영국군에 맞서 독립군이 전세를 뒤집는 데 중요한 역할을 했다.

독립전쟁 초기에는 영국이 확실히 우위를 점하고 있었다. 영국은 잘 훈련된 군대와 강력한 해군을 보유했으며, 스파이도 여럿 두었다. 반면, 이에 맞선 상대는 이전에 어떤 단일 조직도 형성하지 못했던 다양한 식민지의 연합군이었다. 1777년 초까지만 해도 식민지 독립군의 패배가 확실해 보였다.

독립군도 이 전쟁에서 첩보 작전이 얼마나 중요한지 알고 있었지만, 그들이 기울인 노력은 초보 수준에 불과했다. 그 당시는 더 신사적인 시대였기 때문에 민간인을 전쟁 도구로 사용하는 행위는 존중받지 못했다. 그래서 미래에 미국의 초기 대통령이 될 조지 워싱턴 장군은 군대 내에서 스파이를 찾았다. 그러나 군에서 자원한 스파이였던 네이선 헤일Nathan Hale 대위가 영국군에게 체포되어 처형된 후, 워싱턴은 눈에 덜 띄는 민간인을 고용하기로 마음먹었다.

워싱턴은 동료의 조언에 따라 내서니얼 새킷Nathaniel Sackett이라는 상인에게 첩보 네트워크 구축을 의뢰했다. 새킷은 뉴욕 음모 탐지 및 방지위원회에서 근무한 이력 덕분에 암호와 비밀 메시지에 대한 지식과 경험을 갖추고 있었다. 놀랍게도 230여 년이 지난 지금까지 워싱턴이 새킷에게 보낸 편지의 원본이 남아 있다.

이 편지는 짧지만, 현대 미국 정보시스템의 기원이 어떠한지 잘 보여준다. 워싱턴 장군은 이렇게 썼다. "적의 계획에 관한 가장 빠르고 정확한 정보를 얻을 수 있다는 점, 듀어 대령이 당신을 좋게 평가한 점 그리고 당신이 이와 같은 일을 수행할 역량을 갖추었다는 점 때문에 저는 이 업무를 당신에게 맡기기로 했습니다."

영국과 달리, 독립군에게는 정보 수집을 위해 배정된 예산이 없었다. 그러나 부유한 농장주였던 워싱턴은 사비로 첩보 조직을 꾸렸다. "저는 … 공공을 대신해 한 달에 50달러를 지급하는 데 동의하며 … 이 일을 처리하는 사람들에게 지급할 500달러를 재무부 국장에게 요청할 권한을 드립니다."

새킷은 한 달 후 첫 번째 보고서를 제출했다. 그는 이미 요원들을 모집해 비밀 유지 맹세를 받았다. 그러나 안타깝게도 새킷은 훌륭한 첩보원 대장이 아니었다. 새킷과 그의 조직이 수집한 정보는 너무 느리고 부정확했다. 몇 달 후 워싱턴은 새킷을 또 다른 군 장교인 벤저민 톨마지Benjamin Tallmadge 소령으로 교체해야 했다.

톨마지는 전반적으로 이 일에 더 능숙했다. 그는 '컬퍼 링Culper Ring'이라는 첩보 조직을 설립했는데, 조지 워싱턴조차도 이 조직의 구성원이 누구인지 모를 정도였다. 이 조직의 존재는 1930년대가 되어서야 대중에게 알려졌다. 컬퍼 링은 독립군에 영국의 계획을 예측할 수 있는 정보를 제공했고, 이 정보로 전쟁의 흐름이 바뀌었다. 전쟁이 끝난 후, 워싱턴은 이 작전에 쓰인 비용으로 1만 7,000달러를 의회에 청구했다. 이 돈은 미국 독립에 있어 매우 값진 비용이었고, 의회는 워싱턴이 청구한 전액을 그에게 돌려주었다.

조지 워싱턴이 너새니얼 새킷에게 보낸 편지

적의 계획에 관한 가장 빠르고 정확한 정보를 얻을 수 있다는 점, 듀어 대령이 당신을 좋게 평가한 점 그리고 당신이 이와 같은 일을 수행할 역량을 갖추었다는 점 때문에 저는 이 업무를 당신에게 맡기기로 했습니다.

이 일을 하는 당신의 수고에 대해, 공공을 대신해 한 달에 50달러를 지급하는 데 동의하며, 이 일을 처리하는 사람들에게 지급할 500달러를 재무부 국장에게 요청할 권한을 드립니다. 지출 내역은 저에게 보고해주셔야 합니다.

1777년 2월 4일, 모리스타운 본부에서

조지 워싱턴

● 요크타운에서 승리한 조지 워싱턴. 오른쪽 인물은 라파예트 후작이며, 왼쪽 기수는 워싱턴의 부관 알렉산더 해밀턴이다.

To Mr. Nath'l Sacket

Sir,

The advantages of obtaining the earliest and best Intelligence of the designs of the Enemy — the good Character given of you by Col. Duer added to your capacity for an undertaking of this kind have induced me to entrust the management of this business to your care till further orders on this head.

For your care & trouble in this business I agree on behalf of the public to allow you Fifty Dollars p'r Kallender Month — & herewith give you a warrant on the Paymaster Gen'l for the sum of Five hund'd Dollars to pay those whom you may find necessary to Imploy in the transaction of this business — an acc't of the disbursements of which you are to render to me

Given under my hand at Morris Town this 4th day of Feb'y. 1777

G:Washington

● 조지 워싱턴이 너새니얼 새깃에게 쓴 편지.

1787년 8월 10일

제퍼슨이 조카에게 신의 존재에 의문을 품으라고 조언하다

> 1787년, 삼촌은 17살이 된 조카에게 보낸 편지에서 배움을 최대한 활용하는 방법을 조언했다. 당시 토머스 제퍼슨은 파리에서 프랑스 공사로 재직하고 있었다. 그 편지가 당시에 출판되었다면, 신을 공경했던 미국에서 대통령이 되지 못했을지도 모른다.

토머스 제퍼슨은 조카인 피터 카에게 편지를 보냈다. 조카는 제퍼슨의 전 스승인 조지 와이더George Wythe와 함께 막 공부를 시작하려던 참이었다. 와이더는 독립선언서에 서명한 인물 중 하나로 버지니아주 윌리엄스버그에 있는 윌리엄앤메리대학에서 학생들을 가르치고 있었다.

제퍼슨은 교육을 매우 중시하는 학식 있는 사람이었으며, 피터에게 배움에 대한 열정을 심어주고 싶어 했다. 제퍼슨은 편지에 카가 공부할 과목에 관한 추천 도서 목록을 첨부했다. 여기에는 읽지 말아야 할 책도 포함되어 있었다. 예를 들어 현대사를 언급할 때, 『클라렌던(영국 내전의 역사)』은 젊은 공화주의자에게 너무 매혹적이니 읽지 말거라"라고 말했다.

이 목록에는 고대사, 세계와 미국의 역사, 호머에서 셰익스피어에 이르는 시인들의 작품까지 포함되었다. 고전뿐 아니라 과학에도 관심이 많았던 제퍼슨은 농업, 해부학, 천문학, 식물학, 화학, 수학, 물리학에 관한 책도 추천 목록에 올렸다. 정치와 법학 분야에서는 조지 와이더의 선택을 존중했다. 하지만 제퍼슨이 '도덕'이라고 불렀던 철학과 종교 분야에서는 몇 가지 중요한 학술서를 적극적으로 추천했다.

편지에서 제퍼슨은 여러 주제에 관한 자신의 생각을 덧붙였다. 그는 탁월한 선견지명으로 피터에게 이탈리아어가 아닌 스페인어를 공부하라고 권했다. "앞으로는 스페인과 스페인어를 사용하는 아메리카와의 관계가 중요해지니 스페인어 능력이 귀중한 자산이 될 게다. 내가 사전을 보내주마."

또한 17살의 피터 카에게 여행에 대한 충동을 억제하라고 조언했다. "여행은 사람을 더 현명하게 만들지만, 덜 행복하게 만들기도 한단다. 시야를 넓혀주지만, 고국에 대한 만족도를 떨어뜨리기 때문이지." 제퍼슨은 파리에서 피터에게 편지를 쓰면서 한숨 섞인 어조로 덧붙였다. "이런 통찰은 경험에서 우러나온 거란다."

제퍼슨은 편지의 절반을 철학과 종교에 대한 자신의 견해를 밝히는 데 할애했다. 도덕성에 관해서는 "이것을 위해 강의를 듣는 것은 시간 낭비라고 생각한다"라고 말했다. 도덕성은 타고나는 것이므로 삶에서 실천하고 목록에 있는 책을 읽는 것 외에는 따로 다듬을 필요가 없다는 주장이었다. 종교에는 놀라울 정도로 도전적인 견해를 보였다. "신의 존재조차도 의심해라. 신이 있다면 눈을 가리고 두려움으로 그를 경배하는 사람보다, 이성으로 그를 경배하는 사람을 더 기뻐할 것이다."

제퍼슨은 고전 역사학자인 타키투스의 글을 읽듯 성경도 이성적으로 검토해야 한다고 주장했다. "자연의 법칙에 어긋나는 성경 내용은 더 주의 깊게 살펴봐야 한다." 예수는 (믿을 수 없게도) "하나님에 의해 잉태되어, 동정녀에게 났으며 … 하늘로 올라갔다"라거나, (더 합리적으로) "사생아로 태어나, 선량한 마음을 지녔으며 … 로마법에 따라 반역죄로 교수형에 처해졌다"라는 두 가지 시각 중 하나로 해석될 수 있다고 말했다. 그는 맹목적인 믿음보다 탐구하는 마음이 더 유용하다고 강조했다.

제퍼슨은 건전한 조언으로 편지를 마무리했다. "착하게 행동하고, 배움에 힘쓰며, 부지런해야 한다 … 조국에 소중하며, 친구들에게 사랑스럽고, 스스로 행복한 사람이 되거라." 피터 카는 삼촌의 조언을 따랐으며, 버지니아 하원에서 4선 의원을 지냈다. 피터가 버지니아 알버말아카데미Albermarle Academy 설립에 기여했다는 사실을 제퍼슨이 알았다면, 매우 자랑스러워했을 것이다. 이 아카데미는 이후 버지니아대학교가 되었다.

토머스 제퍼슨이 피터 카에게 보낸 편지

피터에게,

12월 30일과 4월 18일에 보낸 두 통의 편지를 받았다. 그 편지들과 와이더 선생님으로부터 받은 편지에서 네가 와이더 선생님의 관심과 호의를 얻을 만큼 운이 좋았다는 사실을 알게 되어 매우 기쁘단다. 선생님께 배우는 시간이 내 인생에서 가장 운이 좋았던 일이었던 것처럼 네 인생에서도 가장 행운이 따랐던 사건이라는 것을 깨닫게 될 게다. 네가 집중해야 할 학문의 개요를 동봉했다. 그것을 와이더 선생님의 조언에 따라 정리해보길 바란다. 또한 와이더 선생님께서 수정하신 내용에 맞게 읽어볼 만한 가치가 있는 책도 적어두었다.

이탈리아어. 이 언어를 배웠다가 네가 가진 프랑스어와 스페인어 지식까지 혼란스러워질까 봐 염려된다. 세 언어 모두 라틴어에서 파생된 방언이라 대화할 때 섞어 쓰기 쉽단다. 이 세 언어를 말하는 사람 중에 이 언어들을 섞어 쓰지 않는 사람을 본 적이 없단다. 이탈리아어는 매력적인 언어지만, 최근 사건들을 보면 스페인어가 더 활용도가 높으니, 스페인어를 먼저 공부하고 이탈리아어는 잠시 미뤄두려무나.

스페인어. 스페인어에 크게 관심을 기울이고 정확한 지식을 습득하도록 노력해라. 앞으로는 스페인과 스페인어를 사용하는 아메리카와의 관계가 중요해지니 스페인어 능력이 귀중한 자산이 될 게다. 미국 대부분 지역의 고대 역사도 스페인어로 쓰여 있단다. 내가 사전을 보내주마.

종교. 이제 네 이성이 종교라는 주제를 검토할 수 있을 만큼 성장했구나. 우선, 새롭고 독특한 의견이 도움이 된다는 선입견을 모두 버리도록 해라. 종교가 아닌 다른 주제에서는 그런 의견을 즐겨도 좋지만, 종교는 너무 중요한 문제이며, 잘못된 판단의 결과가 매우 심각할 수 있다. 반대로, 약한 마음을 얽매는 두려움과 비굴한 편견에서도 벗어나도록 해라.

이성을 굳건히 하고 모든 사실과 의견을 그 이성으로 판단하도록 해라. 신의 존재조차도 의심해라. 신이 있다면 눈을 가리고 두려움으로 그를 경배하는 사람보다, 이성으로 그를 경배하는 사람을 더 기뻐할 것이다. 자연스럽게 자기 나라의 종교를 먼저 살펴보게 될 게다. 성경을 읽되 리비우스나 타키투스를 읽는 것처럼 읽어라. 리비우스나 타키투스가 쓴 기록을 믿듯이 자연스럽고 일반적인 흐름 속에 있는 사실은 저자의 권위를 바탕으로 믿으면 된다.

● 1800년대 렘브란트 필Rembrandt Peale이 그린 토머스 제퍼슨의 고전적인 초상화.

1791년 10월 14일

모차르트가 〈레퀴엠〉을 완성하기 위해 고군분투하다

> 우리가 볼프강 아마데우스 모차르트의 삶과 죽음에 관해 많이 알고 있는 이유는 모차르트가 편지를 많이 남겼기 때문이다. 가장 오래된 기록은 모차르트가 13살 때 여자 친구에게 쓴 편지고, 마지막 기록은 건강 악화로 〈레퀴엠〉을 서둘러 완성하려 했을 때 아내에게 쓴 편지다.

모차르트에게 레퀴엠 작곡을 의뢰한 수수께끼의 인물은 훗날 유명한 음모론의 주인공이 되었다. 1791년 7월, 모차르트의 집으로 찾아와 작곡료와 곡의 모든 권리를 넘겨주며 작곡을 의뢰했다는 이 사람은 정말 널리 알려진 것처럼 모차르트의 경쟁자 안토니오 살리에리였을까?

모차르트는 우리가 지금 알고 있는 사실, 즉 레퀴엠의 의뢰인이 오스트리아 귀족이자 음악을 매우 사랑했던 프란츠 폰 발세그Franz Von Walsegg 백작의 하인이었다는 사실을 알지 못했다. 폰 발세그는 오스트리아 남부에 있는 자신의 성에서 악단을 운영하고 있었다. 그는 유능한 연주자였지만, 훌륭한 작곡가는 아니었다. 그래서 다른 이들에게 작곡을 의뢰하고 마치 자기 작품인 것처럼 발표하곤 했다.

백작은 아내가 죽자, 매년 아내의 기일에 연주하기 위해 죽은 자를 위한 합창 미사곡인 레퀴엠을 의뢰했다. 폰 발세그 백작은 충분한 보수를 약속했다. 사랑하는 아내 콘스탄체와 또 다른 아이를 낳기를 원했지만, 끊임없이 재정 문제에 시달리던 모차르트는 기꺼이 그 일을 수락했다.

모차르트가 과중한 작업량에 시달리고 있던 7월 말, 막내 아들 프란츠가 태어났다. 몇몇 작품이 9월에 있을 레오폴드 2세 황제 대관식에서 연주될 예정이었는데, 아직 완성되지 않은 새 오페라《티토 황제의 자비》도 그중 하나였다. 모차르트는 잘츠부르크에서 출발해 대관식이 열리는 프라하로 가는 마차 안에서도 여전히 그 오페라를 작곡하고 있었다. 동시에 클라리넷 협주곡의 마무리 작업을 하고 있었고, 또 다른 오페라《마술 피리》작곡 작업에도 착수했다.

과중한 업무량이 그에게 부담을 주기 시작했다. 모차르트는 우울증에 시달렸으며, 신부전의 초기 증상을 누군가의 독살 시도로 해석했다. 당시 콘스탄체마저 바덴에 있는 온천으로 요양을 떠나 모차르트 곁에 없었기 때문에 그에게 위로가 될 만한 사람은 아무도 없었다. 모차르트는 콘스탄체가 바덴에 있는 동안 거의 매일 그녀에게 편지를 썼다. 그중 마지막으로 쓴 편지가 10월 14일에 쓴 것이었다.

모차르트는 마지막으로 쓴 편지에서 당시 일어난 사건들을 수다스럽고 쾌활하게 다루었다. 그중 모차르트에게 가장 인상적이었던 경험은 비엔나에서《마술 피리》오페라를 관람한 일이었다. 그는 어머니와 아들 카를, 오페라 가수 카테리나 카발리에리, 작곡가 살리에리와 함께 공연을 관람했다. 겸손하게 자신을 낮추는 법이 없었던 모차르트는 모든 사람이 이 공연을 좋아했다고 썼다. 특히 "살리에리는 처음부터 끝까지 매우 주의 깊게 공연을 지켜봤고, 서곡부터 마지막 장면까지 단 한 곡도 빼놓지 않고 '브라보!' 아니면 '아름다워!'라고 외쳤어"라고 적었다.

모차르트는 편지에서 아들 카를이 다니던 빈 남동쪽 마을 페르히톨츠도르프에 있는 학교를 비판했다. 시골 공기가 아들 건강에 좋긴 했지만, "그곳에서 그들이 할 수 있는 일이라곤 훌륭한 농부를 세상에 배출하는 것뿐이야"라며 불만을 드러냈다. 모차르트는 아내에게 한 달 동안 카를을 학교에서 데리고 나와 함께 여행을 가자고 제안했다. "내일은 당신과 만나 대화를 나누고 온 마음으로 당신을 끌어안고 싶어."

하지만 모차르트는 끝내 레퀴엠을 완성하지 못했다. 그는 건강이 더 나빠지자 "나를 위해 이 레퀴엠을 작곡하고 있어"라고 단언했다. 친구들은 침대에 누워 있는 그를 찾아와 함께 레퀴엠의 일부분을 부르며 위로했다. 12월 4일 저녁, 모차르트는 의식을 잃어가던 중에도 그의 제자 프란츠 크사버 쥐스마이어Franz Xaver Süssmayr에게 레퀴엠의 타악기 부분을 불러주며 받아쓰게 했다. 모차르트는 다음 날 아침 일찍 사망했다. 콘스탄체는 나머지 작곡료를 받기 위해 쥐스마이어에게 모차르트의 레퀴엠을 완성해달라고 위임했다.

모차르트가 아내 콘스탄체에게 보낸 마지막 편지

내 사랑하는 귀여운 아내에게,

호퍼는 어제, 13일 목요일에 나와 함께 마차를 몰고 카를을 만나러 갔어. 거기서 점심을 먹고 모두 마차를 타고 비엔나로 돌아왔어. 6시에는 살리에리와 카발리에리 부인을 위해 마차를 불러 내 특별석으로 데려갔어. 그런 다음 재빨리 호퍼네 집에 있는 어머니와 카를을 다시 데리러 갔어. 공연이 얼마나 매력적이었는지, 그들이 내 음악뿐만 아니라 대본과 모든 것을 얼마나 좋아했는지 아마 상상조차 할 수 없을 거야. 두 사람 모두 이 오페라는 가장 웅장한 축제에서, 가장 위대한 군주 앞에서 공연하기에 합당한 작품이라고 치켜세웠어. 이렇게 아름답고 즐거운 공연을 본 적이 없다고 하며 자주 보러 올 거라고 말했지.

살리에리는 처음부터 끝까지 매우 주의 깊게 공연을 지켜봤고, 서곡부터 마지막 장면까지 단 한 곡도 빼놓지 않고 "브라보!" 아니면 "아름다워!"라고 외쳤어. 그들은 내 친절에 매우 고마워했어. 오페라를 보려면, 4시까지는 자리를 잡았어야 했는데, 내 특별석 덕분에 편안하게 모든 것을 보고 들을 수 있었거든. 오페라가 끝나고 나서 그들을 집으로 데려다주고 카를과 함께 호퍼네 집에서 저녁을 먹었어. 그런 다음 그를 집까지 데려다주고 우리 둘 다 푹 잠들었어.

카를은 자신을 오페라에 데려간 것에 무척 기뻐했어. 그는 건강해 보여. 건강 면에서는 이보다 더 좋을 수 없을 정도야. 하지만 다른 모든 면은 참 안타깝게도 형편없어. 그곳에서 그들이 할 수 있는 일이라곤 훌륭한 농부를 세상에 배출하는 것뿐이야. 이제 이 이야기는 그만할게. 카를의 공부가(신의 가호가 있기를!) 월요일부터 본격적으로 시작되어서 일요일 점심 식사 이후까지 데리고 있으려고 해. 나는 그들에게 당신이 카를을 보고 싶어 한다고 말했어. 그래서 내일, 토요일에 카를을 데리고 당신을 보러 가려고. 당신이 걔를 데리고 있어도 되고, 점심 식사 후에 내가 걔를 희거네 집으로 데려갈 수도 있어. 잘 생각해 봐. 한 달 정도면 걔에게 크게 나쁜 영향을 끼치지는 않을 거야. 그 사이에 현재 논의 중인 피아니스트와의 합의가 좋은 결과로 이어질 수도 있어. 전반적으로 볼 때 카를이 더 나빠지지는 않았지만, 나아지지도 않았어. 여전히 예전의 나쁜 버릇을 그대로 가지고 있고, 끊임없이 떠들어대. 그리고 전보다 배우려는 의지가 약해졌어. 페르히톨츠도르프에 있을 때는 오전에 5시간, 오후에 5시간을 그저 정원을 뛰어다니기만 한다고 스스로 고백했어. 요컨대, 애들이란 먹고, 마시고, 자고, 마구 뛰어다니는 것 외에는 아무것도 하지 않아.

지금 나는 로이트게브(모차르트의 친구이자 호른 연주자—옮긴이), 호퍼와 함께 있어. 로이트게브랑 같이 저녁을 먹으려고 해. 충실한 프리머스를 뷔리거스피탈에서 음식을 좀 가져오라고 보냈어. 이 친구 꽤 괜찮아. 내가 호퍼네 집에서 자야 했을 때 딱 한 번 나를 실망시켰는데, 너무 오래 자서 짜증이 났었지. 나는 집에 있을 때가 제일 행복해. 나만의 시간을 즐길 수 있거든. 그래서인지 그때 정말 기분이 나쁘더라고. 어제는 종일 페르히톨츠도르프를 여행하느라 편지 쓸 수가 없었어. 그렇다 해도 자기가 이틀 동안 나한테 편지를 보내지 않았다는 건 정말 용서할 수 없어. 오늘은 당신에게서 꼭 편지를 받을 수 있기를 바라. 내일은 당신과 만나 대화를 나누고 온 마음으로 당신을 끌어안고 싶어.

안녕. 당신의 모차르트.
소피에게 천 번의 입맞춤을 보내. N. N.은 당신이 원하는 대로 해. 안녕히.

● 볼프강 아마데우스 모차르트의 아내였던 콘스탄체 모차르트.

1791년 12월 15일

알렉산더 해밀턴의 불륜 관계가 발각되다

> 알렉산더 해밀턴은 미국 건국의 아버지였다. 그는 조지 워싱턴의 후원으로 미국 경제를 설계하고, 금융 체계와 국제 무역 조건을 수립했다.
> 어쩌면 대통령이 될 수도 있었지만, 협박과 성 추문으로 끝내 몰락했다.

　미국 건국의 아버지 중 한 명인 알렉산더 해밀턴과 그의 기혼 연인 마리아 레이놀즈 사이의 불륜은 6개월이나 계속되었다. 1791년 여름, 레이놀즈 부인은 남편 제임스 레이놀즈가 자신을 학대한 뒤 버렸다고 주장하며, 해밀턴에게 재정적으로 도움을 구했다. 해밀턴이 돈을 주려고 레이놀즈 부인을 방문했을 때, 그는 너무나 쉽게 유혹에 넘어가고 말았다. 해밀턴은 나중에 이렇게 회상했다. "몇 마디를 주고받자 그녀가 금전적 도움을 넘어 그 이상의 도움까지 받아들이리라는 것이 분명해졌다."

　1791년 연말이 다가오면서 해밀턴은 불륜을 끝내고 싶어졌다. 하지만 마리아는 남편 제임스와 화해한 뒤에도, 해밀턴과의 관계를 끝낼 생각이 없었다. 나중에 밝혀진 사실에 따르면, 제임스는 처음부터 그 둘의 관계를 알고 있었다. 일각에서는 그가 아내와 함께 이 사건을 계획했을 수도 있다는 추측

이 제기되었다.

1791년 12월, 해밀턴이 마리아로부터 편지 한 통을 받으면서 상황이 파국으로 치달았다. 마리아는 모든 것이 발각되었다며, 맞춤법이 엉망인 편지를 보내 극심한 마음의 고통을 드러냈다. "오늘 아침 그이(제임스)가 당신에게 편지를 보냈어요. 당신이 그 편지를 받았는지 못 받았는지 모르겠어요. 그는 만약 당신에게서 아무런 연락이 오지 않으면, 당신 부인에게 편지를 쓸 거라고 맹세했어요."

제임스와 해밀턴 사이에 여러 차례 분노에 찬 편지가 오갔지만, 제임스는 당시 흔한 관행이었던 권총 결투를 제안하지는 않았다. 대신 그는 재무부 장관인 해밀턴을 협박하며 1,000달러를 요구했다. 일은 여기에서 끝나지 않았다. 1792년 1월, 마리아는 해밀턴과 불륜 관계를 재개하기 위해 그에게 '친구로서' 다시 집을 방문해달라고 편지를 보냈다.

마리아의 남편이 이 일에 관여했든 아니든, 마리아는 여러 차례 해밀턴을 다시 유혹했다. 그때마다 제임스는 해밀턴에게 돈을 내라고 협박했다. 해밀턴은 그녀를 한 번 방문할 때마다 30달러에서 50달러를 내야 했다. 그러다 1792년 6월 제임스는 마음을 바꿔 해밀턴에게 방문을 완전히 중단하라고 요구했다.

해밀턴은 이 일을 오랫동안 비밀에 부치는 데 성공했다. 그러나 그해 말에 제임스가 다른 사기 사건으로 투옥되는 사건이 벌어졌다. 독립전쟁에 참전한 용사들의 미지급 급여 청구서를 위조해 돈을 챙기려 한 것이다. 제임스와 마리아는 해밀턴에게 도움을 요청하는 편지를 보냈다. 하지만 해밀턴은 이를 거부했다. 그러자 그들은 오히려 해밀턴을 사기 사건에 연루시키려고 했다.

재무장관이었던 해밀턴이 이 재정 비리에 휘말린다면 정치적으로 치명적 타격을 입을 수밖에 없었다. 결국 그는 레이놀즈 부부와의 관계를 밝힐 수밖에 없었고, 자신의 주장을 뒷받침하기 위해 주고받았던 모든 편지를 증거로 제출했다. 하지만 불행히도 이 편지는 해밀턴의 정적이었던 토머스 제퍼슨에게 유출되었고, 제퍼슨은 이 편지를 이용해 해밀턴이 그동안 쌓아온 평판을 한순간에 무너뜨렸다. 조지 워싱턴은 끝까지 해밀턴을 지지했지만, 더 높은 곳까지 올라가려던 해밀턴의 야망은 미국 역사상 최초의 성 추문으로 종지부를 찍었다.

마리아 레이놀즈가 알렉산더 해밀턴에게 보낸 편지

친애하는 선생님,

제가 지금 겪는 어려움의 이유를 설명할 시간이 없어요. 오늘 아침 그이(제임스)가 당신에게 편지를 보냈어요. 당신이 그 편지를 받았는지 못 받았는지 모르겠어요. 그는 만약 당신에게서 아무런 연락이 오지 않으면, 당신 부인에게 편지를 쓸 거라고 맹세했어요. 방금 남편은 나갔고, 저 혼자 있어요. 제 생각에는 당신이 잠시 여기에 와서 사정을 아시는 게 좋을 것 같아요. 그래야 어떻게 행동해야 할지 더 잘 알 수 있을 테니까요. 오, 세상에. 저는 저보다 당신을 더 걱정하고 있어요. 이렇게 당신을 불행하게 할 줄 알았다면, 차라리 내가 태어나지 않는 편이 좋았을 텐데. 그에게 단 한 줄이라도 답장을 쓰지 마세요. 다만 빨리 이곳에 와주세요. 남편의 손아귀에 어떤 것이라도 보내거나, 남겨두지 마세요.

마리아가

● 화가이자 친구인 존 트럼블John Trumbull이 1792년에 그린 알렉산더 해밀턴.

● 알렉산더 해밀턴이 오랫동안 고통받던 아내 엘리자베스 스카일러 해밀턴에게 쓴 편지로, 그의 감정을 열렬하게 표현하고 있다. 해밀턴이 에런 버와의 결투로 사망한 후, 그녀는 남은 삶을 남편의 명예를 빛내는 데 바쳤다.

1793년 1월 23일

토머스 제퍼슨이 프랑스 식물학자에게 미국 북서쪽 탐험을 의뢰하다

> 토머스 제퍼슨이 꿈꾸었던 미국은 13개 식민지의 연합, 그 이상이었다. 신생 국가 초창기에 제퍼슨은 태평양 연안으로 가는 경로를 찾기 위해 서부 탐사를 적극 지원했다. 그리고 프랑스 식물학자 앙드레 미쇼Andre Michaux가 이 일을 수행할 적임자라고 생각했다.

앙드레 미쇼는 두 세계 사이에 갇힌 인물이었다. 프랑스의 국왕 루이 16세는 프랑스 농업에 유용하게 사용할 만한 미국 식물을 연구하라는 임무를 맡기기 위해 앙드레 미쇼를 고용했다. 그러나 미쇼가 신대륙에 있는 동안 프랑스에서 혁명이 일어났고, 루이 16세는 단두대로 보내졌다. 미쇼가 프랑스로 돌아간다면, 일을 계속할 수 있을까? 아니면 그 역시 목숨을 잃게 될까?

미쇼는 북미의 생물 다양성에 깊은 감명을 받았다. 그는 약 6만 그루의 나무를 비롯한 식물과 동물을 프랑스로 보냈다. 반대로 유럽의 새로운 종을 미국에 소개하기도 했다. 그러나 프랑스혁명이라는 충격적인 사건으로 급여 지급이 중단되자, 생계를 이어갈 다른 방법을 찾아야 했다.

미쇼는 1743년 필라델피아에 설립된 '미국철학협회'로 눈을 돌렸다. 인류의 과학 지식을 확장하는 데 전념했던 이 조직은 지금까지도 명맥을 유지하고 있는데, 토머스 제퍼슨도 이 협회의 회원이었다. 미쇼는 제퍼슨이 추진했던 서부 탐험 계획이 무산된 것을 알고 있었다. 미쇼는 지금까지 밀린 급여에 해당하는 선금을 받는 조건으로 비슷한 탐험을 수행하겠다고 제안했다.

이 탐험 조건을 명시한 제퍼슨의 편지는 1979년 미국철학협회 기록 보관실에서 다시 발견되기 전까지 거의 200년 동안 분실된 것으로 알려졌다. 이 편지는 탐험에 대한 제퍼슨의 비전뿐 아니라 국가에 대한 그의 비전까지 잘 보여준다. 이 신념은 이후 독립선언서 작성의 기반이 되었다.

미쇼는 미시시피강과 미주리강을 따라가며 항해 가능한 수로와 태평양으로 이어지는 또 다른 수로 사이에 고도가 낮은 연결점을 찾아야 했다. 그곳에서 다른 유럽인을 만나 보고서를 보낸 다음 필라델피아로 돌아와 "협회 회원들에게 여정 중에 관찰한 모든 이야기를 전하고 그들의 질문에 답해"야 했다. 그러나 미쇼는 이 연구 결과를 직접 출판할 권리는 끝까지 지켜냈다.

제퍼슨이 미쇼에게 부여한 과학 임무는 매우 광범위했다. 미쇼는 유용한 동물, 식물, 광물 자원의 위치를 기록하고, 현지 주민을 관찰해 인류학적 기록을 작성해야 했다. 제퍼슨은 지나치게 구체적인 지시를 피하려고 노력했다. 하지만 '매머드'와 라마를 발견하면, 주의 깊게 관찰해 "북쪽으로 얼마나 멀리 가는지" 알아보라고 특별히 당부했다.

출발 직전, 미쇼는 프랑스에 들어선 새 정권이 이제 고인이 된 루이 16세와 같은 조건으로 자신을 고용할 계획이라는 소식을 들었다. 프랑스 공화정에 대한 자신의 충성심을 증명하고 싶었던 미쇼는 새로운 주미 프랑스 대사가 비밀리에 추진한 스페인령 루이지애나 탈환 계획에 가담했다. 그러나 대사는 본국으로 소환되었고 루이지애나 탈환 계획은 중단되고 말았다. 미쇼 역시 미시시피강 서쪽을 탐사하지 못하고 프랑스로 돌아갔다.

1800년에 프랑스는 루이지애나를 되찾았지만, 1803년에 제퍼슨이 다시 협상을 통해 루이지애나를 매수했다. 1804년 당시 대통령이었던 제퍼슨은 '루이스 클라크 원정대Corps of Discovery'라고 불리는 정예 부대를 결성해 메리

웨더 루이스Meriwether Lewis와 윌리엄 클라크William Clark에게 자신이 늘 꿈꿔왔던 서부 탐험 임무를 다시 맡겼다.

토머스 제퍼슨이 앙드레 미쇼에게 보낸 편지

여러 사람이 미주리강 상류를 넘어 태평양 서쪽을 탐험할 당신을 격려하기 위해 일정 금액을 기부했습니다. 미국철학협회의 지침에 따라 사업 계획서를 제출했으며, 협회가 이 신탁을 수락한 뒤에 다음과 같이 지시를 드립니다.

철학협회는 이 여정의 주요 목적이 온대 지역 안에서 미국과 태평양을 연결하는 가장 짧고 편리한 경로를 찾고, 그 길을 통과할 때 지나는 국가, 그 국가의 생산물, 거주민을 비롯한 여러 흥미로운 사항에 관한 세부 정보를 가능한 한 많이 알아내는 것임을 알려드립니다. 여러 주와 태평양 사이를 잇는 통로로서 미주리강은 의심할 여지 없이 가장 유리한 조건을 갖춘 경로입니다. 그러므로 미주리강은 소통의 통로일 뿐 아니라 반드시 탐험해야 할 대상이며, 예외는 허용하지 않겠습니다. 따라서 협회에서 현재 필라델피아에 있는 마을의 원주민들과 함께 미주리강 근처, 즉 카스카스키아 마을까지 가는 운송 수단을 제공할 것입니다.

카스카스키아에서 미시시피강을 건너 스페인 정착지 위쪽에 있는 미주리강 최인근 지점을 육로로 지나가면, 중도에 길이 사라질 위험을 피할 수 있습니다. 그런 다음, 태평양으로 이어지는 가장 짧고 낮은 위도의 경로를 따라 가장 큰 강줄기를 따라가십시오.

이 강줄기를 따라가다 보면, 태평양의 주요 강으로 가는 가장 짧고 편리한 지점에 도착하게 될 것입니다. 그때는 그 강으로 계속 나아가서 그 강줄기를 따라 태평양으로 나가야 합니다. 최신 지도를 보면 오리건이라고 부르는 강이 상당한 거리를 미주리강과 함께 태평양으로 흘러 들어가는데, 노트카 사운드에서 남쪽으로 그리 멀지 않은 곳입니다. 하지만 철학협회는 이런 지도들이 확실한 방향성을 제시할 만큼 신뢰할 만한 것이 아님을 알고 있습니다 … 따라서 그 사실을 그저 언급하는 데 그치며, 실제로 그 사실을 확인하거나, 당신이 발견하게 될 다른 사실을 따를 것을 권합니다.

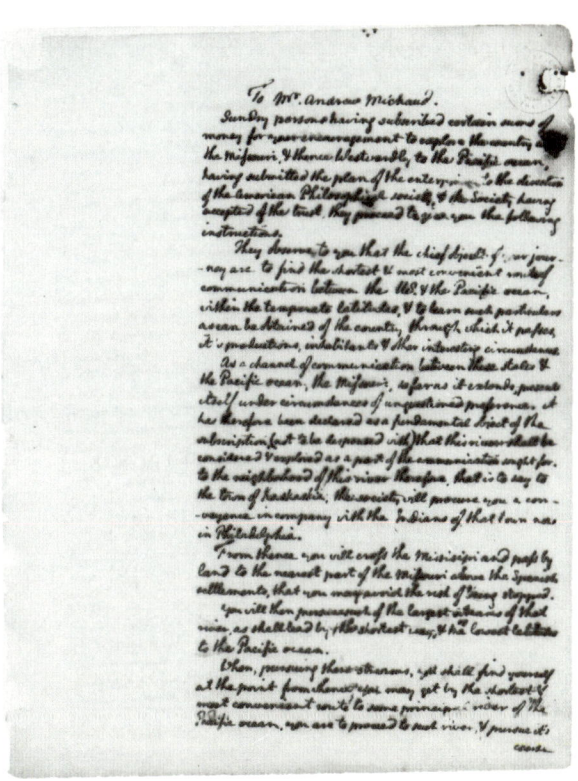

● 프랑스혁명 이후 불확실한 프랑스의 정치 상황 속에서 전직 왕실 식물학자였던 앙드레 미쇼Andrew Michaux는 앤드류 미쇼Andrew Michaud로 이름을 바꾸었다.

1793년 7월 16일

프랑스혁명 이후 코르데가 자신의 살인을 정당화하다

프랑스혁명의 낙관주의는 너무나도 빨리 공포 정치La Tarreur로 이어졌다.
샤를로트 코르데라는 한 여성은 프랑스혁명의 원칙이었던
자유, 평등, 박애를 지키기 위해 싸우는 것을 자신의 사명으로 삼았다.

몽테뉴파와 자코뱅파라는 두 파벌은 1789년 프랑스혁명을 주도했다. 막시밀리앵 로베스피에르Maximilien Robespierre가 이끈 몽테뉴파는 이후 새 정권에서 가장 높은 지위에 올랐다. 그러나 그들이 더 극단적 형태의 혁명으로 국가를 이끌어가자, 일부 온건한 자코뱅파는 이에 저항했다.

지롱드파Girondists로 알려진 이 저항 세력은 정치의 중심지였던 파리보다 다른 프랑스 지방에서 더 인기가 있었다. 수도 북서쪽 노르망디의 한 마을 출신인 샤를로트 코르데Charlotte Corday는 지롱드파의 대의에 공감했다. 1792년 9월, 급진적인 자코뱅파 지도자인 장 폴 마라Jean-Paul Marat가 파리의 죄수 약 1,500명을 처형하라고 명령하자, 코르데는 분노했다. 그 죄수 대부분은 정치적 인물이 아니었다. 마라의 목적은 그저 그들이 국내외 반혁명 세력에게 이용당할 가능성을 원천 차단하려는 것이었다.

프랑스 전역의 70여 개 도시와 마을에서 이와 유사한 학살이 반복되었다. 1793년 6월에는 지롱드 당원 21명이 숙청되어 참수당했다. 코르데는 훗날 재판에서 주장한 바와 같이, "마라가 프랑스를 타락시키고 있었습니다 … 한 사람이 죽으면 100만 명을 구할 수 있습니다"라는 신념을 품게 되었다. 1793년 7월 13일, 그녀는 지롱드파의 지도자 이름을 알려준다는 명목으로 마라의 집을 방문했다. 목욕 중인 마라를 발견한 코르데는 미리 준비한 15센티미터짜리 부엌칼로 그를 찔렀다. 이 장면은 같은 해 자크 루이 다비드가 그린 그림으로 불후의 장면이 되었다.

코르데는 현장에서 체포되었다. 그녀는 감옥에서 재판을 기다리는 동안 두 통의 유명한 편지를 썼다. 첫 번째는 아버지에게 보내는 편지로 "아버지의 허락 없이 제 삶을 마무리하는 것에 사과드려요. 저는 무고한 희생자들의 복수를 했고, 또 다른 재앙을 막았습니다. 언젠가 사람들의 환상이 깨지고 나면, 폭군이 사라진 것을 기뻐할 것입니다"라고 썼다. 이 편지는 코르데가 계획적으로 범죄를 저질렀다는 증거로 재판에 제출되었다.

두 번째는 그녀가 노르망디에서 만난 지롱드파의 지도자 샤를 바르바루Charles Barbaroux에게 보낸 편지였다. 코르데는 체포된 후 사생활을 보장받지 못한 점에 관해 바르바루에게 불만을 토로했다. 그녀는 "현대인 중에 조국을 위해 죽을 수 있는 진정한 애국자는 드뭅니다. 대부분은 이기적이죠. 이런 민족이 공화국을 세우다니 얼마나 가련한 일입니까"라고 썼다. 재판을 받던 코르데가 "마라가 주목을 받는 곳은 오직 파리뿐입니다. 다른 지역에서는 마라를 괴물로 여기죠"라며 던진 발언은 프랑스 정치가 오늘날까지도 얼마나 중앙집권적인 성격을 띠는지 잘 보여준다.

코르데의 행동은 즉각적인 효과를 발휘하지 못했다. 그 후 몇 달 동안 프랑스 전역에서 약 1만 7천 명의 지롱드파 당원이 살해당했다. 이 사건은 공포 정치를 알리는 신호탄이 되었다. 즉 거의 모든 행위나 신념이 새로운 혁명 정부에 대한 반역으로 해석되어 재산을 몰수당하거나 사형에 처해질 수 있는 원시적 스탈린주의 시대였다. 코르데는 결국 단두대에서 처형되었다. 바르바루는 도망쳐 자살을 시도했지만, 총상으로 사망하기 전 붙잡혀 단두대에 올랐다.

샤를로트 코르데가 샤를 바르바루에게 보낸 편지

우리는 파리에서 너무나 훌륭한 공화주의자 노릇을 하고 있어서, 아무리 최선을 다해도 큰 가치가 없는 한 쓸모없는 여성이 어떻게 조국을 구하기 위해 냉정하게 피를 흘리며 자신을 희생할 수 있는지 상상조차 할 수 없습니다.

저는 즉시 죽을 것이라 예상했지만, 정말로 칭찬할 만한 용감한 분 몇몇이 저로 인해 상실감을 느낀 이들의 타당한 분노로부터 저를 구했습니다. 저는 매우 침착했지만, 몇몇 여성들의 탄식으로 많은 고통을 겪었습니다. 하지만 조국을 구하는 사람은 그 대가를 따지지 않는 법입니다.

속히 평화가 찾아오기를 바랍니다. 이 사건은 중요한 전제 조건으로, 이 단계가 없었다면 우리는 결코 평화를 누리지 못했을 겁니다. 지난 이틀간 저는 마음의 평화를 누렸습니다. 조국의 행복이 곧 저의 행복이며, 자신을 희생하는 행동은 어떤 고통보다 더 큰 기쁨을 줍니다.

그들이 제 아버지를 괴롭힐 것이라는 데 의심의 여지가 없습니다. 하지만 아버지는 이미 제가 잃은 것들 때문에 충분히 고통받고 계십니다. 마지막 편지에서 저는 아버지를 안심시키기 위해 내전으로 인한 공포를 피해 영국으로 갈 것이라고 말씀드렸습니다. 하지만 그 당시 제 계획은 몰래 파리에 머무르며 공개적으로 마라를 죽인 후, 저 또한 바로 죽어서 파리 사람들이 제 이름을 헛되이 찾도록 내버려두는 것이었습니다.

시민 여러분, 제 가족과 친구들이 어려움을 겪는다면, 여러분과 여러분의 동료들이 그들을 변호해주시기를 간청드립니다. 제 사랑하는 귀족 친구들에게 아무 말도 하지 않았지만, 그들의 기억을 제 마음속에 간직하고 있습니다.

저는 단 한 사람만을 증오했으며, 그 증오가 얼마나 강력한지는 이미 보여드렸습니다. 하지만 그보다 훨씬 더 사랑하는 수천 명의 사람들이 있습니다. 생생한 상상력과 섬세한 마음을 지닌 사람은 격동의 삶을 살게 될 것이라는 예고가 따릅니다. 그러니 저를 애도하는 분들은 이 사실을 고려해주세요. 그러면 그들은 제가 브루투스 같은 고대 인물들과 함께 엘리시안 들판에서 평화롭게 지내고 있다고 생각하며 기뻐할 것입니다. 현대인 중에 조국을 위해 죽을 수 있는 진정한 애국자는 드뭅니다. 대부분은 이기적이죠. 이런 민족이 공화국을 세우다니 얼마나 가련한 일입니까. …

● 샤를로트 코르데는 사형 집행 몇 시간 전에 한 국민방위대 장교에게 자신의 초상화를 그려달라고 했다. 그녀는 그 장교가 법정에서 재판 중인 자신을 스케치하는 것을 본 적이 있었다. 처형장으로 향하기 전, 코르데는 그의 작업에 관해 몇 가지 제안을 했다.

● 폴 자크 에메 보드리Paul-Jacques-Alimé Baudry, 〈마라의 암살〉, 1860.

1805년 10월 21일

전투 전날, 넬슨이 함대에 격려 메시지를 보내다

> 19세기에는 펜과 종이가 메시지를 전달하는 데 있어 언제나 가장 좋은 방법은 아니었다. 특히 전투 직전에는 더욱 그랬다. 1805년, 호레이쇼 넬슨Horatio Nelson 부제독은 해군의 '문자 메시지'와도 같은 '신호 깃발'을 통해 기억에 남는 메시지를 보냈다.

트라팔가르는 한때 스페인을 지배했던 아랍 통치자들이 남긴 이름이다. 트라팔가르곶Cape Trafalgar은 스페인 카디스 남쪽에 있다. 넬슨이 이끄는 영국 함대는 트라팔가르곶에서 서쪽으로 약 8킬로미터 떨어진 바다에서 프랑스-스페인 연합 함대를 만나 나폴레옹전쟁에서 가장 큰 해전을 치르게 된다. 프랑스 항구를 봉쇄해 프랑스의 영국 침략 시도를 막겠다는 전술은 성공적이었다. 그러나 프랑스의 피에르 빌뇌브Pierre Villeneuve 부제독은 프랑스 지중해 연안의 툴롱을 탈출해 카리브해에 있는 다른 프랑스 함대와 합류하는 데 성공했다. 빌뇌브는 이 지원 병력을 이끌고 스페인 카디스로 돌아갔다.

카디스에는 프랑스와 스페인 함선으로 구성된 대규모 함대가 있었다. 항구에서 보급품이 부족해지자, 빌뇌브는 나폴리로 가라는 명령을 받았다. 영국 해군의 뛰어난 전투 능력에 자신이 있었던 넬슨은 적을 결정적인 전투로 끌어들일 기회를 엿보았다. 반면 빌뇌브는 정면 대결을 하면 자신의 함대가 영국 해군을 압도할 것이라고 확신했다. 스페인 함선으로 증강된 프랑스 해군은 당시 세계 최대 규모의 함대를 가지고 있었기 때문이다.

당시의 해전은 으레 정면 대결, 즉 두 함대가 일렬로 나란히 지나가면서 서로의 측면을 향해 총을 쏘는 방식으로 치러졌다. 이렇게 하면 지휘관이 깃발로 신호를 보내기도 편했고 패배하는 쪽이 비교적 쉽게 퇴각할 수 있었다. 그러나 넬슨은 급진적인 전투 계획을 세웠다. 적군의 함대와 나란히 서지 않고 직각으로 접근했으며, 두 열의 함대를 투입해 프랑스-스페인 연합 함대를 세 구역으로 나누어 더 쉽게 공격할 계획이었다.

넬슨은 두 열의 영국 함대가 프랑스 전열에 접근할 때, 암호화된 깃발 신호 체계를 사용해 명령을 전달했다. 이제 남은 것은 "적을 더 가까이 끌어들여라"라는 넬슨의 마지막 신호뿐이었다. 하지만 넬슨은 그 전에 좀 더 개인적인 메시지로 자신이 지휘하는 부하들을 격려하고 싶었다.

넬슨은 부하들이 최선을 다할 것이라고 믿고, 신호 장교에게 "England confides that every man will do his duty(영국은 모든 사람이 자신의 의무를 다할 것임을 믿는다)"라고 보내라고 지시했다. 'confide'는 '신뢰하다'라는 뜻이다. 하지만 신호 장교였던 존 파스코 중위는 'confide'라는 신호 깃발이 없어서 이 신호를 보내는 데 시간이 오래 걸릴 것이라고 지적했다. "제독님, 'confides'를 'expects(기대한다)'로 바꿀 수 있도록 해주시면, 신호가 더 빨리 완성될 것입니다. 'expects'라는 단어는 신호 목록에 있지만 'confides'라는 단어는 없어서 철자를 하나씩 보내야 하기 때문입니다." 넬슨은 이에 동의했지만, 결과적으로 나온 메시지는 원래의 의도를 벗어나 더 명령적인 어조가 되었다.

전해진 메시지는 다음과 같았다. "England expects that every man will do his duty(영국은 모든 사람이 자신의 의무를 다할 것을 기대한다)." J. M. W. 터너가 전투 중인 넬슨의 함선 HMS 빅토리호를 그린 감동적인 그림에서 이 메시지의 마지막 세 글자와 '메시지 끝'이라는 신호 깃발을 선명하게 볼 수 있다. 나머지는 역사에 길이 남을 장면이 되었다. 트라팔가르해전에서의 승리는 영국 해군에게 매우 값진 것이었다. 33척의 프랑스-스페인 함대 중 3분의 2인 22척이 침몰했다. 반면, 영국의 함대 29척은 단 한 대도 침몰하지 않았다. 그러나 전투 막바지에 이르렀을 때, 넬슨은 프랑스 저격수가 쏜 머스킷 총탄에 맞고 말았다. 넬슨은 자신의 파격적인 전술과 영감을 불러일으키는 신호 덕분에 승리했다는 사실을 가슴에 품고 숨을 거두었다.

● 나일강전투에서 승리한 뒤 튀르키예 술탄은 넬슨에게 다이아몬드 13개로 만든 깃털 장식을 선물했다. '13'은 침몰하거나 나포된 프랑스 선박의 수를 뜻한다.

151

● 윌리엄 터너, 〈트라팔가르의 HMS 빅토리호〉, 1822(그리니치 국립해양박물관 소장).

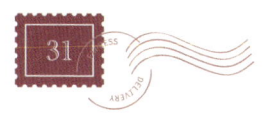

1812년 7월 1일

나폴레옹이 알렉산드르 1세에게 지금은 전쟁 상황이라고 알리다

1807년, 프랑스와 러시아 황제가 형제처럼 포옹하는 모습을 담은 기념 메달이 제작되었다. 그러나 5년 후, 두 나라는 서로의 목을 겨누게 된다. 나폴레옹은 러시아 영토로 진군하며 침략하겠다고 위협했고, 러시아 황제에게 편지를 보내 이 상황이 황제의 잘못이라고 책망했다.

1807년 나폴레옹은 프리틀란트전투에서 승리한 후, 틸지트에서 프로이센과 러시아와의 전쟁을 끝내는 두 조약에 서명했다. 이 조약으로 모든 프로이센 땅의 절반이 새로 만든 바르샤바대공국을 비롯한 프랑스의 위성국가들과 러시아에 할당되었다. 프로이센 사람들을 제외한 모든 당사자가 이 새로운 체제에 만족했다. 나폴레옹은 이 조약으로 중부 유럽을 장악했으며, 러시아와 프랑스를 나폴레옹의 대영전쟁에서 동맹국으로 만들었다.

1809년 프랑스 제국의 국경을 계속 확장하려던 나폴레옹은 오스트리아와 쇤브룬 조약을 체결해 평화협정을 맺었다. 이 조약으로 오스트리아의 일부 영토가 바르샤바대공국으로 넘어갔다. 확장된 바르샤바대공국은 이제 러시아와 더 많은 국경을 마주하게 되었고, 러시아의 알렉산드르 황제는 프랑스가 러시아를 침략할 가능성이 더 커졌다고 생각해 틸지트조약의 영토 할

당에 반발하기 시작했다. 나폴레옹은 1808년에 이미 일부 땅을 넘겨주었다. 하지만 러시아는 바르샤바와 그단스크(단치히) 같은 프랑스의 지배하에 있는 도시를 향한 군사적 반격을 준비하기 시작했다.

국경에서 긴장이 고조되자 나폴레옹은 상트페테르부르크에 평화 제안을 보냈다. 그리고 답장을 받기도 전인 1812년 6월 24일에 약 50만 명의 군대를 이끌고 네만강을 건너 러시아로 진격했다. 그 지역에 주둔한 러시아군의 약 3배에 해당하는 큰 규모였다. 4일 후에 나폴레옹은 현재 빌뉴스Vilnius라고 불리는 빌나에 입성했으며, 그곳에서 황제의 장군인 알렉산드르 발라쇼프Alexander Balashov가 전달한 메시지를 받았다. 발라쇼프는 프랑스 군대가 러시아 영토에 머무르는 한 협상을 거부하겠다는 뜻을 전했다.

나폴레옹은 이에 대한 답장으로 황제 알렉산드르 1세에게 긴 편지를 썼다. 이 편지에서 나폴레옹은 자신을 변호하고 프랑스의 관점에서 사건의 경과를 설명했다. 그는 "인류에게 닥칠 새로운 불행을 덜어주기 위해 내가 할 수 있는 모든 것을 다했다는 깊은 확신을 가지고 네만강을 건넜다"라고 주장하며 자신을 피해자로 묘사했다. 또한 평화를 위한 자신의 모든 노력과 전쟁으로 치닫게 만든 알렉산드르의 모든 행동을 나열했다. "폐하는 대규모로 무장했습니다 … 저는 폐하보다 6개월 더 뒤에 무장했습니다 … 저는 제 의도를 설명할 기회를 놓치지 않았습니다 … 폐하께서는 18개월 동안 어떤 설명도 거부했습니다" 등의 내용이 이어졌다.

나폴레옹은 "그래서 우리는 전쟁 중입니다. 신께서도 이미 벌어진 일을 되돌릴 수 없을 것입니다"라고 결론 내렸다. 그러고는 "폐하께서 적대 행위를 끝내고 싶으시다면, 저는 언제든 그렇게 할 준비가 되어 있습니다"라고 덧붙였다.

알렉산드르 1세는 편지를 받고 애국심에 불타 자국 영토에서 맹렬하게 싸웠다. 협상의 여지는 없었다. 나폴레옹의 거대한 군대는 러시아 지형에 적합한 장비를 갖추지 못했다. 진군하는 중에 식량을 확보하거나 보급로를 활용해 충분한 물자를 충당하기도 어려웠다. 빌나로 진군하는 동안 나폴레옹은 약 1만 마리의 말을 잃었고, 굶주림과 질병으로 군대의 규모도 크게 줄었다. 이탈한 병사들이 낯선 땅에서 무법자 무리를 결성해 난동을 부리기도 했다.

마침내 나폴레옹의 군대는 모스크바에 도착했지만, 이미 많은 군사와 장비를 잃은 후였다. 혹독한 겨울 러시아의 수도에서 비참하게 후퇴한 사건은 나폴레옹의 자존심과 권력에 굴욕적인 타격을 입혔고, 프랑스 군대에도 치명상을 입혔다.

알렉산드르 1세가 나폴레옹에게 보낸 편지

형제여, 내가 폐하에 대한 의무를 성실하게 이행했음에도 폐하의 군대가 러시아 국경을 넘었다는 사실을 어제 들었습니다. 그리고 방금 상트페테르부르크로부터 온 공문을 받았습니다. 그 공문에서 로리스톤 백작이 이 공격의 원인을 언급하며, 폐하께서 쿠라킨 왕자가 여권을 요청한 순간부터 전쟁이 시작되었다고 여기셨다는 것을 알게 되었습니다. 바사노 공작이 여권 발급을 거부한 것을 정당화하려고 내세운 동기들을 결코 공격의 구실로 삼을 수 없습니다. 실제로 대사인 쿠라킨 왕자 자신이 말했듯이 그는 결코 그런 방식으로 행동하라는 명령을 받은 적이 없습니다 … 나는 그의 행동을 승인하지 않았으며, 그에게 그 자리에 머물라고 명령했습니다.

폐하께서 이런 오해로 인해 우리 국민의 피를 흘리려는 의도가 없으시다면, 그리고 러시아 영토에서 군대를 철수하는 데 동의하신다면, 이 모든 일을 없었던 일로 할 수 있으며, 우리 사이에 여전히 협상이 가능합니다. 그렇지 않다면, 폐하께서 저를 적으로 보기를 강요하시는 건데, 이건 제 행동으로 인한 것이 아닙니다. 새로운 전쟁이라는 재앙으로부터 인류를 구하는 것은 폐하의 손에 달려 있습니다.

나폴레옹이 알렉산드르 1세에게
모스크바 화재에 관해 보낸 편지

친애하는 폐하, 나의 형제여 … 이제 더 이상 아름답고 자랑스러운 도시 모스크바는 존재하지 않습니다. 로스토프친이 그곳에 불을 질렀습니다 … 나는 분노 없이 폐하를 상대로 전쟁을 시작했습니다. 마지막 전투 전이나 후에 서신 한 통만 보내셨더라도 진군을 멈췄을 것이며, 사실 모스크바에 가장 먼저 입성하는 영광을 폐하께 양보하고 싶었습니다. 폐하께서 과거의 감정을 아직 조금이라도 간직하고 있으시다면, 이 편지를 호의적으로 받아주실 것입니다. 그럼에도 모스크바에서 일어나고 있는 상황을 폐하께 알리려 한 제 행동에 고마움을 느끼시리라 생각합니다. 이로써, 친애하는 폐하, 나의 형제, 나는 신께서 폐하와 폐하의 나라를 그분의 거룩하고 존엄한 보호 아래에 지켜주시기를 기도합니다.

● 1812년 6월 중순에 알렉산드르 1세가 나폴레옹에게 보낸 편지. 현실적으로 68만 명이라는 대규모 군대를 지원하는 데 막대한 물자가 투입되었기 때문에 나폴레옹은 후퇴할 수 없었다.
● 나폴레옹이 러시아 황제에게 보낸 진정성 없는 편지. 나폴레옹은 모스크바의 문턱에 도착했지만, 위대한 정복자로 모스크바를 점령하는 대신 로스토프친 백작이 나폴레옹의 목표였던 모스크바를 불태워버렸다는 사실을 마주했다.

1830년

기계가 노동력을 대체하면서 캡틴 스윙이 위협을 가하다

1830년, 영국 남부 전역의 농부는 수수께끼 같은 인물인 캡틴 스윙으로부터 농작물이나 재산을 불태우겠다고 위협하는 편지를 받기 시작했다. 이렇게 먼 거리를 이동하면서 수많은 사람의 생계를 위협했던 캡틴 스윙은 과연 누구였을까?

기술 발전에 관한 가장 오래된 주장 가운데 하나는 그것이 사람들의 일자리를 빼앗는다는 것이다. 산업혁명이 전 세계 경제와 노동 관행을 변화시키면서 새로운 공장 기술에 대한 반대가 커졌다. 잘 알려진 초기 사례로는 '러다이트운동'이 있다. 이들은 단순히 기술로 일자리를 잃게 될 뿐 아니라, 노동자들의 기술력이 저하된다는 주장을 내세우며 항의했다. 급기야 영국 미들랜드에서 새로운 방직기계를 부수는 사건도 발생했는데, 이런 움직임은 1816년에야 정치·군사 세력에 의해 저지되었다.

1830년 켄트에서 또 다른 운동이 일어났다. 이들은 지역 농장에 탈곡기를 도입하는 데 항의했다. 당시 실업률이 매우 높았고, 이런 기계를 도입하면 농업에 종사하던 지역사회의 가난한 사람들에게 심각한 위협이 되리라 생각했기 때문이다. 탈곡은 작물의 줄기에서 곡물을 분리하는 과정으로, 전통적으로는 농민들이 타작기를 사용해 수행하던 작업이었다. 탈곡 작업은 가을과 겨울철에 귀중한 일자리를 제공했으며, 18세기 후반에는 모든 농업 노동자의 4분의 1이 이 일에 종사했다. 농장 마당 주변에는 탈곡을 기다리는 밀단이 쌓여 화재 위험에 쉽게 노출되어 있었다.

농부들은 이미 노동자들의 임금을 낮추고 있었다. 노동자들이 빈곤해지면 지역 교구가 빈민법에 따라 그들을 지원해야 한다는 점을 노렸기 때문이다. 이런 쟁점에 더해 전통적으로 수확물의 10퍼센트를 납부해야 했던 교회의 십일조나 세금은 증가했다. 이런 민감한 시기에 노동자를 해고하게 만드는 기계의 도입은 상황을 더욱 악화시켰다.

시위는 영국 남부 전역으로 퍼져 나갔다. 지주들은 '캡틴 스윙'이라는 미지의 인물로부터 편지를 받기 시작했는데, 그는 지주들이 탈곡기를 직접 부수지 않으면, 자신이 나서서 그 혐오스러운 기계를 부수고 건초더미를 불태우겠다고 위협했다. 예를 들어 이런 식이었다. "선생님, 당신이 탈곡기를 직접 부수지 않는다면, 우리는 우리의 일을 시작할 것입니다. 모두를 대표해서 서명합니다 … 스윙."

이 한 사람의 방화 위협은 성격상 가시적인 시위 활동보다 단속하기가 훨씬 어려웠다. 방화는 대부분 밤에 이루어지는 은밀한 범죄였다. 역사가들은 십일조, 빈민법에 반대하는 시위자들과 캡틴 스윙 사이에 어떤 연관성이 있는지를 놓고 지금도 계속 논쟁하고 있다. 그들은 탈곡기라는 공통의 적을 목표로 삼았지만, 행동하는 방법은 매우 달랐다.

한 가지 확실한 점은 캡틴 스윙이 특정 인물은 아니라는 사실이다. 자신의 목적을 달성하기 위해 폭력적인 수단을 사용하려던 많은 사람이 이 이름을 필명으로 사용했을 것이다. 이를 잘 보여주듯 편지의 필체나 문해율 정도가 편지마다 너무 달랐다.

캡틴 스윙이 노동자와 고용주 사이의 대립을 고조시키려는 선동가였다고 주장하는 사람도 있고, 농장 노동자들과 기계를 수리함으로써 이득을 보는 사람, 즉 바퀴 제작자나 대장장이, 목수가 공모해 만들어낸 인물이라고 주장하는 사람도 있다. 시위는 1831년경에 잦아들었지만, 그 전에 500명 이상의 시위자가 호주로 강제 이송되었고, 그 가운데 19명이 처형당했다.

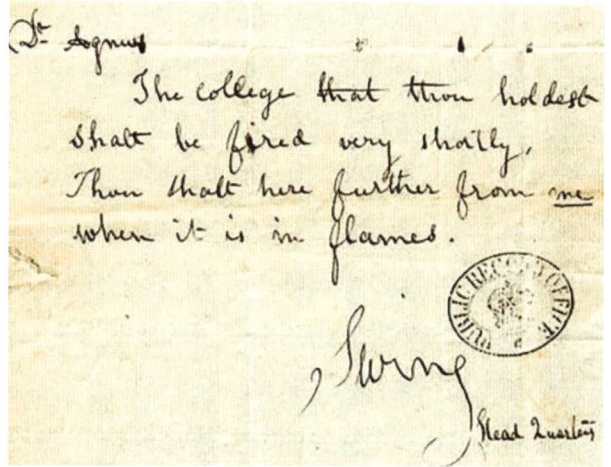

● 두 편지의 필체가 전혀 다르다는 점에서 알 수 있듯이 '캡틴 스윙'은 개인이 아니라 여러 사람이 사용한 필명이었다.

● 당시의 정치 만화. 여기서 언급된 'Messrs Cobbett, Carlisle'은 토머스 페인Thomas Paine이 쓴 글에 영향을 받아 보편적 참정권을 위해 활동한 운동가 리처드 칼라일Richard Carlisle과 영국의 농촌 빈민을 위해 끊임없이 투쟁한 윌리엄 코벳William Cobbett을 의미한다.

1831년 8월 24일

찰스 다윈이 측량선의
박물학자 직책을 제안받다

> 존 스티븐슨 헨슬로John Stevens Henslow는 22세의 찰스 다윈에게 남미로 향하는 해군 측량선 HMS 비글호에 박물학자 자리가 남았다고 알려주는 편지를 썼다. 여행을 떠나려면 아버지의 허락이 필요했지만, 다윈의 아버지는 아들이 성공회 사제가 되기를 바랐다.

    다윈이 비글호를 타고 갈라파고스제도를 비롯한 많은 지역을 항해하는 동안 관찰했던 내용은 현대 과학의 초석이라고 할 수 있는 획기적 발견, 즉 진화론의 기초가 되었다. 2년으로 예상했던 여행 기간은 5년으로 늘어났고, 이는 다윈이 자연선택 이론을 정립하는 데 큰 영향을 미쳤다. 그러나 사실 이 가설은 거의 세상에 나오지 못할 뻔했다.

    찰스 다윈은 아버지의 뒤를 이어 에든버러에서 의학을 공부했지만, 젊은 시절에 의학보다 지질학과 해양 생물을 공부하는 데 더 많은 시간을 보냈다. 이에 불만을 품은 다윈의 아버지는 아들을 케임브리지로 보내 성공회 사제가 되기 위한 공부를 하게 했다. 여기서 다윈은 학업에 더 몰두했지만, 개척 정신이 뛰어난 지질학자 애덤 세지윅과 케임브리지의 식물학 교수 존 스티븐슨 헨슬로의 가르침을 받으며, 자연사에 대한 열정을 이어갔다.

1831년 여름, 대학을 졸업한 다윈은 헨슬로에게 편지를 한 통 받았다. 헨슬로는 다윈이 그간 보여준 동식물 연구에 관한 놀라운 재능과 열정을 인정하고 있었다. 그리고 다윈에게 적합한 일자리가 있다는 소식을 듣고 그를 그 일에 추천했다. "케임브리지에서 교수로 일하는 피콕이 나한테 … 미국 남부를 조사하기 위해 정부에서 고용한 피츠로이 선장과 함께 할 박물학자를 추천해달라는 요청을 받았어. 네가 그 일을 감당하기에 가장 적합한 인물이라고 생각해."

비록 낯선 서식지를 관찰할 수 있는 황금 같은 기회였지만, 헨슬로는 이렇게 덧붙였다. "내가 알기로는, 피츠로이 선장은 단순한 수집가보다는 동반자를 원하고 있어. 아무리 뛰어난 학자라도 훌륭한 신사가 아니라면 데려가지 않을 거야." 다윈에게는 관심사를 자유롭게 추구할 수 있는 기회였다. "책을 많이 가져가면, 원하는 것은 무엇이든 할 수 있을 거야."

다윈은 당연히 여행에 합류하고 싶어 했지만, 그의 아버지는 이를 반대했다. 다윈은 피콕에게 제안을 거절하는 편지를 썼다. 그러나 2년간의 바다 여행이라는 무모한 생각을 아버지와 논의하던 중, 다윈의 아버지가 이렇게 말했다. "상식을 제대로 갖춘 사람이 네게 가야 한다고 조언하면, 나도 허락해주마."

다음 날 다윈은 유명한 도자기 제조업자 조시아 웨지우드 삼촌과 함께 사냥을 나갔다. 다윈의 아버지는 웨지우드가 세상에서 가장 현명한 사람이라고 늘 이야기하곤 했다. 다윈은 비글호 탐사에 관한 이야기를 꺼냈고, 웨지우드는 그것이 훌륭한 아이디어라고 지지했다. 웨지우드가 다윈의 편을 들자, 다윈의 아버지 또한 다윈이 훗날 회고했듯이 "가장 따뜻한 방식으로 즉시 여행을 허락"했다.

● 찰스 다윈이 HMS 비글호에서 5년간의 항해를 마치고 돌아온 이후인 1830년대의 모습을 담은 희귀한 수채화 초상화.

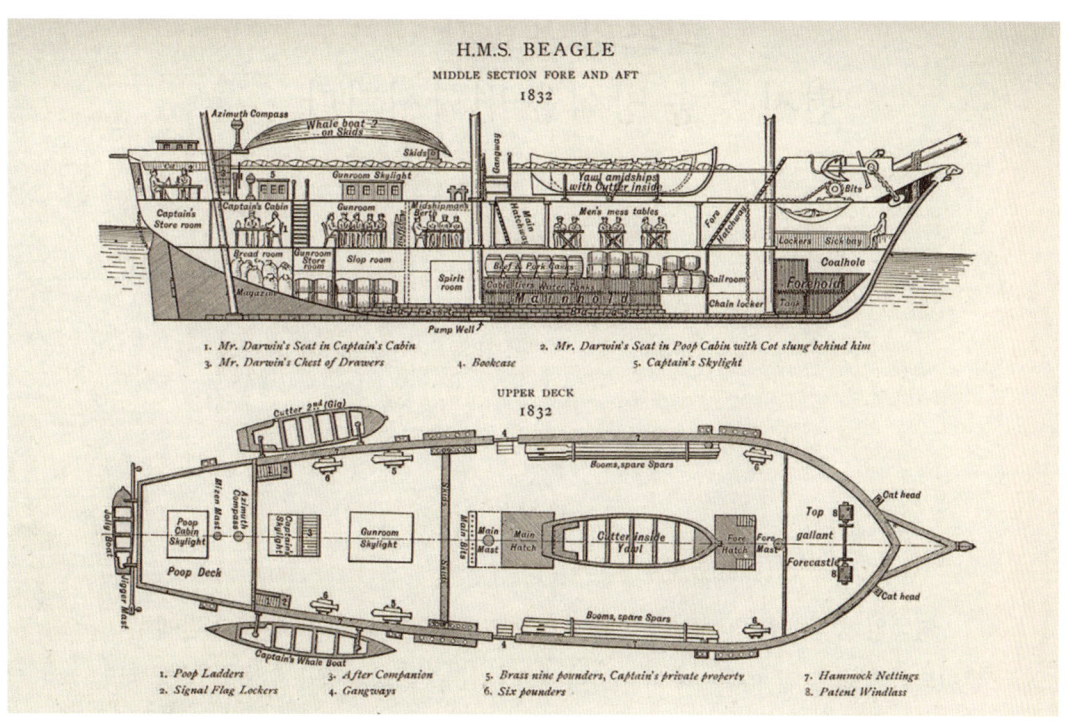

● 1820년에 진수된 HMS 비글호는 영국 해군을 위해 건조된 100척의 체로키급 쌍돛대를 지닌 범선 중 하나였다.

1840년 5월 1일

최초의 우표가
편지 발송 방식을 변화시키다

2,500년 편지의 역사에서 우표를 사용한 기간은
200년도 채 되지 않았다. 로랜드 힐Rowland Hill이 우표를 발명하면서
영국뿐 아니라 전 세계에 통신 혁명을 일으켰다.

영국의 중앙우체국General Post Office, GPO은 1660년 찰스 2세 통치 기간에 설립되었지만, 로열 메일Royal Mail의 역사는 1516년 헨리 8세가 우체국 마스터라고 불리는(이후 우체국장) 직위를 만든 시기로 거슬러 올라간다. 로열 메일은 그 이름에서 알 수 있듯이 원래 왕실에서만 사용되던 서비스였다. 잉글랜드와 스코틀랜드 왕좌가 통합된 후, 제임스 6세는 스코틀랜드 정부와 연락하기 위해 두 나라 사이에 로열 메일 서비스를 만들었다.

찰스 1세는 처음으로 대중이 로열 메일을 사용할 수 있도록 허용했으며, 그의 아들 찰스 2세는 GPO를 통해 전국에 우편망을 구축했다. 1784년 우편 마차가 장거리 우편물을 배달하기 시작했고, 1830년에 최초의 우편 열차가 도입되었다.

이로써 편지는 점점 대중화되었지만, 여전히 발신자는 어떠한 요금도 부담하지 않았다. GPO가 편지의 무게와 운반 거리에 따라 개별적으로 가격을 책정해 수신자에게 요금을 부과했기 때문이다. 그러니 우편 요금은 대체로 비쌀 수밖에 없었다. 그 결과, 몇몇 인색한 발신자들은 우편물 겉면에 수신자가 식별할 수 있는 코드를 남겼다. 이 방식으로 수신자는 우편물 수령을 거부해 요금을 내지 않고도 메시지를 받을 수 있었다.

1839년, 단기간 해결책으로 '균일한 4펜스 우편Uniform Fourpenny Post'이 도입되었다. 이는 무게 15그램 편지 기준으로 거리에 상관없이 4펜스의 선불 요금을 부과하는 방식이었다. 미리 요금을 내지 않은 편지에는 비용이 두 배로 청구되었다. 그 결과 로열 메일을 통해 운송되는 우편물 양이 급격히 증가했으며, 1839년 11월에서 1840년 2월 사이에 그 양이 두 배로 늘어났다.

선불 편지에는 손이나 고무도장을 이용해 '4'라고 표시했는데 이 표시는 남용과 위조에 취약했다. 1840년 1월에는 요금이 1페니로 인하되었고, 5월에는 위조를 방지하고 무임 발송을 막기 위해 검은색으로 인쇄된 라벨인 '페니 블랙Penny black'이 도입되었다. 이 페니 블랙은 세계 최초의 공공 우편용 접착식 우표였다.

페니 블랙과 함께 '2페니 블루'도 발행되었다. 이 우표들은 국내용으로 만들어졌기 때문에 '대영제국'이라는 글자 없이 인쇄되었다. 영국은 지금도 국가 이름 없이 우표를 발행하는 유일한 국가로 남아 있다. 그러나 모든 영국 우표에는 통치 중인 군주의 초상화가 새겨져 있다.

● 페니 블랙에 그려진 빅토리아 여왕의 초상화는 그녀가 빅토리아 공주였던 1834년에 그려진 것이다. 이 초상화는 1901년 그녀가 사망할 때까지 우표에 사용되었다. 우표 하단 왼쪽과 오른쪽에 있는 각 문자는 240장이 들어 있는 인쇄물에서 해당 우표의 위치를 나타낸다.

발송된 우표에는 빨간 잉크로 소인을 찍었지만, 우표의 검은 부분에는 빨간 잉크로 찍은 소인이 잘 보이지 않았기 때문에 쉽게 빨간 잉크를 제거하고 이를 재사용할 수 있었다. 그래서 1841년 2월 페니 블랙은 페니 레드로 대체되었고, 페니 레드에는 훨씬 더 잘 보이고 오래가는 검은색 잉크로 소인을 찍었다. 페니 블랙은 짧은 기간 사용되었지만, 인쇄된 우표는 약 6,900만 장에 이른다. 한 장에 240개가 인쇄되었고, 이를 가로로 잘라 쓰는 형태였다. 우표 사이에 있는 천공은 1850년에야 도입되었다.

● 쉽게 지울 수 있는 빨간 소인이 찍힌 페니 블랙 우표의 세 가지 사례.

1844년 10월

'프레드' 엥겔스가 '무어' 마르크스와 평생 서신을 주고받다

프리드리히 엥겔스가 파리에서 카를 마르크스를 만났을 때 엥겔스는 노동자 계급을 위한 이 급진적 사회주의자의 비전에 깊은 인상을 받았다. 마르크스는 독일에서 추방된 상태였고, 이 때문에 비밀스럽게 서신을 교환해야 했지만, 엥겔스는 계속 마르크스와 협력하고 싶어 했다.

프리드리히 엥겔스와 카를 마르크스는 1848년에 출판된 『공산당선언』을 함께 집필했다. 오늘날 그 철학은 흔히 '마르크스주의'라고 불리지만, 적어도 일부는 엥겔스가 영국에서 경험한 영국 노동계급의 삶에 기반을 두고 있다. 엥겔스는 영국 북서부 살포드에 있는 아버지의 방직공장에서 일하면서 이런 경험을 얻었다.

엥겔스는 영국에서 2년간 체류한 후, 1844년 8월 독일의 부퍼계곡으로 귀국하는 길에 이미 좌파 인사로 이름을 알리고 있던 카를 마르크스를 만나기 위해 파리에 들렀다. 마르크스는 그의 신문 『라인란트 뉴스 Rhineland news』 발행이 금지된 후 독일에서 더 이상 환영받지 못했다. 1843년에 파리로 이주해 새로운 국제 사회주의 신문인 『독일-프랑스 연보 German-French Yearbook』를 편집했지만, 이 역시 단 한 호만 발행된 뒤 폐간되었다.

엥겔스와 마르크스는 첫 만남부터 의기투합했다. 그들은 전략가들과 체스 애호가들이 자주 찾던 카페 '드 라 레장스Café de la Régence'에서 주로 만났다. 사회주의에 대한 두 사람의 비전은 거의 일치했다. 엥겔스는 영국에서 보고 겪은 노동자 계급의 힘에 관해 흥분된 어조로 이야기했다. 그는 자신들이 원하는 정치적·경제적 변화를 노동자 계급이 실현할 수 있다고 믿었다. 둘은 글, 팸플릿, 책 등을 통해 그들의 사상을 전파할 계획을 세웠고, 이후 엥겔스는 고향인 바르멘으로 떠났다.

그곳에서 엥겔스는 마르크스에게 우정을 굳건히 하겠다는 결심을 담은 긴 편지를 보냈다. "자네와 함께 보낸 열흘 동안 느꼈던 쾌활하고 호의적인 분위기를 다시는 느낄 수 없었다네." 이어 독일에서 공산주의가 부상하고 있는 상황을 자세히 알려주었다. 쾰른에서는 "우리 사람들이 매우 활발하게 활동 중"이라고 언급했고, 뒤셀도르프에도 "뛰어난 동지들이 몇몇 있다"라고 말했다. 엘버펠트 주민에 대해 "인간적인 사고방식이 진짜 이들의 제2의 천성이 되었다"라고 칭찬했고, 바르멘에 관해서는 "경찰관마저 공산주의자"라고 언급했다.

유일하게 살아남은 독일어 사회주의 기관지 『포르베르츠Vorwärts』가 파리에서 발행되었고, 평범한 종이에 싸여 독일 서점으로 밀반입되었다. 엥겔스는 "우리 집필자들이 잡히지 않으려면 침묵할 수밖에 없다"라고 썼다. 엥겔스는 편지 전체에서 마르크스와의 우정을 강조하기 위해 '우리'라는 단어를 사용했다.

개인적인 서신을 보낼 때조차 눈속임을 해야 했다. 엥겔스는 "이 편지가 뜯기지 않은 채로 도착하면, 답장을 밀봉해서 엘버펠트의 F.W. 슈트리커 회사로 보내고 개인적인 편지처럼 보이지 않게, 가능한 한 상업적인 글씨로 주소를 쓰도록 해 … 우편 수사관들이 이 편지의 여성스러운 외관에 속을지 궁금하군"이라고 썼다.

마르크스가 살아 있는 동안 두 사람은 공산주의 출판물 작업을 위해 힘을 모았다. 마르크스가 그의 역작 『자본론』을 집필하는 동안 엥겔스는 아버지의 부를 등에 업고 마르크스를 재정적으로 지원했다. 공산주의의 아이러니 중 하나는 그 위대한 설계자 가운데 한 명이 부유한 독일 산업가의 아들이었다는 사실이다.

프리드리히 엥겔스가 카를 마르크스에게 보낸 편지

친애하는 마르크스,

내가 그동안 소식을 전하지 않아서 많이 놀랐을 걸세. 당연히 그랬겠지. 하지만 지금도 내가 언제 돌아갈 수 있을지 아무런 말도 해줄 수가 없다네. 지난 3주 동안 바르멘에 머물며 친구들, 친척들과 즐거운 시간을 보냈다네. 다행히 그중에는 친절한 여성도 여섯 명 있었지. 여기서는 일을 전혀 할 수가 없네. 특히 내 여동생 마리가 런던의 공산주의자 에밀 블랭크와 약혼해서 더 그렇다네. 에밀 블랭크는 에베르백의 지인이고, 당연히 온 집안이 완전 아수라장이야. 게다가 파리로 돌아가는 길도 여전히 장애물이 상당할 것으로 보여. 독일에서 6개월 또는 1년을 보내야 할 수도 있어. 물론 그렇게 하지 않기 위해 할 수 있는 모든 것을 다 할 것이라네. 하지만 내가 얼마나 사소한 문제들과 미신적인 두려움에 맞서 싸우고 있는지 자넨 아마 상상도 하지 못할 거야.

쾰른에서 3일을 머물렀는데, 우리가 그곳에서 펼친 엄청난 선전에 감탄하고 말았어. 우리 사람들이 매우 활발하게 활동하고 있지만, 적절한 지원이 부족하다는 게 크게 와닿더군. 과거의 사상과 역사를 논리적으로 발전시킨 원칙을 담은 몇몇 출판물이 실패하면 대부분은 어둠 속을 더듬거리게 되겠지. 그 후에는 뒤셀도르프에 있었는데, 거기에도 뛰어난 동지들이 몇몇 있었어. 내가 제일 좋아하는 사람은 엘버펠트 사람들이야. 인간적인 사고방식이 정말로 그들의 제2의 천성이 되었더라고. 이 사람들은 진정으로 가족생활을 혁명적으로 바꾸기 시작했어. 나이 든 어르신들이 하인이나 일꾼 앞에서 귀족 행세를 하려고 할 때마다 그들을 가르치더라고. 가부장적인 엘버펠트에선 대단한 의미가 있는 일이야. 하지만 엘버펠트에는 또 다른 집단도 있어. 이 집단은 매우 훌륭하지만, 다소 혼란스럽기도 해. 바르멘에서는 경찰관마저 공산주의자야. 그저께 문법 학교 교사인 옛 학교 친구가 나를 찾아왔는데 그는 공산주의자들과 전혀 접촉이 없었음에도 여기에 완전히 사로잡혔더군. 우리가 직접적인 영향력을 행사할 수 있다면, 곧 우리의 사상도 우위를 점할 수 있을 거야. 하지만 사실상 그런 일은 불가능해. 집필자인 우리가 조용히 있지 않으면 잡힐 수 있으니까. 그것만 빼면, 여기는 충분히 안전해. 우리가 침묵을 지키고 있는 한, 아무도 우리에게 신경 쓰지 않거든. 그리고 헤서의 두려움은 허상에 불과한 것 같아. 지금까지 이곳에서 전혀 괴롭힘을 당하지 않았어. 한번은 검사가 우리 중 한 명을 불러내서 나에 관해 끈질기게 질문한 적이 있지만, 그 외에는 아무것도 들은 바가 없어.

● 독일의 사회주의 철학자 카를 마르크스. 그가 전 생애를 거쳐 집필한 『자본론』은 그의 유물론적 역사관을 잘 보여준다.
● 카를 마르크스와 함께 『공산당 선언』을 집필한 프리드리히 엥겔스는 아이러니하게도 부유한 사업가의 아들이었다.

1845년 6월 30일

보들레르가 애인에게 유서를 남기다
… 그리고 살아남다

> 프랑스 시인 샤를 보들레르Charles Baudelaire가 쓴 편지가 2018년 경매에서 거의 25만 유로에 팔렸다. 이 편지는 독특한 앞부분 때문에 다른 작품보다 3배나 높은 입찰가를 기록했다. 이 편지는 이렇게 시작한다.
> "당신이 이 편지를 받을 때쯤이면 저는 세상을 떠났을 겁니다."

샤를 피에르 보들레르는 투쟁하고 고통받는 시인의 전형이었으며, 그 고통은 대체로 본인이 자초한 것이었다. 그는 낭비벽이 심했고, 술과 아편을 지나치게 즐겼다.

1845년 보들레르는 자신의 죽음을 예고하는 편지를 썼다. 그 편지는 그의 연인인 잔 뒤발Jeanne Duvall에게 보낸 것이었다. 뒤발은 프랑스와 아이티 혼혈 여배우로, 보들레르의 어머니 카롤린 보들레르는 그녀를 "검은 비너스"라고 불렀다. 두 여인은 사이가 좋지 않았다. 보들레르의 어머니는 뒤발이 보들레르의 돈을 탕진하고, 그를 불행하게 만들었다고 생각했다. 사실이 어떻든 간에 두 사람은 1860년대 뒤발이 세상을 떠날 때까지 20년 동안 간헐적으로 연인 관계를 유지했다.

사실 보들레르는 훨씬 더 일찍 세상을 떠날 뻔했다. 의복, 매춘, 술, 마약에 쏟는 과도한 지출은 자신에게 만족하지 못하는 젊은이가 보여주는 전형적인 병증이었다. 그는 자신과 애인, 그 외 생활 방식을 향한 어머니의 비난을 견딜 수 없었다.

쌓여가는 빚과 작가로서 본인의 능력에 대한 의심은 그의 우울증을 더욱 악화시켰다. 보들레르는 1845년 뒤발에게 보낸 편지에서 자살을 결심한 이유를 설명했다. "나는 더 이상 살 수 없어서 스스로 목숨을 끊으려 해. 잠에 드는 것도, 잠에서 깨어나는 것도 너무 지쳐서 견딜 수가 없어. 나는 내가 불멸이라고 믿기 때문에 목숨을 끊는 거야. 정말로 그러길 바라고 있어."

문학계에 다행이었던 점은 보들레르가 재정 관리만큼이나 자살에도 서툴렀다는 사실이다. 그는 스스로 가슴을 찔렀지만, 칼이 중요한 장기를 모두 비껴간 덕분에 살아남았다. 아이러니하게도 이 일로 인해 그는 자신이 믿고 있던 불멸이 진실이라는 것을 확인할 수 있었다. 새로운 삶을 얻은 그는 산업 시대의 새로운 미적 가치를 반영한 시를 쓰기 시작했고, 그 이후 모든 세대의 시인에게 영향을 미쳤다.

보들레르가 처음 출판한 작품은 1845년 파리 살롱에 대한 평론이었다. 이후 그는 문학과 미술 분야에서 통찰력 있는 비평가로 명성을 쌓았다. 1847년에 그는 뒤발과의 연애를 소설화한 작품 『라 팡파를로』를 출간했으며, 10년 후에는 그의 명성을 굳건하게 해준 시집 『악의 꽃』을 출간했다.

이 시집의 일부 내용은 공공의 품위를 훼손한다는 이유로 배포가 금지되었다. 그는 어머니에게 보낸 편지에 이렇게 썼다. "저는 이 멍청이들의 험담을 조금도 신경 쓰지 않아요. 이 시집은 미덕과 단점을 모두 갖추고 있지만, 문학을 아는 대중의 기억에 위고, 고티에, 심지어 바이런이 쓴 최고의 시와 어깨를 나란히 할 거예요."

말년에 보들레르는 어머니에게 "나는 완전히 당신에게 속해 있어요. 내가 오직 당신에게만 속해 있다는 것을 믿어주세요"라고 애정을 담아 말했다. 그가 세상을 떠난 후, 보들레르의 어머니는 그가 계부처럼 외교관의 길을 걸었으면 좋았을 것이라고 말했다. 만약 그랬다면 "문학계에 이름을 남기진 못했겠지만, 우리는 더 행복했을 것"이라고 덧붙였다.

보들레르는 심각한 뇌졸중을 겪은 후, 생의 마지막 2년을 마비된 상태로 보냈다. 이후 1867년 파리의 한 요양원에서 죽음을 맞았는데, 이미 말을 하기는커녕 단어도 이해하지 못하는 상황이었다. 언어의 장인이 겪기에는 잔혹한 죽음이었다.

● 보들레르는 에드거 앨런 포의 작품에 많은 영향을 받았다. 그는 포의 소설 여러 작품을 번역했을 뿐 아니라 프랑스의 포가 되기 위해 노력했다.

● 1845년 보들레르의 시인으로서 경력은 자살 시도만큼이나 성공적이지 않았다. 그러나 『악의 꽃』으로 모든 것이 바뀌었다.

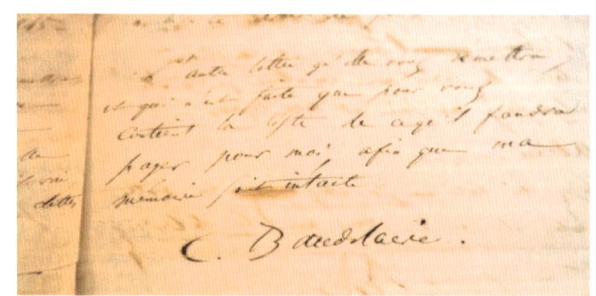

1861년 4월 18일

로버트 앤더슨 소령이 섬터요새의 항복을 보고하다

미국 찰스턴항에 주둔한 연방군 지휘관이 워싱턴의 전쟁부 장관에게 서둘러 메시지를 보내 수비대가 항복했다는 사실을 알렸다. 이는 남부 연합이 연방에 대한 첫 공격을 감행했음을 의미했다. 그렇게 미국 안에서 전쟁이 시작되었다.

사우스캐롤라이나주가 미합중국에서 탈퇴하고 에이브러햄 링컨이 대통령으로 취임한 후인 1861년 4월 10일, 임시 남부 연합군의 피에르 G.T. 보르가드Pierre G. T. Beauregard 준장은 찰스턴항에 있는 섬터요새에 주둔한 연방군에게 항복을 요구했다.

남부 연합군은 1만 명의 무장 병력을 보유한 데 반해, 섬터요새의 수비군은 68명에 불과했다. 그들이 보유한 장비는 열악했으며, 식량과 보급품도 매우 부족했다. 그럼에도 섬터요새 지휘관인 로버트 앤더슨 소령은 항복을 거부했다.

4월 12일 금요일 새벽 4시 30분, 남부 연합군은 헨리 S. 팔리Henry S. Farley 중위의 지휘 아래 제임스섬에서 미군 요새를 향해 25센티미터 박격포의 첫 포탄을 발사했다. 이로써 오랫동안 이어질 포격이 시작되었다. 오전 7시경,

섬터요새의 부지휘관 애브너 더블데이Abner Doubleday 대위가 응사했지만, 그는 대포가 목표에 도달할 수 없음을 알고 있었다. 남부 연합군의 포격은 무려 34시간 동안이나 계속되었다.

저항은 무의미하고 즉각적인 지원을 받을 희망도 없다는 사실을 깨달은 로버트 앤더슨 소령은 4월 13일 오후 2시 30분에 백기를 들고 항복했다. 그는 다음 날 철수해 북쪽으로 탈출했다.

4월 18일 오전 10시 30분에 앤더슨은 샌디후크 근처 증기선 SS 발틱호에서 워싱턴에 있는 미국 전쟁부 장관 사이먼 카메론에게 전보를 보내 그간의 상황을 보고했다. 앤더슨은 "34시간 동안 섬터요새를 방어했지만, 숙소가 완전히 불타버리고 정문은 화재로 파괴되었습니다. 출입구 쪽 벽은 심각하게 손상되었고, 불길에 휩싸인 탄약고는 열 때문에 열 수조차 없었습니다"라고 보고했다.

곧 이 전보가 역사상 얼마나 중요한 문서인지 드러나게 된다. 당시 남부 연합의 국무장관 로버트 툼스는 "섬터요새를 향한 포격은 지금까지 세계가 본 적 없는 규모의 내전을 촉발할 것입니다"라고 말했다. 전보를 받은 링컨 대통령은 7만 5천 명의 자원병을 모집하고, 의회를 소집했다. 이 공격은 북부 연방의 결집 구호가 되었다.

이 전투에서 북부 연방군 병사 두 명이 사망하고 두 명이 다쳤지만, 남부 연합 측 사상자는 없었다. 비록 사상자는 적었지만 이 사건은 피비린내 가득했던 '남북전쟁'의 신호탄이 되었다.

4년 후, 인근의 모리스섬과 설리번섬에 위치한 해안 포대의 폭격으로 요새가 파괴된 후에 보르가드는 찰스턴에서 철수를 명령했다. 요새는 1865년 2월 22일에 버려졌다. 로버트 앤더슨 소령과 애브너 더블데이 대위는 1861년에 내렸던 바로 그 깃발을 다시 게양하기 위해 요새로 돌아왔다.

섬터요새에 관한 원본 전보는 워싱턴 D.C.에 있는 국립기록보관소에 보관되어 있다.

```
S.S.BALTIC.OFF SANDY HOOK APR.EIGHTEENTH.TEN THIRTY A.M. .VIA
NEW YORK. . HON.S.CAMERON. SECY.WAR. WASHN. HAVING DEFENDED
FORT SUMTER FOR THIRTY FOUR HOURS. UNTIL THE QUARTERS WERE EN
TIRELY BURNED THE MAIN GATES DESTROYED BY FIRE .THE GORGE WALLS
SERIOUSLY INJURED.THE MAGAZINE SURROUNDED BY FLAMES AND ITS
DOOR CLOSED FROM THE EFFECTS OF HEAT .FOUR BARRELLS AND THREE
CARTRIDGES OF POWDER ONLY BEING AVAILABLE AND NO PROVISIONS
REMAINING BUT PORK.I ACCEPTED TERMS OF EVACUATION OFFERED BY
GENERAL BEAUREGARD BEING ON SAME OFFERED BY HIM ON THE ELEV
ENTH INST.PRIOR TO THE COMMENCEMENT OF HOSTILITIES AND MARCHED
OUT OF THE FORT SUNDAY AFTERNOON THE FOURTEENTH INST.WITH
COLORS FLYING AND DRUMS BEATING.BRINGING AWAY COMPANY AND
PRIVATE PROPERTY AND SALUTING MY FLAG WITH FIFTY GUNS. ROBERT
ANDERSON.MAJOR FIRST ARTILLERY.COMMANDING.
```

● 앤더슨 소령이 보낸 운명적인 전보 한 통으로 남북전쟁이 시작되었다.

● 남부 연합의 오랜 공격으로 섬터요새는 큰 피해를 입었다.

1861년 7월 14일

미국 남북전쟁에서 설리번 벌루가 아내에게 편지를 쓰다

> 설리번 벌루Sullivan Ballou는 평범한 사람이었다. 미국 동부 해안 출신 변호사이자 두 아들의 아버지였던 그는 지역 정치에 활발히 참여했고, 로드아일랜드 하원의장을 역임했다. 1861년, 벌루는 링컨의 연방군 자원 요청에 지체 없이 응했다.

미국 남북전쟁의 첫 총성은 1861년 4월 12일, 남부 연합군이 찰스턴항의 섬터요새를 점령하면서 시작되었다. 링컨 대통령은 반군을 진압하기 위해 군대 소집을 명령했다. 링컨과 같은 공화당원이었던 벌루는 지체 없이 자원한 사람 중 하나였다.

로드아일랜드 사회에서 존경받는 인물이었던 벌루는 장교의 자질을 충분히 갖추고 있었다. 연방군에 지원한 그는 로드아일랜드 보병 제2연대에서 소령 계급을 받았다. 1861년 7월, 그가 속한 연대는 워싱턴으로 이동한 후, 버지니아 북동부에서 다른 부대와 합류하기 위해 계속 진군했다. 이후 벌루는 신임 지휘관인 어빈 맥도웰Irvin McDowell 장군의 지휘를 받는 약 3만 5천 명 규모의 부대에 속하게 되었다. 전쟁이 발발하기 전부터 현역 군인이었던 맥도웰은 불과 며칠 전까지만 해도 벌루와 같은 계급이었다.

버지니아로 이동하기 전 벌루는 그의 지휘를 받는 많은 병사와 마찬가지로 곧 전투가 벌어지리라는 사실을 직감했고, "다시는 당신에게 편지를 쓸 수 없게 될까 봐"라고 말하며 아내 사라에게 편지를 썼다. "내가 이 세상에 없을 때 당신이 볼 수 있게 몇 마디 글을 남겨야겠다는 생각이 들어." 벌루는 "미국 문명이 지금 정부의 승리에 얼마나 크게 기대고 있는지"를 잘 알고 확신에 찬 신념으로 싸우고 있었지만, 자신이 어디로부터 떠나가는지 제대로 알았기에 두려움을 느꼈다. "내 결심의 깃발이 평온하고 당당하게 휘날리는 동안 당신과 아이들에 대한 무한한 사랑이 조국에 대한 사랑과 치열하고도 무의미한 싸움을 벌이는 것은 내가 약하거나 명예롭지 못한 탓일까?"

이어서 벌루는 감동적인 사랑 고백을 남긴다. 죽을지도 모르는 현실에 직면한 벌루는 이렇게 고백을 시작한다. "사라, 당신을 향한 내 사랑은 끝이 없어 … 내가 돌아오지 못하더라도, 내 사랑 사라, 내가 당신을 얼마나 사랑하는지 절대 잊지 말아줘. 전장에서 내 마지막 숨이 빠져나갈 때 당신의 이름을 속삭일 거야."

일찍 아버지를 여의고 고아가 된 벌루는 아이들이 자신과 같은 운명을 겪게 된다는 사실과 아내가 혼자가 된다는 생각에 견딜 수 없었다. "나는 영혼의 세계에서 당신을 지켜볼 거고, 당신이 소중한 짐을 안고 폭풍을 헤쳐나갈 때 당신 곁에 머무를 거야." 그는 자신의 사랑을 더 이상 억누를 수 없어 순수한 시로 그 마음을 표현한다. "오, 사라! 죽은 이들이 이 땅으로 돌아와 그들이 사랑했던 사람들 곁을 보이지 않게 맴돌 수 있다면, 나는 항상 당신 곁에 있을 거야. 가장 밝은 낮에도, 가장 어두운 밤에도, 당신이 가장 행복한 순간에도, 가장 힘든 시간에도, 항상, 언제나 말이야. 당신의 뺨에 부드러운 바람이 불어온다면 그건 내 숨결일 거야. 시원한 바람이 당신의 뜨거운 관자놀이를 식혀준다면, 내 영혼이 지나가는 거라 생각해줘."

소령이었던 벌루는 일주일 후, 마나사스 근처에서 전투가 시작되자 보병대를 앞에서 이끌며 진격했다. 남부 연합의 첩자들은 맥도웰 장군의 전략을 미리 간파하고 있었고, 연방군은 남북전쟁의 첫 격전에서 완전히 패했다. 전쟁 초기에 자신감이 넘쳤던 연방군은 남부 연합의 결연한 의지를 과소평가했다. 이 전투에서 남부 연합의 장군은 토머스 '스톤월Stonewall' 잭슨이라는 별명까지 얻었다.

불런전투Battle of Bull Run라고도 알려진 이 첫 번째 전투에서 남부 연합군은 압도적인 승리를 거두었다. 벌루는 돌격이 시작되자마자 포탄에 맞아 말과 오른쪽 다리를 잃었고, 그 부상으로 일주일 후 야전 병원에서 사망했다. 아내 사라에게 보내려던 편지는 그의 소지품에서 발견되었다. 이는 나중에 출판되어 군인이 쓴 가장 유명한 이별 편지가 되었다. 사라는 재혼하지 않았고 56년 후 홀로 세상을 떠났다.

설리번 벌루가 아내 사라 벌루에게 보낸 편지

사랑하는 사라에게,

며칠 안에, 어쩌면 내일, 우리 부대가 움직일 가능성이 매우 커. 다시는 당신에게 편지를 쓸 수 없게 될까 봐, 내가 이 세상에 없을 때 당신이 볼 수 있게 몇 마디 글을 남겨야겠다는 생각이 들어.

이번 이동이 며칠간의 짧은 시간일 수도 있고 즐거움이 가득한 시간일 수도 있지만, 나에게 심각한 전투와 죽음을 가져오는 시간일 수도 있겠지. 오, 신이시여. 내 뜻이 아니라 당신의 뜻이 이루어지게 하옵소서. 내 나라를 위해 전장에 나가야 한다면, 나는 기꺼이 준비가 되어 있어. 이 대의에 아무런 의심도 없고, 자신감도 부족하지 않아. 내 용기가 멈추거나 흔들리지도 않아. 나는 미국 문명이 이 정부의 승리에 얼마나 크게 기대고 있는지 그리고 혁명의 피와 고통을 겪은 우리 선조들에게 얼마나 큰 빚을 지고 있는지 잘 알고 있어. 그리고 나는 삶의 모든 기쁨을 내려놓고, 이 정부를 지키고, 그 빚을 갚기 위해 헌신할 준비가 되어 있어.

하지만, 내 사랑하는 아내, 내 기쁨뿐 아니라 당신의 거의 모든 기쁨을 빼앗고 당신의 삶을 걱정과 슬픔으로 채우게 되리라는 것을 알 때, 내가 오랜 세월 동안 고아로 살면서 쓰라린 과실을 맛봤는데, 이제 그 과실을 사랑하는 우리 아이들에게 유일한 양식으로 남겨주어야 할 때, 내 결심의 깃발이 평온하고 당당하게 휘날리는 동안 당신과 아이들에 대한 무한한 사랑이 조국에 대한 사랑과 치열하고도 무의미한 싸움을 벌이는 것은 내가 약하거나 명예롭지 못한 탓일까?

사라, 당신을 향한 내 사랑은 끝이 없어. 마치 전능한 힘만이 끊을 수 있는 강력한 끈으로 나와 당신을 묶고 있는 것 같아. 하지만 조국에 대한 사랑은 강한 바람처럼 나를 압도하면서, 이 모든 사슬을 메고도 저항할 수 없이 전장으로 나를 몰고 가. 당신과 함께 보냈던 행복한 순간의 기억들이 떠오르며, 그 순간을 오랫동안 누릴 수 있었음에 신과 당신에게 깊이 감사해. 신이 허락하신다면 갖게 될 희망, 여전히 우리가 함께 살고, 사랑하며 우리 아이들이 명예로운 성인으로 성장하는 모습을 지켜볼 수 있는 그 미래의 희망을 포기하고 재로 태워버린다는 건 내게 너무도 힘든 일이야.

● 설리번 벌루는 정부를 위해 의무를 다한 시민 군인의 완벽한 사례다. 그가 아내 사라에게 보낸 편지는 켄 번스Ken Burns의 남북 전쟁 다큐멘터리에 사용되었다.

● 설리번 벌루가 죽기 일주일 전에 아내에게 보낸 마지막 편지에서 일부 발췌한 부분.

1862년

에이브러햄 링컨이 매클렐런 장군에게 최후통첩을 보내다

연방군의 장군 조지 매클렐런George McClellan은 종종 상부의 명령을 무시했고, 다른 사람들보다 자신의 판단을 더 신뢰해 명령에 불복종했다. 남북전쟁 당시 링컨 대통령이 매클렐런 장군에게 보낸 전보는 전쟁의 흐름이 미묘하게 균형을 이룬 시점에서 두 사람 사이의 긴장을 보여준다.

조지 매클렐런 장군은 경력이 오래된 군인으로, 거만한 태도를 지닌 사람이었다. 상관을 존중하지 않았던 그의 성향을 잘 보여주는 일화가 있다. 매클렐런은 캐스케이드산맥을 가로지르는 철도 노선을 조사하라는 명령을 받았지만, 철저히 조사에 임하지 않았다. 겨울철에 직접 그 노선을 살펴보라는 명령을 받았지만 따르지 않았고, 결국 네 개 노선 중 가장 나쁜 노선을 선택했다. 또한 조사 일지를 넘기는 것도 거부했다. 이는 일지에 조사를 의뢰한 워싱턴 준주 주지사를 비하하는 발언이 가득했기 때문이라고 추측된다.

남북전쟁이 발발하자 매클렐런은 북부 연방군 측 오하이오 민병대로 군복무에 복귀했지만, 노예제도에 대한 그의 견해를 고려하면, 남부 분리주의자의 편에 섰을 가능성도 있었다. 초기에 매클렐런은 부대의 지휘를 맡아 몇 차례 승리를 거두었다. 특히 대통령의 자문을 맡고 포토맥 군대를 지휘하게 되자, 그의 자만심은 하늘을 찔렀다. 아내에게 보낸 편지에서 "앞으로 작은 성공 하나만 더 거두면, 나는 독재자 혹은 나를 기쁘게 만드는 다른 무엇이든 될 수 있을 것 같아"라고 썼다.

그러나 매클렐런은 자신이 생각했던 만큼 뛰어난 사람이 아니었다. 그는 끊임없이 적의 병력을 과대평가해 소극적인 태도로 공격에 나섰으며, 최고사령관인 링컨의 전략과 지시에 존경이나 복종을 보이지 않았다. 한때는 링컨을 "선의를 가진 바보 원숭이에 불과하다"라고 표현하기도 했다.

버지니아주의 리치먼드전투에서 상황이 정점에 달했다. 리치먼드는 남부 연합군이 점령하고 있었다. 링컨은 1862년 5월 25일에 매클렐런에게 전보를 보내 "적의 많은 병력이 북쪽으로 이동하면서 북부 연방군인 뱅크스 장군을 밀어내고 있습니다. 모든 적의 움직임이 계획적으로 보입니다. 만약 리치먼드를 필사적으로 방어하려고 했다면, 이렇게 행동하지 않을 것입니다"라고 말했다.

다시 말해, 리치먼드 방어는 적에게 그다지 우선순위가 아니었다. 지금이야말로 그 도시를 점령할 좋은 기회였다. 하지만 만약 적이 북쪽으로 이동해온다면, 워싱턴 D.C.가 위험에 처할 가능성도 있었다. 관건은 시간이었다. 링컨은 결론지었다. "지금은 리치먼드를 공격하든지 아니면 임무를 포기하고 워싱턴으로 돌아와 방어해야 할 때오."

매클렐런은 동의하지 않았다. 그는 리치먼드로 천천히 이동했고, 예상치 못한 남부 연합군의 공격을 물리친 뒤에도 반격하지 않아서 그 도시를 점령할 기회를 놓쳐버렸다. 그 덕분에 6월 말까지 남부 연합군의 로버트 E. 리 장군은 리치먼드 방어 태세를 크게 강화할 시간을 벌었다. 결국 매클렐런은 후퇴할 수밖에 없었고, 이 실패의 책임을 링컨에게 돌렸다. 그는 전쟁부에 전보를 보냈다. "분명히 말하겠지만, 내가 지금 이 군대를 구한다 해도 당신이나 워싱턴의 그 누구에게도 감사할 이유가 없습니다. 당신들은 이 군대를 희생시키려고 최선을 다했으니까요."

이런 상황과 전쟁 내각 대부분의 반대에도 불구하고 매클렐런은 결국 워싱턴 방어를 지휘하게 되었다. 그러나 9월 17일 앤티텀전투에서 연방군이 결정적인 승리를 거둔 후에도 매클렐런은 적을 추격하는 데 실패하고 말았다. 이로써 링컨은 마침내 매클렐런을 해임할 명분을 얻게 되었다. 매클렐런은 여전히 자기 세계에 갇혀 있었고, 아내에게 "내가 신뢰하는 사람들은 내가 전투에서 훌륭하게 싸웠고 그것이 걸작이었다고 말하오"라고 말했다. 그는 1864년 대통령 선거에서 링컨과 경쟁했지만 패배했다. 그러나 매클렐런이 오래도록 미군에 공헌한 바도 분명하다. 그가 설계한 기병용 안장인 매클렐런 안장은 20세기에 미군이 말을 더 이상 타지 않을 때까지 계속 사용되었다.

● 린드 존슨은 골칫덩어리 FBI 국장 에드거 후버에게 매클렐런을 밖에 두는 것보다 안에 두는 것이 낫다고 말한 것으로 유명하다. 에이브러햄 링컨 대통령이 1862년 앤티텀전투에서 자신에게 복종하지 않는 매클렐런 장군과 대화를 나누고 있다. 이후 매클렐런은 해임되었다.

● 10월 25일, 매클렐런은 링컨의 날카로운 질문에 세 장이 넘는 분노에 찬 답장을 보냈다. 이 사진은 그 답장의 첫 장이다. 링컨은 매클렐런에게 "지금 막 그대가 보낸, 혀가 상하고 지친 말들에 관한 전보를 받았습니다. 앤티텀전투 이후 군대의 말이 지칠 정도로 했다는 일이 과연 무엇인지 물어봐도 될까요?"라고 적었다.

1862년 8월 22일

에이브러햄 링컨이
남북전쟁의 우선순위를 설명하다

> 남북전쟁 당시 『뉴욕트리뷴』의 투쟁적인 창립자이자 편집장인
> 노예제 폐지론자 호레이스 그릴리Horace Greeley가 링컨을 강하게 비판하는
> 공개서한을 발표하자, 링컨 대통령은 이에 답할 필요성을 느꼈다.

그릴리가 1861년 8월 19일에 자신이 쓴 서한을 『뉴욕트리뷴』에 게재할 수 있었던 것은 아마도 1862년부터 남북전쟁의 흐름이 바뀌기 시작했기 때문일 것이다. 북부 연방군은 초기의 연이은 패배 이후 점차 전투에서 승리를 거두기 시작했고, 지지자들은 승리 이후 국가의 미래를 그려보기 시작했다. 그릴리는 오랫동안 노예제도 폐지를 주장해왔다. 그는 남북전쟁이 노예제도 폐지를 위한 것이라고 여겼지만, 링컨은 그 목표에 충분히 집중하지 않는 것처럼 보였다.

그릴리는 '2천만 명의 기도'라는 제목으로 『뉴욕트리뷴』에 글을 게재했다. "친애하는 각하, 당신의 당선을 축하했던 사람 상당수가 반란군의 노예 정책으로 깊이 고통받고 있다는 사실을 굳이 말씀드리고 싶지는 않습니다." 편지 서두에서부터 'Mr President(친애하는 대통령님)'가 아니라 'Dear Sir(친애하는 각하)'이라고 쓴 것은 의도적인 조롱이었다.

편지의 어조는 점점 더 직설적이고 공격적으로 변했다. 그릴리는 링컨을 향해 새로운 법을 집행하라고 요구했다. 1862년에 통과된 이 법은 반란군이 소유한 토지를 몰수하고 노예해방을 합법화한다는 내용이었다. 그는 "우리는 당신이 법을 실제로 집행할 것을 요구합니다. 당신이 새로운 몰수법의 해방 조항에 관한 직무를 소홀히 하고 있다고 생각합니다. 그 조항들은 자유를 지키고 노예제도와 싸우기 위해 고안된 것입니다"라고 강력하게 주장했다.

8월 22일자 『뉴욕트리뷴』에 링컨의 답변이 실렸고, 다음 날 다른 신문에서도 이를 반복해서 보도했다. 그는 공화당과 연방의 대의를 지지해준 소중한 인물인 그릴리와의 직접적인 논쟁을 피했다. 링컨은 그릴리를 부드럽게 나무라며 "당신의 공개서한에 성급하고 독단적인 어조가 느껴진다 해도, 저는 항상 마음이 바르다고 여겨왔던 오랜 친구에 대한 존경심으로 그것을 애써 넘기도록 하겠습니다"라고 말했다. 그러나 대통령은 가장 중요한 동기를 명확하게 밝히려고 애썼다.

남부의 몇몇 주가 분리된 이유는 노예제도 때문이었을지 모르지만, 미국 대통령을 화나게 만든 것은 노예제도가 아니라 그들이 연방에서 탈퇴한 일이었다. "이 투쟁에서 내가 가장 중요하게 여기는 목표는 연방을 구하는 것이지, 노예제도를 구하거나 파괴하는 것이 아닙니다. 노예를 해방하지 않고 연방을 구할 수 있다면 그렇게 할 것이고, 모든 노예를 해방해야 연방을 구할 수 있다면 그렇게 할 것입니다. 또한 일부 노예를 해방하고 다른 일부는 그대로 둠으로써 연방을 구할 수 있다면 그렇게 할 것입니다."

링컨의 편지는 이런 기조로 계속 이어지며 대통령으로서 그의 사명이 무엇인지 확실히 밝혔다. 링컨은 마지막 문단에 이르러서야 자신의 개인적 견해를 드러냈다. "저는 여기에서 공적인 직무의 목적을 분명히 밝힌 것이며, 모든 사람이 어디에서나 자유롭기를 바라는 저의 개인적인 소망은 여전히 변함이 없습니다."

그러나 링컨은 이 편지를 쓸 당시, 이미 노예해방 선언문을 초안해놓고 있었다는 사실은 언급하지 않았다. 이 선언문은 남부 연합 주에 있는 모든 노예를 자유인으로 선언하는 내용을 담고 있었다. 링컨은 1862년 9월 앤티텀 전투에서 연방군이 승리한 후에야 이 선언문을 발표했는데, 그 선언이 계속되는 패배로 인한 그의 절박함에서 비롯된 것이 아님을 보여주기 위해서였다. 비록 이 선언은 전쟁 중에 남부의 주에만 적용되었고, 북부 연방에 남아 있는 주에는 적용되지 않았지만, 350만 명의 노예가 해방되는 효과를 낳았다. 또한 이 조치는 전쟁 후 13차 수정헌법이 통과되는 직접적인 계기가 되었다.

● 1862년 8월 23일자 신문에 반복해서 실린 링컨의 답장.

● 호레이스 그릴리는 1841년 『뉴욕트리뷴』의 창립자였다. 그는 열정적인 사회운동가이자 노예제 폐지론자였다.

1863년

윌리엄 밴팅이 자신의 체중 감량법을 세상에 알리고 싶어 하다

> 영국 왕실의 장례식 감독 윌리엄 밴팅William Banting은 찰스 디킨스의
> 소설에 등장하는 통통한 인물 '픽윅'을 연상시키는 외모를 가지고 있었다.
> 빅토리아 시대 초기에는 살찐 체형이 부유함의 상징이었다.
> 하지만 밴팅은 과하게 찐 살로 신발 끈조차 혼자 묶기 어려워지면서,
> 이를 해결하기 위해 무엇이든 해야겠다고 생각했다.

윌리엄 밴팅 가문은 1820년 조지 3세부터 1910년 에드워드 7세에 이르기까지 왕실 장례식을 주관했다. 밴팅은 1861년 빅토리아 여왕의 남편인 앨버트 공이 사망했을 때 장례 절차를 주관했는데, 천천히 관 앞에서 걷는 통통한 그의 모습은 경건하고 엄숙한 분위기를 전달하는 데 어느 정도 도움이 되었을 것이다.

하지만 밴팅은 체중을 감량하고 싶었다. 그는 당대 유명한 여러 의사에게 도움을 청했지만, 효과를 보지 못했다. 그러던 1862년 8월, 그는 런던 소호 광장에 진료실을 둔 의사 윌리엄 하비를 찾아갔다. 하비는 식이요법이 다른 의학적 상태에 미치는 효과를 연구하고 있었다. 체중 감량을 목적으로 한 연구는 아니었지만, 어쨌든 하비의 조언은 밴팅에게 눈부신 효과를 가져다주었다. 이에 밴팅은 감사의 마음을 담아 칭찬이 가득한 추천서를 작성했고,

1863년 말에 이를 친구들을 비롯해 체중 감량에 관심 있는 사람들에게 배포했다.

이것이 바로 밴팅이 쓴 「비만에 관한 편지Letter on Corpulence」다. 이 편지는 대중에게 큰 인기를 끌어 1년 안에 세 번이나 개정되고 재출판되었으며, 오늘날에도 여전히 출간되고 있다. 그는 69세에 이 편지를 썼고, 81세에 사망했다. 그는 자신이 홍보한 식단의 걸어 다니는 광고판이었다. 밴팅이 지금까지 회자되는 이유는 그가 대중적으로 다이어트 열풍을 일으킨 최초의 인물이자 저탄수화물 식단을 처음으로 권장한 사람이기 때문이다.

오늘날 저탄수화물 식단을 고수하는 사람들은 밴팅보다 더 엄격하다. 밴팅은 이 편지에서, 점심에 '양질의 클라레 와인이나 셰리 와인 또는 마데이라 와인 2~3잔', 저녁에 '클라레 또는 셰리 1~2잔', 필요하다면 취침 전 설탕이 없는 '진, 위스키, 브랜디 1잔' 또는 '클라레나 셰리 1~2잔'을 허용했다.

밴팅은 토스트를 완전히 끊을 수는 없었다고 인정했다. 하지만 21세기 앳킨스 다이어트 추종자들은 그가 샴페인과 포트와인, 맥주, 감자, 파스닙(뿌리를 먹는 채소 – 옮긴이), 비트, 순무, 당근은 물론 설탕까지 끊었다는 점을 알아차릴 것이다. 밴팅은 이렇게 썼다. "과거 내 아침 식단은 빵과 우유, 또는 우유가 많이 들어간 차 약 600밀리리터, 설탕과 버터를 바른 토스트였다. 점심에는 고기, 맥주, 빵 여러 개(나는 늘 빵을 좋아했다)와 페이스트리를 먹었다. 저녁 식사는 아침과 비슷하게 먹고 보통 과일타르트나 빵과 우유로 마무리했다. 속은 늘 불편했고, 숙면하는 날이 드물었다."

밴팅의 편지에는 과거에 실패했던 다이어트에 관한 설명도 포함되어 있다. 예를 들어 그는 격렬한 운동을 하라는 조언을 받고 조정을 시작했지만, 오히려 식욕이 증가해 체중이 더 늘어났다고 썼다. 그러나 하비의 식이요법 덕분에 첫해에 약 21킬로그램의 체중을 감량했다. 허리둘레는 13인치 줄었으며, 시력이 좋아지는 등 여러 건강상의 혜택도 누리게 되었다. 그는 "필요한 모든 일을 스스로 할 수 있게" 되면서 신발 끈조차 혼자 묶을 수 없던 과거로부터 벗어났다.

　식이 과학은 윌리엄 밴팅의 시대 이후로 놀랍도록 발전했지만, 밴팅의 편지는 여전히 독자들에게 친근하게 다가온다. 실패와 성공 사례를 가감없이 털어놓을 뿐 아니라 무수한 실패 끝에 마침내 성공을 거머쥔 한 남성의 사생활과 투쟁을 생생하게 담아냈기 때문이다. 밴팅의 식단은 전 세계적으로 매우 인기를 끌었으며, 스웨덴을 포함한 일부 국가에서는 여전히 그의 이름 'banta'가 다이어트를 의미하는 용어로 사용되고 있다.

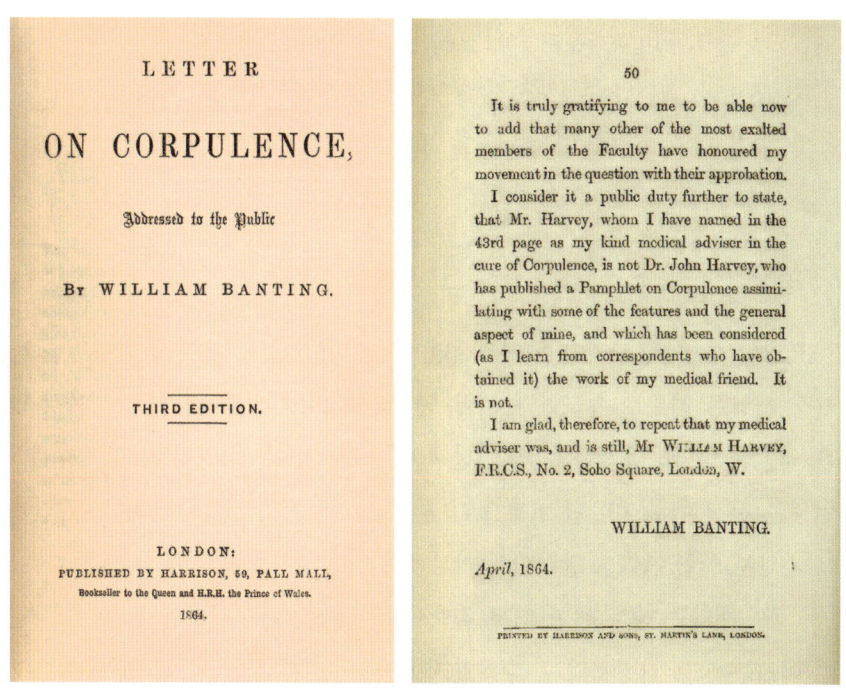

● 1862년, 운동을 좋아하지 않았던 65세의 밴팅은 키 165센티미터에 92킬로그램의 몸무게를 기록하고 있었다. 그러나 그는 꾸준한 '밴팅'으로 체중을 70킬로그램까지 줄이는 데 성공했다.

1864년 9월 12일

셔먼 장군이 애틀랜타 시민들에게 전쟁의 참혹함을 일깨워주다

애틀랜타를 점령한 후, 북부 연방군 지도자 셔먼 장군은 도시의 군사 및 민간 지도자들과 서신을 주고받았다. 그는 편지에서 전쟁의 참혹함을 설명하고, 대의를 위해 무자비한 전쟁을 지속하겠다는 결심을 솔직하게 밝혔다.

1864년 여름, 조지아주 애틀랜타에서 벌어진 전투는 미국 남북전쟁 중 가장 치열한 전투로 손꼽힌다. 남부 연합군에 있어 애틀랜타는 전쟁에서 많은 역할을 담당하던 중심지였다. 전쟁 이전 1만 명이 채 되지 않던 애틀랜타 인구는 전쟁 이후 2만 명 이상으로 불어났으며, 이곳 노동자들은 군복 단추부터 남부 연합 전함의 장갑판에 이르기까지 다양한 물품을 생산했다.

애틀랜타는 남부 연합 영토 깊숙이 위치했음에도 윌리엄 T. 셔먼 장군이 이끄는 북부 연방군의 공격 목표가 되었다. 셔먼 장군은 철도를 표적으로 삼았다. 북부 연방군이 애틀랜타로 들어오는 철도 보급로 네 개를 모두 장악하자, 남부 연합군의 존 벨 후드 장군은 더 이상 버틸 수 없음을 깨닫고 9월 1일 밤, 어둠을 틈타 남부 연합군을 이끌고 조용히 도시를 빠져나갔다. 다음 날 아침, 애틀랜타의 시장 제임스 캘훈James Calhoun은 셔먼 장군이 이끄는 선발대에게 정식으로 항복했다.

후드 장군은 애틀랜타를 떠나기 전에 중요한 산업 시설을 파괴하고, 남부 연합군의 무기로 가득 찬 화물 열차 81대를 폭파했다. 애틀랜타 점령 이후 셔먼 장군은 남부 연합군의 제조 중심지였던 이 도시를 황폐하게 만들기로 결심했고, 다음 목표인 사바나로 이동하기 전에 도시를 완전히 파괴할 계획을 세웠다. 셔먼 장군은 도시를 폭파하기 전 모든 민간인이 각자의 선택에 따라 북쪽이나 남쪽으로 대피할 수 있도록 이틀간 휴전을 선포했다.

후드 장군과 애틀랜타 캘훈 시장의 항의 서한을 받은 셔먼 장군은 전쟁의 현실에 관한 현명하고도 가슴 아픈 성찰을 담은 답장을 보냈다. 셔먼 장군은 "전쟁은 잔혹하고 여러분은 그 어떤 말로도 이를 미화할 수 없습니다"라고 썼다. 셔먼은 애틀랜타 시민들에게 잔혹한 조치를 내리고 있다는 시장의 비난을 단도직입적으로 반박했다. "비로소 전쟁을 직접 경험하게 되자 여러분은 이제까지와 다른 입장을 보이고 있습니다. 지금 여러분은 전쟁의 참혹함을 한탄하지만, 그동안 수백, 수천 명의 선량한 사람들의 집을 황폐하게 만들기 위해 군인들을 기차에 태워 보낼 때는 그렇지 않았습니다. 그들 또한 그저 자신이 물려받은 정부 아래에서 … 평화롭게 살기 바랐을 뿐입니다."

애틀랜타의 산업 자산을 파괴하려는 자신의 의도를 인정하지 않으면서도 "내 군사 계획상 주민들은 도시를 떠나야 합니다 … 이 끔찍한 전쟁의 고난에 항의하는 건 천둥소리에 항의하는 것이나 마찬가지입니다"라고 자신의 의견을 밝혔다.

셔먼 장군은 입장을 굽히지 않았다. "애틀랜타 시민들이 다시금 평화롭고 조용한 고향에서 살 수 있는 유일한 방법은 … 잘못된 판단으로 시작된 전쟁이 자존심으로 지속되고 있음을 인정하는 것뿐입니다." 그는 연방을 수호하는 것이 자신의 우선순위임을 분명히 했다. "다시 한번 국가 정부의 권위를 인정하십시오 … 그러면 이 군대는 즉시 여러분의 보호자이자 지지자가 될 것입니다."

"저는 평화를 원하며, 지금은 전쟁을 통해서만 평화를 이룰 수 있다고 믿습니다. 그러나 친애하는 시민 여러분." 셔먼은 이렇게 서한을 마무리했다. "평화가 오면 저에게 무엇이든 요청하십시오. 그러면 저는 여러분과 마지막 크래커를 나누고, 모든 위협으로부터 여러분과 여러분의 집, 가족을 지킬 것입니다."

하지만 이러한 경고에도 불구하고 애틀랜타는 결국 불타고 말았다.

윌리엄 T. 셔먼 장군이
애틀랜타 시장과 시의회 대표들에게 보낸 편지

신사 여러분께,

저는 애틀랜타에서 모든 주민의 철수를 요구하는 제 명령을 취소해달라는 귀하의 11일자 서한을 받았습니다. 저는 그 서한을 주의 깊게 읽었으며, 당신들이 언급한 고통에는 전적으로 동감합니다. 하지만 제 명령을 철회하지는 않을 것입니다. 왜냐하면 그 명령은 인도적 목적을 고려한 것이 아니라, 애틀랜타 외부에 있는 수백만 명의 선량한 사람들이 깊은 관심을 보이고 있는 앞으로의 투쟁에 대비하기 위한 조치이기 때문입니다.

우리는 애틀랜타만이 아닌 미국 전체에서 평화를 이루어야 합니다. 이를 위해서는 한때 행복과 축복의 땅이었던 우리 조국을 황폐하게 만드는 이 전쟁을 반드시 멈춰야만 합니다. 그러기 위해서는 모두가 존중하고 따라야 하는 법률과 헌법에 반대하는 반란군을 물리쳐야 합니다. 반란군을 물리치려면 우리가 그들의 은신처까지 도달할 수 있도록 필요한 무기와 장비를 갖추고 길을 열어야 합니다. 이제 저는 적들의 복수심이 얼마나 강한지 잘 알고 있으며, 이 지역에서 군사작전이 오랜 시간 이어질 수 있음을 염두에 두고 제때 준비하는 것이 현명하고 신중하다고 생각합니다. 전쟁을 위해 애틀랜타를 사용하는 것은 여러 사람의 보금자리인 애틀랜타의 성격과 맞지 않습니다.

더 이상 이곳에는 가족을 부양하기 위한 제조업, 상업, 농업이 들어설 자리가 없으며, 머지않아 주민들은 궁핍함 때문에 결국 이곳을 떠날 수밖에 없을 것입니다. 지난달처럼 서로 싸우며 포탄이 날아다니는 참혹한 일이 벌어지기를 기다리기보다 모든 이전 준비가 완료된 지금 떠나는 게 낫지 않겠습니까? 물론 지금 당장 그런 일이 일어날 것 같지는 않지만, 전쟁이 끝날 때까지 우리 군대가 여기 머무를 것이라 기대해서는 안 됩니다. 저로서는 이 문제를 여러분들과 공정하게 논의할 수 없습니다. 제가 무엇을 하려고 하는지 당신들에게 말할 수 없기 때문입니다. 하지만 제 작전 계획상 주민들이 떠나야 한다는 사실은 분명하며, 저는 그들이 어느 방향으로 가든 가능한 한 쉽고 편안하게 이동할 수 있도록 돕겠다는 제안을 다시 말씀드릴 수밖에 없습니다.

 여러분이 전쟁을 아무리 가혹한 말로 표현한다고 해도 저보다 더 가혹하게 정의할 수 없을 것입니다. 전쟁은 잔혹하고 여러분은 그 어떤 말로도 이를 미화할 수 없습니다. 그리고 우리 조국에 전쟁을 불러온 자들은 사람들이 쏟아낼 수 있는 모든 저주와 욕설을 받아 마땅합니다. 저는 이 전쟁을 일으키는 데 전혀 관여하지 않았고 평화를 확보하기 위해 그 누구보다도 더 많은 희생을 치르게 되리라는 사실을 알고 있습니다. 그러나 평화와 분단된 조국을 동시에 가질 수는 없습니다. 미국이 지금 분열을 받아들인다면, 전쟁은 계속될 것이고 결국 우리는 끝없는 선생을 치르고 있는 멕시코와 같은 운명을 겪게 될 것입니다 … 과거 미국이 지배했던 곳에서는 어디든 그 권위를 행사해야 하며, 확고히 해야 합니다. 만약 조금이라도 압력에 굴복한다면, 그 권위는 결국 사라질 것입니다. 그리고 저는 이것이 바로 국가 전체의 감정이라는 것을 압니다. 이 감정은 다양한 형태를

띠지만, 언제나 연방이라는 본질로 돌아옵니다. 일단 연방을 인정하고, 다시 한 번 국가 정부의 권위를 받아들이면, 여러분의 집과 거리, 도로를 전쟁이라는 참혹한 용도로 사용하는 대신 이 군대가 즉시 여러분의 보호자이자 지지자가 되어 사방에서 닥쳐올 위험으로부터 여러분을 지켜줄 것입니다. …

● 셔먼 장군의 필체는 우아하지만, 그 안에 담긴 메시지는 강철같이 냉철하다.

1880년 6월 23일

빈센트 반 고흐가 동생 테오에게 감동적인 편지를 보내다

> 빈센트 반 고흐는 삶의 의미와 그 안에서 자신이 해야 할 역할을 찾아 헤매는 고뇌에 찬, 불안정한 영혼이었다. 동생 테오에게 의식의 흐름에 따라 쓴 긴 편지를 보낸 후, 테오는 빈센트에게 그의 에너지를 예술에 쏟으라고 조언했다.

헤이그와 런던에서 몇 년간 미술 중개인으로 일하며 행복한 시기를 보낸 고흐는 이후 다양한 일을 전전했다. 영국 남부에서 교사로, 벨기에 탄광촌에서 선교사로 활동하며 방황의 시기를 보냈다. 수도승처럼 생활하며 짚 위에서 자고, 거의 먹지도 않았으며, 종교적·세속적 성찰에 몰두했다.

고흐의 가족들은 그의 정신 상태를 매우 걱정했는데, 1880년 초에는 고흐의 아버지가 그를 정신병원에 보내야 한다고 생각할 정도였다. 잠시 부모님 댁에서 머무르던 고흐는 광부들과 함께 지내기 위해 벨기에로 돌아갔고, 그곳에서 마침내 동생 테오에게 편지를 썼다. 표면적으로는 절실히 필요했던 돈을 보내준 것에 대한 감사 편지처럼 보였지만, 사실 절망에 빠진 아버지와 화해하고 싶은 열망을 담은 편지였다.

하지만 일단 펜을 들자, 고흐는 전통적 삶에서 벗어나려는 결단과 그가

● 빈센트 반 고흐의 동생이자 미술상이었던 테오 반 고흐.

이해한 예술의 본질에 대한 심오하고 철학적인 분석을 늘어놓기 시작했다. 그는 "이제 좀 지루할 수 있는 추상적인 이야기를 해야 할 것 같아"라고 말을 시작한다. 이 편지에서 복잡한 생각에 압도되어 과부하에 빠진 마음과 어떻게든 그로부터 해방되려고 노력하는 모습이 잘 드러난다.

고흐는 "5년 동안" 길을 잃었다고 회고하며, "미래가 조금 어둡다"라고 인정한다. 그러나 "지금 가고 있는 길을 계속 가야 해. 아무것도 하지 않는다면, 공부나 노력을 계속하지 않는다면, 길을 잃고 말 거야"라고 말한다. 그는 예술 작품을 탐독하며 그 사이에 있는 공통점을 발견하기 시작했다. 마침내 그 속에서 모든 예술이 표현하려고 노력하는 보편적인 존재, 즉 신의 모습을 발견할 수 있었다.

고흐는 이렇게 말한다. "셰익스피어에게는 렘브란트가 가진 무언가가 있다. 빅토르 위고에게는 들라크루아의 무언가가 있고, 밀레에게는 번연의 무언가가 있으며, 복음서 안에도 렘브란트의 무언가가 있다. 인간과 그들의 작품에서 진정으로 선한 것은 모두 신에게서 온다. 누군가 렘브란트를 사랑한다면, 그 사람은 신이 있다는 것을 알게 될 것이다."

겉보기에 자신이 활동적이지 않고 세상과 동떨어져 있다는 지적에는 이렇게 변호한다. "내면에서 일어나는 일이 외면으로 드러날까? 누군가의 영혼에서 큰불이 타오르고 있지만, 아무도 그 불에 몸을 녹이러 오지 않아. 지나가는 사람들은 굴뚝에서 나오는 약간의 연기만 보고 그냥 지나쳐버려." 그는 가족들이 자신을 게으른 사람으로 여긴다는 사실을 알고 있었다. 하지만 본능적으로 이렇게 느꼈다. "그래도 나는 뭔가 쓸모가 있어! 내가 존재하는 이유가 있어! 나를 게으른 사람으로 보지 않고 내 안에 있는 다른 무언가를 봐준다면, 나는 정말 기쁠 거야."

이 편지는 우울증뿐 아니라 아직 꽃 피우지 못한 창의성이라는 악마와 겨루는 한 남자가 쓴 슬픈 글이자, 간절히 도움을 요청하는 외침이었다. 테오는 이 편지를 읽고 그의 형에게 계속 예술가의 길을 가라고 조언하는 통찰력을 보여준다.

고흐는 광산 마을 사람들과 풍경들을 그리기 시작했고, 그해 가을에는 브뤼셀에서 미술을 공부했다. 만성 우울증이 평생 그를 괴롭혔지만, 그때부터 고흐는 삶을 향한 목적과 열정을 가지고 작업에 임하기 시작했다. 같은 편지에서 고흐는 희망을 담아 테오에게 이렇게 썼다. "폭풍우가 몰아치는 바다에 휩쓸려 오랜 세월 떠다녔던 사람이 마침내 목적지에 도달했어. 아무짝에 쓸모없어 보이던 사람도 결국 자신의 역할을 찾고, 활동적으로 행동할 수 있는 색다른 모습을 드러내는 거야."

빈센트 반 고흐가 동생 테오 반 고흐에게 보낸 편지

너한테 편지를 쓰는 게 다소 망설여져. 오랫동안 편지를 쓰지 않았는데, 여러 이유가 있었어. 네가 좀 낯설게 느껴져. 너 또한 그럴 테고. 아마 네가 생각하는 것보다 더 그럴지도 몰라. 어쩌면 우리가 이 길을 가지 않는 게 더 나을지도 몰라. 이미 알고 있을지도 모르겠지만, 난 다시 보리나주Borinage로 돌아왔어. 아버지는 에텐 근처에 머무는 게 어떻겠냐고 하셨지만 난 싫다고 했고, 그게 최선이라고 생각해. 원치는 않았지만 가족들에게 나는 아무것도 할 수 없고 믿을 수 없는 사람이 되어버렸어. 어쨌든 신뢰할 수 없는 사람이 되었는데, 이제 어떻게 하면 누구에게든 쓸모 있는 사람이 될 수 있을까? …

나는 열정에 사로잡힌 사람이야. 그래서 때로는 미안할 정도로 어리석은 일을 저지를 수도 있어. 인내심을 가지고 기다리는 게 더 나을 때 종종 너무 빨리 말하거나 행동하는 나를 발견하곤 해. 다른 사람들도 때때로 나처럼 어리석은 일을 할 수 있다고 생각해. 그렇다면 어떻게 해야 할까? 자신을 위험한 사람, 아무것도 할 수 없는 사람이라고 여겨야 할까? 나는 그렇게 생각하지 않아. 중요한 것은 이런 열정들조차도 좋은 방향으로 바꾸려고 온갖 노력을 다하는 거야. …

이제 좀 지루할 수 있는 추상적인 이야기를 해야 할 것 같아. 그래도 인내심을 가지고 들어주면 좋겠어. 예를 들어 여러 열정 중 하나를 꼽자면 나는 책에 대해 저항할 수 없는 열정을 가지고 있어. 마치 빵을 꼭 먹어야 하는 것처럼 계속 나 자신을 교육하고, 공부하고 싶은 욕구가 있어. 너도 이해할 수 있을 거야. 지금과 다른 환경, 즉 그림과 예술 작품들 속에 있었을 때, 너도 잘 알다시피 나는 격정적인 열정에 사로잡혔고 그것에 열광했어. 그리고 그 일을 후회하지 않아. 그리고 지금, 다시 시골에 멀리 떨어져 있으면서 나는 종종 그림의 나라가 그리워지곤 해. …

그리고 지금까지 거의 5년 정도, 정확히는 잘 모르겠지만 나는 직업 없이 여기저기를 떠돌아다녔어. 이제 넌 이렇게 말해. 언젠가부터 내가 내리막길을 걸었고, 사라져갔고, 아무것도 하지 않았다고. 그게 완전히 사실일까? 아마 "왜 사람들이 바라던 대로 대학을 졸업하지 않았어?"라고 말할 거야. 이 질문에는 이렇게만 말하고 싶어. 너무 비용이 많이 들었고, 그 미래가 내가 지금 걷고 있는 이 길보다 더 나을 게 없었다고. 때로는 내가 번 돈으로 빵을 사 먹었고, 때로는 친구가 호의로 나에게 빵을 준 게 사실이야. 상황이 어떻게 흘러가든 난 최선을 다해 살아왔어. 여러 사람의 신뢰를 잃은 것도 사실이고, 내 재정 상태가 좋지 않은 것도 사실이야. 내 미래가 어둡다는 것도, 내가 더 잘할 수 있었다는 것도 사실이야. 단순히 생계를 유지하면서 시간을 허비한 것도 사실이고, 내 공부 자체는 다소 안타깝고 낙담스러운 상태야. 가진 것보다 부족한 것이 훨씬 더, 아니 무한히 더 많다는 것도 사실이야. 그러나 이게 내리막길을 걷고 있으며, 아무것도 하지 않는다는 뜻일까? …

1888년

시카고 감리교 훈련학교가 처음으로 '행운의 편지'를 보내다

20세기의 연쇄 편지chain letters는 가볍게 말하면 당시의 유행이었고, 나쁘게 말하자면 피라미드식 사기였다. 모금 활동을 위한 최초의 연쇄 편지는 시카고에서 매우 존경받았던 감리교 여선교사 훈련학교에서 시작되었다.

흔히 연쇄 편지(국내에서는 '행운의 편지'로 더 잘 알려져 있다-편집자)는 편지를 받은 사람이 이어서 다른 사람에게 같은 편지를 보내지 않으면 나쁜 일이 생길 것이라는 위협적인 내용을 담고 있다. 예를 들어, 편지를 받는 사람이 여섯 통을 더 써서 일주일 이내에 다른 사람에게 보내야 하며, 그렇지 않으면 안 좋은 일을 겪게 될 것이라는 식이다. 인터넷이 등장하면서 편지를 쓰는 문화가 쇠퇴하기 전까지는 많은 나라에서 연쇄 편지를 나쁜 우편으로 간주하고 금지하기도 했다.

1888년, 최초의 연쇄 편지는 감리교 여선교사 양성을 위한 대학인 시카고 훈련학교에서 시작되었다. 이 학교는 많은 빚을 지고 있었고, 예배에서 모금한 금액으로는 이 재정난에서 벗어나기 어려웠다.

시카고 훈련학교의 설립자인 루시 마이어Lucy Meyer와 조사이아 마이어

Josiah Meyer 부부는 학교라는 경계를 넘어 더 먼 곳까지 모금함을 전달하고 싶었다. 그들은 지역 사회에 모금함을 설치하거나 잠재적 기부자들에게 우편물을 보내는 방법을 논의했지만, 이 방법들을 사용하려면 상자 제작과 수거, 문구, 우편 요금 등에 많은 비용이 들어갔다. 그러던 중 연쇄 편지라는 아이디어를 떠올렸다. "편지 한 통만 보내면 되는데, 굳이 수백 통의 편지를 보낼 필요가 있을까?"

마이어 부부는 10센트를 기부해달라는 편지를 보내면서, 수신자에게 이와 유사한 편지를 세 명의 뜻 있는 친구에게 보내달라고 부탁했다. 이 아이디어는 큰 효과를 냈다. 학교는 이 방식으로 편지지, 우표, 시간 등의 비용을 절약할 수 있었다. 잠재적인 기부자 명단을 작성할 필요조차 없었다. 수신자들이 그 일을 모두 대신해주었기 때문이다.

마이어 부부는 처음에 1,500통의 편지를 발송하고 답장을 기다렸다. 반응은 즉각적이었다. 학교는 약 6,000달러 모금을 목표로 했는데, 많은 사람이 요청한 금액보다 더 많은 돈을 보냈고 학교의 활동에 관해 더 알고 싶어했다. 선교사들은 그 연쇄 편지를 '이동식 모금함'이라고 불렀다. 이는 최초의 연쇄 편지였을 뿐 아니라, 최초의 구독형 뉴스레터 또는 최초의 크라우드 펀딩이라고도 할 수 있다.

1898년에는 17세의 한 적십자 자원봉사자가 미국-스페인전쟁 중 쿠바에 주둔한 병사들에게 얼음을 보내기 위한 자금을 요청하는 연쇄 편지를 고안하기도 했다. 뉴욕 바빌론에 있던 이 소녀의 지역 우체국으로 수천 통의 편지가 쏟아지자, 결국 소녀의 어머니는 더 이상 편지를 보내지 말아달라는 공개서한을 발행해야 했다.

시카고 훈련학교는 재정 위기뿐 아니라 감히 젊은 여성들을 종교 지도자로 교육한다는 공격을 견디며 살아남았고 번성했다. 루시 마이어는 한 걸음 더 나아가 여성 집사라는 개념을 알리는 데 힘썼다. 이 초창기 기독교 전통은 한동안 사라졌다가 19세기 독일에서 처음 부활했고, 그다음 영국에서 그리고 루시 덕분에 미국에서도 다시 시작되었다.

　루시는 1922년 세상을 떠났다. 시카고 훈련학교는 1935년 시카고에서 북쪽으로 19킬로미터 떨어진 에번스턴에 있는 다른 대학교와 합병했다. 오늘날 이 학교는 '가렛 복음주의 신학대학원'이라는 이름으로 루시의 일을 이어가고 있다. 루시의 예는 연쇄 편지 역사상 이 편지에 관련된 모든 사람이 원하는 바를 얻은 유일한 사례일 것이다.

● 루시 마이어는 1885년 남편 조사이아 마이어(오른쪽)와 함께 시카고 국내외 선교사 훈련학교를 설립했으며, 1885년부터 1917년까지 교장으로 재직했다.

● 사신 목직의 초기 연쇄 편지가 성공을 거두자, 곧 피라미드식 판매를 위한 연쇄 편지가 속속 등장했다.

1890년 7월 18일

윌리엄스가 벨기에의 왕에게 분노의 공개서한을 보내다

조지 워싱턴 윌리엄스George Washington Williams는 미국 남북전쟁에서 북군을 위해 싸운 아프리카계 미국인이다. 오하이오주 의회에서 최초의 아프리카계 미국인 대표로 선출되기 위해 투쟁했으며, 법정에서는 변호사로서 의뢰인을 위해 싸웠다. 그러나 그의 인생에서 가장 큰 전투는 벨기에 왕이었던 레오폴드 2세와의 싸움이었다.

윌리엄스는 1882년 출간된 『미국 흑인종의 역사 1619~1880년*History of the Negro Race in America 1619-1880*』을 저술한 것으로 잘 알려진 인물이다. 이 책은 아프리카계 미국인의 역사를 체계적으로 기록한 최초의 작품이었다. 윌리엄스는 1889년 연합 문학 출판사에 기사를 쓰기 위해 유럽으로 여행을 떠났다. 그 과정에서 벨기에 국왕 레오폴드 2세를 만나 깊은 감명을 받았다.

레오폴드 2세는 개인 소유지인 콩고 개발 계획을 윌리엄스에게 설명했다. 자신의 계획을 현지 주민을 위한 자선 사업으로 묘사하며, "주민들의 지식을 증진하고 복지를 보장하기 위해 모든 정직하고 실질적인 노력을 기울이겠다"라고 말했다. 윌리엄스는 이 "자선적 사업"을 직접 확인하기 위해 이듬해 콩고를 방문했다.

윌리엄스는 자신이 목격한 실상에 경악을 금치 못했다. 레오폴드 2세는 자신을 위한 왕국을 건설해 자원을 착취하고 현지 주민을 노예로 부리고 있었다. 정부는 고무 농장을 관리하는 명목상 관리위원회에 불과했으며, 노동자들은 유럽과 아프리카 용병으로 구성된 사병들에게 끔찍한 학대를 당하고 있었다.

윌리엄스는 왕에게 공개서한을 보내 왕의 이름으로 자행되고 있는 비인도적 행위를 노골적으로 폭로했다. "저에게는 폐하께 제가 얼마나 환멸을 느끼고 실망하고 낙담했는지 명확하지만, 정중한 언어로 알릴 고통스러운 의무가 있습니다." 레오폴드 2세는 콩고강을 따라 형성된 땅을 개발하기 위해 유명한 탐험가 헨리 모턴 스탠리Henry Morton Stanle를 고용했다. 윌리엄스는 왕에게 스탠리의 이름을 언급하며, "이 순진한 사람들은 그 이름만 들어도 몸서리를 칩니다. 주민들은 그가 깬 약속, 엄청난 욕설, 급한 성미와 잔인한 폭력을 기억하고 있습니다"라고 말했다.

스탠리는 현지 지도자들의 환심을 사기 위해 정교하게 준비했다. 그는 렌즈로 햇빛을 모아 담배에 불을 붙이거나, 건전지를 사용해 악수를 하면서 전기 충격을 주는 묘기로 현지 지도자들을 현혹했다. "이런 눈속임과 술 몇 상자로 온 마을이 폐하께 넘어갔습니다."

윌리엄스가 서한에 나열한 12가지 구체적인 혐의 중에는 '비도덕적인 목적'으로 여성을 수입한 것, 원주민에게 소 쇠사슬을 목에 걸게 하거나 하마 가죽으로 된 거친 채찍으로 피가 날 때까지 때리는 잔혹 행위를 저지른 것, 크고 작은 규모로 노예를 거래한 것, 의료 시설을 전혀 만들지 않은 것 등이 포함되어 있었다. 그는 "병든 아프리카인을 위한 헛간이 세 개뿐인데, 말이 살기에도 적합하지 않을 정도로 열악한 곳이있다"라고 적었다.

윌리엄스는 자신의 서한을 널리 배포했고, 더 구체적 주장을 담은 편지를 영국 외무 장관에게 보냈다. 레오폴드 2세의 저지에도 불구하고, 이 서한은 벨기에에서 전국적인 분노를 일으켰다. 그 결과 레오폴드 2세는 콩고의 관리 권한을 벨기에 정부에 넘겨야 했다. 이는 이미 노예제도와 잔혹한 학대를 직접 경험한 아프리카계 미국인이 이룬 위대한 업적이었다.

레오폴드 2세는 실제로 한 번도 콩고를 방문한 적이 없었다. 윌리엄스는 1891년 아프리카에서 미국으로 돌아오는 길에 결핵과 흉막염으로 세상을 떠났다. 이 운명의 장난으로 그는 미국이 아니라 영국의 해변 휴양지인 블랙풀에 묻혔고, 1975년에 그의 명예를 기리기 위해 새로운 묘비가 세워졌다.

조지 워싱턴 윌리엄스가
레오폴드 2세 국왕에게 보낸 공개서한

… 작년에 제게 주어진 기회를 통해 아프리카에 있는 폐하의 영토를 방문하게 되어 매우 기뻤습니다. 이제 저에게는 폐하께 제가 얼마나 환멸을 느끼고 실망하고 낙담했는지 명확하지만, 정중한 언어로 알릴 고통스러운 의무가 있습니다. 콩고에 있는 폐하의 정부에 관해 제가 제기하는 모든 고발은 신중하게 검증된 것입니다. 유능하고 신뢰할 수 있는 증인 명단, 문서, 편지, 공식 기록이 충실히 준비되었으며, 이제 국제위원회가 사람들과 문서를 모으고 서약을 받으며, 이 고발의 진실 여부를 증명할 때까지 이 증거물들은 영국 외무 장관에게 맡겨질 것입니다. 헨리 모턴 스탠리 씨가 백인 한 명과 잔지바르 군인 네다섯 명을 보내 원주민 추장들과 조약을 맺으려 했던 사례가 있었습니다. 주요 설득 논리는 이러했습니다. 백인의 마음은 추장들 간, 마을들 간의 전쟁과 전쟁의 소문들로 병이 났고, 백인은 흑인 형제와 평화롭게 지내기를 원하며, 아프리카 부족 전체를 연합하여 공공 복지와 공동 방어를 이루고자 한다는 것이었습니다.

그는 여러 눈속임 기술을 신중하게 연습했고, 작업에 착수했습니다. 런던에서 건전지를 여러 개 사서 소매 안쪽 팔에 부착해 리본 띠와 연결했습니다. 그 리본 띠를 손바닥에 붙이고, 흑인 형제에게 정중하게 악수를 청했을 때, 그 흑인 형제는 백인의 힘에 놀라 넘어질 뻔했습니다. 원주민이 자신과 백인 간의 힘 차이에 관해 물었을 때 스탠리 씨는 백인이 상상도 못한 놀라운 힘을 발휘할 수 있다고 말했습니다. 그런 다음 렌즈 묘기가 이어졌습니다. …

※ 벨기에의 '레오폴드 2세 국왕에게 보내는 공개서한'에서 발췌. 윌리엄스는 국가 운영에 매우 심각한 불만을 제기하기에 앞서, 원주민에게 강한 인상을 남기기 위해 빅토리아 시대의 값싼 마술을 사용한 국왕의 유명한 대리인 헨리 모턴 스탠리의 모습을 노골적으로 보여주는 그림을 그렸다.

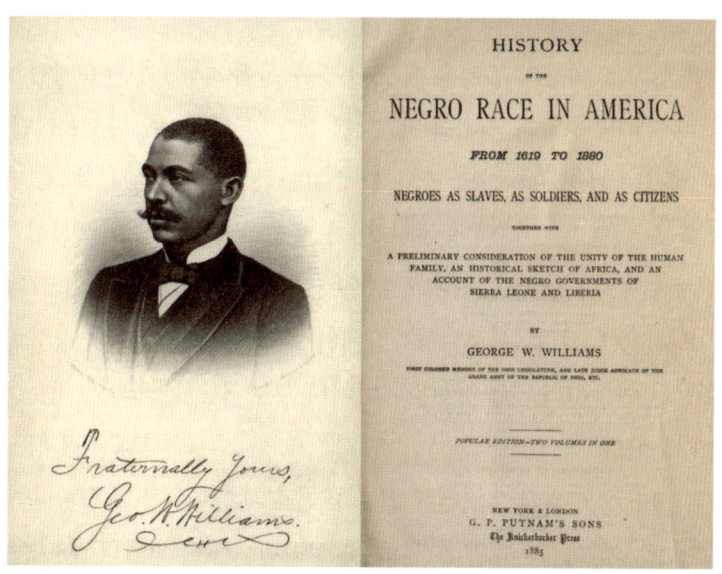

● 조지 워싱턴 윌리엄스는 남북전쟁의 영웅이자 성직자였으며 뛰어난 작가였다.

1892년 1월 21일

벨이 헬렌 켈러의 선생님인 설리번에게 편지를 쓰다

> 헬렌 켈러는 건강하게 태어났지만, 19개월 때 성홍열로 추정되는 병에 걸려 시력과 청력을 모두 잃었다. 켈러가 작가이자 정치 활동가로 길고 풍요로운 삶을 살 수 있었던 것은 그녀의 교육에 관해 자주 서신을 주고받은 두 사람 덕분이었다.

헬렌 켈러가 세상의 풍경을 보고 소리를 들을 수 있었던 유일한 기간은 태어난 이후부터 시각과 청각을 잃기 전 1년 반 남짓이었다. 1887년, 일곱 살이 된 켈러는 가정 요리사의 딸과 함께 고안한 60개의 손짓 신호로만 의사소통을 할 수 있었다. 그러던 중 한 의사가 헬렌의 부모에게 알렉산더 그레이엄 벨에게 연락해보라고 권유했다. 벨은 오늘날 전화기의 발명가로 잘 알려졌지만, 사실은 발성법 연구와 청각장애인 교육에 관한 연구에 상당한 노력을 기울였던 인물이다. 그의 아내와 어머니 모두 심각한 청각장애를 가지고 있었기 때문이다.

벨은 켈러 가족에게 보스턴에 있는 퍼킨스 맹인학교를 추천했다. 헬렌의 선생님으로는 옛 학생이었던 20세의 앤 설리번이 배정되었다. 1892년에 앤은 헬렌을 성공적으로 교육한 사례를 처음 기록했고, 이를 본 벨은 헬렌의 사례를 주목하게 되었다. 벨은 앤에게 그녀의 놀라운 성공을 축하하는 편지를 보냈다.

"당신이 쓴 글은 청각장애인 교사들에게 매우 흥미로운 내용을 담고 있습니다"라고 벨은 시력이 부분적으로 손상된 설리번에게 편지를 썼다. 설리번의 노력으로 헬렌이 감각의 감옥에서 벗어나 성숙하고 깊이 있는 표현을 할 수 있게 되었다는 사실이 분명해지고 있었다. "헬렌은 매우 뛰어난 아이입니다"라고 벨은 언급했다. 또한 "우리는 모든 걸 헬렌의 놀라운 정신력 때문이라고 여기지만, 언어는 내면이 아니라 외부에서 나온다는 점을 잊어서는 안 됩니다"라고 말했다.

벨이 특히 흥미를 느낀 점은 설리번과 함께한 지 불과 3년 만에 헬렌이 풍부한 어휘를 구사하게 된 부분이다. 헬렌은 피로, 배고픔, 즐거움 같은 기능적인 표현을 넘어 관용적 표현까지 구사했고, 단순히 사실을 전달할 뿐 아니라 수사적이고 문학적인 표현으로 감정을 나타냈다. 그녀가 어떻게 그런 어휘들을 습득했을까? 벨은 설리번에게 "어떻게 그렇게 된 것인지 보여줄 수 있다면"이라고 요청하면서 "전 세계 청각장애인 교사들이 당신에게 큰 감사를 표할 것입니다"라고 썼다.

설리번은 자신의 글에서 이미 그 방법을 암시했었다. 설리번은 헬렌에게 "그녀가 글을 읽기 훨씬 전부터" 글자가 튀어나오게 인쇄된 책을 주었다. "헬렌은 매일 몇 시간씩 손가락으로 단어들을 조심스럽게 더듬으며 아는 단어를 찾곤 했다"라고 설명했다. 이는 청각장애인과의 의사소통을 가장 기본적인 표현으로만 제한하던 기존 관행을 벗어난 접근 방식이었다. 설리번은 "저는 헬렌에게 늘 시각장애나 청각장애가 없는 아이에게 말하듯이 말해왔고, 다른 사람들도 그렇게 해야 한다고 주장합니다"라고 설명했다.

헬렌은 1년 안에 시를 쓰기 시작했다. 벨은 "생각의 성숙함이나 표현의 아름다움이 대부분의 위대한 시인들을 뛰어넘는다"라고 자신의 의견을 밝혔다. 벨과 설리번의 격려 덕분에 헬렌은 세계적으로 유명한 인물이 되었다. 마크 트웨인은 헬렌이 13살이었을 때 그녀를 처음 만났는데, 설리번의 지도 아래에서 꽃피운 헬렌의 지적 능력에 놀라움을 감추지 못했다.

● 헬렌 켈러와 그녀의 스승이자 평생의 동반자인 앤 설리번. 이 사진은 1888년 7월, 헬렌이 겨우 여덟 살일 때 촬영되었다.
● 알렉산더 그레이엄 벨. 성인이 된 헬렌 켈러와 노인이 된 알렉산더 그레이엄 벨이 주고받은 추가 서신은 '부록'을 참조하라.

WASHINGTON, D.C., January 21, 1892.

MISS A. M. SULLIVAN, TEACHER OF HELEN KELLER,
Perkins Institution for the Blind, South Boston, Mass.

DEAR MISS SULLIVAN:—Allow me to thank you for the privilege of reading your account of how you taught Helen Keller, which you have prepared for the second edition of the Souvenir issued by the Volta Bureau. Your paper is full of interest to teachers of the deaf, and it contains many valuable and important suggestions.

I am particularly struck by your statement that you gave Helen books printed in raised letters *"long before she could read them,"* and that *"she would amuse herself for hours each day in carefully passing her fingers over the words, searching for such words as she knew,"* etc.

I consider that statement as of very great significance and importance when I try to account for her wonderful familiarity with idiomatic English. She is such an exceptional child that we are apt to attribute every thing to her marvellous mind, and forget that language comes from without, and not from within. She could not intuitively arrive at a knowledge of idiomatic English expressions. It is absolutely certain that such expressions must have been *taught to her* before she could use them; and if you can show us how it was done, teachers of the deaf all over the world will owe you a debt of gratitude.

The great problem in the education of the deaf is the teaching of idiomatic language.

I am sure that instructors of the deaf will support me in urging you to tell us all you can as to the part played by books in the instruction of Helen Keller. We should like to form an idea of the quantity and quality of the reading-matter presented for her examination "long before she could read the books."

How much time did she devote to the examination of language which she could not understand, in her search for the words that she knew? I would suggest that you give us a list of the books she has read, arranging them, as well as you can, in the order of presentation. Teachers of the deaf find great difficulty in selecting suitable books for their pupils; and I am sure they would thank you especially for the names of those books that have given Helen pleasure, and have proved most profitable in her instruction.

You say, *"I have always talked to Helen as I would to a seeing and hearing child, and have insisted that others should do the same,"* etc. I presume you mean by this that you talked *with your fingers* instead of your mouth; that you spelled into her hand what you would have spoken to a seeing and hearing child. You say that you have "always' done this. Are we to understand that you pursued this method from the very beginning of her education, and that you spelled complete sentences and idiomatic expressions into her hand *before she was capable of understanding the language employed?* If this is so, I consider the point to be of so much importance that I would urge you to elaborate the statement, and make your meaning perfectly clear and unmistakable.

Yours very sincerely,
Alexander Graham Bell

● 알렉산더 그레이엄 벨은 앤 설리번이 헬렌 켈러와 의사소통하는 방법에 매료되었다. 헬렌 켈러는 벨과 산업가 H.H.로저스 같은 사람들의 지원으로 청각과 시각을 모두 잃은 사람 최초로 학사 학위를 취득했다.

1893년 9월 4일

베아트릭스 포터가 다섯 살 노엘 무어를 위해 편지에 그림을 그리다

> 베아트릭스 포터Beatrix Potter와 그녀의 형제 버트럼은 런던 남서부 집에서 여러 가정교사에게 교육받으며 고립된 어린 시절을 보냈다. 베아트릭스가 성공적인 아동문학 작가가 될 수 있었던 것은 마지막 가정교사인 앤 무어 덕분이었다. 그리고 그녀가 앤의 아들 노엘에게 보낸 편지에서 모든 일이 시작되었다.

　베아트릭스는 다른 아이들과 만날 기회가 거의 없었고, 어린 시절 대부분을 스코틀랜드의 퍼스셔나 잉글랜드의 레이크 디스트릭트 같은 아름다운 시골에서 가족과 함께 지냈다. 자연스럽게 자연과 시골을 주의 깊게 관찰하는 사람이 되었고, 부모님처럼 그림에 재능을 보였다. 시간이 지나면서 앤 무어는 가정교사를 넘어 베아트릭스의 오랜 친구가 되었고, 성인이 된 베아트릭스는 앤의 어린 자녀들에게 자주 편지를 보냈다.

　1893년 여름, 앤의 큰아들 노엘이 병에 걸렸다. 베아트릭스는 종종 편지를 보내 노엘을 격려했다. 스코틀랜드 테이강 주변 던켈드 마을에서 휴가를 보내던 베아트릭스는 더 이상 전할 만한 새로운 소식이 없음을 깨달았다. 이제는 "빨리 낫기를"이라고 말할 새로운 방법도 없었다. 그해 9월 4일에 보낸 편지에서 베아트릭스는 이렇게 말했다. "무슨 말을 더 해야 할지 모르겠어.

그래서 플롭시, 몹시, 코튼테일, 피터라는 네 마리 작은 토끼에 관한 이야기를 들려줄까 해."

베아트릭스의 팬이라면 누구나 알겠지만, 이것이 바로 『피터 래빗 이야기』의 시작이었다. 피터는 베아트릭스가 기르던 진짜 토끼의 이름을 딴 것이었다. 베아트릭스는 피터를 자주 그렸다. 그녀의 첫 토끼 이름은 벤저민인데, 벤저민은 나중에 『벤저민 버니 이야기』로 유명해진다. 베아트릭스는 편지를 쓸 때 작고 간략한 삽화를 덧붙이는 습관이 있었다. 그해 9월 노엘에게 보낸 편지에도 이야기와 함께 베아트릭스가 그린 독특한 삽화의 첫 번째 버전이 들어 있었다.

노엘은 분명 이 편지를 받고 기뻐했을 것이다. 앤은 자신의 옛 제자가 쓴 편지에 감명을 받았다. 그녀는 이 이야기가 좋은 아동 도서가 될 수 있다며 출판을 제안했다. 베아트릭스는 버트럼과 함께 크리스마스카드를 제작한 적이 있어서 출판에 어느 정도 지식이 있었다. 그녀는 출판사들의 관심을 끌기 위해 노력했지만, 성공하지 못했다. 결국 1901년 사비를 들여 흑백으로 된 초판 250부를 인쇄했다. 그리고 그중 한 권에 다음과 같은 슬픈 소식을 기록했다.

"1901년 1월 26일, 아홉 살에 세상을 떠난 가엾은 피터 래빗을 추억하며 … 지적 한계와 털, 귀, 발가락이 지닌 외적인 단점에도 불구하고 그는 한결같이 온화했으며, 언제나 다정했습니다. 사랑스러운 동반자이자, 조용한 친구였습니다."

책은 인기를 얻었고, 곧 추가로 200부가 더 인쇄되었다. 그러자 이전에 출판을 거절했던 프레더릭 워튼 출판사에서 관심을 보였다. 워른은 에드워드 리어, 케이트 그린어웨이, 월터 크레인 같은 예술가의 삽화가 담긴 그림책을 출판하던 출판사였다. 워른에서 새롭게 컬러판으로 출판한 『피터 래빗 이야기』는 첫해 2만 부가 팔렸다. 이후 27년에 걸쳐 베아트릭스는 22개의 이야기를 더 쓰게 된다. 여기에는 다람쥐 넛킨과 개구리 제리미 피셔처럼 노엘 무어에게 보낸 편지에서 처음 등장한 캐릭터들도 포함되었다.

베아트릭스 포터는 레이크 디스트릭트에서 은퇴했다. 은퇴 후에는 그동안 얻은 수입으로 그 지역의 여러 농장을 매입해 시골 풍경을 보존하는 데 힘썼다. 오늘날 레이크 디스트릭트와 던켈드에는 베아트릭스의 작품을 전시해둔 박물관이 있으며, 작은 정원에는 그녀가 처음 편지에서 상상했던 생명체들의 조각상도 남아 있다.

● 베아트릭스 포터는 책에서 얻은 수입으로 영국 레이크 디스트릭트의 언덕 위 농장을 매입했다. 그녀는 허드윅 양 경연대회에서 수상한 사육자이기도 했다.

sleep right at the top of a haw-
-thorn bush, the
branches are quite
covered with chickens. Those at
the farm go up a
stone wall into a
loft. The farmer
has a beautiful fat pig. He is a
funny old man,
he feeds the calves
every morning, he
rattles the spoon on the tin pail, to
tell them breakfast is ready but
they won't always come. then there is a
noise like a German band. I remain
yrs. aff. Beatrix Potter.

● 베아트릭스가 앤 무어의 아이들에게 보낸 소중한 편지 중 하나로 귀여운 삽화가 눈에 띈다.

1894년 8월 10일

피에르 퀴리가 마리아에게 사랑의 편지를 보내다

> 마리아 스크워도프스카Maria Skłodowska(마리 퀴리의 결혼 전 이름—편집자)는 파리에서 피에르 퀴리의 제자로 잠시 지낸 뒤에 폴란드로 돌아가 연구를 계속하려 했다. 하지만 피에르 퀴리는 곧 사랑에 빠져들었고, 많은 사람이 '피에르의 가장 위대한 발견'이라고 불렀던 여성, 과학 분야에서 노벨상을 두 번이나 수상한 유일한 여성을 사로잡기 시작했다.

마리아 스크워도프스카는 바르샤바에서 태어났다. 당시 폴란드는 러시아제국의 일부였다. 그녀는 폴란드의 문화와 교육을 러시아화하는 데 저항하는 민족주의 폴란드인들이 모인 지하 비밀학교인 '비행 대학'에서 몰래 과학을 공부했다. 1891년, 그녀는 더 자유롭게 학업을 이어가기 위해 파리로 이사했고, 피에르 퀴리의 연구실에서 학생으로 일하게 되었다.

피에르는 오늘날 대부분의 디지털회로 기술의 근간이 되는 압전성에 관한 획기적인 연구를 진행하고 있었다. 그는 1894년 폴란드 물리학자인 요제프 비에루시코프스키Józef Wierusz-Kowalski에게 마리아를 소개받았다. 마리아는 훌륭한 제자였다. 피에르의 연구를 방해하지 않았을 뿐 아니라 그것을 이해하고 발전시켰다. 마리아의 과학적 사고는 피에르의 감탄을 불러일으켰고, 피에르는 점차 그녀의 통찰력을 의지하게 되었다. 그녀는 피에르에게 영감을 주는 존재였다. 결국 그는 마리아를 사랑하게 되었다.

피에르는 마리아에게 청혼했지만, 그녀는 거절했다. 1894년 여름, 마리아는 파리를 떠나 두 달 동안 비에루시코프스키가 가르치고 있는 프라이부르크Freiburg로 갔다. 마리아는 그곳에서 피에르에게 신선한 공기를 즐기고 있다는 짧은 편지를 보냈다. 피에르는 심장이 두근거렸다. 그는 8월 10일 마리아에게 이렇게 편지를 썼다. "충분히 신선한 공기를 즐기고, 10월에는 우리에게 돌아오길 바랍니다."

부드럽고 상냥한 편지였다. 이미 한 번 거절당한 피에르는 마리아를 완전히 놓칠까 봐 무리하게 밀어붙이지 않고 조심스럽게 행동했다. "우리 서로 약속했잖아요. 적어도 좋은 친구로 남기로. 그렇죠?" 그는 바랐다. "감히 생각하기도 어렵지만, 우리가 꿈에 매료되어 함께 삶을 보낼 수 있다면 얼마나 좋을까요. 당신의 조국을 향한 꿈, 우리의 인도적 꿈, 과학적 꿈 말이에요."

피에르가 가장 추구하고 싶었던 것은 과학이었다. 그는 다른 꿈을 실현할 여력이 없다고 주장했다. "과학의 관점으로 볼 때에야 비로소 우리는 무언가를 할 수 있을 거라고 희망할 수 있습니다." 그는 그들이 함께 얼마나 많은 일을 하게 될지 그때는 전혀 알지 못했다. "어떻게 될지 보세요." 그는 무심한 듯 태연하게 말했지만, 이어서 이렇게 썼다. "당신이 만약 1년 뒤에 프랑스를 떠난다면, 우리 관계는 지나치게 플라토닉한 우정이 될 것입니다 … 차라리 당신이 내 곁에 남는 게 더 낫지 않을까요?" 그런 다음 피에르는 다시 물러났다. "이 질문이 당신을 화나게 하고, 당신이 다시는 이 이야기를 하고 싶어 하지 않는다는 것도 알아요."

하지만 마리아는 1년 후에도 프랑스를 떠나지 않았고, 그들은 다시 이 문제에 관해 이야기했다. 마침내 마리아는 1895년 7월 25일 피에르와 결혼하는 데 동의했다. 그들은 평생 헌신적인 부부로 지냈다. 서로에게 늦은 결혼 선물처럼, 피에르 퀴리와 '마리 퀴리'는 1903년 노벨 물리학상을 공동으로 수상했다. 마리는 1911년에 화학 부문에서 두 번째 노벨상을 받음으로써, 두 개의 노벨상을 받은 유일한 여성이자, 서로 다른 분야에서 두 개의 노벨상을 받은 유일한 인물이 되었다. 사랑과 노벨상 모두 기다릴 만한 가치가 있는 것들이다.

피에르 퀴리가 마리아 스크워도프스카에게 보낸 편지

당신의 소식을 듣는 것보다 더 큰 기쁨은 없을 것입니다. 두 달 동안 당신 소식을 듣지 못할 거라는 생각에 매우 힘들었습니다. 다시 말해, 당신이 짧은 편지를 보내줘서 정말 반가웠습니다.

신선한 공기를 충분히 즐기고, 10월에는 우리에게 돌아오기를 바랍니다. 저는 어디에도 가지 않을 생각입니다. 시골에 머물며 종일 창문 앞이나 정원에서 시간을 보낼 것입니다.

우리 서로 약속했잖아요. 적어도 좋은 친구로 남기로요. 그렇죠? 당신이 마음을 바꾸지만 않는다면요! 어떤 약속도 구속력이 없으며, 그런 일들은 마음대로 할 수 있는 게 아니니까요. 그래도 감히 생각하기도 어렵지만, 우리가 꿈에 매료되어 함께 삶을 보낼 수 있다면 얼마나 좋을까요. 당신의 조국을 향한 꿈, 우리의 인도적 꿈, 과학적 꿈 말이에요.

모든 꿈 중에서 마지막 꿈만이 유일하게 정당한 것이라고 생각합니다. 우리에게는 사회질서를 바꿀 힘이 없고, 설사 힘이 있더라도 무엇을 해야 할지 알 수 없기 때문이죠. 어떻게 행동하든 우리는 필연적인 진화를 지연시켜 해를 끼치지 않을지 확신할 수 없습니다. 과학의 관점으로 볼 때에야 비로소 우리는 무언가를 할 수 있을 거라고 희망할 수 있습니다. 이 분야는 더 확고하며, 아무리 작은 발견이라도 지식으로 남을 것입니다. 어떻게 될지 보세요. 우리는 좋은 친구가 되기로 했지만, 만약 당신이 만약 1년 뒤에 프랑스를 떠난다면, 우리 관계는 지나치게 플라토닉한 우정이 될 것입니다. 차라리 당신이 내 곁에 남는 게 더 낫지 않을까요? 이 질문이 당신을 화나게 하고, 당신이 다시는 이 이야기를 하고 싶어 하지 않는다는 것도 알아요. 또한 모든 면에서 제가 당신에게 완전히 부족하다는 느낌도 듭니다.

프라이부르크에서 우연히 당신을 만나도 될지 고민했습니다. 하지만 제가 틀리지 않았다면, 당신은 그곳에 하루만 머물겠죠. 그리고 분명 우리의 친구인 코발스키 부부와 함께 할 것입니다.

당신에게 매우 헌신적인,
피에르 퀴리

● 마리아의 연구는 물리학과 화학의 기존 개념을 뒤집었다. 또한 그녀는 페미니스트의 선구자로서 과학계 내 여성의 역할에도 큰 영향을 미쳤다.
● 마리아는 폴란드로 돌아가 과학자로 경력을 쌓고 싶었기 때문에 피에르 퀴리가 처음 결혼하자고 했을 때 그 제안을 거절했다.

1897년 1월에서 3월

오스카 와일드가 레딩 감옥에서 편지를 쓰다

> 작가였던 오스카 와일드는 감옥 생활에 적응하지 못했다. 알프레드 더글러스 경과 동성애 관계를 맺었다는 이유로 1895년 '심각한 음란 행위' 죄를 선고받았고 2년의 중노동 형을 치르는 동안 신체적·정서적으로 큰 고통을 겪었다. 레딩 감옥에 새로 부임한 교도소장은 오스카 와일드에게 치료의 일환으로 편지를 쓰라고 권했다.

    오스카 와일드는 감옥에 갇혀 있는 동안 대화나 책을 통한 지적 자극을 전혀 받지 못했다. 그러나 1897년 새로운 교도소장이 부임하면서 상황이 나아졌다. 제임스 넬슨 소령은 취임하자마자 자신의 서재에 있는 책을 오스카에게 빌려주었는데, 오스카는 이 자상한 행동에 눈물을 흘렸다.
    넬슨은 그에게 또 다른 혜택을 주었다. 이 덕분에 유명한 작가이자 날카로운 재치가 돋보였던 오스카는 수용된 이후 처음으로 글을 쓸 수 있게 되었다. 넬슨은 오스카에게 펜과 종이를 제공해 뛰어난 문장가로서의 재능을 발휘할 수 있게 했다. 하지만 오스카가 자신이 쓴 글을 밤새도록 보관하거나 다른 사람에게 보내는 일은 허용되지 않았다. 교도소장은 글쓰기를 순전히 치료 목적으로, 그가 한 표현에 따르면 '의학적 목적'으로만 허용했다.
    오스카는 자신의 옛 연인이자 '보시Bosie'라는 애칭으로 부르던 로드 알프레드 경에게 편지를 쓰기 시작했다. 그는 보시와의 관계로 명성과 자유를 모두 잃었지만, 보시는 단지 자신의 아버지를 분노하게 하려는 수단으로 오스카를 이용했을 뿐이었다. 그는 감옥에 갇힌 오스카에게 단 한 번도 편지를 쓰지 않았다. 오스카는 이렇게 편지를 시작했다. "친애하는 보시, 오랫동안 헛되이 기다린 끝에 내가 너에게 직접 편지를 쓰기로 결심했어. 너를 위해 그리고 나 자신을 위해 말이야. 너에게 단 한 줄의 편지도 받지 못한 채 2년이라는 긴 감옥 생활을 보냈다는 생각은 하고 싶지 않거든."

〈원더미어 부인의 부채〉〈진지해지는 것의 중요성〉과 같은 희극을 통해 익살스러운 말장난으로 유명해진 오스카였지만, 더 이상 그런 말장난은 찾아볼 수 없었다. 2년간 자신을 성찰하고 표현할 기회가 없었던 오스카는 보시와 자신의 영혼에 대한 성찰로 편지지 20장을 꼬박 채웠다.

여전히 보시를 사랑했지만, 눈 먼 쾌락에서 벗어난 오스카는 편지 첫머리에서 쾌락적이고 자기중심적인 보시가 자신의 작품과 삶에 미친 영향을 숙고했다. 그는 3년 동안 화려하고 방탕한 생활을 하면서 재정적으로나 지적으로나 소진되었고, "거칠고, 완성되지 않은 욕망, 구별 없는 욕망, 끝없는 열망, 형태 없는 탐욕의 불완전한 세계"를 추구해왔다고 고백했다. 그는 알프레드의 이기적 허영심을 비판하는 한편, 타고난 천재성을 소홀히 한 채 정욕에 빠져 살았던 자신을 질책했다. "사람들 대부분은 사랑과 존경을 위해 산다"라고 관찰했으며, "그러나 우리는 사랑과 존경으로 살아야 한다"라고 말했다.

이 편지는 쾌락만을 추구하던 시기를 넘어 오스카 와일드의 삶에서 피어난 새로운 균형감을 보여준다. 그는 "세상의 아름다움을 바라보며 슬픔을 나누고, 아름다움과 슬픔의 경이로움을 깨닫는 사람은 … 누구보다 신의 비밀에 가까이 다가간 사람이다"라고 성찰했다.

오스카 와일드가 알프레드 더글러스에게 쓴 편지

고통의 순간은 매우 길어. 우리는 고통을 계절처럼 나눌 수 없어. 그저 기분을 써 내려가며 그 순간이 다시 돌아올 때마다 연대기처럼 기록할 뿐이야. 시간 자체는 흘러가지 않아. 시간은 돌고 돌지. 마치 고통의 중심을 맴도는 것처럼 보여. 모든 상황이 변함없는 틀에 따라 규제되는 삶에서 우리는 먹고 마시고 누워 기도하거나 적어도 기도하기 위해 무릎을 꿇어. 이 움직임 없는 특성은 모든 지독한 하루하루를 아주 세세한 부분까지도 다른 날과 비슷하게 만들어. 그 존재의 본질이 끊임없이 변화하는 외부의 힘에도 전달되는 듯해. 파종이나 수확의 계절, 몸을 굽혀 옥수수를 추수하는 농부나 포도밭을 지나다니며 포도를 따는 사람들, 시든 꽃으로 하얗게 물든 과수원의 풀밭, 떨어진 과일에 대해 우리는 아무것도 알지 못하며 알 수도 없어.

우리에게는 단 하나의 계절, 슬픔의 계절만이 있을 뿐이야. 태양과 달조차 우리에게서 사라진 것 같아. 밖에서의 하루는 푸르고 황금빛일지 모르지만, 두껍게 덮인 유리창을 통해 작은 쇠창살 아래 스며드는 빛은 회색이고 인색해. 감방 안은 언제나 황혼이고, 내 마음도 언제나 황혼이야. 그리고 시간의 영역에서와 마찬가지로 생각의 영역에서도 움직임은 더 이상 존재하지 않아. 네가 개인적으로 오래전에 잊었거나 쉽게 잊을 수 있는 그 일이 지금 나에게 일어나고 있고, 내일도 다시 나에게 일어날 거야. 이것을 기억한다면 내가 왜 이 글을 쓰는지, 왜 이런 방식으로 쓰는지 조금 이해할 수 있을 거야. …

닌 일주일 만에 이곳으로 이감되었어. 3개월이 더 지나고 어머니가 돌아가셨고. 그 누구도 내가 어머니를 얼마나 깊이 사랑하고 존경했는지 몰랐어. 어머니가 돌아가신 건 내게 너무 끔찍한 일이야. 한때 언어의 주인이었음에도 내 고통과 부끄러움을 표현할 말이 없어. 어머니와 아버지는 문학, 예술, 고고학, 과학뿐만 아니라 우리나라가 국가로서 발전해온 공공 역사, 고귀하고 명예로운 이름을 나에게 물려주셨어. 내가 그 이름을 영원히 더럽혔지. 나는 그 이름을 천한 사람들 사이에서 조롱거리로 만들어버렸어. 진흙탕 속으로 끌고 다녔지. 짐승들에게 주어 야만적으로 쓰이게 했고, 어리석은 자들에게 주어 어리석음의 동의어로 만들게 했어.

그때 내가 겪은, 여전히 겪고 있는 고통은 펜으로 쓰거나 종이에 기록할 수 있는 것이 아니야. 늘 친절하고 상냥했던 내 아내는 몸이 아픈데도, 내게 무관심한 사람들의 입에서 소식을 듣는 것보다 자신이 직접 전하는 게 낫다고 생각했는지 제노바에서 영국까지 와서 이 돌이킬 수 없는 상실의 소식을 내게 직접 전해줬어. 여전히 나를 사랑하는 모든 사람이 위로의 말을 전해줬어. 나를 개인적으로 알지 못했던 사람들조차도 내 삶에 새로운 슬픔이 찾아왔다는 소식을 듣고 나에게 애도의 뜻을 전하기 위해 편지를 썼지. …

● 오스카 와일드의 치료 편지는 1905년 「심연에서 De Profundis」라는 제목으로 일부가 출간되었고, 1962년 「오스카 와일드의 편지」라는 제목으로 전체가 출간되었다.

1898년 1월 13일

에밀 졸라가 프랑스 군대의 음모를 고발하다

프랑스 사회를 분열시킨 사건이 일어났다. 프랑스 육군 대위 알프레드 드레퓌스Alfred Dreyfus는 1894년 그가 쓴 것으로 추정되는 문서의 필체가 그의 필체와 '너무 다르다'는 이유로 오히려 간첩 혐의 유죄판결을 받았다. 문학계 거장 에밀 졸라가 그의 변호에 나섰다.

　에밀 졸라는 극작가이자 소설가로 낭만주의보다는 사실주의와 사회적 논평을 중시하는 자연주의 문학의 선구자였다. 자본주의의 어두운 면이었던 광산 노동자 공동체를 묘사한 『제르미날Germinal』로 대중적인 인기를 얻었고, 1898년에는 문학계의 유명 인사가 되었다.
　어느 날, 독일의 간첩이라는 혐의를 받았던 알프레드 드레퓌스의 무죄를 입증하고, 다른 장교인 에스테라지 소령을 진범으로 지목한 전보가 발견되었다. 하지만 프랑스 군은 이를 은폐하고, 에스테라지를 보호하기 위해 움직였다. 드레퓌스를 진범처럼 보이게 하려고 문서를 위조했고, 새로운 증거를 발견한 군인은 튀니지로 보냈다. 그럼에도 이 소식이 전해지자, 드레퓌스의 무죄를 믿는 사람들이 점점 늘어나기 시작했다.
　에밀 졸라는 대통령에게 쓴 공개서한을 발표했다. 이 서한은 '나는 고발한다'라는 제목으로 1898년 1월 13일 아침 『로로르L'Aurore』신문 1면을 장식했다. 이 서한에서 졸라는 드레퓌스의 글씨체가 간첩이 쓴 글씨체와 너무 다르기 때문에 오히려 그가 간첩임이 분명하다고 판단한 필적감정 전문가를 비롯한 관련자 10명의 이름을 직접 언급했다.

졸라는 드레퓌스를 유죄로 몰아가고, 에스테라지를 석방한 과정을 긴 어조로 비판하며 서한을 시작했다. 그는 이를 "범죄자들이 영광을 얻고 정직한 사람들이 더럽혀지는 말도 안 되는 조사"라고 표현했다. 졸라는 반유대주의가 "이 불행한 사람, 더러운 유대인의 인신 공양"에 일조했다고 확신했다. 그는 드레퓌스의 고발자들을 조롱하며, "그는 여러 언어를 알고 있었다. 범죄다! 그는 타협할 만한 서류를 가지고 있지 않았다. 범죄다! 그는 근면했으며, 정보를 충분히 얻으려고 노력했다. 범죄다! 그는 당황하지 않았다. 범죄다! 그가 당황했다. 범죄다!"라고 외쳤다.

졸라는 드레퓌스가 유죄판결을 받도록 열정적으로 일을 꾸민 아르망 뒤 파티 드 클람Armand du Paty de Clam 소령에게 가장 큰 비난을 돌렸다. 졸라는 "그가 바로 드레퓌스 사건을 '만들어낸' 자이며, 이 모든 일을 조작하고 자신의 것으로 만든 사람"이라고 썼다.

뒤 파티 드 클람 소령을 직접 거론한 졸라는 프랑스 법에 따라 명예훼손 혐의로 기소되었다. 편지가 공개된 지 6주 후, 졸라는 유죄판결을 받았으며, 감옥에 들어가는 것을 피하려고 영국으로 잠깐 도피했다. 드레퓌스 사건의 진범이자 보여주기식 재판에서 무죄판결을 받은 에스테라지 소령은 졸라가 편지를 쓴 계기가 된 인물이었지만, 연금을 받고 조용히 물러났다가 그해 말에 영국으로 도피해 가명으로 나머지 생을 살았다.

드레퓌스에게 누명을 씌운 문서를 위조한 장교는 체포되어 재판을 기다리던 중 자살했다. 뒤 파티 드 클람 소령은 드레퓌스 사건에 연루되어 좌천되었고, 1901년 군에서 사임했다. 하지만 제1차세계대전이 임박하자 다시 입대했고, 1916년 제1차 마른전투에서 입은 부상으로 사망했다.

드레퓌스는 군 계급을 박탈당하고 동료 군인들 앞에서 예도가 부러지는 굴욕을 당한 후 프랑스에 있는 악명 높은 악마의 섬으로 추방당했다. 그는 1899년 에밀 졸라의 서한 덕분에 사면 제안을 받았다. 드레퓌스는 무죄였음에도 자유를 얻기 위해 사면을 받아들였다. 그리고 1906년에 마침내 모든 혐의에서 완전히 무죄를 선고받았다.

에밀 졸라가 쓴 공개서한 중 결론 부분

… 서한이 길어졌습니다, 각하. 이제 마무리를 하겠습니다.

저는 뒤 파티 드 클람 소령을 고발합니다. 그는 끔찍한 사법적 오판을 만들어낸 사악한 자입니다. 물론 무의식적이었기를 바라지만, 지난 3년 동안, 이 안타까운 행위를 온갖 터무니없고 악랄한 음모로 방어해왔습니다.

저는 메르시에 장군을 고발합니다. 정신적으로 나약한 탓일지라도 그는 금세기 최악의 불공정한 사건에 가담했습니다.

저는 빌로 장군을 고발합니다. 그는 드레퓌스의 무고를 확실하게 증명할 증거를 손에 쥐고 있으면서도 이를 은폐하고 드레퓌스가 인류와 정의에 반하는 범죄를 저지른 것처럼 보이게 만들었습니다. 이는 정치적 편의주의이자 타락한 참모본부의 체면을 살리려는 방편이었습니다.

저는 드 부아드프르 장군과 공스 장군을 같은 범죄에 공모한 혐의로 고발합니다. 드 부아드프르 장군은 분명 종교적 편견에서, 공스 장군은 아마도 군부를 절대 공격할 수 없는 성역으로 만들어버린 집단적 동료의식 때문에 이 일에 가담했을 것입니다.

저는 드 펠리외 장군과 라바리 소령을 비열하게 조사를 진행한 혐의로 고발합니다. 여기서 말하는 비열한 조사란 터무니없이 편향된 조사를 말합니다. 라바리 소령이 직접 쓴 영구적인 보고서에서 순진하면서도 뻔뻔한 태도로 입증했듯 말입니다.

저는 세 명의 필적감정 전문가인 벨롬, 바리나르, 쿠아르를 고발합니다. 이들은 의도적으로 사기성 있는 보고서를 제출했습니다. 그렇지 않다면 그들이 시력과 판단력을 저하하는 질환을 앓고 있다는 의학적 검진 결과가 있어야 할 것입니다.

…

● 알프레드 드레퓌스는 파리 주재 독일 대사관에 군사 기밀을 넘긴 혐의로 기소된 유대인 프랑스 포병 장교였다.

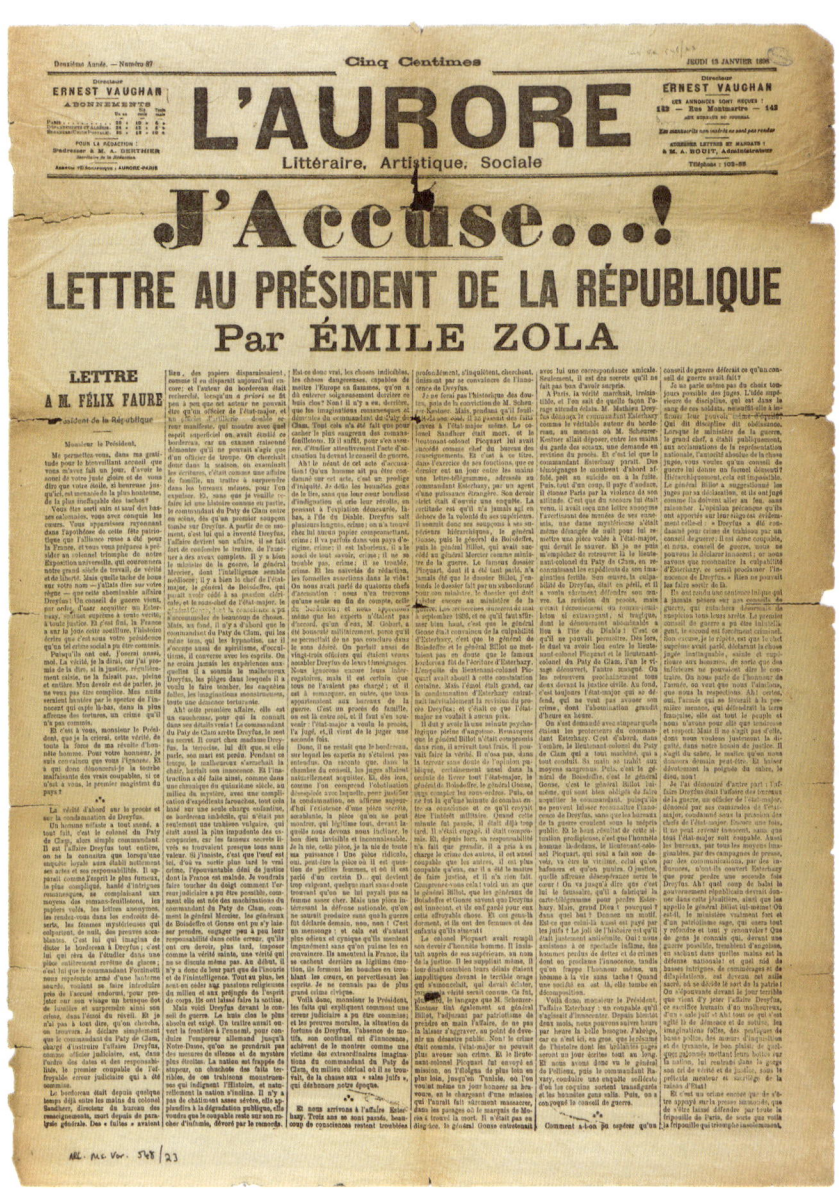

● 프랑스에서 졸라의 공개 비난은 큰 화제가 되었고, 프랑스 사회를 분열시켰다. 전 세계적으로도 큰 반향을 일으켰다.

1903년 12월 17일

라이트형제가 아버지에게 성공 소식을 전하다

1903년 12월 17일, 라이트형제는 연합 형제회 주교인 아버지 밀튼 라이트에게 전할 엄청난 소식을 가지고 있었다. 그들은 아버지에게 빨리 이 소식을 전하고 싶어서 견딜 수 없었다. 라이트형제가 이룬 성과로 세계는 훨씬 더 작아졌고, 인류의 꿈은 훨씬 더 커졌다.

긴박하게 전해진 소식과 달리, 성공에 이르는 길은 전혀 순탄치 않았다. 1896년부터 라이트형제는 비행기 설계를 실험해왔다. 아버지 밀턴은 형제가 어렸을 때 회전하는 플라타너스 씨앗을 기반으로 한 비행 장난감을 선물해 소년들의 열정에 불을 붙인 공로가 있었다.

윌버와 오빌은 연으로 시작해 글라이더까지 발전해나갔다. 그들은 항공기 설계뿐 아니라 조종 시스템에도 밝아서 방향을 바꿀 때 비행체가 수평으로 유지되어야 한다는 통념을 깨뜨렸다. 회전할 때 기체를 기울이는 방식과 날개 모양을 바꾸는 방식을 도입했는데, 이 아이디어는 오늘날 고정 날개와 플랩의 기초가 되었다.

라이트형제는 1903년 초에야 동력 비행으로 관심을 돌렸다. 형제가 요구한 사양에 맞게 자전거 가게의 정비사가 직접 만든 엔진을 사용했고, 기존 설계 이론이 없었기 때문에 스스로 설계한 프로펠러를 사용했다. 원래 프로펠러를 복제해 풍동(공기의 흐름이 비행기 등에 미치는 영향을 시험하기 위한 터널형 인공 장치-옮긴이)에서 실험을 진행한 결과, 75퍼센트의 효율을 보여주었다. 첫 번째 시도로는 상당한 성과였다.

항공에 대한 지식과는 달리 이름에 대한 상상력이 부족했는지 라이트형제는 최초의 동력 비행기에 '플라이어The Flyer'라는 이름을 붙였다. 첫 번째 시험 비행은 12월 14일 월요일, 3초간의 비행 끝에 실속(비행기가 속도를 잃고 그 앞을 위로 든 채 떨어지는 비행 상태-옮긴이)으로 끝났다. 성공하지는 못했지만, 고무적이었다. 우연히도 이 날은 121년 전 프랑스의 몽골피에Montgolfiers 형제가 첫 시험 비행을 한 날과 같은 날이기도 했다.

3일 후 노스캐롤라이나주 키티호크 근처에서 다섯 명이 네 번의 성공적인 비행을 목격했다. 이들은 지역 사업가 한 명, 지역 인명구조대원 세 명, 근처를 걷고 있던 10대 소년 조니 무어였다. '플라이어'는 네 번째 비행 후 돌풍이 부는 바람에 뒤집혀 복구할 수 없을 정도로 손상을 입었다. 다시 날지는 못했지만, 자신의 역할은 다한 셈이었다.

1903년 12월 17일, 라이트형제는 마침내 세계 최초의 동력 비행에 성공했다. 그들은 곧장 아버지에게 전보를 보냈다. 당시에는 전보를 보낼 때 구두점을 찍으면 추가 비용이 들었기 때문에, 라이트형제가 아버지에게 위대한 성과를 알린 방식은 다음과 같았다.

성공 4회 목요일 아침 모두 시속 21마일의 바람에 맞서 엔진 동력만으로 평균 속도 31마일 가장 긴 비행 57초 언론에 알리고 집 크리스마스.

● 1904년 오하이오주 데이턴의 허프먼 프레리에서 윌버와 오빌 라이트가 두 번째 동력 비행기와 함께 찍은 사진.

● 최초의 동력, 제어, 지속 비행 – 12초 동안 36.5미터. 오빌 라이트가 비행기 조종을 맡아 아랫날개에 엎드려 있다. 윌버 라이트는 비행기의 균형을 맞추기 위해 옆에서 달리다가 오른쪽 날개 앞쪽에서 손을 막 뗀 상태다.

form No. 168.
THE WESTERN UNION TELEGRAPH COMPANY.
INCORPORATED
23,000 OFFICES IN AMERICA.   CABLE SERVICE TO ALL THE WORLD.

This Company TRANSMITS and DELIVERS messages only on conditions limiting its liability, which have been assented to by the sender of the following message. Errors can be guarded against only by repeating a message back to the sending station for comparison, and the Company will not hold itself liable for errors or delays in transmission or delivery of Unrepeated Messages, beyond the amount of tolls paid thereon, nor in any case where the claim is not presented in writing within sixty days after the message is filed with the Company for transmission.
This is an UNREPEATED MESSAGE, and is delivered by request of the sender, under the conditions named above.
ROBERT C. CLOWRY, President and General Manager.

RECEIVED at

176 C KA 03 33 Paid.   Via Norfolk Va

Kitty Hawk N C Dec 17

Bishop M Wright

              7 Hawthorne St

Success four flights thursday morning all against twenty one mile wind started from Level with engine power alone average speed through air thirty one miles longest (57) seconds inform Press home ~~ohys~~ Christmas .   Orevelle Wright   525P

● 항공 역사에 길이 남을 기념비적인 순간을 알린 전보로, 구두점 없이 단어가 나열되어 있다.

1907년 9월 9일

존 뮤어가 자연보호를 위해 로비를 벌이다

자연주의자 존 뮤어John Muir와 시어도어 루스벨트 대통령은 1903년 요세미티계곡을 통과하는 캠핑 여행을 하면서 친구가 되었다. 1907년 개발업자들이 요세미티 국립공원의 일부를 개발하겠다고 위협하자, 뮤어는 루스벨트에게 열정적인 편지를 써서 이를 막아 달라고 요청했다.

존 뮤어와 시어도어 루스벨트가 함께 한 캠핑 여행은 뮤어가 사랑했던 요세미티계곡을 요세미티 국립공원의 일부로 지정해 국가가 보호하도록 루스벨트를 설득하려는 시도의 일환이었다. 루스벨트는 실제로 그 장소에 깊이 매료되었다. 특히 아침에 눈을 떠 천막 아래 주변이 눈으로 뒤덮인 장면을 보고 크게 감동했다. 1906년 루스벨트는 요세미티계곡을 국립공원에 통합하는 법안에 서명했다.

1906년은 인근 샌프란시스코에서 엄청난 지진이 발생한 해이기도 했다. 그 여파로 도시 전역에서 화재가 발생해 지진에서 살아남은 많은 것을 파괴했지만, 물이 부족해 화재를 쉽사리 진화할 수 없었다. 이 때문에 1907년 요세미티 국립공원 북서쪽에 있는 헤치헤치Hetch Hetchy계곡에 댐을 건설해 이 문제를 해결하자는 계획이 제안되었다.

뮤어는 큰 충격을 받았다. 이 공원은 1890년 뮤어가 권장한 방식과 조건을 따라 설립되었다. 스코틀랜드에서 샌프란시스코로 이민한 이후 수십 년 동안 요세미티에서 지질학과 식물학을 연구한 자연주의자 뮤어에게 이곳은 일종의 성지였다. 무어는 요세미티 시내가 내려다보이는 위치에 오두막을 짓고 흐르는 물소리를 들으며 2년 동안 거주했다. 스코틀랜드 억양은 절대 고치지 않았지만, 요세미티는 그에게 영적인 고향이었다.

뮤어가 루스벨트에게 보낸 편지는 진심 어린 절규였다. 그는 서두 없이 곧바로 이렇게 편지를 시작했다. "저는 요세미티 국립공원이 온갖 상업주의와 인간의 흔적으로부터 지켜지기를 간절히 바랍니다. 그곳의 경이로움과 축복을 누릴 수 있도록 만들어진 도로와 호텔은 제외하고 말입니다 … 그곳 폭포와 숲, 즐거운 캠프장에서 느껴지는 경이로움은 오직 요세미티계곡에서만 느낄 수 있는 것들이니까요."

뮤어는 헤치헤치계곡에 댐을 건설하는 것은 요세미티강에 댐을 건설하는 것에 버금가는 자연 파괴 행위라고 말했다. 그는 "필요한 물은 모두 공원 외부 수원에서 충분히 얻을 수 있습니다"라고 주장했고, 헤치헤치계곡이 희생되어도 된다는 주장은 모두 "견고하고 확고한 무지에서 비롯된 오만한 자신감"이라고 말했다.

어떤 면에서 이 편지는 그다지 놀라울 것이 없었다. 이 글은 마치 계곡을 보호하기 위해 잘 정리된 두 장짜리 논문과도 같았다. 그러나 그 편지에 첨부된 또 다른 글이 있었다. 그 장소만의 독특한 지질학적·식물학적 가치를 요약한 이 네 장짜리 글은 헤치헤치를 향한 뮤어의 찬가였다.

이 글은 한편으로 헤치헤치의 바위, 산, 물, 기후를 단순히 나열한 것에 불과할 수도 있다. 하지만 이후에 일어난 일을 후회하지 않을 수 없을 정도로 너무나 시적이고, 사랑이 듬뿍 담긴 글이었다. "공기, 물, 햇빛은 영혼이 입을 수 있는 물질로 여겨 있습니다 … 수정같이 맑은 강, 장엄한 바위, 폭포뿐 아니라 꽃이 만발한 공원 같은 바닥의 정원, 숲, 초원에서도요 … 자연은 이 찬

란한 산의 성전 안에 자신의 가장 소중한 보물들을 모아 자신을 사랑하는 이들을 가까이 다가오게 하고 깊은 교감을 나누었습니다."

환경운동가들이 계곡을 지키기 위해 7년간 싸웠지만, 결국 1914년 초 헤치헤치의 가장 좁은 지점에 수석 엔지니어의 이름을 딴 오쇼네시 댐 O'Shaughnessy Dam 건설 공사가 시작되었다. 존 뮤어는 그해 말 세상을 떠났다. 그는 자연을 위한 수많은 승리를 거둔 후 마지막 전투에서 패배했다. 마침내 1923년 5월에 댐이 완성되었고, 계곡은 물에 잠겨버리고 말았다.

● 1903년 글레이셔 포인트에서 존 뮤어와 함께 있는 시어도어 루스벨트 대통령. 요세미티계곡은 1906년에 국립공원에 통합되었으며, 이는 1890년부터 뮤어가 로비해온 일이었다. 오늘날 샌프란시스코 북쪽에 있는 뮤어 우즈 국립 기념물은 스코틀랜드 출신의 자연보호 운동가인 뮤어의 이름을 따서 명명되었다.

The most abundant and influential are the great Yellow pines, the tallest over 200 feet in height, and the oaks with massive rugged trunks four to six or seven feet in diameter, and broad heads, assembled in magnificent groves. The shrubs forming conspicuous flowery clumps and tangles are Manzanita, Azalea, Spiraea, Brier-rose, Ceanothus, Calycanthus, Philadelphus, Wild cherry, etc; with abundance of showy and fragrant herbaceous plants growing about them or out in the open in beds by themselves - Lilies, Mariposa tulips, Brodiaeas, Crobids - several species of esob, Iris, Spragues, Draperis, Collowis, Collinsia, Castilleia, Nemophilia, Larkspur, Columbine, Goldenrods, Sunflowers and Mints of many species, Honeysuckle etc etc. Many fine ferns dwell here also, especially the beautiful and interesting rock-ferns, - Pellaea, and Cheilanthes of several species, - fringing and rosetting dry rock piles and ledges; Woodwardia and Asplenium on damp spots with fronds six or seven feet high, the delicate Maidenhair in mossy nooks by the falls, and the sturdy broad-shouldered Pteris beneath the oaks and pines.

It appears therefore that Hetch Hetchy Valley far from being a plain common rock-bound meadow, as many who have not seen it seem to suppose, is a grand landscape garden, one of Nature's rarest and most precious mountain mansions. As in Yosemite the sublime rocks of its walls seem to the Nature lover to glow with life whether leaning back in repose or standing erect in thoughtful attitudes giving welcome to storms and calms alike. And how softly these mountain rocks are adorned, and how fine and reassuring the company they keep - their brows in the sky, their feet set in groves and gay emerald meadows, a thousand flowers leaning confidingly against their adamantine bosses, while birds bees butterflies help the river and waterfalls to stir all the air into music - things frail and fleeting and types of permanence meeting here and blending as if into this glorious mountain temple Nature had gathered her choicest treasures, whether great or small to draw her lovers into close confiding communion with her.

John Muir

● 존 뮤어의 서정적인 간청이 무색하게도 1923년 댐이 완성되었고, 계곡은 물에 잠기고 말았다.

1909년 7월

루이스 윅스 하인이 아동노동의 현실을 폭로하다

> 제1차세계대전 이전 미국 경제는 호황을 누렸다. 높은 고용률에 인건비를 낮추기로 결심한 공장들은 가난한 이민 노동자뿐 아니라 어린아이들에게로 눈을 돌렸다. 이러한 관행을 미국 대중에게 폭로한 것은 한 사람이 찍은 사진과 함께 보내진 편지였다.

　미국 아동노동위원회National Child Labor Committee(이하, NCLC)는 1904년에 설립되었다. NCLC의 목적은 설립 당시 20년간 급증하던 가혹한 사춘기 이전 아동노동에 대처하는 것이었다. 1900년까지 미국 아동 여섯 명 중 한 명이 가정의 생계를 위해 적은 임금을 받으며 일했고, 그로 인해 어린 시절 교육의 기회를 놓치고 있었다.

　루이스 윅스 하인Lewis Wickes Hine은 당시 뉴욕에서 사회학을 가르치고 있었다. 그는 사진이 단순히 사건과 상황을 기록할 뿐만 아니라 말로는 할 수 없는 방식으로 다른 사람들의 눈을 뜨게 한다고 믿었다. 그는 엘리스섬에 도착한 이민자들을 촬영하면서 다큐멘터리 경력을 쌓았고, 1908년에는 NCLC에 고용되었다. 그는 부모들이 아이들이 벌어오는 돈에 의존할 수밖에 없도록 만드는 빈곤의 함정을 폭로했다.

하인이 1909년 7월 NCLC에 보낸 편지에는 사진 몇 장이 첨부되어 있었다. 그는 메릴랜드의 식품 통조림 산업에서 아동노동 현황을 관찰했으며, 그 편지에 어린아이들이 일하는 모습을 담은 충격적인 사진을 덧붙였다. "가족들과 함께 일하는 아이들의 손가락은 믿기지 않을 정도로 작습니다. 아이가 너무 어려서 혼자서 앉지 못하면 근로자의 무릎 위에 올려두거나 가까이 있는 상자 안에 넣어둡니다." 회사 소유의 좁은 오두막에 살았던 부모들은 차마 아이들을 집에 두고 나올 수 없었다. "어디에서나 작은 아이들이 콩, 열매, 토마토가 가득 든 상자나 팬을 나르는 모습을 볼 수 있으며, 이것이 매우 힘든 일이라는 것은 명확한 사실입니다."

아이들은 빨리 철이 들었다. 뜨거운 햇볕 아래에서 "욕을 입에 달고 사는 흑인, 백인"과 함께 일했고, 자라면서 "너무 많은 것을 배우게" 되었다. 통조림 작업 시즌이 끝나면 가족이 함께 남쪽으로 이주해 캐롤라이나 지역에서 굴을 포장했다. 어디서나 학대가 만연했다. 노동자들의 교통비와 집세는 임금에서 공제되었고, 그들은 번 돈을 비싼 회사 상점에서 소비할 수밖에 없었다. 공장 저울은 조작되어 그들의 노동량이 실제보다 적게 기록되었으며, 그에 따라 임금도 더 적게 지급되었다.

하인이 인터뷰한 사람들의 증언에서 열악한 환경에 관한 절망감이 잘 드러난다. 한 여성은 1세, 3세, 6세, 8세, 9세인 자녀를 두고 있었는데 심지어 3세 아이마저 일에 동원되었다. 새벽 3시에 감독관이 그들을 깨웠고, 그때부터 일을 시작해 오후 4시까지 일했다. 어떤 사람은 이렇게 말했다. "노예제가 없어졌다고 말하지만, 이것이 노예제보다 더 나쁩니다."

공장주들은 당연히 노동자, 특히 어린 노동자들의 근로 환경을 숨기려고 했다. 하인은 자주 위협과 협박을 받았다. 성경 판매원이나 공장 기계 사진사로 위장해 공장에 접근하는 사람도 있었다. 그러나 그는 사진으로 아이들의 이야기를 생생하게 담아냈고, 1912년 태프트 대통령이 미국 아동국 설립을 위한 법안에 서명하면서 NCLC는 첫 주요 성과를 거두었다.

미국 아동국의 역할은 '영아 사망률, 출생률, 보육원, 청소년 법원, 유기, 위험한 직업, 어린이 사고 및 질병, 어린이 고용, 각 주 및 준주의 아동에게 영향을 미치는 법률 등을 조사하는 것'이었다. 이 기관은 지금도 여전히 사회에 널리 퍼져 있는 현대적 아동 학대를 다루고 있다. 루이스 하인과 같은 사람들의 일은 절대 끝나지 않았다.

● 하인은 이 사진에 다음과 같은 설명을 붙였다. "조지아주 오거스타에 있는 글로브 면화 공장의 작은 방적공. 감독관은 그녀를 정기적으로 고용했다고 인정했다."

canneries, to have the children get their jobs first and then have them apply for
permits. (The weakness of this system is obvious) A working woman told Miss Rife
that one cannery requires no permits and that there are lots of children there.

  There are several dangers connected with this work when x children do it.
On every hand, one can see little tots toting boxes or pans full of beans, berries
or tomatoes, and it is self-evident that the work is too hard. Then there are mach-
ines which no young persons should be working around. Unguarded belts, wheels, cogs
and the like are a xxx menace to careless children. See photos 858 to 860.

  In the fields convenient to Baltimore in Anne Arundel County, and on Rock
Creek and Stony Creek, children are employed as a matter of course. I investigated
a number of farms on Rock Creek (and am convinced that we have been too lenient with
the "agricultural pursuits.") (In the first place,) the long hours of these children
work in in the hot sun and in company, too often, with foul-mouthed negroes and
whites more than compensates many times over for the boasted advantages of fresh air
and country life. The living conditions in the shacks they occupy are not only harm-
ful in physical ways, but the total lack of privacy where several families live in one
room is extremely bad. One mother told me "it is bad for the children. They get to
know too much." There is little rest for the children in these crowded shacks. (See
photos 846 to 852) I admit that it is a big problem for these parents to handle,
but with the right kind of help, it can be done. There were, on these farms on Rock

● 루이스 윅스 하인이 아동노동의 현실을 알리기 위해 미국 아동노동위원회에 제출한 자료 일부.

1912년 3월 16일

남극 탐험대 스콧 대장이 마지막 편지를 남기다

> 로스빙붕Ross Ice Shelf을 가로지르는 험난한 귀환길에서 죽음을 마주한 남극의 스콧은 여러 통의 편지를 썼고, 그 편지가 자신의 시신과 함께 발견되기를 바랐다. 그중 하나는 불운한 남극 탐험대의 재정 후원자였던 에드거 슈파이어Edgar Speyer 경에게 보낸 편지였다.

에드거 슈파이어 경은 독일 출신의 유대계 미국인으로, 이후에 영국 시민권을 취득했다. 재정 분야 외에도 예술의 열렬한 후원자였으며, 작곡가 엘가와 드뷔시의 친구였다. 런던에서 유명했던 프롬스 콘서트의 후원자이기도 했으며, 이런 공로로 기사 작위를 받았다.

탐험가 로버트 팰컨 스콧Robert Falcon Scott이 이끄는 남극 탐험대는 험난한 날씨 속에서 목표를 이루지 못하고 약 1,300킬로미터에 이르는 귀향 여정을 시작했다. 1월 17일 남극점에 도착했을 때, 이미 노르웨이 탐험가 로알 아문센이 자신들보다 먼저 남극에 도착했다는 사실을 알게 되었기 때문이다.

도보로 이동하던 탐험대는 기지까지 약 240킬로미터를 남겨둔 상태에서 눈보라를 만나 개와 보급품을 싣고 오기로 한 팀을 놓치고 말았다. 가지고 있던 자원이 점점 줄어들면서 더 이상 보급팀이 도착하기만을 기다릴 수도 없는 노릇이었다.

스콧 대장은 그의 마지막 극지 탐험에 자금을 지원한 에드거 경에게 편지를 썼다. "나는 여러 친구에게 편지를 쓰고 있습니다. 우리가 내년에라도 발견된다면, 이 편지가 그들에게 전해지기를 바랍니다." 스콧은 자신들에게 생존 가능성이 없음을 알고 있었다. "우리는 떠나야 할 것 같습니다." 스콧이 에드거 경에게 말했다. "그러면 탐험대가 곤경에 빠지겠죠. 하지만 우리는 남극점에 다녀왔고, 신사답게 죽을 것입니다."

이미 이전 탐험으로 국민 영웅이 된 스콧은 장교이자 신사로서 훌륭한 자질을 갖춘 대표적 인물이었다. 그는 떨리는 손으로 에드거 경에게 편지를 썼다. "이 편지가 발견된다면, 우리가 죽어가는 동료를 버리지 않고 끝까지 잘 견뎌냈다는 것이 밝혀질 것입니다. 우리가 이 경주에서 용기와 인내를 아직 잃지 않았음을 이 편지가 증명할 것입니다." 강인한 의지의 전형이었다. 탐험대 중 병이 든 오츠 대장은 자신이 동료들의 생존 가능성을 방해하고 있다는 것을 깨닫고 눈 속으로 걸어 나갔다. "잠시 밖에 나갔다 오겠습니다. 시간이 좀 걸릴지도 모르겠습니다."

스콧은 특유의 절제된 표현으로 "우리는 거의 성공할 뻔했는데, 보급팀과의 만남을 놓친 것이 유감입니다"라고 적었다. 그리고 탐험 실패에 전적으로 책임을 졌다. "다른 누구의 잘못도 아니며, 우리에게 지원이 부족했다는 주장이 나오지 않기를 바랍니다."

스콧은 이 편지를 비롯한 여러 편지에서 탐험대원들의 가족을 걱정하는 말을 많이 남겼다. "저는 아내와 아이를 생각하지 않을 수 없습니다. 아내는 매우 독립적인 사람이지만, 이 나라는 내 아들에게 교육과 미래를 보장해야 합니다." 생존자들은 이후 며칠 동안 약 32킬로미터를 힘들게 이동했지만, 결국 눈보라로 텐트에 갇히게 되었다. 그곳에서 스콧은 아내에게 마지막 편지를 썼다. "가능하다면 우리 아이가 자연사에 관심을 가지게 해주면 좋겠소. 자연이 스포츠보다 낫거든"이라는 부탁이었다. 스콧의 아들 피터는 아버지가 세상을 떠났을 때, 겨우 두 살이었다. 그는 훗날 세계적으로 유명한 자연주의자가 되었고, 세계자연기금World Wildlife Fund, WWF의 창립자가 되었다.

1912년 3월 29일, 스콧은 그의 팀에서 마지막으로 세상을 떠났다. 에드거 경은 제1차세계대전이 시작되면서 반독일 정서의 표적이 되어 영국 공적 자리에서 물러난 뒤, 1915년 미국으로 돌아갔다. 스콧이 보낸 편지는 스콧의 사망 100주년 다음 날인 2012년 3월 30일, 경매에서 약 21만 3,500달러에 팔렸다.

● 스콧은 자신이 구조될 수 없다는 것을 깨닫고 마지막으로 편지 여덟 통을 썼다. 그중 프랜시스 브리지먼 제독에게 쓴 편지에는 이런 문장이 있다. "글씨가 엉망입니다. 여기는 영하 40도인데, 거의 한 달째 그렇습니다." 이것이 그의 일기장에 있는 마지막 기록이었다.

● 남극 탐험대의 마지막 사진 중 하나로, 중앙에 서 있는 사람이 대장이었던 로버트 팰컨 스콧이다.

1912년 4월 13일

타이타닉호에서 보내지 못한 마지막 편지가 발견되다

화이트스타라인의 RMS 타이타닉호에 대한 세계적인 관심은 여전히 식을 줄 모른다. 당시 차가운 바다에서 목숨을 잃은 알렉산더 오스카 홀버슨Alexander Oskar Holverson의 주머니에서 발견된 편지는 2017년 경매에서 16만 6,000달러에 팔렸다.

오스카 홀버슨은 미네소타로 이주한 1세대 노르웨이 이민자의 아들이었다. 그는 '클루엣 피보디 & 컴퍼니'라는 회사에서 성공적인 출장 영업사원으로 일했다. 이 회사는 '애로우 브랜드'로 유명한 셔츠 회사였다. 샌포드. L. 클루엣은 재단 전에 직물을 미리 수축시키는 샌포라이제이션 공정을 발명한 사람으로, 이 공정은 오늘날에도 사용된다.

오스카는 7세 연하인 펜실베이니아 출신 메리 앨리스 타워와 결혼했다. 그들에게는 자녀가 없었고, 그가 성공을 거둔 덕분에 1911년과 1912년에 걸쳐 긴 휴가를 즐길 수 있었다. 그들은 먼저 부에노스아이레스를 여행한 후 런던에 도착했다. 그리고 1912년 4월 10일에 뉴욕으로 돌아가기 위해 타이타닉호에 올라탔다. 다음 날 오스카는 지금까지 발견된 타이타닉 승객이 작성한 편지 중 가장 마지막 편지를 썼다. 편지는 "사랑하는 어머니"라는 말로 시작한다. "런던에 있는 동안 날씨가 아주 좋았습니다. 지금 영국은 매우 푸르고 아름답습니다."

오스카는 이 배에 타서 매우 흥분한 상태였다. "이 배는 거대하고 궁전 풍의 호텔처럼 꾸며져 있어요"라고 말했다. "음식과 음악도 훌륭합니다." 그는 당시 세계에서 가장 재력이 뛰어난 사람으로 손꼽히는 존 제이콥 애스터 John Jacob Astor를 비롯해 부유하고 유명한 사람들과 어울리게 되어 신이 났다. 오스카는 경외감을 느끼며 "그도 다른 사람들과 달라 보이지 않아요"라고 썼다. "수백만 달러를 가지고 있지만, 갑판에 우리와 함께 앉아 있어요."

편지의 보존 상태는 매우 놀라웠다. 잉크는 희미해졌지만 번지지 않았고, 편지지 상단에 있는 화이트스타라인의 양각 머리글에는 여전히 선명한 파란색으로 "R.M.S. '타이타닉' 탑승 중"이라고 적혀 있었다. 각 페이지의 왼쪽 윗부분 끝에는 중앙에 흰 별이 그려진 붉은 깃발이 펄럭이고 있었다.

이 편지는 결국 어머니에게 보내지지 못하고, 오스카의 주머니 책 속에서 발견되었다. 바닷물로 얼룩졌지만, 글을 읽을 수 있을 정도로 상태가 좋았다. 이 편지는 가족을 통해 전해 내려오다가 2017년에 판매되었다. 이때 오스카의 어머니가 오스카의 형제 월터에게 보낸 가슴 아픈 메모도 함께 전해졌다. "너도 내 사랑하는 아들 오스카에게 일어난 일을 신문에서 봤구나. 우리 모두에게 끔찍한 충격이었어. 오스카는 떠났고, 이 세상에서 그 애를 다시는 볼 수 없다고 생각하니 마음이 아프단다."

하지만 그녀는 스스로를 위로했다. "다행히도 나는 오스카가 더 이상 이별할 일이 없는 어딘가에 있다는 걸 알고 있어. 그게 내 소망이자 기도란다."

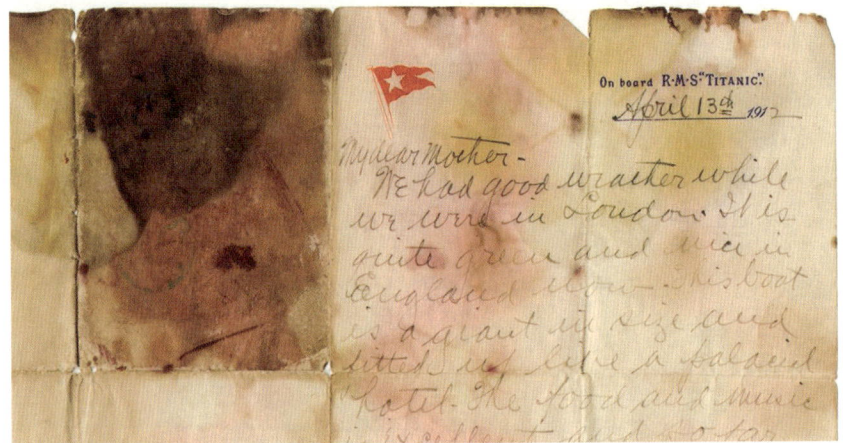

● 물에 잠겨 심하게 변색되었지만, 읽을 수 있도록 잘 보존된 오스카의 편지.

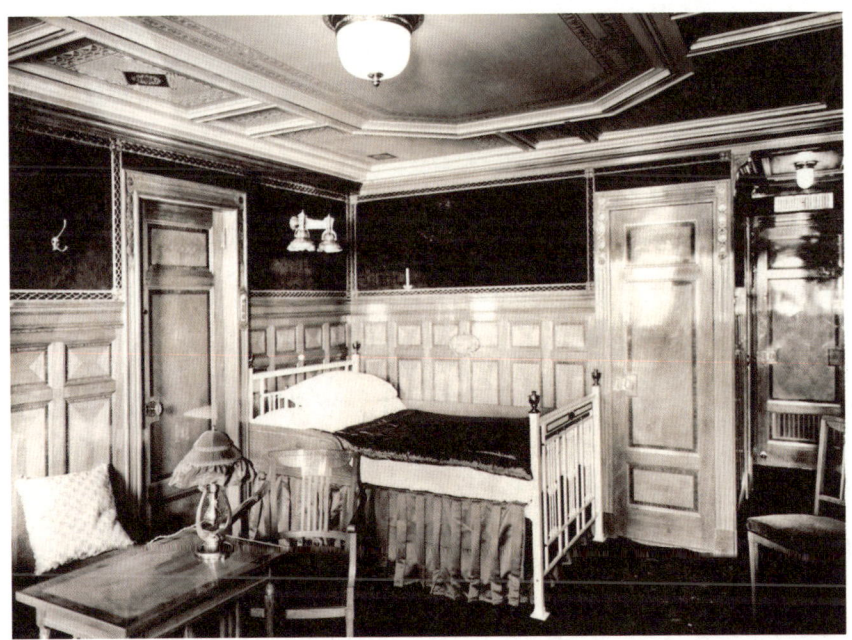

● 타이타닉호의 일등석 객실. 오스카 부부는 백만장자 존 제이콥 애스터와 같은 부유한 계층과 어울리게 된 것을 매우 기뻐했다. 애스터는 오스카와 마찬가지로 북대서양에서 목숨을 잃었다.

1917년 1월 19일

독일이 멕시코에 텍사스, 애리조나, 뉴멕시코 반환을 제안하다

영국 정보부는 독일 외무장관 아서 짐머만Arthur Zimmermann의
비밀 전보를 가로챘다. 이로써 전쟁을 키우려는 독일의 계획을
저지했을 뿐 아니라, 미국을 전쟁에 참전하게 만들어
제1차세계대전의 종결을 앞당길 수 있었다.

    제1차세계대전이 발발했을 때 미국은 단호하게 중립을 지켰다. 비록 미국이 연합국을 동정했을지는 몰라도 미국 내에는 영국이나 프랑스 출신이 아닌 사람들도 많았고, 독일계 미국인은 미국이 영국을 지원하는 데 강력하게 반대했다. 우드로 윌슨 대통령은 협상을 통해 전쟁을 끝내고 싶어 했다.

    영국의 입장에서, 새롭게 설립된 전쟁선전국War Propaganda Bureau의 주요 목표는 미국과 영국 간 공통된 가치와 문화를 강조함으로써 미국을 연합군에 가담하도록 설득하는 일이었다. 그러나 미국인의 마음과 생각을 실제로 바꾼 것은 영국이 아닌 독일이었다. 독일은 다양한 잔혹 행위를 저질렀는데, 1915년, 세계 최대 해양 여객선인 RMS 루시타니아호가 아일랜드 해안에서 침몰한 사건도 그중 하나였다. 이 사건으로 약 1,200명의 민간인이 목숨을 잃었는데, 그중 상당수가 미국인이었다.

영국의 여객선이었던 루시타니아호는 독일 어뢰에 격침되었다. 영국이 이 배에 탄약을 실었다는 주장이 제기되었기 때문이다. 윌슨 대통령과 독일 내부의 강력한 비난으로 독일은 잠수함 전쟁 지역을 북해로 제한하게 되었다. 독일과 영국 사이의 해역에서는 어느 선박이든 목적과 소속을 명확히 알 수 있었기 때문이다.

그러나 1917년 독일은 다시 무제한 잠수함 공격을 감행하기로 결정했다. 목표는 적의 활동에 관여한다고 여겨지는 모든 선박이었다. 여기에는 미국 국기를 단 선박도 포함되었다. 독일은 이 작전으로 미국이 전쟁에 참전하게 될 가능성이 높다는 사실을 알고 있었다. 1월 19일, 독일 외무장관 아서 짐머만은 멕시코 주재 독일 대사에게 전보를 보내, "멕시코에 동맹을 제안하라. 함께 전쟁하고, 함께 평화를 이루자"라고 지시했다. 대사는 여기에 "넉넉한 재정 지원과 멕시코가 텍사스, 뉴멕시코, 애리조나에서 잃어버린 영토를 되찾는 것에 대한 독일의 동의"라는 조건을 덧붙였다.

독일은 제1차세계대전 내내 멕시코와 미국 간 전쟁을 부추기려고 노력했다. 미국 군대를 아메리카 대륙에 묶어두고 그들의 관심을 유럽 분쟁에서 돌리려는 의도였다. 이제 짐머만은 한발 더 나가 멕시코 대통령에게 "주도적으로 일본에 즉각 동맹을 제안하고, 동시에 일본과 독일 사이를 중재하라"라고 제안했다. 당시 일본은 전쟁에서 연합국을 지원하고 있었다.

이는 전쟁을 확대해 빠르고 결정적인 승리를 가져오려는 계산된 시도였다. 짐머만은 이렇게 결론지었다. "우리가 잠수함을 무자비하게 사용함으로써 몇 달 안에 영국을 평화 협정의 자리로 끌고 올 수 있다는 점을 대통령에게 알려주십시오." 하지만 영국 정보부가 이 전보를 가로챘다. 해독된 전보는 영국 주재 미국 대사에게 전달되었고, 이후 윌슨 대통령에게까지 전해졌다. 윌슨 대통령은 이 내용을 2월 28일 언론에 공개했다. 며칠 후, 한 미국 특파원이 이에 관해 질문하자 짐머만은 그 전보가 진짜라고 인정했다. 미국 선박은 독일 잠수함의 공격을 받기 시작했고, 4월 6일 미국 의회는 독일에 선전

포고했다.

짐머만의 전보는 그가 예상하지 못했던 방식으로 전쟁을 확대하고 단축시켰다. 미국은 멕시코로 인해 주의가 분산되기는커녕 멕시코 혁명가 판초 비야를 추적하던 군대를 오히려 철수시켰다. 그리고 일본은 동맹을 바꿀 생각이 없다고 선언했다.

 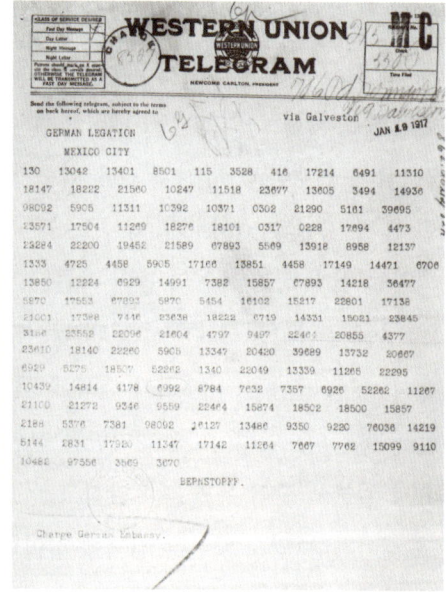

● 아서 짐머만은 독일의 외무장관이었다. 멕시코를 제1차세계대전에 끌어들이려고 시도하기 전에 그는 아일랜드에서 반란을 조장하기 위해 2만 5,000명의 병력과 7만 5,000개의 소총을 아일랜드 서부에 상륙시키겠다고 약속했다.
● 짐머만이 멕시코 주재 독일 대사인 하인리히 폰 에카르트에게 보낸 전보. 영국 정보부가 이 전보를 가로채 해독했다.

1917년 6월

스탬포드햄 경이 영국 왕실에 새로운 이름을 제안하다

> 왕과 황제는 주로 이름으로 불리고, 대통령과 독재자는 성으로 불리는 경향이 있다. 20세기 초, 영국 왕실에 숨겨진 이름이 있다는 사실을 아는 사람은 거의 없었다. 왕을 포함해 그 사실을 아는 사람들은 모두 그 이름이 '작센-코부르크-고타Saxe-Coburg-Gotha'는 아니길 바랐다.

제1차세계대전 당시 영국 왕실이 독일의 성姓을 쓰고 있다는 사실은 당혹스러운 문제였다. 1714년에 앤 여왕이 세상을 떠난 후, 개신교도였던 사촌 하노버의 조지가 영국 왕위에 올랐다. 5세대 이후, 조지의 5대 증조카인 빅토리아 여왕은 또 다른 독일인인 알베르트 폰 슐로스 로제나우 왕자와 결혼했다. 당시 관습에 따라 빅토리아 여왕은 남편의 성을 따랐고, 알베르트-작센-코부르크-고타 부인이 되었다. 1901년 빅토리아 여왕이 세상을 떠난 후 그녀의 아들 에드워드 7세가 왕위를 계승했다. 그는 이 새로운 작센-코브르크-고타 왕조의 첫 번째 영국 왕이 되었다.

유럽의 모든 왕가와 혈연을 맺었던 작센-코부르크-고타 가문은 20세기 초 곤란한 상황에 처했다. 에드워드 7세의 아들 조지 5세는 1914년 유럽 대륙 전역에서 전쟁이 발발했을 당시 영국의 왕이었다. 그의 사촌 카이저 빌헬

름 2세는 영국의 적국 독일의 황제였으며, 또 다른 사촌 차르 니콜라스 2세는 사회주의와 공산주의 물결이 러시아 지역을 휩쓸면서 퇴위당했다. 전반적으로 그 당시 작센-코부르크-고타라는 성씨는 좋은 인상을 주지 못했다.

1917년에 독일의 고타 왜건 공장에서 제조한 독일 폭격기가 런던을 공격하자, 조지 5세는 작센-코브르크-고타와의 연결고리를 끊을 때가 되었다고 생각했다. 그는 자신의 전속 비서인 아서 빅지, 스탬포드햄 경에게 역사적 계보에서 쓸 만한 다른 성씨를 찾아보라고 지시했다. 하지만 영국 왕실의 전임자들은 대부분 스캔들이나 잔인한

● 1917년 한 정치 만화는 조지 5세가 독일과 관련한 모든 언급을 일축하는 모습을 보여주었다. 왕실 성씨 외에도 바텐베르크 왕자나 테크 공작 같은 여러 독일식 작위가 영국식 이름으로 바뀌었다. 일례로 루이스 폰 바텐베르크 왕자는 밀포드 헤이븐 후작이 되었다.

심성으로 평판이 좋지 않았다. 스튜어트 왕가는 지나치게 가톨릭적이었으며, 참수당한 왕들도 있었기 때문에 좋은 선례가 아니었다. 튜더 왕가는 너무 결혼을 많이 했거나(헨리 8세), 지나치게 잔인했다(피의 메리 여왕). 피츠로이 왕가는 합법적으로 왕위에 오르지 않은 경우가 많았고, 플랜태저넷 왕가는 서로 심하게 전쟁을 벌였다.

스탬포드햄 경은 윈저성의 기록 보관소를 조사하던 중 해결책을 찾았다. 윈저성은 11세기에 영국의 첫 프랑스 왕인 정복왕 윌리엄(독일식보다 더 훨씬 나은 선택이었다)이 지은 성으로, 빅토리아 여왕이 자주 왕실 행사를 열던 장소였다. 그는 이 문제에 관해 발언권을 가진 당시 총리 허버트 애스퀴스Herbert Asquith에게 편지를 썼다. 빅지는 편지에서 "드디어 총리님 마음에 들 만한 이름을 발견한 것 같습니다. 빅토리아 여왕을 가문의 창시자로 볼 수 있

는 이름입니다"라고 말했다.

왕실의 빛나는 혈통에서 시작된 진정한 성씨라고 하기에는 논란의 여지가 있었지만, '윈저'라는 이름은 부인할 수 없을 정도로 완벽한 영국식 성씨였다. 1917년 7월 17일, 조지 5세는 "이 선포 이후 우리 왕가와 가문은 윈저 왕가로 불리고 알려질 것"이라고 발표했다. 효과는 즉각적이면서 긍정적이었다. 이후 영국 왕실의 인기는 크게 올라갔다. 당시 한 평론가는 이렇게 썼다. "가능한 한 모든 방법으로 독일의 영향력과 권력을 영국 궁정에서 제거하려는 왕실의 강력한 노력은 국민의 헌신적인 애정과 충성으로 그 열매를 맺을 것이다."

오늘날 윈저보다 더 영국적인 것이 있을까?

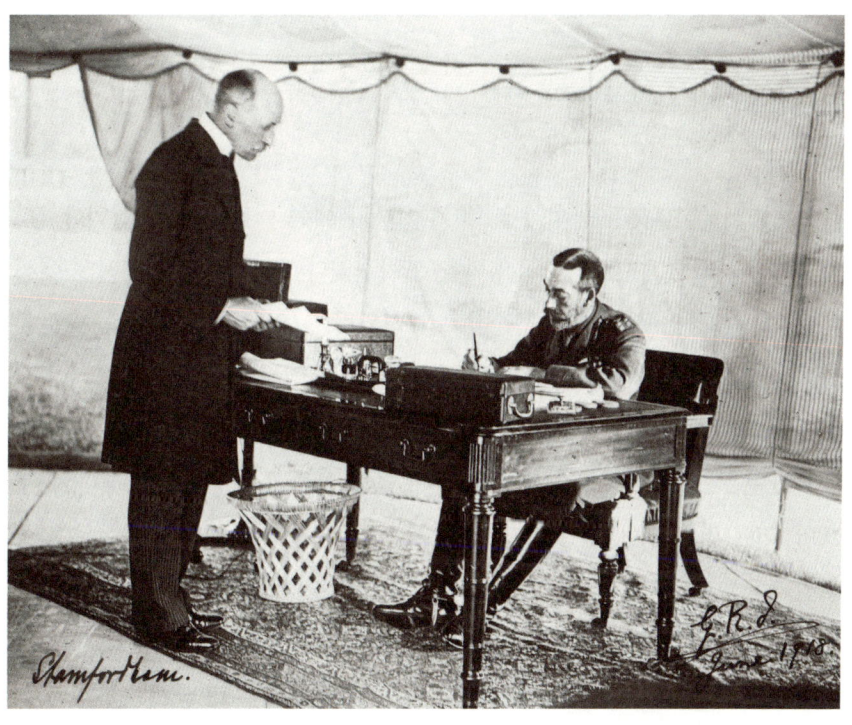

● '윈저'라는 성을 찾아낸 아서 빅지, 스탬포드햄 경이 조지 5세를 보좌하는 모습.

1917년 7월 6일

시그프리드 서순이
『타임스』에 공개서한을 보내다

제1차세계대전이 발발하기 전 애국심의 물결에 휩싸인 시그프리드 서순Siegfried Sassoon은 전쟁이 선포되기 전 자원해 영국 육군에 입대했다. 서순은 동료 병사들의 존경을 얻었고, 용맹함으로 훈장까지 받았다. 그러나 무의미한 학살에 환멸을 느끼고 상관에게 보낸 서한에서 자신의 견해를 밝혔다.

서순이 군사 훈장을 받았을 때, 수여 사유에는 이렇게 적혀 있었다. "적의 참호 습격 중 눈에 띄는 용맹함을 보여주었다. 소총과 폭탄 세례 속에서 1시간 30분 동안 부상자를 구출하고 데려왔다. 그의 용기와 결단력 덕분에 모든 전사자와 부상자를 데려올 수 있었다." 그는 영국 육군에서 최고의 훈장인 빅토리아 십자훈장 후보에 오르기도 했다.

한번은 수류탄 몇 개만 가지고 혼자 독일 참호를 점령하기도 했다. 독일 보병 60여 명이 겁에 질려 도망쳤고, 서순은 그 참호에 앉아 가져온 시집을 읽었다. 하지만 그는 군인이라기보다 시인이었다. 처음에는 애국심에 불탔지만, 시간이 지나면서 이 전쟁을 도덕적 행위가 아닌 제국주의적 허영심에서 비롯된 행위로 보게 되었다. 나중에 서순은 이 전쟁을 글로 남긴 위대한 시인이자 연대기 작가가 되었다.

총상을 입고 영국으로 돌아와 요양 중이던 그는 지금이야말로 목소리를 내야 할 때라고 생각했다. 그는 상관에게 '군인의 선언'이라는 제목으로 편지를 썼다. "저는 … 더 이상 악하고 부당한 목적을 위해 이 고통을 연장하는 데 가담할 수 없습니다."

"처음에 저는 방어와 해방을 위해 이 전쟁에 참여했지만, 이제는 이 전쟁이 침략과 정복을 위한 전쟁이 되었다고 생각합니다"라고 썼다. 그러면서 직속상관들 잘못이 아니라고 강조했다. "저는 전쟁에 항의하는 것이 아닙니다." 또한 전우들의 잘못도 아님을 밝히며, "저는 군인으로서, 모든 군인을 대변해 행동하고 있다고 확신합니다"라고 말했다. 그러나 서순은 "전쟁을 끝낼 권력을 가진 사람들이 의도적으로 전쟁을 장기화시키고 있다"라고 의심했다.

독일과의 전쟁으로 영국 사회 전반에서 애국심이 고취되었다. 이런 때에 양심적 병역거부자로 남는 것은 매우 어려운 일이었다. 싸우지 않으려는 사람들은 겁쟁이로 낙인찍혀 고립되고 배척당했다. 탈영병은 군사재판에 넘겨져 총살당할 수도 있었다. 그러나 계속되는 전쟁이 젊은이들에게 큰 희생을 강요하면서 여론이 점차 바뀌었다. 서순처럼 공개적으로 전쟁에 반대하는 행위는 여전히 도전적으로 간주되었지만, 그를 동정하는 반응도 있었다.

다행히 서순은 총살을 면했다. 그는 군의 영웅이자 전국적으로 알려진 시인이었다. 대신 전쟁부는 그가 포탄 충격(폭탄으로 인한 기억력, 시각 상실 증상 및 신경쇠약 등-옮긴이)을 겪고 있다고 선언했다. 서순은 대중의 눈에서 멀리 떨어진 에든버러의 요양병원으로 보내졌고, 그곳에서 또 다른 훌륭한 전쟁시인 윌프레드 오언Wilfred Owen을 만났다. 두 사람은 서로의 작품에 깊은 존경심을 나누며 친구가 되었다.

두 사람 모두 전쟁에 반대했지만, 시간이 흐른 뒤에 다시 프랑스 전선으로 돌아갔다. 서순은 또다시 부상을 당했지만 살아남았고, 1967년에 80세의 나이로 세상을 떠났다. 반면 오언은 휴전 협정으로 전쟁이 끝나기 일주일 전에 전사하고 말았다. 서순은 오언의 시를 전후 세대에 널리 알리는 데 앞장섰다. 이들 전쟁 시인의 작품은 아이버 거니Ivor Gurney, 로버트 그레이브스Robert Graves, 루퍼트 브룩Rupert Brooke과 함께 전쟁으로 인해 잃어버린 영국 청년 세대를 대변하는 대표적인 목소리가 되었다.

시그프리드 서순이 『타임스』에 보낸 공개서한

저는 군 당국에 대한 의도적인 저항으로서 이 성명을 발표합니다. 전쟁을 끝낼 권력을 가진 자들이 의도적으로 전쟁을 장기화시키고 있다고 믿기 때문입니다. 저는 군인으로서, 모든 군인을 대변해 행동하고 있다고 확신합니다. 처음에 저는 방어와 해방을 위해 이 전쟁에 참여했지만, 이제는 이 전쟁이 침략과 정복을 위한 전쟁이 되었다고 생각합니다. 저와 동료 병사들이 이 전쟁에 참여한 목적이 나중에 바뀌지 않도록 명확히 진술되었어야 하며, 그렇게 했다면 우리를 움직인 목적이 협상을 통해 달성될 수 있었을 것입니다.

저는 병사들의 고통을 직접 목격하고 견뎌냈으며, 더 이상 악하고 부당한 목적을 위해 이 고통을 연장하는 데 가담할 수 없습니다. 저는 전쟁에 항의하는 것이 아니라 싸우는 사람들이 희생되고 있는 정치적 오류와 불성실함에 반대합니다.

저는 지금 고통받는 사람들을 대신해 그들에게 가해지고 있는 기만에 항의합니다. 또한 이 항의는 고통을 겪지 않고 있으며, 상상력이 부족해 그 고통을 제대로 인식하지도 못하는 사람들이 고통이 계속되고 있다는 사실을 무감각하고 안일하게 받아들이는 것을 깨는 데 도움이 될 것이라고 믿습니다.

● 서순의 서한은 영국군에게 큰 당혹감을 주었고, 그들은 서순을 대중의 시선에서 멀어지게 하려고 노력했다.

● 국가가 수여하는 군사 훈장을 받은 시그프리드 서순을 비겁하다고 비난할 사람은 아무도 없었다.

1919년 9월 16일

아돌프 히틀러가 보낸 편지에서
반유대주의 성향이 드러나다

> 독일제국은 제1차세계대전이 끝나면서 해체되었고,
> 승전국인 연합군은 패배한 국가에 가혹한 전쟁배상금을 부과했다.
> 이런 조치는 독일 국민의 빈곤과 분노, 원한을 불러일으켰다.
> 특히, 귀환 군인들 사이에서 그 원한이 증오가 되어 타올랐다.

제1차세계대전 이후 독일은 무너졌고, 아돌프 히틀러 같은 참전 보병들의 미래는 암울해졌다. 경제는 붕괴했고, 군도 해체되었다. 이런 불확실한 정치적 분위기 속에서 일부 전직 군인들은 극단적인 사상을 추구하는 준군사조직을 결성했다.

히틀러는 뮌헨에 있는 정보 부대 책임자 카를 마이어Karl Mayr에게 고용되었다. 동원 해제를 기다리는 군인 중 공산주의자로 의심되는 이들을 감시하기 위해서였다. 마이어는 우익 정치 노선을 걸으며, 러시아혁명 전후 유럽 전역에서 지지를 얻고 있던 공산주의에 대항하는 민족주의를 지지했다. 마이어는 히틀러를 이른바 '민족 사상' 교육에 참여시켰고, 새로 결성된 독일 노동자당Deutsche Arbeiterpartei, DAP 회의에 참석하도록 권유했다.

히틀러는 민족주의적이고 반공산주의적일 뿐 아니라 반자본주의적이고 반유대주의적인 독일 노동자당의 철학에 깊이 매료되었다. 그는 당 회의에서 연설을 자주 했는데, 교리 선전에 특별한 재능을 보였다. 이 덕분에 당의 창립자인 디트리히 에크하르트Dietrich Eckhart의 주목을 받게 되었다.

히틀러는 1919년 9월 12일에 독일 노동자당의 당원이 되었다. 히틀러의 말솜씨를 눈여겨본 마이어는 또 다른 군인인 아돌프 게믈리히Adolf Gemlich가 보낸 독일 노동자당 정책에 대한 문의 편지에 답하는 일을 히틀러에게 위임했다. 게믈리히는 "유대인 문제는 어떻게 할 것인가요?"라고 물었다. 고향을 잃은 유대인들은 어디에 정착하든 늘 외부인으로 여겨졌으며, 오늘날 이민자나 난민이 그렇듯이 자신의 문제에 대한 희생양을 찾는 사람들에게 쉬운 표적이 되었다. 유대인들은 종종 훌륭한 사업가이자 금융가로서 경제의 요직에서 활동했다. '유대인 문제'라는 표현은 18세기부터 유대인의 존재와 성공에 반감을 나타내는 사람들이 사용한 완곡한 어법이었다.

히틀러는 게믈리히에게 보낼 답장을 열정적으로 작성하기 시작했다. 그는 게믈리히에게 유대인은 인종, 종교, 부 그리고 "수천 년에 걸친 근친혼"을 통해 자신들을 다른 민족과 분리해왔다고 말했다. 그는 "우리 사이에 독일인이 아닌 이방인 민족이 살고 있습니다"라며, "(유대인은) 인종적 특성을 희생하거나 감정, 사고, 노력을 부정할 의지도, 능력도 없습니다"라고 주장했다. 유대인이 원하는 것은 오직 국가의 부를 축적하는 것뿐이라고 덧붙였다. "그들이 황금 송아지 주위에서 추는 춤은 우리가 지상에서 가장 소중히 여기는 모든 소유물을 향한 무자비한 투쟁으로 변해가고 있습니다."

독일이 패하면서 모든 것을 잃은 히틀러와 게믈리히 같은 독일인은 이러한 생각을 반겼다. 히틀러는 유대인 문제를 풀 합리적인 해결책이 있다고 주장했다. "유대인이 가진 특권을 체계적인 법으로 대응하고 제거하는 것 … 그러나 궁극적인 목표는 유대인을 완전히 없애는 것이어야 합니다."

불과 몇 달 후에 히틀러는 독일 노동자당의 수석 선전가가 되었고, 당 이름을 일반적으로 '나치당'이라고 불리는 '국가사회주의 독일 노동자당

Nationalsozialistische Deutsche Arbeiterpartei, NSDAP'으로 변경했다. 20년 뒤 히틀러는 그가 일으킨 전쟁에서 유대인 문제에 대한 최종 해결책을 매우 효율적이지만 끔찍한 방식으로 보여주었다.

아돌프 히틀러가 아돌프 게믈리히에게 보낸 편지

친애하는 게믈리히씨,

오늘날 유대인이 우리 민족에게 가하는 위험은 우리 국민의 상당수가 느끼는 명백한 혐오감으로 나타납니다. 이 혐오감의 원인은 유대인이 의식적이든 무의식적이든 우리 국가에 체계적으로 해로운 영향을 미친다는 인식에서 비롯된 것이 아닙니다. 오히려 그것은 주로 개인적 접촉과 개별 유대인이 남기는 불쾌한 인상에서 기인합니다. 이러한 이유로 반유대주의는 단순한 감정적 현상으로 너무 쉽게 특징지어집니다. 하지만 이는 잘못된 판단입니다. 정치적 운동으로서의 반유대주의는 감정적 충동으로 정의해서는 안 되며, 사실에 대한 인식으로 정의해야만 합니다. 사실은 다음과 같습니다. 첫째, 유대인은 절대적으로 인종이지 종교 단체가 아닙니다. 심지어 유대인조차도 자신을 유대계 독일인, 유대계 폴란드인, 유대계 미국인이라고 칭하지 않고 항상 독일계 유대인, 폴란드계 유대인 또는 미국계 유대인이라고 부릅니다. 유대인은 그들이 살고 있는 외국의 언어를 사용하는 것 이상으로 그 국가에 동화된 적이 없습니다. 독일인이 프랑스에서 프랑스어를, 이탈리아에서 이탈리아어를, 중국에서 중국어를 사용한다고 해서 프랑스인, 이탈리아인, 중국인이 되지는 않습니다. 우리와 함께 살면서 독일어를 사용해야 하는 유대인도 마찬가지입니다. 이 종족의 생존에 매우 중요한 모세 신앙도 누군가가 유대인인지 비유대인인지를 결정하지 않습니다. 확실한 하나의 종교에만 속한 인종은 거의 없습니다.

유대인들은 수천 년 동안 근친혼을 통해 자신들이 살고 있는 나라에 있는 어떤 민족들보다 훨씬 더 뚜렷하게 그들만의 인종과 특성을 유지해왔습니다. 그렇게 해서 우리 사이에 독일인이 아닌 이방인 민족이 살고 있으며, 그들은 자신의 인종적 특성을 희생하거나 감정과 사고, 노력을 부정할 의지도 능력도 없습니다. 그럼에도 유대인들은 우리가 가진 모든 정치적 권리를 가지고 있습니다. 유대인의 윤리가 순전히 물질적인 영역에서 나타나듯이 그들의 사고방식과 목표는 더욱 명확합니다. 그들이 황금 송아지 주위에서 추는 춤은 우리가 지상에서 가장 소중히 여기는 모든 소유물을 향한 무자비한 투쟁으로 변해가고 있습니다. …

> Und diese Wiedergeburt wird nicht in die Wege geleitet durch eine Staatsführung unverantwortlicher Majoritäten unter dem Einfluss bestimmter Parteidogmen, einer unverantwortlichen Presse, durch Phrasen und Schlagwörtern internationaler Prägung, sondern nur durch rücksichtslosen Einsatz nationalgesinnter Führerpersönlichkeiten mit innerlichem Verantwortungsgefühl.
>
> Diese Tatsache jedoch raubt der Republik die innere Unterstützung der vor allem so nötigen geistigen Kräfte der Nation. Und so sind die heutigen Führer des Staates gezwungen sich Unterstützung zu suchen bei jenen die ausschliesslich Nutzen aus der Neubildung der deutschen Verhältnisse zogen und ziehen, und die aus diesem Grunde ja auch die treibenden Kräfte der Revolution waren; den Juden. Ohne Rücksicht auf die auch von den heutigen Führernsicher erkannte Gefahr des Judentums (Beweis dafür sind verschiedene Aussprüche derzeitig leitender Persönlichkeiten) sind sie gezwungen die ihnen zum eigenen Vorteil von den Juden bereitwillig gewährte Unterstützung anzunehmen, und damit auch die geforderte Gegenleistung zu bringen. Und dieser Gegendienst besteht nicht nur in jeder möglichen Förderung des Judentums überhaupt, sondern vor allem in der Verhinderung des Kampfes des betrogenen Volkes gegen seine Betrüger, in der Unterbindung der antisemitischen Bewegung.
>
> Mit vorzüglicher Hochachtung
>
> *Adolf Hitler*

● 악명 높은 '게믈리히 편지'의 마지막 장. 이 편지는 군용 타자기로 작성되었고, 히틀러의 서명이 남겨져 있다. 유대인 인권 단체인 사이먼 비젠탈 센터Simon Wiesenthal Center가 이 편지를 구매해 소장했다.

1935년 12월 5일

공산주의 스파이 가이 버지스가 BBC 입사를 위해 추천서를 받다

모든 스파이에게는 훌륭한 위장 이야기가 필요하다. 위장을 위해 방송의 중립성을 상징하는 BBC에서 일하는 것보다 더 좋은 방법은 없을 것이다. 케임브리지대학교의 한 지도교수는 가이 버지스를 칭찬하는 추천서를 작성해 미래의 고용주에게 그가 공산주의와 완전히 결별했다는 확신을 주었다.

케임브리지대학교에서 수학하던 가이 버지스는 공산주의에 심취하게 되었다. 1930년 초 대공황은 자본주의에 대한 불신을 낳았고, 독일에서 부상한 히틀러의 극우 세력은 대중의 우려를 불러일으켰다. 버지스는 동료 스파이인 앤서니 블런트Anthony Blunt와 마찬가지로 비밀스러운 지식인 집단인 케임브리지 사도회Cambridge Apostles의 일원이었다. 버지스는 케임브리지대학교 사회주의협회에서 훗날 함께 케임브리지 스파이 링(제2차세계대전에서 영국의 기밀을 소련에 넘긴 첩보 집단-편집자)의 일원이 되는 도널드 매클린Donald Maclean을 만나 공산주의 조직을 결성했다.

가이 버지스와 도널드 매클린은 1934년 학생 여행으로 모스크바를 방문한 후 또 다른 케임브리지 졸업생인 킴 필비Kim Philby의 추천으로 소련의 스파이가 될 것을 권유받았다.

그들이 영입된 이유는 간단했다. 옥스퍼드대학교와 케임브리지대학교에서 공부한 훌륭한 학생들은 훗날 영국의 정치 및 사회 기관의 지도자가 될 확률이 높았다. 따라서 이들을 경력 초기 단계에 포섭하면 더 쉽고 눈에 띄지 않게 간첩 활동에 참여시킬 수 있었다.

버지스는 자신의 활동을 은폐하기 위해 공산당에서 탈퇴한 뒤 친나치 성향의 영독 친선협회Anglo-German Fellowship에 가입했다. 이후 우익 보수당 의원의 개인 비서로 일하다가 BBC 토크쇼의 보조 프로듀서로 발탁되었다.

버지스를 추천한 케임브리지대학교 임명위원회가 작성한 추천서에는 다음과 같이 적혀 있었다. "버지스는 세 후보자 중에서 가장 가능성 있는 인재입니다. 그는 다양한 인맥을 가진 사람으로, 전직 광부와도 친밀한 우정을 나누고 있습니다." 이 구절은 버지스의 연인 잭 휴잇에 대해 은근한 언급이었다. "버지스는 상당한 자신감을 가진 인물로 존경과 호감을 불러일으킵니다"라고 덧붙였다.

이 훌륭한 인물 평가 서류에 이어 BBC는 버지스에게 추천서를 요청했다. 케임브리지의 존경받는 역사 교수이자 명망 높은 학자인 G. M. 트레벨리안G.M.Trevelyan 교수가 버지스를 추천하는 편지를 썼다. 사실 트레벨리안 역시 케임브리지 사도회의 일원이었다. "최근까지 트리니티칼리지에서 학자로 일하던 젊은 친구 가이 버지스가 BBC에 지원했다고 들었습니다. 그는 최고의 인재입니다. 가능하시다면 버지스를 고용하시길 권합니다. 그는 똑똑한 젊은이 상당수가 겪는 공산주의라는 홍역을 이미 앓았고, 이제 완전히 극복했습니다"라고 적었다. 트레벨리안이 정말 그렇게 생각했는지 아니면 같은 사도회 일원으로서 그를 보호하려 한 것인지는 알 수 없다.

트레벨리안은 또 이렇게 덧붙였다. "그에게는 이류의 면모가 전혀 없습니다. 그는 직원들에게 큰 도움이 될 것입니다." 이 추천서는 깊은 인상을 남겼고, 버지스는 1936년 7월부터 BBC에서 일하기 시작했다.

버지스는 BBC의 토크쇼에서 보조 프로듀서로 일하면서 많은 고위 정치인을 만날 기회가 있었다. 그는 당시 정부에서 인기가 없었던 윈스턴 처칠에게 연락해 지중해 국가에 대한 강연을 부탁했다. 또한 소련 상관들에게 M16의 요원으로 알려진 데이비드 풋먼David Footman과 친분을 쌓았고, 이를 계기로 영국 정보부에서 소소한 임무를 맡게 되었다.

결국 버지스는 영국의 대간첩작전 조직인 M15와 M16에 침투했고, 외무부 정책 결정자들과도 긴밀히 접촉하면서 영국 정부의 정책과 비밀 작전을 소련에 보고했다. 문란함과 알코올중독 등 방탕한 생활이 그의 스파이 활동을 방해하기도 했지만, 동시에 이중적인 삶을 감추는 데 도움을 주었다. 버지스가 영국 정보부에 얼마나 큰 타격을 주었는지는 그와 매클린이 정체가 발각될까 봐 두려워 1951년 모스크바로 도망친 후에야 드러났다.

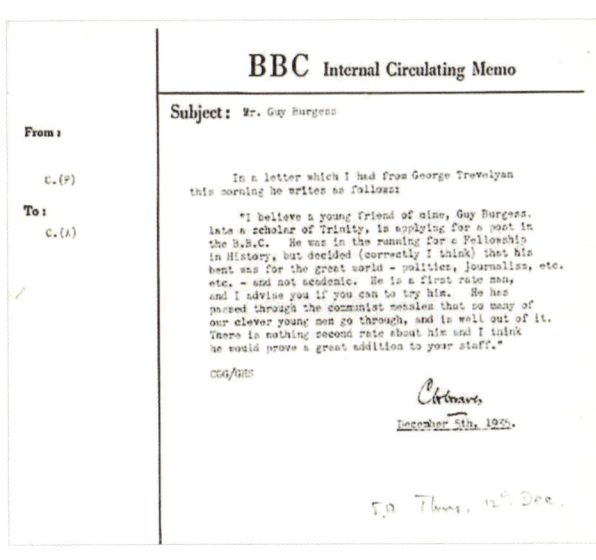 

● 옥스브릿지(옥스퍼드와 케임브리지) '졸업생 네트워크Old boy network'는 버지스가 BBC 추천서를 받을 때도 분명히 드러났다.
● 부유한 중산층 가정에서 태어난 가이 버지스는 이튼칼리지와 케임브리지대학교 트리니티칼리지에서 교육받았다. BBC에서 일한 후 M16에서 잠시 근무했고, 1944년 외무부에 입사해 외무부 차관의 비밀 비서가 되었다.

1939년 2월 26일

엘리노어 루스벨트가 인종차별에 맞서다

'미국 혁명의 딸들Daughters of the American Revolution(이하 DAR)'은
'미국 혁명의 아들들Sons of the Revolution'이 여성 회원을 받지 않은 데 반발해
1890년에 설립된 조직이다. 그러나 1939년 이 단체가 스스로 또 다른
차별 행위를 하자 엘리노어 루스벨트 영부인은
강력한 경고의 편지를 써야 한다고 생각했다.

미국의 많은 역사적 단체처럼 DAR의 회원 자격 또한 조지 워싱턴 대통령 취임 100주년을 기념하기 위해 마련되었다. 이름에서 알 수 있듯이, 이 단체는 1776년 혁명을 통해 미국을 건국하는 데 공헌한 사람들의 여성 후손에게만 가입을 허용했다.

그럼에도 DAR의 회원 수는 급격히 증가했고, 1929년에는 원래 회의 장소였던 워싱턴 D.C.의 메모리얼 콘티넨털홀을 사용할 수 없을 정도로 성장했다. 이에 바로 옆에 DAR 콘스티튜션홀을 세웠는데, 이 홀은 3,702석 규모의 강당으로 지금도 워싱턴에서 가장 큰 규모를 자랑한다. DAR은 이 홀을 자체 회의장으로 쓰기도 하고, 다른 단체나 공연을 위해 빌려주기도 했다. 21세기에 들어서는 국제통화기금(IMF)이 이곳을 자주 이용하고 있으며, 휘트니 휴스턴과 크리스 록을 비롯한 이들이 공연 영상 촬영을 위해 이곳을 사용하기도 했다.

1939년에 세계적으로 유명한 아프리카계 미국인 콘트랄토 마리안 앤더슨Marian Anderson이 DAR 콘스티튜션홀을 대여하려고 신청했지만, DAR은 이를 거절했다. 청중 가운에 흑인이 섞여 있을 것이라는 이유 때문이었다. DAR 회원들은 인종적 통합을 반기지 않았으며, 1932년부터 흑인 공연자의 홀 출입을 금지했다.

DAR 회원이자 당시 영부인이던 엘리노어 루스벨트 여사는 DAR 회장인 헨리 로버츠 부인에게 편지를 써서 이 결정에 대한 혐오감을 드러냈다. 처음에는 자신이 단체 내에서 큰 역할을 하고 있지 않다는 사실을 언급하며 편지를 시작했지만, 곧 요점으로 들어갔다. "저는 위대한 예술가에게 콘스티튜션홀 대여를 거부한 DAR의 태도에 조금도 동의하지 않습니다. DAR은 유감스러운 본보기를 보여주었으며, 저는 어쩔 수 없이 DAR을 탈퇴해야 할 것 같습니다. 여러분은 계몽된 방식으로 앞장설 기회가 있었습니다. 하지만 제 생각에 이 단체는 그 기회를 놓친 것 같네요."

로버츠 부인은 "일부 오해를 해소하고 협회의 입장을 개인적으로 설명하고 싶다"라고 답했다. 그러나 루스벨트 여사의 탈퇴에도 DAR의 입장은 변하지 않았다. 이 단체는 1952년까지 백인만을 허용하는 규칙을 폐지하지 않았고, 1977년까지 아프리카계 미국인 회원을 받아들이지 않았다.

그럼에도 마틴 루서 킹보다 한 세대 앞선 루스벨트 여사의 입장은 미국에서 인종차별에 맞선 중요한 이정표가 되었다. 엘리노어 루스벨트 여사와 루스벨트 대통령은 마리안 앤더슨에게 더 좋은 공연 장소인 링컨기념관 계단을 제공했다. 그리고 1939년 부활절 일요일, 7만 5,000명이 넘는 청중이 야외에서 앤더슨의 공연을 즐겼다. 그 청중은 아들과 딸, 흑인과 백인 그리고 미래에 일어날 혁명의 부모들이었다.

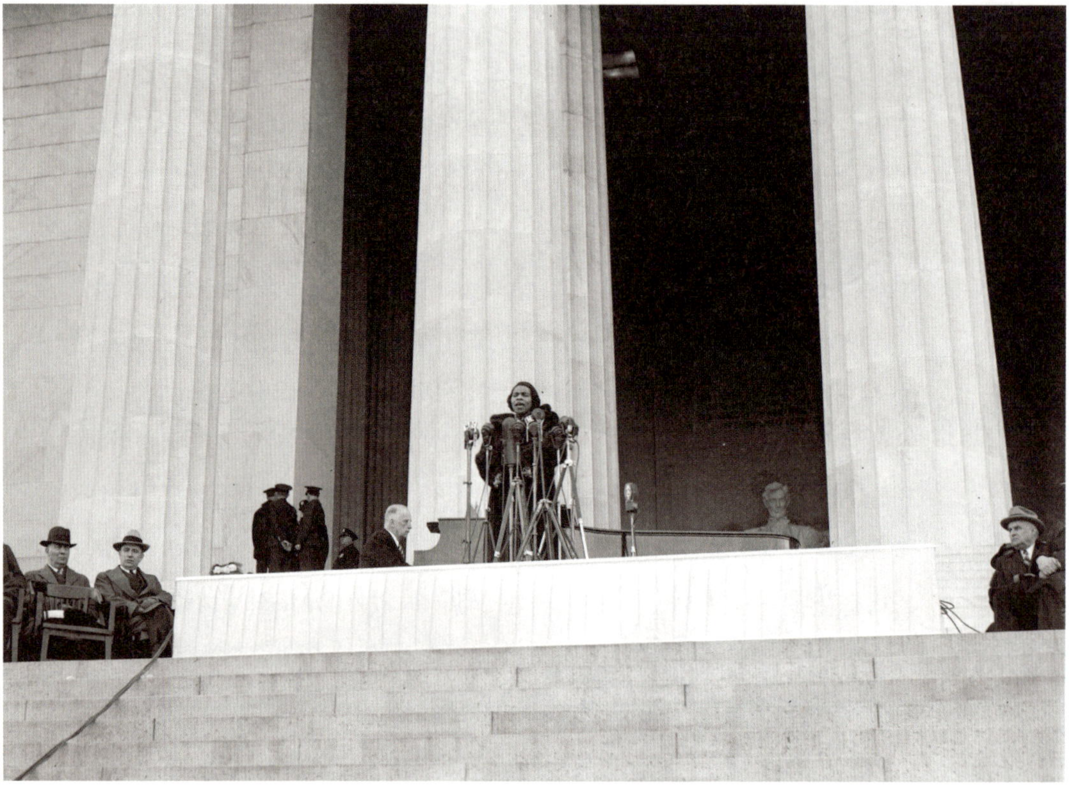

◉ 1939년 4월 9일, 워싱턴 D.C. 링컨기념관에서 주요 인사들이 7만 5,000명의 관중 앞에서 노래하는 마리안 앤더슨의 공연을 보고 있었다. 앤더슨은 이 역사적인 공연을 이렇게 회상했다. "그 당시 저는 엄청난 군중의 압도적인 영향력을 느꼈어요 ... 그들로부터 큰 선의의 물결이 쏟아져 나오는 것 같은 느낌을 받았습니다."

February 26, 1939.

My dear Mrs. Henry M. Robert: Jr.

I am afraid that I have never been a very useful member of the Daughters of the American Revolution, so I know it will make very little difference to you whether I resign, or whether I continue to be a member of your organization.

However, I am in complete disagreement with the attitude taken in refusing Constitution Hall to a great artist. You have set an example which seems to me unfortunate, and I feel obliged to send in to you my resignation. You had an opportunity to lead in an enlightened way and it seems to me that your organization has failed.

I realize that many people will not agree with me, but feeling as I do this seems to me the only proper procedure to follow.

Very sincerely yours,

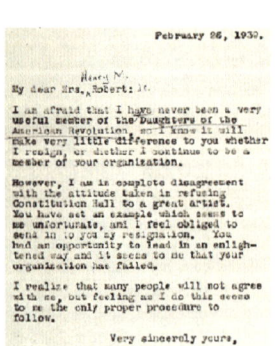

◉ 엘리노어 루스벨트가
'미국 혁명의 딸들'에게 보낸 편지의 초안.

●1933년에 촬영된 엘리노어 루스벨트. 그녀는 1933년부터 1945년까지 영부인으로 활동했다. 1945년 프랭클린 D. 루스벨트가 세상을 떠난 뒤, 1945년부터 1952년까지 UN 총회에서 미국 대표를 지냈다. 해리 S. 트루먼은 엘리노어 루스벨트를 "세계의 영부인"이라고 불렀다.

1939년 8월 2일

알베르트 아인슈타인이 루스벨트 대통령에게 경고하다

> 레오 실라르드Leo Szilárd는 과학계에서 잊힌 영웅이다.
> 사이클로트론에 관한 그의 선구적인 초기 연구는 어니스트 로렌스에게
> 노벨 물리학상을 안겨주었다. 실라르드는 독일 과학자들이 핵분열에
> 성공했다는 소식을 들었을 때, 핵무기가 얼마나 파괴적인 힘을
> 발휘할 수 있는지 본능적으로 깨달았다.

레오 실라르드의 과학적 혁신을 모두 나열하자면, 이 장이 꽉 차고도 남을 것이다. 그는 선형 입자 가속기, 키모스탯(물질 환경 조절 장치 - 옮긴이), 효소 억제제를 발명했고 최초의 인간 세포 복제에도 참여했다. 또한 탄소-50 방사선 요법을 고안해 자신의 방광암을 치료했으며, 동료와 함께 의료용 동위원소를 분리하는 데 사용되는 실라르드-챌머스 효과를 발견했다. 레오 실라르드는 그야말로 천재 과학자였다.

헝가리 태생의 유대인이었던 실라르드는 제2차세계대전의 먹구름이 드리워지던 1937년에 미국으로 망명했는데, 그보다 훨씬 이른 시기부터 유럽 전역에서 활발하게 과학 연구에 종사했다. 1939년 초, 두 명의 독일 과학자가 처음으로 핵분열에 성공했을 때, 실라르드는 이 신기술의 이점과 위험성을 본능적으로 깨달았다. 이 기술이 전력 생산 분야에서 보여줄 잠재력은 분

명했다. 그러나 아돌프 히틀러 같은 위험한 사람의 손에 들어간다면, 가장 끔찍한 파괴력을 보여줄 수도 있었다.

실라르드와 그의 동료들의 시급한 관심사는 독일이 원자폭탄을 개발하는 데 필요한 우라늄을 확보하지 못하게 막는 것이었다. 그들은 벨기에 국왕에게 편지를 쓸 계획이었다. 벨기에령 콩고가 최고의 우라늄 광석 공급원이었기 때문이다. 실라르드는 1939년 8월 2일자 편지에 자신의 오랜 친구 아인슈타인의 서명을 넣자고 제안했다. 아인슈타인이 벨기에 왕실과 약간의 친분이 있었기 때문이다. 아인슈타인과 실라르드는 1920년대에 함께 냉장고를 발명하면서 오랫동안 알고 지내온 사이였다.

아인슈타인은 실라르드에게 핵에너지가 그렇게 폭력적인 목적으로 사용될 수 있는지 상상조차 하지 못했다고 말했다. 당시 그는 미국에서 다른 과학자들과 함께 같은 분야를 연구하고 있었다. 이제 그들에게는 우라늄을 확보하는 일이 그 어느 때보다 시급한 문제였다. 독일이 이미 체코슬로바키아의 우라늄 광산을 장악한 뒤, 그곳에서의 광석 판매를 차단했기 때문이다. 그리하여 아인슈타인의 서명을 받은 실라르드의 편지 사본이 10월 11일 실라르드의 또 다른 친구이자 대통령과 가까운 알렉산더 삭스Alexander Sachs를 통해 루스벨트 대통령에게 전달되었다.

이 편지에는 원자폭탄의 잠재력을 잘 보여주는 무서운 그림이 그려져 있었다. "이런 폭탄 한 개를 배에 실어 항구에서 터뜨리면 항구 전체뿐 아니라 주변 지역까지 파괴할 수도 있습니다." 실라르드는 이에 더해 미국에서 연구가 순조롭게 진행 중이라는 점도 강조했다. "이런 상황을 고려할 때, 미국에서 연쇄반응을 연구하는 물리학자 집단과 행정부가 연락을 계속 주고받는 것이 바람직하다고 생각하실 수도 있습니다."

삭스가 루스벨트 대통령에게 편지를 읽어주자, 대통령은 "알렉스, 자네가 원하는 건 나치가 우리를 파괴하지 못하게 막는 것이군"이라고 말했다. 삭스는 "정확합니다"라고 답했다. 루스벨트 대통령은 아인슈타인에게 이렇게 답장을 보냈다. "저는 이 정보가 매우 중요하다고 판단해 위원회를 소집했습니다 … 우라늄에 관한 귀하의 제안을 철저하게 조사하기 위해서요." 이때 소집된 위원회가 바로 우라늄 자문위원회다. 이 위원회는 1942년 6월 맨해튼 프로젝트가 되기 전까지 여러 차례 명칭과 기능이 바뀌었다. 결국 독일은 전쟁용 핵분열 기술을 개발하지 못했고, 평화주의자였던 아인슈타인은 미국의 기술 개발에 공헌한 자신의 역할을 후회했다. 그는 1947년 『뉴스위크』와의 인터뷰에서 "만약 독일이 원자폭탄 개발에 성공하지 못할 줄 알았다면, 저는 아무것도 하지 않았을 것입니다"라고 말했다.

●아인슈타인과 실라르드. 아인슈타인은 벨기에의 엘리자베스 여왕과 개인적인 친분이 있었다. 그래서 실라르드는 편지에 아인슈타인의 서명을 넣어 벨기에령 콩고에서 우라늄이 수출되지 않도록 막으려 했다.

```
                                          Albert Einstein
                                          Old Grove Rd.
                                          Nassau Point
                                          Peconic, Long Island
                                          
                                          August 2nd, 1939

F.D. Roosevelt,
President of the United States,
White House
Washington, D.C.

Sir:

       Some recent work by E.Fermi and L. Szilard, which has been com-
municated to me in manuscript, leads me to expect that the element uran-
ium may be turned into a new and important source of energy in the im-
mediate future. Certain aspects of the situation which has arisen seem
to call for watchfulness and, if necessary, quick action on the part
of the Administration. I believe therefore that it is my duty to bring
to your attention the following facts and recommendations:

       In the course of the last four months it has been made probable -
through the work of Joliot in France as well as Fermi and Szilard in
America - that it may become possible to set up a nuclear chain reaction
in a large mass of uranium, by which vast amounts of power and large quant-
ities of new radium-like elements would be generated. Now it appears
almost certain that this could be achieved in the immediate future.

       This new phenomenon would also lead to the construction of bombs,
and it is conceivable - though much less certain - that extremely power-
ful bombs of a new type may thus be constructed. A single bomb of this
type, carried by boat and exploded in a port, might very well destroy
the whole port together with some of the surrounding territory. However,
such bombs might very well prove to be too heavy for transportation by
air.
```

● 경제학자 알렉산더 삭스는 그 헝가리 물리학자(실라르드)에게 프랭클린 루스벨트 대통령에게 편지를 쓰기만 하면, 반드시 루스벨트의 관심을 끌어내겠다고 말했다.

1939년 8월 25일

무솔리니가 독일과 러시아의 협정을 축하하다

1939년 8월 23일, 히틀러는 독일이 레벤스라움Lebensraum, 즉 생활권 확장을 위해 러시아의 이웃 폴란드를 침공할 때 러시아가 개입하지 않을 것을 보장하는 불가침조약을 체결했다. 이틀 후 히틀러는 이탈리아 동맹인 베니토 무솔리니에게 이 조약의 의미를 설명하는 편지를 썼다.

히틀러는 제2차세계대전을 위한 치밀한 계획을 세웠다. 그는 무솔리니에게 이 조약을 설명하며, "이 협정으로 어떤 갈등이 발생하더라도 러시아의 우호적인 태도를 보장받을 수 있다"라고 썼다. 사실 이 조약은 러시아를 침공할 준비가 완료될 때까지(1941년에 실행) 스탈린을 견제하기 위한 속임수에 불과했다. 히틀러는 폴란드의 국경에서 긴장을 고조시키며, 폴란드를 침공할 구실을 만들고 있었다. "폴란드가 참을 수 없는 행동을 할 경우, 나는 즉시 행동할 것입니다"라고 썼다. 그러면서 독일 병사들에게 폴란드 군복을 입혀 '참을 수 없는 행동'을 연출했고, 이를 침공의 구실로 삼았다.

무솔리니는 즉시 답장을 보냈다. 그는 이 협정을 만족스럽게 여겼다. "민주주의 국가의 포위 공격을 막기 위해서는 독일과 러시아가 화해해야 한다." 이는 한 독재자가 다른 독재자에게, 즉 파시스트당의 수장이 독일의 총통에게 쓴 편지의 내용이었다. "저는 폴란드에 관한 독일의 입장을 완전히 이해하고 있으며, 그러한 긴장 관계가 영구적으로 지속될 수 없다는 사실도 잘 알고 있습니다."

두 지도자는 독일의 확장 계획을 논의하기 위해 여러 차례 만났다. 심지어 이 계획의 실행을 위한 일정표까지 마련되어 있었다. 하지만 무솔리니는 이 일정에 반대했다. 무솔리니는 "우리가 회담에서 이야기한 바에 따르면, 전쟁은 1942년 이후로 계획되어 있습니다. 그 시점에 저는 육상, 해상, 공중에서 동시에 움직일 준비가 되어 있을 것입니다"라고 지적했다.

그러나 히틀러가 성급하게 움직이면서 "군사 충돌이 발생할 경우" 받기로 되어 있었던 이탈리아의 전폭적인 지원을 보장받을 수 없게 되었다. 이 전쟁이 단순히 독일과 폴란드 간의 전쟁이었다면 이탈리아는 "독일이 요청하는 모든 형태의 정치적·경제적 지원을 제공할" 예정이었다. 그러나 민주주의 국가들이 폴란드를 지원하기 위해 독일에 반격을 가한다면, 무솔리니는 빠질 계획이었다. 그는 "이탈리아의 현재 전쟁 준비 상황을 감안할 때, 제가 군사 활동에서 주도권을 잡지 않는 편이 더 낫다는 것을 미리 알려드리고자 합니다"라고 덧붙였다.

이탈리아의 군사력은 무솔리니가 지중해 주변에서 자국의 영향력을 무리하게 확장하려고 노력하면서 이미 약해진 상태였다. 전직 언론인 출신 정치인 무솔리니는 새로운 로마제국에서 카이사르가 되기를 열망했다. 이탈리아는 프랑코가 파시스트 스페인에서 권력을 잡는 데 도움을 주었고, 리비아와 에티오피아를 식민지화하는 과정에 있었다.

이딜리아는 추축국(제2차 세계대전 때에 일본, 독일, 이탈리아가 맺은 삼국동맹을 지지해 미국, 영국, 프랑스 등의 연합국과 대립한 여러 나라 - 옮긴이) 중 하나로 그렇지 않아도 연합군의 공격을 받을 가능성이 높았지만, 무솔리니의 야망과 자존심은 편지를 보낸 지 1년도 채 지나지 않아 그를 전쟁으로 이끌었다. 그는 독일이 프랑스를 물리칠 것이라고 확신하며, 1940년 6월 10일 남서쪽에서 프랑스를 침공했다. 그러나 이 공격은 알프스에서 좌초되었고, 2,000명이 넘는 이탈리아 군인들은 동상에 걸리고 말았다.

무솔리니는 북아프리카와 발칸반도로 관심을 돌렸고, 그곳에서 소소한 성공을 거두었다. 1942년까지 이탈리아는 모든 발칸 연안국가와 그리스를 장악했고, 영국령 이집트 일부와 많은 아프리카 식민지를 통제하게 되었다. 이런 행보를 볼 때 무솔리니가 1942년까지 참전을 미루려 했다는 사실은 근거가 없는 것처럼 보인다.

베니토 무솔리니가 아돌프 히틀러에게 보낸 편지

저는 독일과 러시아의 협정에 전적으로 동의합니다 … 저는 이전에 괴링 원수에게 민주주의 국가의 포위 공격을 막기 위해서는 독일과 러시아가 화해해야 한다고 말했습니다.

저는 일본과의 단절이나 악화는 피하는 게 바람직하다고 생각합니다. 그렇게 되면 일본이 민주주의 강대국에 가까운 입장으로 돌아갈 것이기 때문입니다 …

저는 폴란드에 관한 독일의 입장을 완전히 이해하고 있으며, 그러한 긴장 관계가 영구적으로 지속될 수 없다는 사실도 잘 알고 있습니다.

이탈리아의 실질적인 입장에 대해 말씀드리면, 군사 충돌이 발생할 경우 … 만약 독일이 폴란드를 공격하고 그 분쟁이 국지적으로 끝난다면, 이탈리아는 독일이 요청하는 모든 형태의 정치적·경제적 지원을 제공할 것입니다. 그러나 만약 독일이 폴란드를 공격하고 폴란드의 동맹국들이 독일에 반격을 개시한다면, 이탈리아의 현재 전쟁 준비 상황을 감안할 때, 제가 군사 활동에서 주도권을 잡지 않는 편이 더 낫다는 것을 미리 알려드리고자 합니다. 이 점은 이미 여러 차례 설명드렸습니다 …

우리가 회담에서 이야기한 바에 따르면, 전쟁은 1942년 이후로 계획되어 있습니다. 그 시점에 저는 육상, 해상, 공중에서 동시에 움직일 준비가 되어 있을 것입니다.

진정한 친구로서 모든 진실을 말하고 실제 상황을 미리 알려주는 것이 암묵적 의무라고 생각합니다. 그렇게 하지 않으면 우리 모두 불쾌한 결과를 맞이할 수 있습니다.

● 뮌헨에서 베니토 무솔리니와 함께 있는 아돌프 히틀러. 두 사람 모두 지난 전쟁(제1차 세계대전)에서 상병 계급을 넘지 못했지만, 이번 전쟁에서는 자국의 육군, 해군, 공군을 모두 통제할 권리를 갖게 되었다.

1940년 6월 28일

윈스턴 처칠이 그의 개인 비서에게 직설적인 답장을 쓰다

1940년 5월 27일에서 6월 4일 사이에 거의 34만 명의 연합군 병사들이 프랑스 북부 덩케르크 해안에서 구출되었다. 그들은 끊임없이 진격하는 독일군에게 밀려 덩케르크까지 쫓겨갔다. 모두가 보여준 영웅적 행동에도 불구하고, 이는 유럽에서 승리하려는 영국의 희망에 치명타를 가했다.

윈스턴 처칠은 유화론자와 패배주의자에게 매정한 인물이었다. 처칠은 전임자 네빌 체임벌린Neville Chamberlain이 기울인 외교적 노력이 '우리 시대의 평화'를 확보하는 데 실패한 상황에서 총리가 되었다.

덩케르크 철수 작전이 벌어지던 시기, 처칠은 수상 취임 불과 몇 주 만에 세 번에 걸쳐 국민의 사기를 고취하는 가장 감동적인 연설을 했다. '피와 땀과 눈물과 노력' '우리는 해변에서 싸울 것이다' '이것이 그들의 가장 빛나는 시간이었다'가 그것이다. 이 연설들은 굴하지 않는 영국인의 용기를 나타내는 대표적인 표현이 되었으며, 21세기에 이르러서도 영국이 적과 동맹을 대하는 태도가 어떠해야 하는지를 규정하는 기준이 되었다.

하지만 모두가 처칠의 의견에 동의한 것은 아니었다. 6월 28일, 그는 의회 개인 비서였던 엘리엇 크로셰이윌리엄스Eliot Crawshay-Williams에게 편지를 받았다. 두 사람은 오래 알고 지낸 사이였다. 처칠이 1906년 식민부 장관이었을 때 크로셰이윌리엄스를 처음 고용했다. 이후 크로셰이윌리엄스는 잠시 정치에 입문해 처칠이 막 이탈한 자유당 의원으로 활동했지만, 불륜이 폭로되면서 사임했다.

크로셰이윌리엄스는 제1차세계대전 중 이집트에서 뛰어난 활약을 보여주었고, 전쟁이 끝난 후에는 희곡과 소설을 집필했다. 그러나 오늘날 그는 처칠에게 쓴 편지로 가장 잘 알려져 있다. "만약 가능하다면, 전 이 전쟁에서 이기기를 전적으로 바라고 있습니다"라고 편지를 시작하면서 "만약"이라는 단어로 의구심을 표현했다. 그리고 이렇게 말을 이었다. "상황을 제대로 살펴보면, 우리가 실제로 궁극적인 승리를 거둘 현실적인 가능성이 전혀 없음을 알 수 있습니다."

크로셰이윌리엄스는 처칠의 최근 연설에서 감동적으로 묘사된 대영제국과 영국인의 성격을 언급하면서 "명예나 체면이 우리의 '성가신' 가치를 달성하는 데 장애가 되어서는 안 됩니다. 우리는 가능한 한 최선의 평화 조건을 얻어야 합니다. 그렇지 않으면 많은 생명과 돈을 잃고 나서, 프랑스 같은 처지에 놓이거나 더 나쁜 상황에 처하게 될 것입니다. 이 말이 패배주의로 들리지 않기를 바랍니다. 저는 패배주의자가 아니라 현실주의자일 뿐입니다"라고 주장했다. 크로셰이윌리엄스는 그동안의 오랜 인연과 그의 현재 지위를 고려했을 때, 자신의 의견이 총리에게 어느 정도 영향을 미칠 수 있다고 생각했을 것이다.

처칠은 이 편지를 주의 깊게 읽고 즉시 답장을 보냈다. 그러나 그의 전속비서가 기대했던 반응은 아니있다. 처칠은 "친애하는 엘리엇, 당신이 그런 편지를 쓰다니 부끄럽군요. 이 편지를 다시 돌려줄 테니 태우고 잊어버리기를 바랍니다. 진심을 담아, 윈스턴 S. 처칠"이라고 썼다.

나머지 이야기는 역사가 말해주고 있다. 유럽에서 고립된 영국은 파시즘에 맞서 굳건하게 싸웠고 북아프리카와 발칸반도의 다른 전선에서 추축국과 싸웠다. 일본이 진주만을 공격한 이후, 미국이 전쟁에 합류했고, 노르망디상륙작전의 성공은 히틀러의 전쟁이 끝나기 시작했음을 알렸다.

크로셰이윌리엄스는 자신이 쓴 편지와 처칠의 답장 모두 불태우지 않았고, 이 두 편지는 2010년 경매에서 5만 1,264달러에 팔렸다. 그는 전쟁 중에 웨일스의 트리포레스트 마을에서 최고 민방위 책임자로 일했는데, 이 마을은 1940년 6월 7일 가수 톰 존스가 태어난 곳으로도 유명하다.

● 1940년, 엘리엇 크로셰이윌리엄스는 미국이 연합군에 합류할 가능성이 없는 상황에서 영국이 "궁극적으로 승리할 가능성이 없다"라고 처칠에게 편지를 썼다.

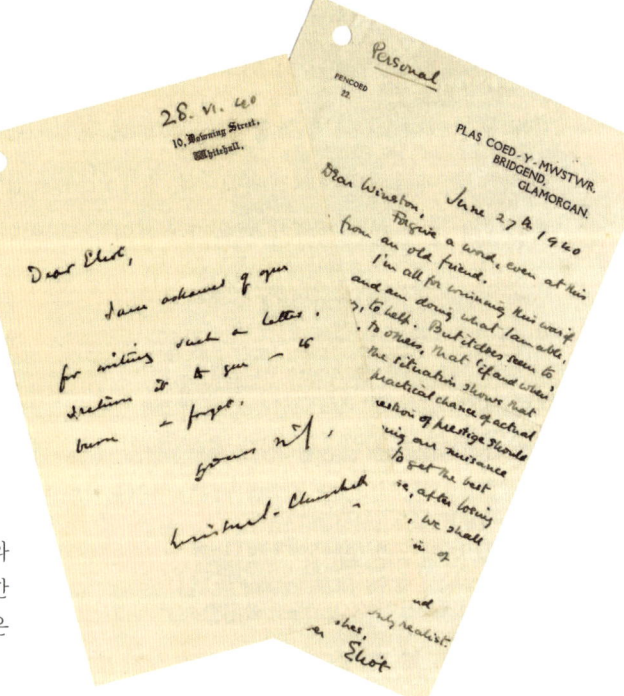

● 크로셰이윌리엄스가 히틀러와의 합의를 고려해달라고 요청한 편지에 윈스턴 처칠이 보낸 짧은 답장.

1941년 1월 20일

루스벨트가 처칠에게 에이브러햄 링컨을 감동시킨 시를 보내다

제2차세계대전 초기에 영국이 폭풍을 견뎌내는 동안 미국은 1930년에 통과된 중립법에 따라 공식적으로 중립을 유지하고 있었다. 그러나 프랭클린 루스벨트 대통령은 영국에 도움이 필요하다는 것을 알고 처칠에게 도덕적 지지를 표명하는 짧은 편지를 보냈다.

1940년 영국 본토 상공에서 공중전이 벌어졌다. 메서 슈미트, 스피트파이어, 허리케인 전투기들이 치열하게 단독 전투를 벌이는 동안, 도르니에와 하인켈 폭격기들은 히틀러의 블리츠크리크blitzkrieg, 즉 '전격전'으로 영국의 인구 밀집 지역과 산업 중심지를 체계적으로 폭격했다. 영국의 마을과 도시, 특히 산업 중심지는 심각한 피해를 입었다. 특히 조선소가 있었던 클라이드뱅크Clydebank와 코번트리Coventry의 피해가 막심했다.

미국은 제1차세계대전에서 입은 손실과 본래의 고립주의 정책으로 전쟁에서 한발 뒤로 물러나 있었다. 그동안 덴마크, 노르웨이, 네덜란드, 벨기에, 프랑스는 독일 군사력에 도미노처럼 무너졌다. 독일과 미국 사이에서는 영국과 중립국 아일랜드만이 독일에 점령되지 않은 상태로 남아 있었다. 루스벨트는 전쟁이 확대될 가능성에 대비해 미군 병력을 증강하기 시작했다.

1941년 1월 20일, 루스벨트는 영국 총리 처칠에게 짧고 다정한 편지를 보냈다. 대통령이 총리에게 보낸 공식적인 서신은 아니었다. 오히려 이것은 어려움에 빠진 사람이라면 누구나 받고 싶어 할 만한 친구의 편지였다. "친애하는 처칠"이라고 시작하는 이 사적인 편지는 타자로 친 것이 아니라 루스벨트가 직접 손으로 쓴 것이었다. "웬델 윌키Wendell Willkie가 이 편지를 전해줄 겁니다. 그는 이곳에서 정치적 입장과 상관 없이 내게 진정으로 도움을 주고 있습니다."

웬델 윌키는 1940년 대통령 선거에서 루스벨트에게 패배한 당의 후보였으며, 루스벨트는 전례 없이 3선에 성공했다. 윌키와 루스벨트는 영국에 대한 지원과 미국의 평시 징집 필요성에 의견을 같이했다. 그 덕분에 유럽에서 벌어지고 있는 전쟁은 그들이 대통령 선거 운동을 하는 데 있어 그리 주요한 쟁점이 아니었다.

윌키는 그 후 루스벨트의 비공식 해외 사절로 활동했다. 윌키가 우편 배달원 역할을 한 이 편지의 내용은 짧았다. "이 구절이 우리에게 적용되는 것처럼 여러분들에게도 적용된다고 생각합니다"가 루스벨트의 유일한 발언이었다. 그 뒤에 그는 미국 시인 헨리 워즈워스 롱펠로의 「배의 건조The Building of the Ship」에서 발췌한 구절을 적었다.

> 항해하라, 오 국가의 배여!
> 항해하라, 오 강하고 위대한 연방이여.
> 인류는 모든 두려움과
> 미래의 모든 희망을
> 네 운명에 숨죽이며 걸고 있다.

1849년에 쓰인 이 시는 미국을 건설하는 과정을 '건전하고 강한 것들로만' 지은 연방Union이라는 배에 비유하고 있다. 에이브러햄 링컨은 미국 남북전쟁을 앞두고 이 시의 같은 구절을 인용해 연설을 했으며, 이 구절에 감동한 나머지 몇 분간 말을 잇지 못했다. 그는 말을 이어가면서 "사람들의 마음에 이렇게 감동을 줄 수 있다는 건 참 멋진 재능입니다"라고 말했다.

루스벨트는 이 시가 미국과 영국의 관계에도 적용된다고 여겼다. 그는 해군성의 전직 제1경이었던 처칠이 이 시의 항해적인 은유를 누구보다 잘 이해할 것이라고 생각했다. 봉투에는 "어느 해군 신사에게"라고 적어 보냈다. 처칠은 루스벨트에게 이 편지가 큰 영감을 주었다고 말했다. 처칠은 이 편지를 수년간 책상 옆 액자에 넣어두었다. 이 편지는 힘을 북돋아주는 수사적 표현이 담겨 있을 뿐 아니라, 백악관에서의 네 번의 임기 중 세 번째 임기를 시작하던 대통령이 취임식 당일에 썼다는 점에서도 특별하다.

● 1941년 드디어 프랭클린 루스벨트와 윈스턴 처칠이 만났을 당시의 사진.

● 시를 인용한 루스벨트의 편지는 짧지만 큰 울림을 주었다.

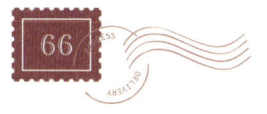

1941년 3월

버지니아 울프가 남편 레너드에게 마지막 편지를 쓰다

버지니아 울프는 보헤미안 공동체인 블룸스버리 집단의 중심에 있던 대표적인 모더니즘 작가로, 어린 시절 가까운 가족이 연이어 세상을 떠난 후 평생 우울증과 싸웠다. 그녀가 가장 힘든 시기에 썼던 편지들은 그녀가 남긴 문학적 유산 가운데 가장 안타까운 작품이다.

버지니아 울프가 13살 때 그녀의 어머니가 세상을 떠났고, 15살에는 사랑하는 이복자매가, 22살에는 아버지가, 23살에는 오빠 토비가 세상을 떠났다. 연이은 가족의 죽음은 그녀의 어린 시절을 파괴했고, 성인 시절까지도 어둡게 만들었다. 그녀는 이 시기를 "죽음의 10년"이라고 묘사했다. 울프는 종종 무덤 저편에서 자신을 부르는 소리를 들었고, 누군가 새롭게 세상을 떠날 때마다 정신적으로 무너졌다. 그녀는 몇 차례 정신 병원에 입원했으며, 때때로 자살을 시도했다.

이런 상황 속에서 버지니아 울프가 방대한 문학 작품을 남겼다는 사실은 놀랍기 그지없다. 울프는 자신의 상태를 저주이자 축복으로 여겼다. 그녀는 죽음을 경험하고 이해하려고 노력함으로써 최고의 작품을 만들어냈다. 한번은 이렇게 썼다. "내가 떠 있을 수 있는 유일한 방법은 일하는 것이다. 일을 멈추는 순간 나는 아래로, 아래로 가라앉는다고 느낀다. 그리고 더 가라앉으면 마침내 진실에 도달할 것이라는 생각이 든다." 물은 울프가 가장 자주 사용하던 은유로, 그녀의 정신 질환을 상징했다.

유일한 '치료법'은 정신적·감정적·신체적 휴식이었지만, 그녀에게 휴식의 시간은 견딜 수 없는 희생이었다. 새로운 책을 쓰게 되면 종종 또 다른 우울증이 찾아왔다. 1941년 3월, 그녀는 「행위들 사이에서」를 막 완성했다. 블룸즈버리 그룹의 화가이자 동료 멤버인 로저 프라이Roger Fry에 대한 전기 신작은 비평가들에게 좋지 않은 평가를 받고 있었다. 게다가 평화주의자인 그녀는 제2차세계대전이 끝나지 않는 것과 남편 레너드가 영국 민방위 조직인 홈 가드Home Guard에 합류하기로 한 결정에 매우 괴로워했다. 심지어 런던에 있던 그들의 집은 공습으로 파괴되었다. 울프는 자살하기 며칠 전, 남편에게 편지를 썼다.

울프는 "가장 사랑하는 사람에게"라는 말로 편지를 시작한다. "다시 미쳐가고 있다는 확신이 들어. 우리가 또다시 그런 끔찍한 시간을 견딜 수는 없을 것 같아." 그녀의 반복되는 우울증은 주변 사람들에게 큰 타격을 주었다. "환청이 들리기 시작했고, 집중할 수가 없어. 그래서 내가 할 수 있는 최선의 일을 하려 해."

아내로부터 이런 편지를 받아 읽는 남편의 기분이 어떨지 감히 상상할 수 있을까. "당신은 내게 최고의 행복을 줬어. 당신은 모든 면에서 그 누구보다 내게 좋은 사람이었어. 우리보다 더 행복했던 두 사람은 없었을 거야." 구체적으로 말하지는 않았지만, 그녀의 의도는 분명했다. "더 이상 당신의 삶을 망치며 살고 싶지 않아."

1941년 3월 28일 아침, 울프는 서섹스에 있는 집을 떠나 코트 주머니에 돌을 가득 채우고 근처 우즈 강물 속으로 걸어가 익사했다. 그녀의 시신은 3주 동안 발견되지 않았다.

울프의 유서는 곧 신문에 공개되었다. 신문 기사는 무자비하게 그녀를 비난했다. 당시 영국은 혹독한 궁핍을 견뎌내며 독일과 싸우고 있었기에 그녀가 "더 이상 싸울 수 없어"라고 한 말은 나약함의 상징으로 치부되었고, 영국인의 강인한 의지가 그녀에게는 전혀 없는 것으로 간주되었다. 평화주의자에게서 무엇을 기대할 수 있었을까? 그러나 1970년대에 이르러 새로운 세대가 등장하며 그녀는 재평가받기 시작했다. 그녀는 훌륭한 작가를 넘어 20세기 페미니즘의 상징이 되었다. 그녀가 고통에 마침표를 찍은 지 거의 80년이 지난 지금도 버지니아 울프의 명성은 굳건하다.

- 이스트 서섹스 로드멜 마을에 있는 16세기 별장 몽크스 하우스 밖에 서 있는 버지니아 울프.
- 버지니아 울프는 마지막으로 쓴 편지 두 통 중 하나는 여동생 바네사 벨에게, 다른 하나는 남편 레너드 울프에게 보냈다.

1941년 10월 21일

암호해독자들이 윈스턴 처칠에게 긴급 요청을 보내다

> 블레츨리 파크Bletchley Park(영국 버킹엄셔주에 있는 정원과 저택으로, 제2차세계대전 당시 독일의 암호를 해독하던 곳—옮긴이)에서의 암호해독 활동이 없었다면, 제2차세계대전의 결과는 달라졌을지도 모른다. 오늘날 앨런 튜링과 그의 동료들은 독일의 에니그마 암호를 해독한 업적으로 널리 인정받지만, 당시에는 부족한 자원으로 골머리를 앓았다.

블레츨리 파크에서의 가장 큰 성과는 독일 해군이 사용했던 에니그마 암호를 해독한 것이다. 아이젠하워 장군은 이 성공을 연합군의 승리를 가능하게 한 '결정적' 요인이라고 묘사했다. 튜링과 동료 암호해독자였던 고든 웰치먼Gordon Welchman, 휴 알렉산더Hugh Alexander, 스튜어트 밀너배리Stuart Milner-Barry는 자신이 수행하던 작업의 중요성과 긴급성을 확실하게 알고 있었다. 그러나 당시 관리 장교들은 그들의 추가 지원 인력 요청을 묵살했다.

인력이 매우 부족했다. 건강한 남자들은 일을 그만두고 입대했고, 여자들은 남자들이 떠난 자리를 대신하기 위해 직장을 옮겼다. 에니그마를 해독하기 위해 기록하고 처리해야 할 데이터가 계속 쌓여갔다. 하지만 이를 관리할 인력이 없으니 남은 이들이 수많은 일을 도맡아야 했고, 그로 인해 분석에 할애할 시간이 줄어들었다. 지치고 좌절한 암호해독팀은 직속상관을 건너

뛰고 최상급자에게 직접 호소하기로 결정했다. 그들은 국가 지도자인 윈스턴 처칠에게 편지를 썼다.

'비밀 및 기밀 – 총리 전용'이라는 제목의 편지에서 그들은 이렇게 썼다. "암호해독 작업이 지연되고 있으며, 때로는 전혀 진행되지 않고 있다는 사실을 아셔야 할 것 같습니다. 충분한 인력을 확보할 수 없기 때문입니다." 처칠은 불과 몇 주 전에 블레츨리 파크를 방문했었고, 그들은 처칠이 이 작업의 중요성을 알고 있다고 생각했다. 그들은 처칠에게 자신들의 동료인 프리본 씨가 인력 부족으로 과중하게 일한 나머지 "더 이상 야근을 할 수 없게 되었다"라고 설명했다. "그 결과 해군 암호 열쇠(정기적으로 변경되는 에니그마 코드)를 찾는 작업이 매일 최소 12시간씩 지연되고 있습니다."

그들은 비숙련 사무원 20명이면 이 문제를 해결할 수 있다고 말했다. 추가로 20명을 더 뽑으면 다른 문제까지 해결할 수 있었다. 중동에서 온 암호화된 메시지들이 "훈련된 타자원 부족과 현재 해독 인력의 피로로 인해" 해독되지 않고 있었다. 그들은 "다른 곳도 인력이 매우 부족하며, 그 배치는 우선순위의 문제"라는 점은 인정했다. 그들은 자신들의 요구사항이 상대적으로 적어서 인력 증원 요청이 묵살되었다고 생각했다. "우리의 요구사항이 아무리 적더라도 반드시 신속하게 처리되어야 합니다."

이 편지는 영국을 계속 방어하기 위해 매일 수많은 의사결정을 내려야 하는 지도자에게 보낸 대담한 요구였다. 그보다 더 대담한 결정은 처칠의 주목을 확실히 끌기 위해 편지를 직접 전달하기로 한 것이었다. 밀너배리가 런던에서 택시를 타고 다우닝가 10번지로 가서 총리실의 문을 두드리는 임무를 맡았다.

비록 처칠을 직접 만나지는 못했지만, 처칠의 개인 비서를 통해 편지 내용의 긴급성은 전달할 수 있었다. 밀너배리와 다른 팀원들은 몰랐지만, 처칠의 반응은 즉각적이고 강력했다. "즉시 조치하세요. 그들이 원하는 모든 것을 최우선으로 제공하고, 이 일이 완료되면 나한테 보고하세요."

45년 뒤 밀너배리는 이렇게 회상했다. "거의 그날부터 험난했던 일들이 기적적으로 순조롭게 풀리기 시작했다. 봄브(에니그마를 해독하는 데 사용된 컴퓨터)의 흐름이 빨라졌고 인력 부족 현상이 해소되었으며, 우리는 방해받지 않고 맡은 일에만 전념할 수 있었다."

● 앨런 튜링이 가장 잘 알려진 암호해독자가 되었지만, 처칠에게 중요한 편지를 전달한 사람은 스튜어트 밀너배리였다.

● 블레츨리 파크의 전쟁 중 사진. 암호해독 작업은 공원 안에 서둘러 세운 여러 막사에서 이루어졌다.

● 독일의 에니그마 기계.

1941년 12월 7일

단 여덟 단어로 진주만이 공격받고 있다고 전하다

1941년 12월 7일 일요일 아침에 일본이 하와이 진주만에 있던 미국 태평양 함대를 기습 공격했다. 가장 오래된 군사 전술로 손꼽히는 기습 공격으로 시작된 태평양전쟁은 결국 인간 생명을 완전히 끝장낼 수 있는 무서운 신기술의 사용으로 끝났다.

진주만공격은 전혀 예상치 못한 일이었지만(미국 관리들이 사전 경고를 받았다는 음모론은 여러 차례 반박되었다), 일본과 미국 간의 긴장은 이미 1931년 일본이 만주를 침공한 이래 최고조에 달해 있었다. 미국은 태평양 지역에서 일본의 영토 확장 야망을 저지하고자 했으며, 양국 사이의 협상은 오랫동안 교착 상태에 있었다. 일본 연합 함대 사령관 야마모토 이소로쿠 제독은 1941년 봄부터 미군을 비롯한 목표물에 대한 선제공격 준비를 감독하고 있었다.

남태평양 전역에서 벌어진 일본의 동시다발적 공격의 일환이었던 진주만공격은 오전 8시 직전에 시작되었다. 일본 조종사는 '도라, 도라'라는 암호를 사용해 공격을 시작했다. 2시간 동안 진행된 공격은 육군, 해군, 해병대 비행장, 그다음으로 진주만의 해군 자산을 타격했다.

이 공격으로 2,400명의 미국 해군이 사망했고 미국 함선 20척이 파괴되거나 손상되었으며, 항공기 300대 이상이 손상되었다. 이토록 파괴적인 공격에도 불구하고 태평양 함대를 파괴한다는 주요 목표에는 실패했다. 공격 당시 진주만에는 미국 항공모함이 한 척도 없었고, 항구의 주요 기반 시설은 폭격 속에서도 살아남았다.

그 참혹한 소식은 극적인 표현 하나 없이 미 해군 전역에 전달되었다. 하와이 지역에 있는 모든 미 해군 함정에 '긴급' 표시와 함께 발송된 이 짤막한 전문은 로건 램지 소령이 작성한 것으로, 제2차세계대전의 흐름을 뒤바꿀 사건의 시작을 알렸다. 일본의 공격을 알린 이 메시지는 단 여덟 단어로 이루어져 있었다. "진주만 공습 X 훈련 아님Airraid on pearl harbor x this is no drill."

다음날 미국은 일본에 전쟁을 선포했고, 얼마 지나지 않아 추축국 동맹인 독일이 미국에 전쟁을 선포했다. 루스벨트 대통령은 1941년 12월 7일이 '치욕의 날'이라는 유명한 연설을 했다. 이 사건은 전쟁에 미온적이던 미국 국민을 설득해 일본과의 전쟁에 나서게 했으며, 많은 일본계 미국인들의 수용소 생활이 시작되는 계기가 되었다.

진주만공격으로 입은 자산과 인명 손실은 상당했지만, 공격에서 살아남은 사람들 덕분에 미군은 빠르게 회복할 수 있었다. 이는 1942년 미국이 미드웨이해전에서 일본의 해군을 격파하는 데 중요한 기반이 되었으며, 많은 역사가는 이 사건을 태평양전쟁의 결정적 전환점으로 평가한다. 3년 후, 미국 B-29 폭격기가 히로시마와 나가사키에 '리틀 보이'와 '팻맨' 원자폭탄을 투하하면서 태평양전쟁은 사실상 종결되었다.

로건 램지가 짧은 전보를 보냈을 때, 그는 앞으로 무슨 일이 벌어질지 전혀 알지 못했다. 그러나 진주만에서 시작된 갈등은 일본의 히로히토 천황이 "새롭고 가장 잔인한 폭탄"이라고 불렀던 새로운 무기의 사용으로 히로시마에서 끝이 났다.

● 일본 비행기가 포드섬에 폭탄을 투하하는 것을 목격한 로건 C. 램지 중령은 긴급하게 이 전보를 해당 지역 내 모든 함선에 보내라고 명령했다.

● 일본의 진주만공격 후 폭발하고 있는 구축함 USS 쇼의 모습.

1943년

나이 장군이 편지를 조작해
독일군을 교란하다

제2차세계대전 중 영국의 교묘한 속임수가 정점에 달했던 '미트 작전'은 부랑자의 시신을 이용해 히틀러를 속이고 전쟁의 흐름을 바꾸었다. 이 작전에는 스페인 어부, 화난 은행 지점장, 제임스 본드 소설의 작가인 이언 플레밍 등 예상치 못한 사람들이 동참했다.

이 작전의 목적은 독일군에게 연합군이 사르데냐Sardinia와 그리스에 상륙해 제2전선을 열 준비를 하고 있다는 확신을 심어주는 것이었다. 이를 위해 그들은 매우 민감한 군사 정보가 담긴 편지를 시체와 함께 스페인 해역에 떨어뜨릴 계획을 세웠다. 이 편지는 알제리와 튀니지에 있는 영미 연합 18군단 사령관인 헤럴드 알렉산더 장군에게 보내진 것으로 꾸며졌다.

이 전술적 속임수는 원래 1939년 해군 정보국장인 존 고드프리John Godfrey 소장과 그의 개인 비서이자 나중에 제임스 본드 소설가로 유명해진 이언 플레밍 중령이 작성한 송어 메모Trout memo에서 시작되었다. 이 메모는 전쟁 중 첩보 활동을 송어 낚시에 비유하며, 거짓 정보로 적을 낚는 방법을 제시했다. 시체로 함정을 설치하는 방법도 그중 하나였다.

송어 메모에서 영감을 얻은 영국 정보부 요원 찰스 촐몬들리Charles

Cholmondeley와 유언 몬터규Ewen Montagu는 중립국 스페인에서 활동한다고 알려진 독일 스파이들을 속이기로 했다. 작전에 사용할 시체로는 몇 달 전 쥐약을 먹고 사망한 웨일스인 노숙자 글린두어 마이클이 선택되었다. 영안실에서 몰래 마이클의 시체를 가져와 왕립해병대의 윌리엄 마틴 소령이라는 허구의 신원을 만들었다. 첩보 영어로 '지갑 쓰레기wallet litter'라고 불리는 문서, 즉 마틴(마이클)의 가짜 신분을 뒷받침하는 다양한 문서가 마련되었다. 여기에는 연애편지, 연인의 사진, 약혼반지 구매 영수증, 화가 난 은행 관리자의 초과 인출 요구서가 포함되었다.

편지는 여러 버전으로 작성되었지만, 그 어떤 것도 자연스러워 보이지 않았다. 가짜 침공 계획을 최대한 그럴듯하게 만들기 위해, 군사 계획에 정통한 장교인 아치볼드 나이Archibald Nye 중장이 직접 편지를 작성했다. 핵심 문서의 서문은 일부러 정어리와 사르데냐에 관한 나쁜 말장난을 섞어가며 작성했다. 이 끔찍한 영국식 유머가 가짜 이야기를 더욱 신빙성 있게 만들어주기를 바랐기 때문이다. 또한 북아프리카에서 미군과 함께 복무한 영국 군인들에게 퍼플 하트 훈장을 수여하는 문제 같은 민감한 주제도 다루었다.

마이클의 시신은 잘 손질해서 왕립 해군 군복을 입혔는데, 촐몬들리가 사전에 이 군복을 3주 동안 입고 다니면서 적당히 해어지게 만들었다. 아쉽게도 배급 문제로 군에서 지급하는 군용 속옷이 부족해서 마이클의 시신에는 중고 모직 속옷을 입혔다. 다행히 이 일관성 없는 조치가 나중에 의심을 사는 일은 없었다.

글린두어 마이클이 사망한 시점과 시신이 스페인 해안으로 보내진 날짜 사이에 시간이 꽤 흘렀기 때문에, 잠수함으로 남쪽으로 이동하는 동안 시신을 최대한 신선하게 유지하는 것이 중요했다. 가죽 사슬로 손복에 서류 가방이 묶인 마틴 대위는 비행기 사고 후 익사한 것으로 설정되었다. 스페인 웰바에서 표류하던 시신을 건져낸 것은 스페인 어부였다. 급격히 부패하고 있던 시신은 곧바로 매장되었고, 시신이 지니고 있던 문서는 스페인에서 활동하던 독일 요원 아돌프 클라우스Adolf Clauss에게 전달되었다.

    영국 요원들이 문서를 회수하기 위해 필사적으로 노력하는 모습을 본 독일 측은 이 문서 내용을 상부에 보고했고, 이것이 히틀러에게까지 전달되었다. 히틀러는 독일이 점령한 사르데냐와 그리스를 공격할 준비를 하기 위해 군대를 다시 배치했다. 블레츨리 파크에서 해독된 메시지를 통해 작전이 성공했음을 알 수 있었고, 연합군은 적군의 저항을 거의 받지 않고 진짜 목표였던 시칠리아에 상륙할 수 있었다.

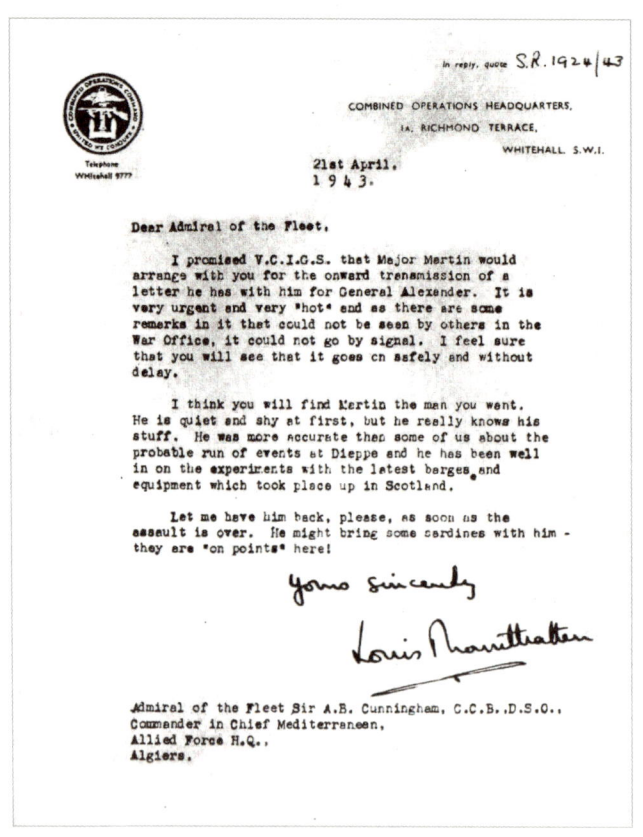

● 지갑 속에는 루이스 마운트배튼 백작의 위조 추천서도 들어 있었다.

● 1943년 12월에 촬영된 HMS 세라프호 승무원들. 영국군은 이 잠수함에 시신을 실어 스페인 바다에 투기했다.

● 마틴 소령의 지갑에 들어 있던 그의 가짜 여자친구 '팸'의 사진.

1943년 2월 25일

오펜하이머가 원자폭탄 연구를 허가받다

제임스 B. 코넌트James B. Conant와 레슬리 R. 그로브스Leslie R. Groves 장군은 독특한 표현이 담긴 공동 서한을 통해 로버트 오펜하이머J. Robert Oppenheimer에게 원자폭탄 개발을 승인했다. 가장 흥미로운 점은 그 서한에 '원자폭탄'이라는 문구가 등장하지 않았다는 사실이다.

레슬리 그로브스 장군은 미국이 핵무기를 개발하려 만든 맨해튼 프로젝트의 책임자였다. 그는 목표를 이루기 위해 집요하게 파고드는 성격으로 유명했다. 그의 목표는 물론 원자폭탄 제조였다. 그로브스 장군은 로버트 오펜하이머가 그 일을 맡기에 적합하다고 생각했다. 그는 오펜하이머가 공산주의에 연루되었다는 의혹과 그의 낮은 보안 등급을 기꺼이 무시하고, 1943년 2월 25일자 편지에서 오펜하이머를 뉴멕시코주 로스앨러모스에 있는 맨해튼 프로젝트의 시설 책임자로 임명했다.

제임스 코넌트James Conant는 루스벨트 대통령의 과학 고문이었다. 그는 제1차세계대전 중에 미군을 위해 독가스를 발명한 경험이 있었으며, 새로운 과학 무기에 정통했다. 코넌트는 원자무기의 이론적 가능성을 인식하고, 미국이 그 개발을 선도해야 한다고 강력히 주장했다. 그러나 동시에 군비 경쟁의 위험성도 인식하고 있었다. 코넌트는 하버드대학교에서 오펜하이머에게 화학을 가르치기도 했다.

오펜하이머는 성급한 성격의 뛰어난 물리학자로, 학생 시절 공산주의 성향을 보였다. 그는 공산당원이 아니었을지 몰라도, 그의 친구들과 동료들은 공산주의와 연관이 있었다. 이 때문에 FBI는 그가 맨해튼 프로젝트에 참여하는 동안 그에 대한 방대한 파일을 수집했다. 오펜하이머는 맨해튼 프로젝트를 위한 보안 설문지에 "서부 해안에 있는 거의 모든 공산주의 전위 단체의 회원"이라고 적었다. 그러나 그로브스 장군은 오펜하이머를 로스앨러모스 책임자로 임명한 지 불과 몇 달 후에 "오펜하이머에 대한 정보와 관계없이 지체하지 말고, 그에게 보안 허가를 발급해야 한다. 그는 이 프로젝트에 절대적으로 필요한 인물이다"라고 명령했다.

코넌트와 그로브스의 공동 서한에는 로스앨러모스의 새로운 과학책임자로서 오펜하이머의 의무와 책임을 명시하고 있다. 기밀 유지와 보안이 강조되어 있으며, 진행 중인 작업에 대한 명확한 언급 없이 "전쟁 도구의 개발 및 최종 제작"이라는 언급만 있었다. 그 일은 두 부분으로 나뉜다.

A. 과학, 공학, 군수품에 대한 특정 실험 연구
B. 어려운 군수 절차와 고도의 위험 물질을 취급하는 대규모 실험 진행

첫 번째 작업은 민간 주도로 진행되지만, 두 번째 작업은 그렇지 않을 것이며, 프로젝트에 계속 참여하고 싶은 민간인에게는 군사 임관이 필요하다고 명시되어 있다. 이 편지는 군인과 민간인 참여자 간의 협력 필요성을 강조하며 다음과 같이 밝혔다. "이제 코넌트 박사와 그로브스 장군 사이에는 협력적 태도가 존재하며, 그로브스 장군이 처음 이 프로젝트에 참여했을 때부터 줄곧 그랬습니다."

로스앨러모스 연구소는 약 2년 후인 1945년 7월 16일, 뉴멕시코의 호르

나다 델 무에르토Jornada del Muerto, 문자 그대로 '죽은 자의 여정'이라는 뜻을 가진 사막 지역에서 세계 최초의 핵폭발 실험을 수행했다. 그로부터 3주 후에 보잉 B-29 슈퍼포트리스 에놀라 게이Superfortress Enola Gay가 '리틀 보이'라는 폭탄을 일본 히로시마에 투하했다. 이로 인해 히로시마 주민 30퍼센트가 다치고, 건물 70퍼센트가 파괴되었다. 오펜하이머는 실험 후 "이제 나는 죽음이요, 세상의 파괴자가 되었다"라고 말했다.

● 로버트 오펜하이머와 레슬리 그로브스 장군. 그로브스는 맨해튼 프로젝트에 관한 자신의 저서에서 이렇게 말했다. "오펜하이머에게는 두 가지 큰 단점이 있었다. 그는 행정 경험이 거의 없었고, 노벨상 수상자도 아니었다." 성향 차이에도 불구하고 두 사람은 효과적으로 팀을 이루었다.

HISTORICAL

OFFICE FOR EMERGENCY MANAGEMENT
OFFICE OF SCIENTIFIC RESEARCH AND DEVELOPMENT
1530 P STREET NW.
WASHINGTON, D. C.

PUBLICLY RELEASABLE
OS-6 *[signature]* 6/4/93

VANNEVAR BUSH
Director

SECRET

February 25, 1943

CLASSIFICATION CANCELLED
Per DOC
By *[signature]*

Dr. J. R. Oppenheimer
University of California
Berkeley, California

Dear Dr. Oppenheimer:

We are addressing this letter to you as the Scientific Director of the special laboratory in New Mexico in order to confirm our many conversations on the matters of organization and responsibility. You are at liberty to show this letter to those with whom you are discussing the desirability of their joining the project with you; they of course realizing their responsibility as to secrecy, including the details of organization and personnel.

I. The laboratory will be concerned with the development and final manufacture of an instrument of war, which we may designate as Projectile S-1-T. To this end, the laboratory will be concerned with:

A. Certain experimental studies in science, engineering and ordnance; and

B. At a later date large-scale experiments involving difficult ordnance procedures and the handling of highly dangerous material.

The work of the laboratory will be divided into two periods in time: one, corresponding to the work mentioned in section A; the other, that mentioned in section B. During the first period, the laboratory will be on a strictly civilian basis, the personnel, procurement and other arrangements being carried on under a contract arranged between the War Department and the University of California. The conditions of this contract will be essentially similar to that of the usual OSRD contract. In such matters as draft deferment, the policy of the War Department and OSRD in regard to the personnel working under this contract will be practically identical. When the second division of the work is entered upon (mentioned in B), which will not be earlier than January 1, 1944, the scientific and engineering staff will be composed of commissioned officers. This is necessary because of the dangerous nature of the

● '전쟁 도구'를 제작하라는 임명 서한. 그로브스는 오펜하이머를 이론 물리학 분야에서 공로를 인정받지 못해 좌절감을 느끼는 야심 가득한 사람으로 보았다. 이것이 그에게는 기회가 되었다.

1943년 8월 7일

J. 에드거 후버가 익명의 밀고 편지를 받다

제2차세계대전 중 FBI 국장 J. 에드거 후버는 독일과 일본의 스파이, 나치 동조자로 의심되는 인물들을 감시하기 바빴다. 그때 후버는 소련의 첩보 네트워크를 자세히 설명하는 익명의 편지를 받았다. 도대체 누가 이 편지를 보냈을까, 보낸 이유는 무엇일까?

1940년대 소련과 미국은 독일과 맞서 싸우는 동맹국이었음에도 두 나라 사이에 신뢰나 다정함이라고는 거의 찾아볼 수 없었다. 두 나라는 상반되는 이념을 가졌고, 각자 자신들이 히틀러가 패배한 후 새로운 세계 질서를 주도하기를 바라고 있었다. 두 나라는 서로를 감시했으며, 당연히 상대방도 자신을 감시하고 있다고 생각했다.

1943년, FBI 국장인 에드거 후버는 미국 내 잠재적 적을 단속하는 임무를 맡았다. 미국은 동쪽과 서쪽, 즉 유럽과 태평양에서 전쟁을 치르고 있었으며 자국 내 독일과 일본 동조자들로 인한 위협을 민감하게 파악하고 있었다. 그러던 8월 7일, 소인이 찍힌 익명의 편지가 FBI에 도착했다. 미국에서 활동하는 러시아 첩보망을 폭로하는 편지였다.

후버는 자신의 운을 믿을 수 없었을 것이다. 그 편지에는 미국과 캐나다에서 스파이 활동에 참여한 소련의 고위 요원 13명의 이름이 있었다. 그뿐만 아니라 그 집단의 리더인 바실리Vasily와 엘리자베스 자루빈Elizabeth Zarubin 부부를 향한 비난도 적혀 있었다. 편지의 저자는 그들이 미국의 적인 일본과 독일뿐 아니라 동맹국인 러시아를 위해 활동하는 이중 스파이라고 주장했다.

이 정보는 신뢰할 만한 것이었을까? 폭로된 사람 중 일부는 극비 군사 프로젝트에 관여하고 있는 일물이었다. 그 프로젝트는 너무나 기밀이어서 FBI조차 정확히 무엇이 침투당하고 있는지 몰랐다. 바로 앞서 살펴본 맨해튼 프로젝트로, 원자폭탄을 개발하는 극비 프로젝트였다. 익명의 편지 작성자는 소련 국가보안위원회 내부 인물로 여겨졌고, FBI는 스파이로 지목된 사람들의 활동을 감시하기 시작했다.

1944년, 이 기묘한 사건은 예상치 못한 방향으로 전개되었다. 모스크바에 있던 요제프 스탈린은 FBI 편지에 언급된 인물인 미로노프Mironov로부터 편지를 받았다. 미로노프는 워싱턴 D.C.에 있는 소련 대사관의 2등 서기관으로 위장했으며, 자루빈 부부가 FBI의 이중 스파이라고 비난했다. 스탈린은 이 주장에 의심을 품었지만, 자국의 미국 요원들이 조사를 받고 있다는 사실을 알고 미로노프와 자루빈 부부를 비롯한 여러 요원을 소환해 미로노프의 주장을 자체적으로 조사하기 시작했다.

조사 과정에서 자루빈 부부는 완전히 무죄로 판명되었고, 미로노프는 정신분열증 진단을 받았다. 그는 상관인 바실리 자루빈을 특히 싫어했는데, 자루빈의 "무례함, 예의 없음, 저속한 언어 습관, 음란함, 업무에서의 부

● 바실리 자루빈은 1941년 가을, 미국에서 활동한 소련 국가보안위원회의 최고 간부가 되었다. 자루빈은 1943년, 중요한 전쟁 물자 생산에 종사하는 산업에 공산당원을 배치할 목적으로 캘리포니아를 방문했다.

주의, 혐오스러운 비밀주의"에 관해 전에 모스크바에 불만을 제기한 적이 있었다. 확실히 확인된 적은 없지만, 미로노프가 스탈린과 후버에게 익명의 편지를 썼을 가능성이 높으며, 자신을 포함한 러시아 스파이들의 목록을 미국에 제공했을 가능성이 있다.

위장이 발각된 자루빈은 해외정보국 부국장으로 임명되었다. 미로노프는 강제 노동형을 선고받았고, 이후 모스크바에 있는 미국 대사관에 더 많은 정보를 몰래 전달하려다가 발각되어 조국의 반역자로 총살당했다.

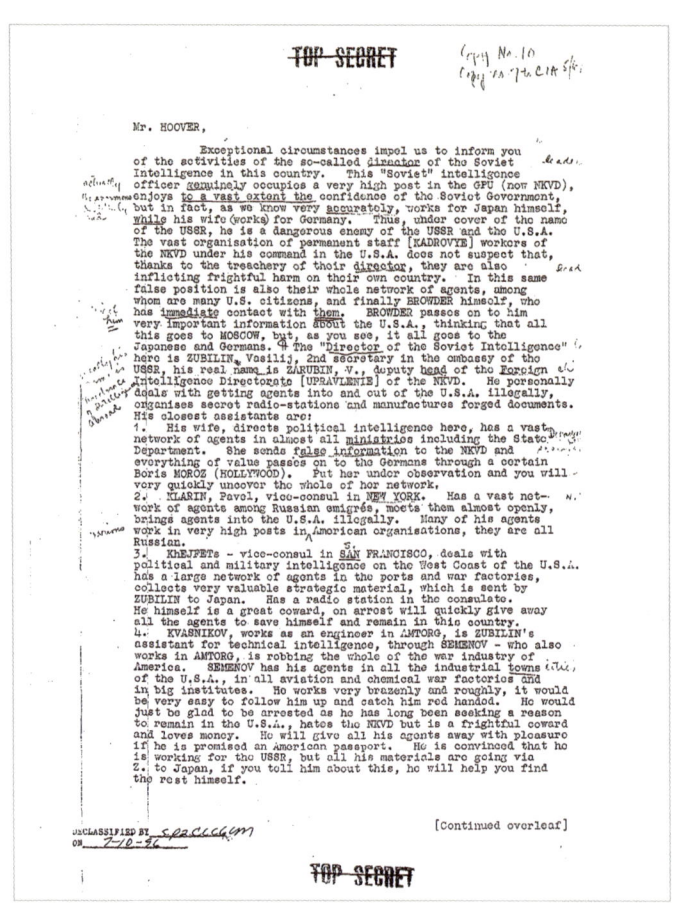

● 전시 중에 미국에서 활동한 소련의 스파이를 밀고한 '익명의 편지'.

1943년 8월

조난당한 케네디가 솔로몬제도 주민 두 명에게 메시지를 전달하다

> 존 피츠제럴드 케네디John Fitzgerald Kennedy는 짧은 대통령 임기 동안 대통령 집무실 책상 위에 코코넛 껍질 조각을 늘 올려두며, 문진으로 사용했다. 하지만 사실 그 코코넛은 그 전에 훨씬 더 중요한 역할을 했는데, 바로 케네디의 생명을 구하는 일이었다.

1943년, 훗날 미국의 35대 대통령이 될 이 인물은 26세의 미 해군 중위였다. 그는 어뢰 순찰 보트 PT-109의 사령관이었고, 그의 배는 남태평양 솔로몬제도 해안에서 일본 선박 호송대를 공격하라는 명령을 받았다. 그러나 공격은 실패했고, 8월 2일 이른 아침, PT-109는 일본 구축함 아마기리와 충돌했다. 폭발로 두 명의 승무원이 사망했고, 살아남은 선원들은 기름으로 뒤덮인 바다에 내던져졌다.

순찰선이 가라앉자, 케네디는 살아남은 병사 10명을 이끌고 5.6킬로미터를 헤엄쳐 작은 플럼섬으로 향했다. 이전에 하버드 수영팀의 회원이었던 케네디는 부상한 병사의 구명조끼 끈을 이로 꽉 물고 그를 안전한 곳으로 데려갔다.

플럼섬에 있는 코코넛으로 간신히 굶주림은 면했지만, 그곳은 폭이 겨우 100미터밖에 안 되는 작은 섬이었다. 케네디와 그의 병사들이 계속 그 섬에 머물렀다면 천천히 굶어 죽었을 것이다. 작고 외딴섬에서는 구조 확률이 낮다는 사실을 알고 있던 케네디는 더 큰 섬이나 미 해군의 배를 발견하기를 바라며, 여러 차례 바다로 헤엄쳐 탐사를 나갔다.

그렇게 정찰한 결과, 케네디와 병사들은 무인도이기는 하지만 크기가 더 컸던 올라사나섬을 발견했고, 그 섬에 가기 위해 다시 한번 힘겹게 헤엄쳤다. 그곳에서 그들은 카누를 타고 지나가던 솔로몬제도 주민 에로니 쿠마나와 비우쿠 가사에게 발견되었다. 다행스럽게도 그 지역 주민들은 일본보다는 연합군에 우호적이었다.

두 집단은 서로의 언어를 이해하지 못했지만, 케네디는 쿠마나와 가사에게 렌도바섬에 있는 미군 기지에 메시지를 보내야 한다는 것을 전달하는 데 성공했다. 케네디는 칼을 사용해 코코넛 껍질에 메시지를 새겼고, 그것을 두 현지인에게 맡겼다. 짧게 요점만 적은 메시지는 다음과 같았다. "나우로섬. 사령관. 원주민이 위치를 알고 있음. 그가 배를 조종할 수 있음. 11명 생존. 작은 배 필요. 케네디."

쿠마나와 가사는 큰 위험을 무릅쓰고 렌도바섬에 있는 미국 기지에 메시지를 전달했고, 케네디와 병사들을 구출하기 위해 배가 파견되었다. 비록 케네디는 그 섬 주민 두 명을 다시 만나지는 못했지만, 세 사람은 이후로도 편지를 주고받았고 쿠마나와 가사는 장수한 것으로 알려졌다. 이 사건으로 케네디는 영웅으로 칭송받았고, 해군과 해병대 훈장, 퍼플 하트 훈장을 받았다. 케네디는 이 사건을 기념하는 의미로 코코넛 껍질을 오래 간직했다.

전쟁에서의 케네디의 경력은 1960년 대통령 선거에서 그에게 유리하게 작용했지만, 그는 자신의 전쟁 공적을 과시하지 않고 오히려 겸손하게 낮추었다. 사람들이 그에게 어떻게 영웅이 되었는지 물으면, 그는 "제가 한 게 아니에요. 그들이 내 배를 침몰시켰죠"라고 말하곤 했다.

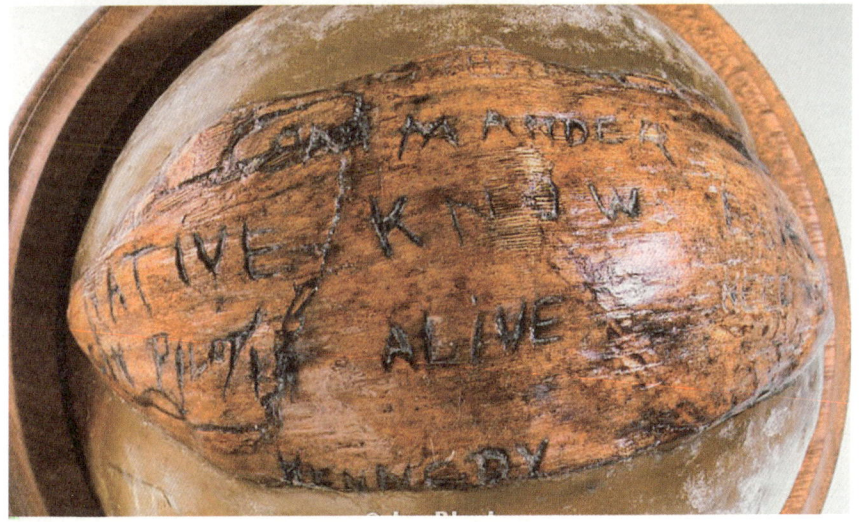

● 1943년 PT-109 순찰선에 탑승한 젊은 시절의 케네디 중위.
● 케네디 대통령 집무실의 책상 위에 놓인 코코넛 껍질. 그는 이 껍질을 문진 안에 넣어 오랫동안 간직했다.

1948년
티토가 스탈린에게
암살단 파견을 중단하라고 경고하다

> 제1차세계대전에 참전하고 제2차세계대전에서 공산주의 파르티잔을 이끌어 추축국을 몰아내는 데 한몫한 유고슬라비아 대통령 요시프 브로즈 티토Josip Broz Tito는 갈등에 익숙한 인물이었다. 그는 유고슬라비아가 소련의 위성국이 되는 것을 거부하며 독자적인 사회주의 노선을 개척하기로 했다.

발칸 지역 국가들의 분열된 정치 상황과 비슷하게, 소련과 다른 공산주의 국가들 사이의 관계도 복잡하고 긴장이 넘쳤다. 특히 제2차세계대전 이후 유고슬라비아와 소련의 관계가 그랬다. 당시 유고슬라비아는 보스니아-헤르체고비나, 크로아티아, 마케도니아, 슬로베니아, 세르비아로 구성된 슬라브 국가들의 연합체였다. 티토는 마치 단단한 쇠사슬처럼 이들을 강력한 장악력으로 묶는 존재였다.

1948년 무렵, 소련과 유고슬라비아는 서로를 이념적 이단이라며 비난하기 시작했다. 스탈린은 유고슬라비아 침공을 고려하기 전에 베오그라드로 보낼 암살자를 물색하고 있었다. 스탈린의 후계자인 니키다 흐루쇼프는 스탈린이 한때 "내 새끼손가락만 움직여도 티토는 더 이상 이 세상 사람이 아닐 겁니다"라고 말했다고 전했다. 일부 소식통은 러시아 요원이 티토를 암살하려는 22건의 음모에 관여했다고 주장한다. 소련 정보부는 폭탄과 총알뿐만 아니라 독가스, 심지어 흑사병으로 티토를 죽일 계획까지 논의했다.

소련의 독재자 이오시프 스탈린이 1953년 세상을 떠났을 때, 그의 유품에서 서신 한 통이 발견되었다. 유고슬라비아의 대통령 티토가 보낸 이 메시지에는 다음과 같은 내용이 적혀 있었다.

스탈린, 나를 죽이려고 사람을 보내는 것을 그만두시오! 우리는 이미 그중 다섯 명을 잡았소. 한 명은 폭탄을, 다른 한 명은 소총을 가지고 있었소. 만약 암살자를 보내는 것을 멈추지 않으면 나도 모스크바로 암살자 한 명을 보낼 것이오. 두 번째 암살자는 보낼 필요도 없을 것이오.

티토의 편지는 일종의 용맹함을 보여준다. 러시아 지도자 스탈린은 적이나 친구와의 불화를 대화로 차분하게 푸는 인물이 아니었다. 오히려 훨씬 더 간단하게 그들을 없애버렸다. '엉클 조(스탈린의 별명. 영어식 이름인 조지프 스탈린에서 조지프의 애칭 '조'를 따서 엉클 조라고 부름 - 옮긴이)'는 국가가 주도한 기근, 강제 수용소의 가혹한 환경, 집단화의 영향 또는 단순한 사법 처형을 통해 사람들을 죽이는 데 매우 능숙했다. 일부 추정에 따르면 그가 죽인 사람은 최대 2,000만 명에 달한다.

그러나 티토도 결코 스탈린에 밀리지 않는 상대였다. 전쟁에서의 활약 이후 티토는 외교와 무력을 교묘하게 조합해 유고슬라비아를 이루는 여러 민족을 하나로 묶었다. 티토 역시 반체제 인사를 억압하거나 제거하는 데 거리낌이 없었다. 하지만 스탈린과 다르게 유고슬라비아 내 다양한 세력의 경쟁적 요구를 균형 있게 조절할 줄도 알았다. 스탈린은 무자비했지만, 티토는 교활했다.

결과적으로 티토는 스탈린보다 27년이나 더 오래 살았다. 87세까지 살았던 티토는 1980년 왼쪽 다리에 생긴 괴저 감염으로 세상을 떠났다. 가장 유쾌한 죽음은 아니었지만, 흑사병이나 암살자의 총에 맞는 것보다는 더 나았다. 20세기 후반에 발칸 지역에서 수많은 분쟁이 일어나 유고슬라비아가 분열되자 많은 사람이 티토의 외교적 수완을 그리워했다.

● 제2차세계대전 당시 파르티잔이라는 매우 효과적인 게릴라 부대를 이끈 티토 원수의 전시 사진.

● 1953년 스탈린 사망 이후 티토는 유고슬라비아의 시장 사회주의 형태에 별다른 반대를 하지 않은 스탈린의 후임자 니키타 흐루쇼프와 훨씬 더 좋은 관계를 유지했다.

● 베오그라드에서 공산주의 지도자인 호찌민과 함께한 요시프 브로즈 티토.

1952년 5월 19일

릴리언 헬먼이 상원의원 매카시에게 당당하게 메시지를 보내다

릴리언 헬먼Lillian Hellman은 공산주의적 성향을 숨기지 않았던 저명한 극작가였다. 많은 연예계 종사자처럼 헬먼은 조 매카시Joe McCarthy 상원의원의 마녀사냥이 진행되던 시기에 하원 비미활동위원회House Un-American Activities에서 증언하라는 소환을 받았다.

제2차세계대전이 끝나갈 무렵, 미국과 러시아는 새로운 세계 질서에서 지위와 영향력을 확보하기 위해 경쟁했다. 제국은 무너졌고 새로 해방된 국가들은 두 초강대국이 표방하는 경쟁적인 정치체제의 표적이 되었다. 양국은 서로에 대한 불신을 조장했다.

소련의 전 세계적 영향력이 커져감에 따라 미국 내 공산주의에 대한 공포가 더욱 커졌다. 1945년 두 명의 소련 스파이가 서방으로 망명하면서 미국 내 러시아의 첩보 활동 규모가 드러난 것도 큰 충격이었다. 1949년 중국에서 마오쩌둥의 공산당이 권력을 잡으면서, 사회주의 이념에 대한 편집증은 극에 달했다.

트루먼 대통령이 1947년에 정치적 소속을 근간으로 공무원들의 '충성도' 평가를 도입한 이후 공산주의 동조자를 찾는 일에 온 나라가 강박적으로 매달렸다. 특히 영화, TV, 문학과 같은 창의적 산업은 항상 자유롭고 급진적인 사상가들의 본거지였기 때문에 쉽게 표적이 되었다. 많은 사람이 체제 전복 활동에 연루되었다는 혐의를 받았고, 히스테리에 가까운 분위기 속에서 동료 '공모자'를 고발하도록 강요당했다.

다른 이들의 진술만으로 유죄판결을 받은 사람들은 자신의 이름을 지우려고 필사적이었다. 감시 대상에 오르면 일자리를 잃는 것은 물론, 더 나쁜 경우 감옥에 갇히기도 했다. 여기에는 가수 폴 로버슨, 배우 에드워드 G. 로빈슨, 작곡가 레너드 번스타인 등 연예계 유명 인사 수백 명이 포함되었다. 릴리언 헬먼도 이미 공산주의적 성향으로 잘 알려진 인물이었다. 하원 비미활동위원회에서 증언 요청을 받은 헬먼은 앞으로 어떤 상황이 펼쳐질지 이미 예상하고 있었다. 헬먼은 출석 요청을 거부하며, 위원장인 존 우드에게 편지를 보내 그 이유를 설명했다.

그녀는 이렇게 썼다. "저는 지금도 그리고 앞으로도 나와 과거에 알고 지냈던 완전히 무고한 사람들에게 나쁜 문제를 일으킬 생각이 전혀 없습니다. 그들은 어떤 불충한 말이나 행동도 하지 않았습니다." 헬먼은 이어서 "오래전부터 알았던 무고한 사람들에게 해를 입히면서 저 자신을 구하는 것은 비인간적이며 부도덕하고 불명예스러운 일입니다"라고 밝혔다.

이 마녀사냥을 신중한 민주적 과정이 아닌 일종의 열풍으로 인식한 헬먼은 "저는 올해의 유행에 맞춰 제 양심을 꺾을 수 없으며, 그럴 생각도 없습니다"라고 선언했다. 자신은 결코 반미주의자가 아니며, "진실을 말하려 노력하고 거짓 증언을 하지 않으며, 이웃에게 해를 끼치지 않고 내 나라에 충성하는 전통적인 미국식 가치관 속에서 자랐다"라고 덧붙였다.

미국 수정헌법 제5조는 피고인이 자신을 범죄로 몰아넣지 않을 권리를 보장한다. 그러나 헬먼은 "위원회가 다른 사람의 이름을 밝히라고 요구하지 않겠다는 데 동의한다면, 자기부죄거부 특권을 포기하고 내 견해나 행동에 관해 무엇이든 이야기하겠다"라고 제안했다.

하원 비미활동위원회는 그 제안을 거부했고, 헬먼은 결국 수정헌법 제 5조를 근거로 증언을 거부했다. 그녀는 공산주의라는 '범죄'에 대한 암묵적 유죄로 블랙리스트에 올랐고, FBI는 그녀와 친구들의 활동을 감시했다. 스탈린 치하의 소련에서나 있을 법한 상황이었다. 헬먼은 자신이 수정헌법 5조를 언급한 뒤, 한 기자가 한 말을 우연히 듣고 위로를 받았다.

"마침내 누군가 용기를 냈군요. 감사합니다."

● 영화 《데드 엔드》 촬영장에서 윌리엄 와일러 감독과 함께 대본 수정을 논의 중인 릴리언 헬먼.

```
                                        c/o Rauh and Levy
                                        1631 K Street, N.W.
                                        Washington 6, D. C.

                                        May 19, 1952

Honorable John S. Wood
Chairman
House Committee on
 Un-American Activities
Room 226 Old House Office Building
Washington 25, D. C.

Dear Mr. Wood:
            As you know, I am under subpoena to appear before
your Committee on May 21, 1952.

            I am most willing to answer all questions about
myself. I have nothing to hide from your Committee and
there is nothing in my life of which I am ashamed. I have
been advised by counsel that under the Fifth Amendment I
have a constitutional privilege to decline to answer any
questions about my political opinions, activities and
associations, on the grounds of self-incrimination. I do
not wish to claim this privilege. I am ready and willing
to testify before the representatives of our Government as
to my own opinions and my own actions, regardless of any
risks or consequences to myself.

            But I am advised by counsel that if I answer the
Committee's questions about myself, I must also answer
questions about other people and that if I refuse to do so,
I can be cited for contempt. My counsel tells me that if
I answer questions about myself, I will have waived my rights
under the Fifth Amendment and could be forced legally to
answer questions about others. This is very difficult for a
layman to understand. But there is one principle that I do
understand: I am not willing, now or in the future, to bring
bad trouble to people who, in my past association with them,
were completely innocent of any talk or any action that was
disloyal or subversive. I do not like subversion or disloyalty
in any form and if I had ever seen any I would have considered
it my duty to have reported it to the proper authorities. But
to hurt innocent people whom I knew many years ago in order to
save myself is, to me, inhuman and indecent and dishonorable.
```

● 헬먼이 위원회에 보낸 편지의 사본. 매카시는 헬먼에게 할리우드 인사들의 이름을 밝히라고 했으나, 강단 있는 헬먼은 이에 응하지 않았다.

1953년 11월 7일

윌리엄 보든이 오펜하이머를 소련의 스파이로 지목하다

로버트 오펜하이머는 원자폭탄 개발을 이끈 과학자였지만, 반공 마녀사냥이 시작되고 소련의 위협이 커지던 전후 시대에 과거 공산당과 맺었던 인연이 과장되어 불리한 대우를 받았다.

로버트 오펜하이머는 '원자폭탄의 아버지'로 알려져 있다. 그는 제2차 세계대전이 끝날 무렵 히로시마와 나가사키에 투하된 원자폭탄 개발팀의 첫 책임자로 선택되었다. 맨해튼 프로젝트의 책임자였던 그로브스 장군은 오펜하이머가 공산주의자와 연관이 있다는 사실을 알았지만, 보안 승인을 받기 위해 그 관계를 기꺼이 눈감아주었다.

1943년에는 공산주의자가 되는 것보다 전쟁을 끝내는 것이 더 중요했다. 전쟁을 끝낸 미국의 일본 폭격으로, 맨해튼 프로젝트에 참여한 과학자들은 국가적 영웅이 되었다. 오펜하이머 또한 유명 인사가 되었다. 그러나 10년 후 1953년에는 미국과 러시아 사이에 치열한 첩보 전쟁이 벌어지고 있었다. J. 에드거 후버가 이끄는 FBI의 지원을 받은 조 매카시는 편집증에 가까운 반공 마녀사냥을 벌였다.

공산주의는 더 이상 덮어둘 대상이 아니라 반드시 폭로해야 할 중대한 죄악이었다. "이 편지는 로버트 오펜하이머에 관한 것입니다." 원자력 합동위원회 이사인 윌리엄 보든은 한 물리학자를 폭로하기 위해 후버에게 편지를 쓰면서 이렇게 시작했다. 보든은 "J. 로버트 오펜하이머는 소련의 요원일 가능성이 높습니다"라며 편지를 쓴 이유를 밝혔다.

1949년에 소련은 두 번째로 원자폭탄 개발에 성공한 국가가 되었다. 이 사건으로 소련이 미국의 군사기술을 따라잡을지도 모른다는 미국의 두려움이 수면 위로 드러났다. 군사정보 당국은 소련이 매우 빠르게 원자폭탄 개발을 진행했다는 점에 매우 큰 당혹감을 느꼈다. 보든의 증거 없는 비난은 오펜하이머가 최고 수준의 기밀에 접근할 수 있다는 이유로 그를 스파이로 몰고 갔다. 오펜하이머는 스파이여야만 했다. "그가 접근할 수 있는 정보의 범위는 독보적이기 때문입니다 … 오펜하이머는 미국 내 그 어떤 사람보다 국가 방위와 안보에 영향을 미치는 더 중요하고 자세한 정보를 위태롭게 할 수 있는 위치에 있었습니다."

광적인 '매카시즘' 속에서 공산주의자와 스파이는 거의 같은 것으로 받아들여졌다. 오펜하이머의 공산주의적 성향은 이미 기록으로 남겨져 있었는데, 보든은 이것이 증거라며 재차 언급했다. 그러나 보든이 제시한 증거는 모두 정황에 불과했다. "그의 아내와 남동생은 공산주의자였습니다 … 애인 중에도 공산주의자가 있었습니다. 그는 공산당에 자금 지원을 중단했거나 아직 발견되지 않은 다른 경로로 자금을 기부했을 가능성이 있습니다."

보든이 제시한 가장 결정적인 증거는 일본 폭격에 대한 오펜하이머의 반응이었다. 폭탄을 개발한 오펜하이머는 그 파괴력에 공포를 느꼈고, 보든이 말한 것처럼 "이 분야에서 일하는 모든 고위 인사에게 프로젝트를 중난할 것을 개인적으로 촉구"했다. 오펜하이머는 전쟁 이후 수소폭탄의 추가 개발에 공개적으로 반대했고, 보든은 이를 소련을 위해 미국의 개발을 늦추려 했다는 증거로 보았다.

보든은 "오펜하이머는 충분히 강경한 공산주의자였기 때문에 소련에 자발적으로 정보를 제공하고 이후에 간첩으로 활동했을 가능성이 높다. 이후 소련의 지시에 따라 미국의 군사, 원자력, 정보 및 외교 정책에 영향을 미쳤을 것이다"라고 결론지었다. 직접적인 증거가 없는 두루뭉술한 비난이었다.

그 이후에 밝혀졌듯 매카시즘의 많은 다른 희생자처럼 오펜하이머 또한 결코 소련의 스파이가 아니었다. 그러나 1954년 그는 보안 허가를 박탈당했고 그 이후 다시는 정부에서 일하지 못했다.

윌리엄 보든이 J. 에드거 후버에게 보낸 편지

1953년 11월 7일

존경하는 후버 국장님,

이 편지는 로버트 오펜하이머에 관한 것입니다.

아시다시피 그는 수년간 국가안보회의, 국무부, 국방부, 육군, 해군, 공군, 연구개발위원회, 원자력위원회, 중앙정보국, 국가안보자원위원회, 국립과학재단 같은 다양한 주요 기관의 활동에 접근할 수 있었습니다. 그가 가진 접근 권한은 군대에서 개발 중인 대부분의 신무기, 전쟁 계획의 개요, 원자 및 수소 무기와 비축에 관한 세부 정보, UN과 NATO에서의 미국의 활동 및 고도로 민감한 정보 영역을 포함합니다.

오펜하이머가 접근할 수 있는 정보의 범위는 독보적입니다. 그는 군사정보, 외교뿐만 아니라 원자력 문제에 관한 방대한 양의 기밀문서를 다뤄왔습니다. 또한 기술적인 기밀 데이터의 중요성을 이해할 과학적 지식을 가지고 있기 때문에 미국

내 그 어떤 사람보다 국가 방위와 안보에 영향을 미치는 중요하고 자세한 정보를 위태롭게 할 수 있는 위치에 있었습니다.

J. 로버트 오펜하이머는 과학 발전에 주요한 기여를 하지 않았음에도 미국 물리학자 중 2급 집단으로 존경받는 전문가적 지위를 가지고 있습니다. 정부 업무에 대한 통달 정도, 고위 공무원과의 긴밀한 관계, 고위층의 사고에 영향을 미칠 수 있는 능력 면에서 그는 과학자들뿐만 아니라 전후 군사, 원자력, 정보, 외교 분야의 의사결정에 영향을 미친 모든 사람 중에서도 최고 수준에 있습니다. …

● 1949년 알베르트 아인슈타인의 70세 생일 축하 행사에서 촬영된 사진. 왼쪽부터 I. I. 라비, 아인슈타인, R. 라덴비그, J. 로버트 오펜하이머 1954년 청문회 이후 동료 물리학자이자 노벨상 수상자인 라비는 다음과 같이 신랄하게 논평했다. "… 오펜하이머 박사가 이룩한 업적에 관해 이런 절차를 진행할 필요는 없는 것 같습니다. 그에게는 분명히 엄청난 업적이 있습니다 … 우리는 원자폭탄과 여러 변종을 가지고 있고, 수소폭탄도 여럿 있습니다. 그럼 도대체 뭐가 더 필요하다는 겁니까, 인어들이요?"

1958년 5월 13일

재키 로빈슨이 아이젠하워에게 흑인들이 기다리는 데 지쳤다고 말하다

제2차세계대전 중에 많은 흑인 미국인이 해외에서 자유와 민주주의라는 원칙을 위해 싸웠다. 남북전쟁으로 노예제도를 폐지한 지 거의 1세기가 지난 후에도 그들이 미국 내에서 권리를 누리지 못한다는 사실은 씁쓸하고 부당한 아이러니였다. 이것이 바로 야구 스타 재키 로빈슨Jackie Robinson이 해결하고자 했던 문제였다.

전직 군인이었던 재키 로빈슨은 1947년에 인종의 장벽을 허물고 흑인들로만 구성된 니그로리그 대신 메이저리그에서 뛴 최초의 흑인 선수가 되어 인종 차별을 깨는 데 크게 기여했다. 로빈슨은 그 후 따라온 모욕과 차별을 꿋꿋하고 품위 있게 견뎌냈고, 인종의 장벽을 뛰어넘는 희망과 변화의 상징이 되었다.

1950년대와 1960년대의 민권 운동은 계속되는 차별로 커져가던 좌절감 속에서도 인간으로서의 평등한 권리를 요구하며 힘을 얻었다. 로빈슨은 야구 선수로 활동하는 동안과 그 이후에 걸쳐 1956년부터 1972년 사이에 재임한 모든 대통령에게 편지를 보내 왜 이렇게 오랫동안 평등이 실현되지 않는지를 물었다. 그가 쓴 가장 유명한 편지는 1958년 5월 아이젠하워 대통령에게 보낸 것으로 대통령이 아프리카계 미국인을 향해 인내심을 가지라고 촉구한 후에 쓴 것이었다.

아프리카계 미국인들은 이미 '가장 인내심 있는 사람들'이라는 것을 대통령에게 상기시킨 로빈슨의 편지는 직설적이면서도 설득적이었다. "1,700만 명의 흑인들은 대통령님이 제안한 것처럼 다른 사람들의 마음이 바뀌기를 기다릴 수 없습니다. 우리는 미국인으로서 우리가 마땅히 누려야 하는 권리를 지금 누리고 싶습니다."

로빈슨의 항의는 정당했다. 아칸소 주지사인 오발 포버스Orval Faubus를 비롯한 강력한 세력이 법의 모든 변경 사항을 무효화하고 현상을 유지하기 위해 싸우고 있었다. 1957년 9월, 포버스는 학교에서의 인종 분리를 폐지하라는 최근 대법원의 결정을 무시하고 주 방위군에게 아프리카계 미국인 학생 아홉 명이 리틀록센트럴고등학교에 들어가는 것을 막으라고 지시했다.

아이젠하워는 법으로 "사람들의 마음을 변화시키는 것"이 가능하지 않다고 믿었고, 점진적인 변화를 위한 접근 방식을 선호했다. 그럼에도 그는 학생들을 보호하고, 그들의 입학을 보장하며 대법원의 결정을 지지하기 위해 연방군을 파견했다.

아칸소 사건은 로빈슨이 "포버스 주지사의 사례만 보더라도, 인내를 요구하는 것은 결국 인종 통합을 목표로 하는 것이 아니라, 분리주의 지도자들이 바라는 바를 실현하는 것임을 보여주는 충분한 증거"라고 주장한 내용을 뒷받침했다.

로빈슨은 "(아이젠하워가) 끊임없이 인내심을 촉구함으로써 흑인들 안에 있는 자유 정신을 자신도 모르게 억누르며, 포버스 주지사 같은 분리주의 지도자들에게 희망을 주어 지금 우리가 누리고 있는 자유마저 빼앗을 것이다"라고 보았다.

로빈슨은 아이젠하워에게 필요할 경우 아칸소 때처럼 말이 아닌 행동으로 힘을 실어달라고 촉구하면서 "이것이 가까운 미래에 미국이 흑인에게 헌법에 보장된 자유를 제공하기로 결심했음을 알리는 것"이라고 결론지었다.

1919년 조지아의 소작농 가정에서 태어난 로빈슨은 1972년 사망할 때까지 일어난 큰 변화의 물결을 몸소 체험했다. 그러나 그가 21세기까지 살았다면, 여전히 백악관의 모든 현직 대통령에게 편지를 썼을지도 모른다.

● 재키 로빈슨은 메이저리그에서 뛴 최초의 흑인 선수로, 다저스팀이 서부로 이동하기 전에 그 팀에서 활약했다.

```
Telephone
MUrray Hill 2-0500
```

Chock full o' Nuts

425 LEXINGTON AVENUE
New York 17, N. Y.

THE WHITE HOUSE
MAY 14 11 36 AM '58
RECEIVED

May 13, 1958

The President
The White House
Washington, D. C.

My dear Mr. President:

I was sitting in the audience at the Summit Meeting of Negro Leaders yesterday when you said we must have patience. On hearing you say this, I felt like standing up and saying, "Oh no! Not again."

I respectfully remind you sir, that we have been the most patient of all people. When you said we must have self-respect, I wondered how we could have self-respect and remain patient considering the treatment accorded us through the years.

17 million Negroes cannot do as you suggest and wait for the hearts of men to change. We want to enjoy now the rights that we feel we are entitled to as Americans. This we cannot do unless we pursue aggressively goals which all other Americans achieved over 150 years ago.

As the chief executive of our nation, I respectfully suggest that you unwittingly crush the spirit of freedom in Negroes by constantly urging forbearance and give hope to those pro-segregation leaders like Governor Faubus who would take from us even those freedoms we now enjoy. Your own experience with Governor Faubus is proof enough that forbearance and not eventual integration is the goal the pro-segregation leaders seek.

In my view, an unequivocal statement backed up by action such as you demonstrated you could take last fall in deal-

MAY 26 1958

● 재키 로빈슨이 편지지로 사용한 노트는 그가 부사장으로 있던 뉴욕의 한 커피 회사 것이었다.

1960년 12월 3일

월러스 스테그너가 미국 자연에 대한 찬가를 작곡하다

1950년대 후반 야생 휴양 자원 평가위원회Outdoor Recreation Resources Review Commission (이하 ORRRC)가 미국의 자연 공간을 최적으로 관리하는 방법을 조사하기 위해 설립되었다. 1960년, 퓰리처상 수상 작가이자 환경운동가였던 월러스 스테그너Wallace Stegner는 ORRRC에 편지를 보내 자신의 견해를 밝혔다.

「야생에 대한 한마디A Word for Wilderness」는 열정을 가득 담은 아름다운 논증이다. 이 글의 메세지는 단순히 휴양을 위해 야생 공간을 보호하자는 호소를 넘어선다. 대신 스테그너는 "무형적이고 영적인 자원"인 야생이라는 추상적 개념을 미국이라는 추상적 개념과 능숙하게 연결한다. 스테그너에게 야생은 미국의 역사와 성격, 심지어 영혼까지 형성한 존재였다. "(개척자들이) 야생 대륙을 가로질러 나무를 불태우고, 자르며 나아가는 동안 야생은 우리라는 존재를 만들고 있었다." 그는 "야생은 우리의 국민성을 형성하게 한 도전이었기 때문에" 보존되어야 한다고 주장한다.

이 사명에 실패하는 것은 미국 국민이 실패하는 것과 마찬가지다. 또는 그가 말했듯이 "남아 있는 야생을 파괴하도록 둔다면 우리 국민의 일부도 사라지게 될 것"이다. 스테그너는 애국심에 호소하는 어조로 만약 우리가 야생을 오염시킨다면, "미국인들은 더 이상 자신의 나라에서 소음, 배기가스, 인간, 자동차 폐기물의 악취로부터 자유로울 수 없을 것"이라고 경고한다.

스테그너에게 야생은 재생, 재탄생, 순수함의 원천이었다. 그는 "미국인은 … 야생에서 자신을 새롭게 해 문명화된 사람"이라고 말한다. 이에 반해 발전은 기껏해야 혼합된 축복일 뿐, "이제 우리를 파괴할 프랑켄슈타인이 될 위협"이라고 말한다. 최악의 경우, 발전은 오염을 초래한다. 실제로 그는 "미국의 기술 문화는 … 깨끗한 대륙과 꿈을 더럽혀왔다"라고 지적한다.

해결책은 무엇일까? 스테그너는 "정신 건강을 유지하는 한 가지 방법은 자연 세계와의 연결을 지속하는 것"이라고 밝힌다. 또한 "자연이 줄 수 있는 영적인 신선함이 필요하다"라고 말한다.

스테그너에 따르면 야생은 "우리가 10년 동안 한 번도 발을 들여놓지 않더라도 그것이 여전히 존재한다는 생각과 안도감이 우리 정신 건강에 유익할 정도"로 강력하다고 말했다. 그의 어린 시절 기억 속에 있는 광활한 대초원과 건조한 사막이 여전히 그를 지탱하고 보호해주었다. 그는 그것들이 "당신이 보고 싶은 신과 가까운 존재"라고 표현한다. 더욱 인본주의 성향의 독자들에게 스테그너의 야생은 "내가 아는 한, 사람들이 자신을 깊게 들여다볼 수 있는 곳"이다.

이런 영적인 이야기가 정부 정책에 영향을 미치는 일은 드물지만, 스테그너의 편지는 달랐다. 이 편지는 내무부 장관에게 전달되어 야생 회의 연설에 활용되었고, 신문으로 인쇄되었으며, ORRRC 보고서에도 실렸다. 얼마 지나지 않아 린든 존스 대통령이 야생 보호법Wildness Act에 서명했고, 이것이 국가 야생 보존 시스템으로 이어졌다.

이 편지는 스테그너 평생의 경험을 응축한 글이었다. 과거, 현재, 미래 세대의 미국인은 스테그너의 편지로부터 혜택을 받았고, 그가 "희망의 지리"라고 불렀던 야생을 누릴 수 있게 되었다.

월러스 스테그너가 캘리포니아 야생 연구센터의
데이비드 E. 페소넨에게 보낸 편지

존경하는 페소넨 씨께,

귀하께서 ORRRC 보고서의 야생 부분을 담당하고 계신 것으로 알고 있습니다. 허락하신다면 제가 휴양과는 거의 관련이 없는 야생 보존에 관한 몇 가지 주장을 제안하고 싶습니다. 사냥, 낚시, 하이킹, 등산, 캠핑, 사진 촬영, 자연경관을 즐기는 것들은 분명 보고서에 언급될 것입니다. 또한 야생은 유전자 보존 구역으로서 자연적 균형과 인위적 불균형을 측정할 수 있는 과학적 척도가 될 것입니다.

제가 말씀드리고 싶은 것은 활용 가치가 있는 야생이라는 개념이 아니라 그 자체로 자원인 야생의 개념입니다. 무형이고 영적인 자원이기 때문에 실용적인 사고방식을 가진 사람들에게는 신비롭게 느껴질 수 있습니다. 그러나 불도저로 옮길 수 없는 것은 무엇이든 그들에게 신비롭게 보일 가능성이 높습니다. 저는 우리 국민의 성격을 형성하는 데 기여하고 우리 국민의 역사를 확실히 형성한 야생의 개념을 말하고 싶습니다. 교회가 휴양과 관련이 없는 것 이상으로 야생은 휴양과 관련이 없습니다. 또한 역사가들이 '아메리칸드림'이라고 부르는 것의 고난, 낙관주의, 확장성 역시 휴양과 관련이 없는 것과 마찬가지입니다. 그럼에도 이번 휴양 조사에서만 야생의 가치가 수집되고 있으므로 휴양 자원 보고서의 페이지들 사이에 이 의견을 포함할 수 있기를 바랍니다.

만약 우리가 남아 있는 야생을 파괴하도록 내버려둔다면, 마지막 원시림을 만화책과 플라스틱 담배 케이스로 바꾸도록 내버려둔다면, 남아 있는 야생 동물을 동물원으로 몰아넣거나 멸종으로 몰아간다면, 마지막 남은 맑은 공기를 오염시키고 마지막 남은 깨끗한 개울을 더럽히고 마지막 남은 고요함이 있는 곳에 포장된

도로를 밀어 넣는다면, 미국인들은 더 이상 자신의 나라에서 소음, 배기가스, 인간, 자동차 폐기물의 악취로부터 자유로울 수 없을 것입니다. 그리고 우리 스스로를 나무, 바위, 흙으로 이루어진 환경의 일부로, 다른 동물의 형제로, 자연 세계의 일부이자 자연 세계에 속할 수 있는 사람으로 우리 자신을 이 세상에서 단일하고, 독립적이며, 수직적이고 개별적인 존재로 바라볼 기회를 잃게 될 것입니다. 남은 야생이 하나도 없다면, 잠깐 성찰하고 휴식할 기회조차 없이 흰개미 같은 기술적 생활을 하며 인간이 모든 것을 통제하는 멋진 신세계(문명이 최고도로 발달해 과학이 사회의 모든 부문을 관리하게 된 미래 세계를 풍자적으로 그린 올더스 헉슬리의 디스토피아적 소설—옮긴이)로 무모하게 돌진하게 될 것입니다. …

● 월러스 스테그너는 유타에서 자라 미국의 가장 인상적인 야생 지역을 경험했다. 유타대학교에서는 그의 유산을 기리기 위해 2010년에 월러스 스테그너 환경 인문학상이 제정되었으며, 이 상은 유타대학교 출판부에서 관리한다.

1961년 6월 26일

넬슨 만델라가 남아프리카공화국 총리에게 최후통첩을 보내다

1961년 넬슨 만델라는 남아프리카공화국의 인종차별정책인 아파르트헤이트apartheid에 맞선 운동의 강력하고 적극적인 지도자로 부상했다. 남아프리카공화국의 총리 헨드릭 페르부르트가 공화국 수립을 선언했을 때, 만델라는 그에게 새로운 다인종 국가를 만들 기회를 주었다.

1960년대 초 남아프리카 연방은 격동의 시기를 맞았다. 영국 총리 해럴드 맥밀런Harold Macmillan은 의회에서 '변화의 바람'이라는 연설을 통해 남아프리카 연방의 아파르트헤이트 정책을 묵시적으로 비판했다. 1960년에는 페르부르트 정부가 일으킨 샤프빌 학살로 69명의 아프리카인이 사망했고, 전 세계적인 비난이 쏟아졌다. 전 세계의 많은 사람이 남아프리카 연방의 상품과 서비스를 불매하기 시작했다.

당시 남아프리카 연방에 살던 소수 유럽계 인구는 전 세계로부터 고립되어 위협을 받는다고 느꼈다. 이에 그들은 국민투표에서 영국 연방을 탈퇴하고 공화국을 수립하는 데 찬성표를 던졌다. 이후 넬슨 만델라가 1961년 3월, 전 아프리카민족회의를 조직했다. 백인의 소수 지배 체제를 헌법으로 고착화하려는 정부의 결정인 아파르트헤이트에 관한 대응을 논의하기 위함이었다. 만델라는 4월에 페르부르트에게 편지를 보내 "남아프리카를 위한 비인종차별적이고 민주적인 헌법을 새롭게 작성하기 위한 다인종적이고 주권적인 국민협의회" 소집을 요청했다.

그는 이 편지가 성공하리라고는 기대하지 않았다. 실제로 그가 예상한 바와 같이 어떠한 국민협의회도 없이 1961년 5월 31일에 새로운 공화국의 출범식이 열렸고, 이 행사에 반대하기 위해 소집된 파업은 폭력적으로 진압되었다. 이에 만델라는 6월 26일에 페르부르트 총리에게 두 번째 편지를 써서 국가 인구의 80퍼센트가 여전히 억압받고 있다는 사실을 지적했다. 그는 페르부르트에게 "귀하의 정부는 무력으로 파업을 진압하려고 했습니다"라고 상기시켰다. "군대가 동원되었고 유럽계 시민들은 무장했습니다. 1만 명이 넘는 무고한 아프리카인이 통행금지법 위반으로 체포되었고 전국적으로 집회가 금지되었습니다."

만델라는 '전 아프리카민족회의'의 대응을 설명했다. "귀하의 정부가 협의회를 소집하지 않을 경우, 우리는 귀하의 정부에 대한 전면적이고 전국적인 불복종운동을 시작할 수밖에 없습니다." 그는 페르부르트에게 선택권을 제시했다. "귀하의 정부가 현재의 억압적이고 위험한 정책을 포기하고, 새로운 방향을 추구하면 경제적 혼란과 파멸, 내전과 고통으로부터 나라를 구할 수 있습니다."

"그렇지 않으면, 당신은 잔인하고 부정직하며 이곳과 해외의 수백만 명이 반대하는 현재의 정책을 고수하기로 선택할 수도 있습니다"라고 계속 말을 이었다. 만델라는 미래가 어떻게 전개될지 이미 알고 있었다. "당신의 정부가 다시 한번 아프리카 사람들을 박해하기 위해 모든 분노와 야만성을 드러낼 것이라는 사실을 압니다. 그러나 … 역사는 대다수 국민의 정당한 요구와 열망을 억압하기 위해 무력과 사기에 의지하는 사람들을 반드시 처벌할 것입니다."

넬슨 만델라가 헨드릭 페르부르트 총리에게 보낸 편지

1961년 4월 20일에 보낸 제 편지를 다시 상기시켜드립니다. 총리님께서는 답장을 보내거나 수령 여부를 전달할 예의조차 보이지 않았습니다. 그 편지에서 저는 1961년 3월 26일 피터마리츠버그에서 열린 '전 아프리카민족회의'에서 채택된 결의안의 내용을 알려드렸습니다. 이 결의안은 귀하의 정부가 1961년 5월 31일 이전에 남아프리카를 위한 비인종차별적이고 민주적인 헌법을 새롭게 작성하기 위해 다인종적이고 주권적인 국가협의회를 소집할 것을 요청드렸습니다.

제 편지에 첨부된 회의 결의안은 정부가 특정 날짜까지 이 협의회를 소집하지 않을 경우, 소수 민족에 의해 강제로 부과된 백인 공화국에 반대하는 전국적인 시위가 일어날 것이라고 명시했습니다. 이 결의안은 시위 외에도 아프리카 국민이 공화국 정부나 무력에 기반한 어떤 정부와도 협력하지 않음을 촉구할 것이라고 추가로 명시했습니다.

귀하의 정부가 우리의 요구에 응답하지 않았기 때문에 회의에서 결의안을 이행하도록 위임받은 전 아프리카민족회의는 지난달 29일, 30일, 31일 총파업을 촉구했습니다. 1961년 4월 20일자 편지에서 예상한 바와 같이 귀하의 정부는 무력으로 파업을 진압하려 했습니다. 파업 조직과 관련된 사람들을 재판 없이 가둘 수 있는 특별법을 의회에서 신속하게 통과시켰습니다. 군대가 동원되었고 유럽 시민들은 무장했습니다. 1만 명이 넘는 무고한 아프리카인이 통행금지법 위반으로 체포되었고 전국적으로 집회가 금지되었습니다.

1961년 5월 29일 월요일, 공장 문을 열기 훨씬 전부터 고위 경찰관과 국민당 소속의 남아프리카인들은 고의로 거짓말을 퍼뜨려 파업이 실패했다고 발표했습니다. 그러나 이러한 모든 조치로도 파업을 진압하는 데 실패했고 우리 국민은 홀

륭하게 일어나 굳건하고 실질적인 지지를 보여주었습니다. 공장과 사무실의 노동자, 도시와 농촌의 사업가, 대학생, 초등학교 및 중학교 학생까지 이 상황에 맞서 공화국에 대한 반대 의사를 분명하게 밝혔습니다.

비유럽인이 파업에 동참하지 않았다고 말하는 것은 정부의 자기기만입니다. 정직하게 고려해 볼 때 귀하의 정부는 이 나라 인구의 5분의 4를 차지하는 아프리카 사람이 귀하의 공화국에 반대한다는 사실을 깨달아야 합니다. …

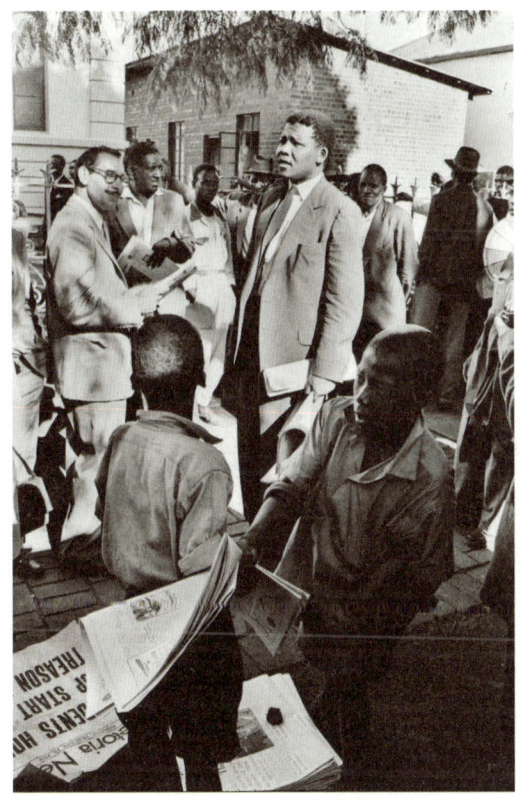

● 요하네스버그 법원 밖에서 찍힌 넬슨 만델라의 사진. 1952년부터 만델라와 올리버 탐보는 남아프리카에서 최초로 흑인 파트너가 있는 법률 회사를 운영했다. 두 사람은 1956년에 반역죄로 기소되었다. 탐보는 해외로 떠났지만, 만델라는 남았고 1961년 무죄 판결을 얻어냈다.

1962년 2월 10일

음반사 데카에서 비틀스 매니저에게 거절 편지를 보내다

1961년 새해 전야, 리버풀 출신의 팝 뮤지션 네 명이 로드매니저의 낡은 밴을 타고 런던으로 향했다. 다음 날 영국 최대 음반사로 손꼽히는 데카Decca에서 오디션을 보기 위해서였다. 이 오디션이 그들에게 큰 기회를 줬을까? 데카는 비틀스 매니저에게 거의 6주 동안 답을 주지 않고 기다리게 한 후에야 최종 결정을 내렸다.

    데카의 A&R(아티스트 및 레퍼토리) 담당자 마이크 스미스는 리버풀에서 유명한 캐번 클럽에서 비틀스의 공연을 관람했다. 출연진 명단에는 당시 드러머였던 피터 베스트도 포함되어 있었다. 스미스는 그들의 공연에 깊은 인상을 받았고, 1962년 새해 첫날 오전 11시 런던의 데카 스튜디오에서 1시간 동안 오디션을 보자고 제안했다. 비틀스는 런던으로 출발했지만, 로드매니저 닐 에스피널Neil Aspinall이 눈보라 속에서 길을 잃어버리는 바람에 도착하는데 10시간이나 걸렸다. 현명하게도 매니저였던 브라이언 엡스타인은 기차를 타고 따로 이동했다.

    불행인지 다행인지 오디션은 예정된 시각에 시작되지 않았다. 스미스가 전날 밤늦게까지 있었던 새해 파티 때문에 피곤한 상태로 늦게 도착했기 때문이다. 스미스는 밴드에게 익숙한 장비 대신 스튜디오의 앰프를 사용해야 한다고 고집했다. 그는 비틀스의 장비가 열악하다고 생각했다.

비틀스는 준비를 마치고 엡스타인이 그들의 재능을 가장 잘 보여주기 위해 선정한 15곡을 흥겹게 연주했다. 여기에는 레논-매카트니가 작곡한 〈라이크 드리머스 두Like Dreamers Do〉, 〈헬로 리틀 걸Hello Little Girl〉, 〈러브 오브 러브드Love of the Loved〉 등 세 곡과 캐럴 킹, 필 스펙터, 라이버 & 스톨러, 척 베리 등 당대 최고 작곡가들의 다양한 곡이 포함되었다.

오디션은 순조롭게 진행되었다. 스미스는 엡스타인에게 문제가 없을 것이라며 몇 주 안에 데카로부터 연락이 갈 것이라고 약속했다. 오디션은 엡스타인의 요청에 따라 녹음되었고, 데카는 〈라이크 드리머스 두〉의 시제품까지 만들었다. 마침내 2월 중순, 엡스타인은 마이크 스미스의 상사인 딕 로우Dick Rowe에게 편지를 받았다.

오늘날 대중음악 기념품 시장에서는 마치 반 고흐가 유명해지기 전에 가졌던 소품만큼이나 귀했을 이 편지는 이제 사라지고 없다. 하지만 엡스타인의 기억에 따르면, 편지 내용은 이랬다. "솔직히 말하자면, 엡스타인 씨, 우리는 당신이 키우는 밴드의 연주가 마음에 들지 않습니다. 그룹은 유행이 지났습니다. 특히 기타를 든 4인조 그룹은 끝났어요. 비틀스는 쇼 비즈니스에서 미래가 없습니다."

이 편지는 그 후로 딕 로우와 데카에게 오랫동안 큰 곤혹을 안겨주었다. 이 판단은 비즈니스 역사상 최악의 결정으로 자주 언급된다. 엡스타인은 자신이 돈을 내고 산 데카 데모 테이프를 가지고, 여러 음반사에 비틀스를 알리러 다녔고 결국 EMI 음반사의 자회사인 팔로폰Parlophone과 계약하는 데 성공했다. 그전에도 이후에도 이렇게 많은 음반을 판매하고 대중음악에 깊고 지속적인 영향을 미친 그룹은 없었다.

그 운명적인 새해 첫날, 마이크 스미스는 브라이언 풀과 트레멜로스의 오디션을 함께 보았고, 데카는 이들을 선택했다. 그들이 런던에서 가까운 대그넘 지역 출신이어서 다루기가 쉽고 비용이 적게 든다는 점도 한몫했다. 그러나 비틀스가 EMI와 계약을 맺고 기타를 든 그룹이 절대 사라지지 않음을 증명한 이후, 딕 로우는 더 이상 같은 실수를 저지르지 않았다. 고전적인 미국 R&B 곡을 부활시킨 5인조 밴드를 만나 계약했는데, 그들이 바로 롤링 스톤스였다.

● 1962년 8월 16일 체스터에서 열린 비틀스의 중요한 공연을 알리는 광고 포스터. 그날 드러머 피트 베스트Pete Best가 밴드에서 방출되었다. 캐번 클럽의 DJ 밥 울러는 브라이언 엡스타인에게 피트 베스트의 인기가 너무 많아서 방출하기가 힘들 것이라고 말한 바 있다.

● 원래 체스터 공연에 참여하기로 했던 드러머 피트 베스트(앉아 있는 인물)가 공연을 앞두고 빠지게 되었고 빅쓰리The Big Three의 드러머가 대신 무대에 올랐다. 그리고 마침내 8월 18일에 링고 스타가 새로운 드러머로 들어왔다.

● 리버풀 교외에 있는 NEMS 레코드 매장 밖에서 촬영된 브라이언 엡스타인.

1962년 10월 26일

전쟁 직전, 흐루쇼프가 케네디에게 화해의 편지를 보내다

> 1962년 쿠바 미사일 위기는 세계를 핵전쟁 직전까지 몰고 갔다.
> 히로시마의 기억이 사람들의 기억에 아직 생생하게 남아 있는 상황에서
> 정치인들과 양국 국민에게는 매우 긴장된 13일이었다. 세 주요 인물이
> 주고받은 편지들은 뜨거운 머리와 차가운 외교를 보여준다.

1961년 미국이 쿠바의 피그만을 침공하려 한 후, 쿠바 지도자 피델 카스트로Fidel Castro는 케네디 대통령이 머지않아 다시 쿠바를 공격할 것이라고 확신했다. 1962년 7월, 카스트로와 소련 지도자 니키타 흐루쇼프Nikita Khrushchyov의 비밀 회동에서 소련은 미국의 침공 계획을 억제하기 위해 미국 본토에서 불과 145킬로미터 떨어진 쿠바에 핵미사일을 일부 배치하기로 합의했다.

8월에 쿠바 미사일 발사 기지 건설이 시작되었다. 9월에는 밤을 틈타 첫 번째 핵탄두가 바다를 통해 도착했다. 그리고 마지막으로 10월 14일, 미국의 U-2 정찰기가 서부 쿠바에서 중거리 ICBM 발사 기지를 촬영한 반박할 수 없는 증거가 나왔다.

미국은 10월 22일 쿠바 항구를 봉쇄하기로 하고, 더 이상의 군사 장비가

섬으로 도착하지 못하게 막았다. 러시아는 미국이 공해에서 해적 행위를 저질렀다고 비난했다. 미국은 쿠바의 미사일 공격에 대비해 보복할 준비를 했다. 4일간의 과장된 발언과 물러서지 않는 태도 속에서 이 지역의 긴장은 극도로 높아졌다.

미국과 소련 사이의 강력한 대치가 시작되었고, 카스트로와 쿠바는 중간에 끼어버렸다. 카스트로는 어느 정도 타당한 근거를 가지고 또 다른 침공 시도가 있을 거라고 확신했다. 그는 10월 26일 흐루쇼프에게 편지를 써 선제공격을 촉구했다. "만약 그들이 쿠바를 침공하는 데 성공한다면 … 이 순간이야말로 그러한 위험을 영원히 제거할 때입니다 … 아무리 가혹하고 끔찍한 방법이라 해도 다른 방법은 없습니다"라며 소련이 선제적으로 미국을 핵으로 공격하는 것보다 더 나은 방법은 없다고 주장했다.

그의 동맹인 흐루쇼프가 카스트로의 성급한 요청에 귀를 기울였다면, 핵전쟁이 일어났을지도 모른다. 다행히도 카스트로가 흐루쇼프에게 편지를 쓴 그날 밤, 흐루쇼프 또한 케네디에게 매우 사적인 편지를 썼다. 정치적 제스처를 참작하더라도, 그 편지는 전쟁의 공포와 두 지도자가 전쟁을 피해야 할 의무에 대한 솔직한 성찰을 담고 있었다.

흐루쇼프는 "저는 두 번의 전쟁에 참여했습니다"라고 말을 꺼내며, "전쟁은 도시와 마을을 휩쓸고 지나가면서 모든 곳에 죽음과 파괴를 뿌리고 나서야 끝이 납니다"라고 말했다. 그는 미치광이나 자살자만이 상호 간 확실한 파괴를 초래하는 핵전쟁을 일으킬 것이라고 말했다. 대신 흐루쇼프는 "두 가지 다른 사회·정치 체제의 평화로운 공존"을 주장하며 소련 미사일을 철수하는 대가로 쿠바를 침공하지 않겠다고 보장하는 간단한 타협안을 제시했다.

흐루쇼프는 편지를 이렇게 마무리했다. "대통령 각하 … 우리가 전쟁이라는 매듭의 양 끝을 지금 잡아당겨서는 안 됩니다. 우리가 세게 당길수록 그 매듭은 더 단단해질 것이기 때문입니다 … 그 매듭을 조여서 세계를 핵전쟁이라는 재앙으로 몰아갈 의도가 없다면, 밧줄 끝을 잡아당기는 세력을 완화하고, 그 매듭을 풀기 위해 조치합시다. 우리는 그렇게 할 준비가 되어 있습니다."

미국 정보부는 그 편지가 진짜라고 판단했다. 물론 그 안에 담긴 내용과 감정은 누구나 믿고 싶어 할 만한 내용이었다. 그러나 그 후 몇 시간 동안 긴장이 더욱 고조되자 케네디는 다음 날 저녁이 되어서야 답장을 작성했다. 온 세계가 마치 살얼음 위에 서 있는 것만 같았다.

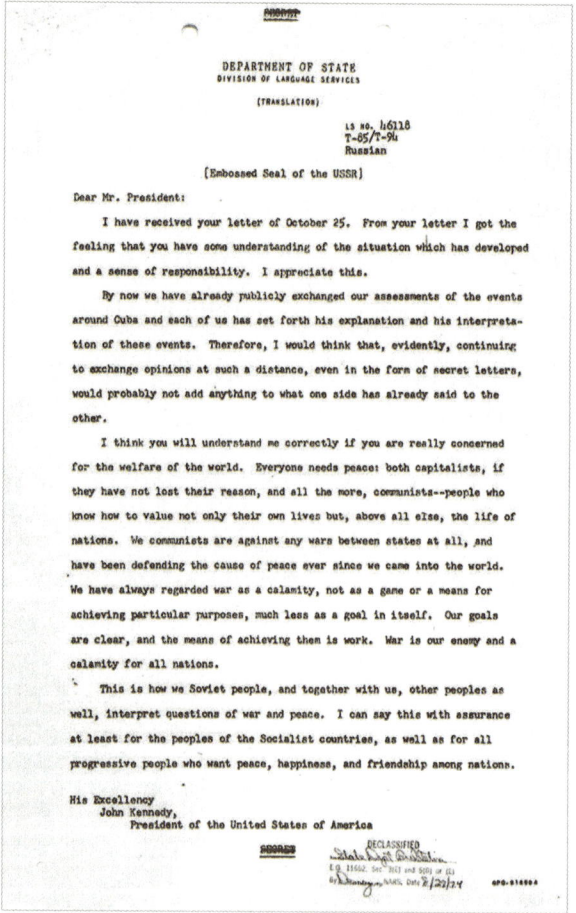

● 흐루쇼프가 케네디에게 보낸 10월 26일 편지의 첫 장.

1962년 10월 27일

긴장이 완화되는 가운데 케네디가 흐루쇼프에게 답장하다

> 플로리다 해안에서 불과 145킬로미터 떨어진 곳에 핵미사일을 배치한 것은 피델 카스트로 입장에서는 자기방어 행위였지만, 미국의 눈에는 공격적인 도발로 보였다. 케네디의 고문들은 이 위기를 해결하기 위해 쿠바 침공을 지지했지만, 케네디는 자신만의 길을 걸었다.

쿠바에 소련 미사일 기지가 건설된다는 사실을 알게 된 미국은 외교적 협상, 선제 공습, 침공이라는 선택지를 놓고 회의를 거듭했다. 합참의장은 침공이라는 선택지를 선호했으며, 이렇게 할 경우 소련이 참전하지 않고 쿠바를 포기할 것이라 생각했다. 그러나 케네디는 "그들의 발언을 떠올려보면, 우리가 미사일을 제거하고 많은 러시아인을 죽이는데 그들이 아무런 행동도 하지 않을 리가 없습니다. 그들이 쿠바에서 대응하지 않는다면, 분명 베를린에서 대응할 것입니다"라고 주장했다. 대신 미국은 10월 22일, 해군을 동원해 쿠바 봉쇄를 시작했다.

미국이 쿠바에서 행하는 모든 공격은 소련을 향한 공격으로 간주하겠다는 소련의 입장이 발표되자 미국 국민과 세계의 긴장이 고조되었다. 흐루쇼프는 미국이 소련의 선박을 저지하자 명백한 해적 행위라고 비난했고, 중국은 6억 5천만 명의 중국 남녀가 쿠바 국민을 지지하고 있다고 선언했다. 소련의 공격에 대비해 미국 B-52 폭격기가 전 세계 상공에서 대기 중이었고, 500대 이상의 미국 전투기가 쿠바를 공격하기 위해 준비하고 있었다. 누구도 물러서지 않았다.

흐루쇼프가 전쟁의 어리석음에 관해 케네디에게 보낸 매우 사적인 편지에 이어 다음 날 아침에는 더 공식적인 편지가 도착했다. 이 편지에서는 평화를 위한 소련의 제안이 더 확대되어, 터키와 소련 국경에 있는 미국 미사일 기지와 쿠바에 있는 소련 미사일 기지 문제까지 언급되어 있었다. 소련의 지도자는 케네디가 터키에 있는 미사일을 철수시키면 쿠바에 있는 미사일도 철수시키겠다고 제안했으며, 케네디가 쿠바를 침공하지 않으면 소련 역시 터키를 침공하지 않겠다고 약속했다.

합동참모본부는 흐루쇼프가 두 번째 편지에서 언급한 터키 문제를 무시하기로 했고, 24시간이 넘도록 이 새로운 제안을 케네디에게 전달하지 않았다. 이 때문에 케네디는 첫 번째 편지에 있는 조건만을 수용하는 내용으로 흐루쇼프에게 답장을 보냈다. "귀하의 편지를 읽어보니, 귀하가 제안한 핵심 내용은 … 다음과 같다고 생각합니다. 첫째, 쿠바에서 무기를 철수하는 데 동의합니다 … 둘째, 우리는 (a) 현재 시행 중인 봉쇄 조치를 즉시 철회하고 (b) 쿠바를 침공하지 않겠다고 보장하는 데 동의합니다…." 케네디는 "쿠바 문제를 유럽과 세계 안보와 연결해 논의를 장기화하게 되면, 쿠바 위기가 더 악화되고 세계 평화에 심각한 위험을 초래할 것"이라고 덧붙였다.

흐루쇼프는 이를 즉시 수용했다. 그러나 케네디는 두 번째 편지에 터키 관련 사항이 있었다는 사실을 알게 되자, "대부분은 이것이 꽤 공평한 거래라고 생각할 것입니다. 우리는 이 기회를 활용해야 합니다"라고 말했다고 전해진다. 케네디는 참모와 터키의 반대에도 터키에 배치된 미사일을 철수시키라고 명령했다. 한편, 미국은 쿠바 항구를 봉쇄하며 쿠바에서 미사일이 철수하는지 감시했고, 최종적으로 11월 20일에 봉쇄를 해제했다.

미래의 핵 경보를 방지하기 위해 백악관과 크렘린 사이에 핫라인이 설치되었다. 쿠바 미사일 위기 이후 적어도 몇 년 동안은 소련과 미국 간의 긴장이 크게 완화되었고, 거의 세계적 재앙으로 발전할 뻔했던 위기는 현명한 외교와 신속하고 솔직한 서신 교환의 장점을 보여주는 사례가 되었다.

● 케네디가 흐루쇼프에게 보낸 답장은 정치적 교착 상태의 종식을 알렸다.

1963년 4월 16일

마틴 루서 킹 주니어가 버밍엄 감옥에서 편지를 쓰다

> 1963년, 마틴 루서 킹 주니어는 앨라배마주 버밍엄에서 벌어진 시위에 참여했다는 이유로 감옥에 갇혔다. 감방에 있는 누군가가 그에게 신문 한 부를 가져다주었는데, 그 신문에는 지방의 백인 목사 일곱 명이 시위를 비난하는 내용이 실려 있었다. 킹 목사는 그 자리에서 신문을 집어들고 여백에 편지를 쓰기 시작했다.

편지는 길게 이어졌다. 마틴 루서 킹 목사는 신문 여백을 다 채우자, 동료 죄수에게 몰래 전달받은 종잇조각에 글을 이어갔고, 마침내 변호사가 그에게 노트를 가져다주었다. 킹 목사는 서류 담당자들의 비판에 "편안한 책상에서 썼다면 편지가 훨씬 짧았을 겁니다"라며 사과했다. "하지만 좁은 감옥에 혼자 있을 때 긴 편지를 쓰고, 오래 생각을 하고, 오래 기도를 드리는 것 외에 무엇을 할 수 있겠습니까?"

그는 "버밍엄은 아마도 미국에서 가장 철저하게 인종이 분리된 도시일 것입니다. 이곳의 추악한 잔혹 행위는 널리 알려져 있습니다 … 버밍엄에서는 다른 어떤 도시보다도 흑인 가정과 교회를 겨냥한 미해결 폭탄 테러가 더 많이 발생했습니다." 그가 외부인이기 때문에 시위에 참여할 자격이 없다는 비난을 받았을 때, 그는 이렇게 대답했다. "제가 버밍엄에 있는 이유는 이곳에 불의가 있기 때문입니다 … 어디든 불의가 있다면, 그것은 모든 곳에 있는 정의에 대한 위협입니다." 킹 목사는 버밍엄 캠페인의 조직적인 행동을 억제하기 위해 불과 일주일도 되지 않아 서둘러 통과된 부당한 법에 따라 허가 없이 행진했다는 혐의로 체포되었다.

일곱 명의 목사는 '인종 차별 철폐'라는 대의에 공감하면서도 그 싸움은 거리가 아니라 법정에서 이루어져야 한다고 주장했다. 이에 대해 킹 목사는 340년에 걸친 노예제와 차별의 역사를 겪어온 흑인 미국인이 가진 절박함을 모르는 이들의 주장일 뿐이라고 반박했다. 백인 남성이 "유색인은 결국 동등한 권리를 얻게 되겠지만, 당신들은 지나치게 성급해하고 있다"라고 말하자 킹 목사는 "옳은 일을 할 때가 언제나 적기입니다"라고 반박했다.

킹 목사는 편지의 한 강렬한 단락에서 흑인으로서 분리된 사회에 산다는 것이 무엇을 의미하는지를 백인들에게 명확히 설명했다. "악랄한 폭도들이 당신의 부모에게 잔인한 폭력을 가하고 당신의 형제자매를 익사시키는 것을 보았을 때, 증오로 가득 찬 경찰이 당신의 형제자매를 저주하고 심지어 죽이는 것을 보았을 때 … 여섯 살짜리 딸에게 TV 광고에 나온 놀이공원에 갈 수 없는 이유를 설명해야 할 때, 그 놀이공원이 흑인 아이들에게는 폐쇄되었다는 말을 듣고 딸이 눈물을 흘리는 걸 보았을 때 … 인내심이 한계에 달하는 때가 옵니다."

이 편지는 대부분 비폭력 시민 불복종운동을 옹호하는 내용이었다. "우리는 단호한 법적·비폭력적 압력 없이는 단 한 번도 시민권을 얻지 못했습니다 … 특권을 가진 집단이 자발적으로 특권을 포기하는 경우는 거의 없습니다." 불복종은 성경에서도 찾을 수 있는데 사드락, 메삭, 아벳느고가 느부갓네살 2세의 법을 어긴 것이 그 예였다. 또한 미국 독립의 시작인 보스턴 차 사건에서도 그 사례를 찾을 수 있다. 반대로 히틀러의 만행은 독일에서는 합법이었다. 하지만 사람들이 그것에 저항한 것이 잘못된 일이었을까?

킹은 미국의 백인 종교 지도자에 대한 실망감을 매우 직접적으로 표현했다. "정의보다 '질서'에 더 헌신하는 백인 온건파 … 저는 많은 목사가 '그것은 복음과 실제로 상관이 없는 사회적 문제들입니다'라고 말하는 것을 들었습니다 … 조직화된 종교는 현 상태에 묶여 국가와 세계를 구할 수 없게 된 것 아닐까요?"

마틴 루서 킹 주니어답게 이 편지는 그의 트레이드 마크인 웅변술로 가득 찬 열정적인 글로, 성경에 근거하고 있으며, 반복되는 구절과 질문을 사용해 주장을 강하게 전달하고 있다. 이 편지가 쓰인 당시의 상황은 그 긴박감과 분노를 그대로 드러내며, 킹 목사가 이 편지를 쓴 이후 수십 년 동안 50여 개 이상의 선집에 실리며 미국 사회와 정치를 대표하는 글이 되었다.

마틴 루서 킹 주니어가 지역 성직자 일곱 명에게 보낸 편지

1963년 4월 16일

존경하는 동료 성직자 여러분,

버밍엄시 감옥에 갇혀 있는 동안 여러분께서 저의 활동을 "현명하지 못한 시기상조"라고 했다는 성명서를 접하게 되었습니다. 저는 제가 하는 일과 생각에 대한 비판에 답하기 위해 활동을 잠시 멈췄던 경우가 거의 없습니다. 저에게 쏟아지는 모든 비판에 답하려고 했다면 제 비서들은 종일 그런 서신에 응답하느라 다른 일을 할 시간이 거의 없을 것이며, 제게도 건설적인 일을 할 시간이 전혀 없을 것입니다. 하지만 여러분은 진정한 선의를 가진 분들이고, 여러분의 비판이 진심에서 나왔다고 생각하기에 저는 여러분의 성명에 인내심을 가지고 합리적인 용어로 답하고자 합니다.

제가 버밍엄에 있는 이유는 이곳에 불의가 있기 때문입니다. 기원전 8세기의 선지자들이 그들의 마을을 떠나 "주께서 이렇게 말씀하셨다"라고 외치며 고향을 넘어 멀리 가서 복음을 전했던 것처럼, 사도바울이 타르수스 마을을 떠나 예수의 복음을 그리스-로마 세계의 끝까지 구석구석 전했던 것처럼, 저도 자유의 복음을 제 고향을 넘어 멀리까지 전해야 합니다. 바울처럼 저도 도움을 요청하는 마케도니아의 부름에 계속해서 응답해야 합니다.

더욱이 저는 모든 커뮤니티와 주state가 서로 연결되어 있다는 사실을 알고 있습니다. 애틀랜타에 멍하니 앉아서 버밍엄에서 일어나는 일에 관심을 두지 않을 수 없습니다. 어디든 불의가 있다면, 그것은 모든 곳에 있는 정의에 대한 위협입니다. 우리는 피할 수 없는 상호성 안에 갇혀 있으며, 운명이라는 하나의 옷을 입고 있습니다. 한 사람에게 직접 영향을 미치는 것은 모두에게 간접적으로 영향을 미칩니다. 이제 더 이상 좁고 편협한 "외부 선동자"라는 생각으로 살 여유가 없습니다. 미국 안에 사는 사람이라면, 그 어느 곳에서도 외부인이 아닙니다.

여러분은 버밍엄에서 벌어지고 있는 시위를 개탄합니다. 하지만 유감스럽게도 여러분의 성명이 시위를 초래한 상황에는 비슷한 우려를 표명하지 못합니다.

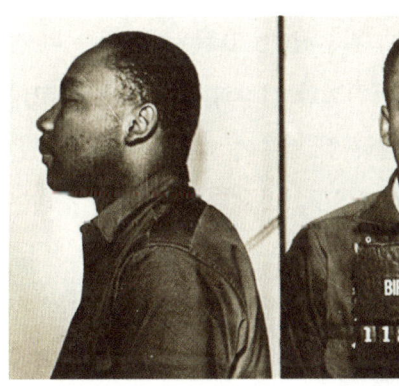

● 버밍엄 경찰서에서 촬영한 마틴 루서 킹 주니어 목사의 체포 당시 사진.

1963년 6월 4일

프로퓨모의 사임으로 영국 정치계 최대의 성 추문이 종결되다

정치와 성 추문은 이제 언론에 너무 자주 등장해 더 이상 정치인의 경력을 끝내지 못하는 일이 되었다. 그러나 1960년대 영국에서는 이런 폭로가 사람들의 경력뿐 아니라 목숨까지 앗아가는 불명예와 수치의 원천이었다.

존 프로퓨모John Profumo는 영국의 저명한 정치인이었다. 제2차세계대전 당시 그는 의원이자 현역 장교로서 북아프리카 전선과 노르망디상륙작전에 참전했다. 1960년 헤럴드 맥밀런 총리는 보수당에서 승진한 그를 전쟁부 장관으로 임명했다.

프로퓨모는 발레리 홉슨Valerie Hobson과 결혼했다. 그녀는 데이비드 린 감독의 《위대한 유산》과 고전 블랙 코미디 《친절한 심장과 관들》에서 최고의 연기를 펼친 배우였다. 저명한 정치인과 결혼한 덕분에 계속 주목받는 삶을 즐길 수 있었고, 결혼과 함께 연기 생활은 그만두었다. 그녀의 마지막 무대는 허버트 롬과 함께한 《왕과 나》였다.

한편, 프로퓨모는 1961년 상류층 수영장 파티에서 만난 콜걸 크리스틴 키럴과 짧은 불륜 관계를 가졌다. 그리고 몇 주 후 그 관계를 끝냈다. 그러나

1962년에 키럴과 관계를 맺었던 다른 두 남자가 총격 사건에 연루되면서, 언론이 그녀를 주목하기 시작했다. 이 일로 프로퓨모와 키럴, 런던 주재 소련 대사관 해군 무관인 예브게니 이바노프Yevgeny Ivanov의 삼각관계가 수면 위로 드러났다.

키럴은 동시에 프로퓨모와 이바노프를 둘 다 만나고 있었다. 심지어 이바노프는 키럴, 프로퓨모와 함께 수영장 파티에도 참석했었다. 전쟁부 장관과 소련 요원이 연루된 이 잠재적 보안 위반 사건은 프로퓨모의 커리어를 거의 끝낼 뻔했지만, 당시 영국 언론은 공인의 사생활을 존중하는 분위기를 보였다. 그러나 한 정치적 반대자가 의회 면책특권을 이용해 프로퓨모가 국가 기밀을 발설했다고 고발하면서 이 사건이 공개적으로 논의되기 시작했다.

프로퓨모는 이를 부인했지만, 기자들은 더 깊이 파고들었다. 결국 이 장관이 명예로운 인물이기는 하지만, 경솔한 관계를 즐긴다는 사실이 드러났다. 전쟁 이전 결혼 생활 중에는 독일 모델과 불륜을 저지른 적도 있었다. 그 모델은 나중에 프랑스 수도가 함락된 후 파리에 있는 독일 정보부에서 일한 것으로 드러났다. 키럴과의 불륜도 사실로 드러났다. 그 당시에는 동료 의원들을 대상으로 한 거짓말이 큰 죄로 여겨졌고, 프로퓨모는 총리에게 편지를 써야겠다고 결심했다.

"기억하시겠지만"이라고 프로퓨모는 운을 띄웠다. "3월 22일 의회에서 제기된 몇몇 주장에 관해 제가 개인 성명을 발표했습니다. 그 성명에서 저는 이 관계에 부적절한 점이 없었다고 말했습니다. 매우 유감스럽게도 이는 사실이 아니었으며, 제가 총리님과 동료들, 의회를 오도했음을 인정합니다." 존 프로퓨모는 사임하는 것 외에 다른 선택이 없다고 느꼈고, 맥밀런은 기꺼이 그의 사임을 수용했다.

조사 결과 프로퓨모가 국가 안보에 피해를 주었다는 증거는 발견되지 않았다. 그러나 프로퓨모는 자신의 잘못을 속죄하기 위해 남은 인생을 자선 활동에 바쳤다. 그의 아내는 끝까지 그의 곁을 지켰다. 정부는 이 공개적인 추문으로 타격을 입었고, 맥밀런도 그해 말 사임했다. 이바노프는 모스크바로 소환되었다. 키럴은 언론의 끈질긴 추적을 받았으며, 두 번의 짧은 결혼 생활 후 은둔 생활을 하며 홀로 지내다가 2017년에 세상을 떠났다. 키럴의 포주로 지목되어 그녀를 프로퓨모와 이바노프에게 소개한 혐의를 받았던 사이먼 워드는 재판 도중 스스로 목숨을 끊었다.

● 전쟁부 장관과 소련의 요원을 동시에 만난 크리스틴 키럴.

● 영국의 전쟁부 장관이었던 존 프로퓨모.

Top Secret and Personal

19th June, 1963.

Rec: 19.6.63.

Dear Arthur,

John Dennis PROFUMO

         showed you recently a PF on Gisela Hendrina KLEIN about whom our two offices corresponded before the war, e.g. your L.260(123)B.2b of 5th July, 1938, and our   of 21st July, 1938.

2.   Although it is not particularly relevant to the current notorious case, Geoffrey thought you might like to have for your files the attached copy of a report from our representative   dated 2nd October 1950, which makes mention of an association between Gisela KLEIN and PROFUMO which began ca. 1933 and had apparently not ceased at the time of this report. The report was based on information from four different sources in   The non-PROFUMO items were included in our letter   dated 5th December, 1951 to C.W. CAIN of your office.

3.   On 17th January 1952 our representative   wrote to P.C.D. in connection with the application of Mrs. Gisela Hendrina WINEGARD or WEINGARD (nee KLEIN) for a visa to visit the U.K. This letter contains the following paragraphs:

"Mrs. WINEGARD refuses to give any definite reference in the U.K. where she says she has a "great many friends".

"We have good reason to believe that Mr. & Mrs. WINEGARD have recently engaged in blackmailing activities and now think it possible that their intended visit to the U.K. may be connected with this affair."

Yours ever

Cyril Mackay

for

A. S. Martin, Esq.,
M.I.5.

THIS IS A COPY
ORIGINAL DOCUMENT RETAINED IN DEPARTMENT UNDER SECTION 3(4) OF THE PUBLIC RECORDS ACT 1958 DECEMBER 2016

Top Secret and Personal

● 프로퓨모가 사임한 이후 M15(영국 보안정보국)가 이전에 독일인 모델과의 관계로 프로퓨모에 대한 파일을 이미 가지고 있었다는 사실이 밝혀졌다.

1965년 4월 1일

체 게바라가 피델 카스트로에게 싸움을 계속하고 싶다고 말하다

> 마르크스주의 혁명가 에르네스토 '체' 게바라는 미국의 지원을 받던 쿠바의 독재자 풀헨시오 바티스타Fulgencio Batista를 전복시키기 위한 혁명에서 피델 카스트로의 부사령관으로 활동했다. 공산주의 국가가 수립된 후, 그는 그동안의 동지애를 회고하는 편지를 남기고 카스트로에게 작별을 고했다.

체 게바라는 쿠바혁명의 성공을 세계 곳곳으로 확산시키고 싶어 했지만, 피델 카스트로는 쿠바에 계속 머무르며 쿠바를 이끌고 싶어 했다. 결국 카스트로는 뼛속까지 쿠바인이었지만, 게바라는 남미 전역에서 자본주의가 초래한 빈곤과 질병을 해결할 마르크스주의에 매료된 아르헨티나 출신의 혁명가였다.

1954년, 체 게바라는 CIA가 사기업 '유나이티드 프루트 컴퍼니'의 요청에 따라 과테말라 사회주의 정부를 무너뜨린 사건을 목격했다. 이 회사는 정부의 노동 관행 제한과 이익 감소에 불만을 품고 있었으며, 과테말라를 사실상 자신들의 바나나 공화국으로 운영해왔다. 게바라는 그해 말 멕시코시티에서 카스트로를 만나 혁명적 우정을 쌓았고, 이 우정은 결국 미국의 지원을 받던 쿠바 정부를 무너뜨리는 결과로 이어졌다. 패배한 바티스타는 1959년 새해 첫날 쿠바에서 도망쳤다.

게바라는 새로운 쿠바에서 문맹 퇴치 캠페인과 농업 개혁을 추진했다. 그의 전술적 천재성은 쿠바 피그스만에서 벌어진 재앙에 가까운 미국의 침공을 물리치는 데 도움을 주었다. 쿠바 미사일 위기를 촉발한 소련 핵탄두를 설치하는 데도 중요한 역할을 했다. 그는 쿠바식 사회주의를 세계에 알리는 대사로 활동했다. 남미에서 겪은 이전 여행 경험들이 결합해 그는 세계적 혁명의 필요성을 확신하게 되었다.

1965년 게바라는 해외에서 혁명적 변화를 일으키기 위해 쿠바를 떠났다. 처음에는 콩고로, 나중에는 볼리비아로 향했다. 그는 떠나기 전에 카스트로에게 작별 편지를 남겼으며, 자신이 죽을 경우 이 편지를 대중에게 공개할 생각이었다. 그는 혁명적 대의를 위해 죽음까지 각오하고 있었다. 편지에서 그는 이렇게 회상했다. "언젠가 그들이 와서 우리가 죽으면 누구에게 연락해야 할지 물었을 때, 우리 모두 죽음의 가능성을 실감했지. 나중에야 혁명에서는 승리하거나 죽거나 둘 중 하나라는 걸 깨달았어."

게바라는 자신이 떠나는 이유를 이렇게 설명했다. "다른 나라들이 소박하게 내 도움을 요청하고 있네. 쿠바의 지도자로서 자네가 짊어진 책임 때문에 할 수 없는 일을 나는 할 수 있어. 이제 우리가 헤어져야 할 때가 된 것 같아." 사적으로는 개혁의 실패와 카스트로가 선호하는 소련식 공산주의가 아닌 중국식 공산주의에 대한 그의 존경심도 퇴진에 영향을 미쳤을 가능성이 있다. 하지만 이 편지에서 그는 대중을 의식했는지 카스트로에 대한 칭찬을 아끼지 않았다.

편지에서 그는 정치 및 군사 직책에서 사임하고 쿠바 시민권을 포기함으로써 자신을 더욱 상징적으로 세계 공산주의 공동체와 연합시켰다. 하지만 콩고에서 혁명을 일으키려는 게바라의 노력은 실패했다. 그는 "(콩고 사람들을) 싸울 의지가 없다"라고 불평했고, 1966년 더 가능성 있는 혁명운동을 찾아 볼리비아로 떠났다. 그곳에서는 조금 더 성과를 냈지만, 결국 CIA의 지원을 받는 정부군에게 체포되었다. 그는 공식 재판이 국제적인 관심을 끌 것을 우려한 정부에 의해 서둘러 처형되었다. 그의 죽음 이후, 게바라는 1960년 반체제 운동의 상징이 되었고, 이상주의적 혁명가의 얼굴로 수많은 티셔츠와 포스터에 등장했다.

체 게바라가 피델 카스트로에게 보낸 사임 편지

지금, 이 순간 많은 일이 떠오르는군. 마리아 안토니아의 집에서 자네를 만났을 때, 자네가 나에게 함께하자고 제안한 순간, 준비 과정에서 겪었던 모든 긴장된 순간까지 말이야. 언젠가 그들이 와서 우리가 죽으면 누구에게 연락해야 할지 물었을 때, 우리 모두 죽음의 가능성을 실감했지. 나중에야 혁명에서는 승리하거나 죽거나 둘 중 하나라는 걸 깨달았어. 진정한 혁명이라면 말이야. 많은 동지가 승리로 가는 길에 쓰러졌지.

오늘날에는 모든 것이 덜 극적으로 느껴져. 우리가 더 성숙해졌기 때문이기도 하지만, 상황이 반복되니까. 이제 나는 쿠바혁명에서 내가 맡은 임무를 다한 것 같아. 그래서 이제 자네와 동지들, 그리고 이제는 내 사람들인 자네의 국민에게 작별 인사를 전하네.

나는 공식적으로 당 지도부의 지위, 장관직, 사령관의 직위와 쿠바 시민의 직위를 내려놓겠네. 이제 나를 쿠바에 법적으로 묶는 것은 아무것도 없어. 오직 다른 성격의 유대만이 남아 있지. 직위와는 달리 끊을 수 없는 것 말이야.

지난날을 돌아보며, 나는 혁명의 승리를 공고히 하기 위해 충분히 진실하고 헌신적으로 일해왔다고 생각하네. 유일하게 저지른 심각한 실수는 시에라 마에스트라에서 처음부터 자네를 충분히 신뢰하지 못했고, 자네의 지도자이자 혁명가로서의 자질을 더 빨리 이해하지 못했던 것이네.

나는 멋진 날들을 살았고, 자네 곁에서 카리브해 미사일 위기라는 찬란하면서도 슬픈 날들을 보내며 쿠바 국민이라는 데 자부심을 느꼈다네. 그 시기 자네만큼 빛나는 정치가는 거의 없을 거야. 나는 또한 주저없이 자네를 따라나선 것과 그 사고방식과 위험과 원칙을 바라보는 시각에 동질감을 느낀 것이 자랑스럽다네. 다른 나라들이 소박하게 내 도움을 요청하고 있네. 쿠바의 지도자로서 자네가 짊어진 책임 때문에 할 수 없는 일을 나는 할 수 있어. 이제 우리가 헤어져야 할 때가 된 것 같아.

기쁨과 슬픔이 뒤섞인 마음으로 떠난다는 걸 알아줬으면 하네. 건국자로서 이곳에 순수한 희망과 내가 소중히 여기는 이들을 남기고 떠나네. 나를 아들처럼 받아들여준 국민을 떠나는 것은 마치 내 영혼의 일부가 떨어져 나가는 것 같군. 자네가 가르쳐준 신념, 우리 국민의 혁명 정신, 제국주의가 어디에 있든 맞서 싸우겠다는 가장 신성한 의무를 가지고 새로운 전선으로 향하네. …

● 쿠바 산타클라라의 체 게바라 묘소에 혁명가를 기리는 기념비들이 세워져 있다. 게바라가 카스트로에게 남긴 작별 편지 전문이 돌에 새겨져 있다.

1973년 3월 19일

제임스 맥코드가 워터게이트 재판 이후 판사에게 편지를 쓰다

> '백악관 배관공들The White House Plumbers'은 그 이름에서 알 수 있듯이 '펜타곤 문서' 등의 기밀 유출을 막기 위해 조직한 보안 전문가들로 구성된 비밀 집단이었다. 이 비밀 조직의 첫 번째 규칙은 사무실 문에 이름을 붙이지 않는 것이었다.

'백악관 배관공들'의 일원이었던 G. 고든 리디G. Gordon Liddy는 재미 삼아 사무실 문에 '배관공들'이라는 문패를 붙였다. 문패는 곧 철거되었지만, 그 이름은 그대로 세상에 알려졌다. 이들이 처음으로 수행한 비밀 작전은 베트남전쟁의 경과를 담은 펜타곤 문서를 언론에 유출한 전직 군사전략가 다니엘 엘스버그Daniel Ellsberg의 평판을 떨어뜨리는 일이었다.

1972년 닉슨 대통령이 재선을 노리면서 배관공들은 대통령 재선 캠프에 참여하게 되었다. 변호사이자 전 FBI 요원이었던 고든 리디는 워싱턴의 워터게이트 빌딩에 있는 민주당 전국위원회 사무실을 도청하자는 의견을 냈다. 이 도청 작전은 강도 사건으로 위장되었고, 대통령 재선 캠프 보안 코디네이터인 제임스 맥코드James McCord의 팀이 실행을 맡았다.

5월 28일 첫 번째 '침입' 이후, 백악관 배관공들은 이전에 설치한 수도꼭지(도청 장치)가 제대로 작동하지 않는다는 사실을 알게 되었다. 6월 18일 두 번째 강도 사건을 감행했으나, 큰 문제가 발생했다. 경계 근무 중이던 야간 경비원이 훼손된 자물쇠를 발견하고 경찰에 신고한 것이다. 망을 보던 팀원은 경찰이 도착했다는 사실을 알아차리지 못했다. 거리 잠복근무에서 막 돌아온 경찰들이 히피 복장을 하고 있었기 때문이다. 경찰은 맥코드를 포함한 '백악관 배관공' 다섯 명을 현장에서 붙잡았다. 이들은 마치 만화 속 고양이 도둑처럼 꼼짝없이 붙잡혔는데, 자물쇠 따개, 카메라, 거액의 현금 뭉치를 가지고 있었다.

백악관은 이 범죄와 거리를 두며, CIA와 쿠바의 개입 가능성을 암시했다. 이후 범인들이 대통령 재선 캠프와 연관이 있다는 사실이 알려졌음에도 닉슨 대통령은 압도적인 차이로 대통령에 당선되었다. 절도범 다섯 명과 리디 그리고 또 다른 전 CIA 요원인 하워드 헌트Howard Hunt는 1973년 1월 재판에 회부되었고, 닉슨 대통령의 재취임 열흘 후에 유죄판결을 받았다. 백악관 배관공들의 사이 '오메트라(침묵의 맹세)'는 닉슨 캠프와의 연관성을 성공적으로 숨겼다.

그러나 1973년 3월, 유죄판결을 받은 제임스 맥코드는 자신을 재판한 존 시리카 판사에게 편지를 보냈다. 시리카 판사는 워터게이트 침입 사건의 배후에 고위급의 음모가 있다고 의심하던 인물이었다. 맥코드는 자신의 법적 지위, 생계, 삶에 대한 우려를 표하며 편지를 시작했다. "저와 제 가족, 제 친구들에게 보복 조치가 가해질 것입니다." 그럼에도 "형사 사법제도에 대한 신뢰를 회복하기 위해 … 이 사건에서 정의가 실현될 수 있도록 판사님께 도움이 되기를 바라며 다음과 같은 내용을 진술하고자 합니다."

맥코드는 사실을 바로잡기로 결심했다. "피고인에게 유죄를 인정하고 침묵을 지키라는 정치적 압력이 있었습니다"라고 말을 시작했다. "재판 중에 위증이 있었습니다 … 다른 관련자들이 있었지만, 재판 중 증인들의 진술을 통해 밝혀지지 않았습니다"라고 맥코드는 암시했다. 무엇보다도 그는 백악관의 주장을 정면으로 반박했다. "워터게이트사건은 CIA의 작전이 아니었습니다. 쿠바인은 누군가에게 속아 이를 CIA 작전이라고 믿었을 수도 있습니다. 하지만 저는 그것이 CIA 작전이 아니라는 사실을 분명히 알고 있습니다."

침입 사건이 발생한 지 9개월 만에 맥코드의 편지는 워터게이트사건에 관한 대중의 관심을 다시 불러일으켰고, 백악관이 묻으려 했던 사건에 새로운 불씨를 당겼다. 특히 『워싱턴 포스트』의 기자 밥 우드워드와 칼 번스타인의 심층 취재는 리처드 '트리키 디키' 닉슨이 승인한 더러운 정치적 음모의 실체를 폭로했다. 닉슨 대통령은 탄핵을 피하기 위해 1974년 8월 9일에 사임했고, 한 달 후 그의 전 부통령이자 후임자인 제럴드 포드에 의해 사면되었다. 포드는 비록 배관공이 아니었지만, 그도 도색공이나 다름없었다(잘못을 안 보이게 하려고 그 위에 하얗게 색을 덧칠한다는 의미 – 옮긴이). "백악관에는 잘못을 감추기 위한 속임수가 없다"라는 슬로건이 무색해진 셈이었다.

● 1973년 4월 22일, 상원 워터게이트위원회에서 민주당 도청에 사용된 장치 중 하나를 가지고 증언하는 제임스 맥코드.

JAMES W. McCORD, JR.
7 WINDER COURT
ROCKVILLE, MARYLAND 20850

March 19, 1973

TO: JUDGE SIRICA

Certain questions have been posed to me from your honor through the probation officer, dealing with details of the case, motivations, intent and mitigating circumstances.

In endeavoring to respond to these questions, I am whipsawed in a variety of legalities. First, I may be called before a Senate Committee investigating this matter. Secondly, I may be involved in a civil suit, and thirdly there may be a new trial at some future date. Fourthly, the probation officer may be called before the Senate Committee to present testimony regarding what may otherwise be a privileged communication between defendant and Judge, as I understand it; if I answered certain questions to the probation officer, it is possible such answers could become a matter of record in the Senate and therefore available for use in the other proceedings just described. My answers would, it would seem to me, to violate my fifth amendment rights, and possibly my 6th amendment right to counsel and possibly other rights.

On the other hand, to fail to answer your questions may appear to be non-cooperation, and I can therefore expect a much more severe sentence.

There are further considerations which are not to be lightly taken. Several members of my family have expressed fear for my life if I disclose knowledge of the facts in this matter, either publicly or to any government representative. Whereas I do not share their concerns to the same degree, nevertheless, I do believe that retaliatory measures will be taken against me, my family, and my friends should I disclose such facts. Such retaliation could destroy careers, income, and reputations of persons who are innocent of any guilt whatever.

Be that as it may, in the interests of justice, and in the interests of restoring faith in the criminal justice system, which faith has been severely damaged in this case, I will state the following to you at this time which I hope may be of help to you in meting out justice in this case:

1. There was political pressure applied to the defendants to plead guilty and remain silent.

2. Perjury occurred during the trial in matters highly material to the very structure, orientation, and impact of the government's case, and to the motivation and intent of the defendants.

3. Others involved in the Watergate operation were not identified during the trial, when they could have been by those testifying.

● 워터게이트사건에 다시 불을 붙여 궁극적으로 대통령의 몰락을 이끈 맥코드의 편지.

1976년 4월 12일

로널드 웨인이 800달러에 애플 지분 10퍼센트를 매각하다

> 후회는 일반적으로 쓸데없는 감정이다. 전 아타리Atari 직원인 로널드 웨인Ronald Wayne은 1976년에 내린 결정을 후회하지 않는다고 말하지만, 그는 이 결정으로 약 1,000억 달러의 잠재적 수입을 잃었다.

1976년, 로널드 웨인은 아케이드 게임 산업의 선구적 기업 '아타리'에서 문서화 시스템을 설계하고 있었다. 거기서 그는 스티브라는 이름을 가진 동료 둘을 만났는데, 각각 잡스와 워즈니악이었다. 웨인은 통찰력이 뛰어나고 문제 해결에 능숙한 엔지니어식 사고방식을 가지고 있었다. 그의 동료들은 어린 청년들이었고, 웨인은 당시 41살로 워즈니악보다 16살, 잡스보다는 거의 두 배 정도로 나이가 많았다. 워즈니악과 잡스는 젊은 패기와 한계 없는 야망을 품고 있었다.

반면, 웨인은 자신의 한계를 잘 알고 있었다. 5년 전 그는 직장을 그만두고 오락실에 슬롯머신을 판매하는 사업을 시작했다. 하지만 사업은 실패했고, 훗날 그는 이렇게 회상했다. "내가 사업에 자질이 없다는 사실을 일찌감치 깨달았다. 엔지니어링 분야에서 일하는 편이 훨씬 내게 잘 맞았다." 이 실패는 웨인에게 큰 충격을 주었고, 그는 이후 1년 동안 투자자들에게 빚을 갚겠다고 약속했다.

잡스와 워즈니악은 아타리에서 컴퓨터의 미래를 종종 논했으며, 논쟁의 여지가 생기면 더 나이가 많고 경험이 많은 사람에게 조언을 구했다. 어느 날 저녁, 잡스와 워즈니악이 웨인의 집으로 가 그날의 주제를 놓고 논쟁했다. 워즈니악과 잡스는 분명 앞을 향해 나아가고 있었다. 그날 밤 그들은 자신들의 아이디어를 실현하기 위한 회사 설립에 관해 이야기했다. 두 사람은 앞으로 나아갈 길, 즉 운영 방향에 관해 계속 의견 충돌이 있으리라는 것을 알았고 그 갈등을 해결하기 위해 세 번째 공동 창업자로 웨인을 초대했다. 이것이 그들의 방식이었다. 그 제안은 꽤 관대했고, 웨인은 이를 수락했다. 웨인은 수익의 10퍼센트를, 두 스티브는 각각 45퍼센트씩 갖기로 했다.

로널드 웨인은 회사 설립에 전적으로 참여했다. 그는 세 사람 간의 파트너십 문서 초안을 작성했고, 회사의 첫 번째 제품인 애플 I의 설명서를 작성했다. 또한 애플의 초기 로고를 디자인했는데, 사과나무 아래에 앉아 있는 아이작 뉴턴의 모습을 형상화한 구식 목판화 형태였다. 그러나 이 복고풍 이미지는 미래를 바꾸려는 회사와는 어울리지 않았다. 결국 이 로고는 1년도 되지 않아 무지개 색상의 사과 모양으로 교체되었다.

그러나 웨인은 파트너로서 맡은 역할에 불안함을 느꼈다. 파트너는 회사가 입은 손실에 동등한 책임을 지게 되어 있었지만, 젊은 잡스와 워즈니악에게는 별다른 자산이 없었다. 웨인은 자신이 나머지 부분을 책임져야 할까 봐 두려웠다. 이미 나이가 찼던 그로서는 슬롯머신 사업 실패 이후 힘들게 쌓아 온 자산을 다시 잃을 위험을 감수하기가 어려웠다.

1976년 4월 12일, 애플 컴퓨터가 공식 출범한 지 2주도 채 되지 않아 웨인은 회사에 협력 종료를 알리는 편지를 제출하고, 10퍼센트의 지분을 포기했다. 그는 나중에 "당시 내가 가진 정보로는 최선의 결정이었다"라고 말했다. 1년 후 잡스와 워즈니악은 새로운 투자자를 유치하면서 웨인이 나중에 회사에 청구권을 주장하지 못하게 1,500달러를 더 지급했다. 결국 로널드 웨인이 지분 10퍼센트에 대해 애플에서 받은 총액은 2,300달러에 불과했다. 2018년 기준으로 인플레이션을 고려하면, 약 1만 달러가 조금 넘는 액수였다. 같은 해 애플의 순자산은 1조 달러를 돌파했고, 그 10퍼센트는 1,000억 달러에 달했다.

웨인이 오늘날 유일하게 후회하는 것은 자신이 가지고 있었던 애플의 초기 계약서를 판 것이다. 그는 2000년에 500달러를 받고 이 문서를 팔았으나, 공동 창업자들의 서명이 포함된 이 문서는 2011년에 126만 달러에 판매되었다.

APPLE COMPUTER COMPANY
PARTNERSHIP AGREEMENT

TO WHOM IT MAY CONCERN: **AMENDMENT**

By virtue of a re-assessment of understandings by and between all parties to the Agreement of April 1, 1976, WOZNIAK, JOBS, and WAYNE, the following modifications and amendments are herewith appended to the said Agreement, and made a part thereof. These modifications and amendments, having been concluded on this 12th day of April, 1976, hereby supercede, and render void, all contrary understandings given in the Agreement of April 1, 1976.

ARTICLE A:
As of the date of this amendment, WAYNE shall hereinafter cease to function in the status of "Partner" to the aforementioned Agreement, and all obligations, responsibilities, agreements, and understandings of the Agreement of April 1, 1976, are herewith terminated. It is specifically understood, and agreed to, by all of the parties to the original agreement, and the amendments hereto appended, WOZNIAK, JOBS, and WAYNE, that that portion of all financial obligations incurred by WAYNE, on the part of the COMPANY, prior to the date of this amendment, is herewith terminated, and that WAYNE's portion of obligations (10%) to the creditors of the COMPANY are herewith assumed, jointly and equally, by the remaining partners to the original agreement, namely, WOZNIAK and JOBS. It is further mutually understood, and agreed, that WAYNE shall incur no obligations or responsibilities in, or for, the COMPANY, nor shall WAYNE be held liable in any litigation, initiated by or instituted against, the COMPANY, with regard to the conduct of the COMPANY's business with any creditor, vendor, customer, or any other party, nor with reference to or arising from any product of the COMPANY, as of the first day of April, 1976.

ARTICLE B:
In consideration of the relinquishment of WAYNE's former percentage of ownership, and for all efforts thusfar conducted in honor of the aforementioned agreement during its term of activity, the remaining parties to the partnership, WOZNIAK, and JOBS, agree to pay and deliver to WAYNE, as their sole obligations under the terms of this amendment, the sum of eight hundred dollars ($800.00).

IN WITNESS WHEREOF: These amendments have been appended to the original Agreement and made a part thereof, and have been executed by each of the parties hereto, on this 12th day of April, 1976.

Mr. Stephen G. Wozniak (WOZNIAK)

Mr. Steven P. Jobs (JOBS)

Mr. Ronald G. Wayne (WAYNE)

● 로널드 웨인은 이 계약에 서명하고 회사에서 물러났다. 심지어 그는 계약서마저 손해를 보고 판매했다.

1976년 2월 3일

빌 게이츠가 불법 복제를 막기 위해 공개서한을 작성하다

미디어 불법 복제는 새로운 일이 아니다. 필립스가 카세트테이프를 발명한 이후로, 사람들은 음반을 불법으로 녹음하기 시작했다. 빌 게이츠가 마이크로소프트 초창기에 대가를 치르며 알게 된 것처럼 디지털 시대가 도래하면서 불법 복제의 위험도 훨씬 커졌다.

초창기 가정용 컴퓨터는 일반적인 용도로 사용된 것이 아니라 괴짜와 오타쿠, 기술자를 위한 틈새시장 제품이었다. '취미가hobbyist'라고 불린 이 디지털 시대의 선구자들은 하드웨어, 소프트웨어, 프로그래밍 실험을 공유하기 위해 클럽을 결성했다.

1975년 1월 『파퓰러 일렉트로닉스Popular Electronics』지에 '알테어 8800 마이크로컴퓨터'가 처음 소개되었을 때, 빌 게이츠와 폴 앨런은 새로운 기회를 발견했다. 그들은 몬테 다비도프의 도움을 받아 이 새로운 모델에서 사용할 베이식(초보자 범용 기호 명령 코드) 버전을 개발했다. 알테어 8800을 제조한 MITS는 이 소프트웨어를 공식적으로 인정했고, 1975년 4월 빌 게이츠와 폴 앨런은 마이크로소프트를 설립해 '알테어 베이식'을 개발했다. 그들은 이 소프트웨어를 개선하고 새로운 기능을 추가하는 데 1년이라는 시간을 보냈다.

MITS는 맞춤형 캠핑카를 타고 컴퓨터 클럽과 매장을 순회하며 제품을 홍보했다. MITS 로드쇼가 팔로 알토의 '홈브루 컴퓨터 클럽'을 방문했을 때, 누군가가 알테어 베이식 테이프를 훔쳐 복사본 50개를 제작했고, 다음 모임에서 배포했다. 그해 말까지 매달 수천 대의 알테어 8800이 판매되었지만, 알테어 베이식은 수백 개밖에 팔리지 않았다. 불법 복제가 성행했기 때문이다.

자금이 바닥나고 불만이 쌓인 빌 게이츠는 미국 컴퓨터 취미가들을 대상으로 공개서한을 작성해 전국의 클럽과 컴퓨터 잡지에 배포했다. 그는 "베이식을 사용한다고 말하는 수백 명의 사람에게 받은 피드백은 모두 긍정적이었습니다"라고 시작했다. 그러나 게이츠는 알테어 컴퓨어 사용자 중에 베이식을 정식으로 구매한 사람은 10퍼센트도 안 되며, 취미가에게서 얻는 로열티는 시간당 2달러도 안 된다고 지적했다. 게이츠는 이 수익을 그들이 소프트웨어를 개발하기 위해 들인 4만 달러의 비용과 비교했다.

게이츠는 사용자들의 태도를 강하게 비판했다. "대부분의 취미가들이 알고 있겠지만, 여러분 중 대부분은 소프트웨어를 훔치고 있습니다. 하드웨어에는 비용을 내지만, 소프트웨어는 마음대로 공유해도 되는 대상이라고 생각합니다. 소프트웨어를 만든 사람들이 보수를 제대로 받고 있는지 누가 신경이나 쓰겠습니까?" 이는 상업용 소프트웨어가 거의 없었던 시절, 모든 사람의 이익을 위해 자신의 프로그래밍을 공유하는 데 익숙했던 초기 컴퓨터 애호가들을 향한 날카로운 질책이었다.

빌 게이츠의 지적은 일리가 있었다. "여러분이 하는 일은 좋은 소프트웨어의 개발을 저해하는 행위입니다." 그는 주장했다. "무보수로 전문 작업에 혼신을 기울일 여유가 있는 사람이 어디 있겠습니까? 어떤 취미가가 프로그램 개발에 3년을 투자하고 버그를 모두 수정하고, 제품 설명서를 문서화하고 무료로 배포할 수 있을까요?" 그는 마이크로소프트가 새로운 소프트웨어를 개발하고 있다고 발표했지만, "이 소프트웨어를 취미가들에게 무료로 제공해야 할 이유는 전혀 없습니다"라고 밝혔다. 게이츠는 단도직입적으로 "여러분이 하는 일은 직설적으로 말하면, 도둑질입니다."

빌 게이츠의 편지는 도발적이었다. 취미 활동의 미래를 주시하던 컴퓨터 잡지들은 대체로 게이츠를 지지했다. 그러나 취미가들은 분노했다. 그들은 알테어 베이식의 200달러라는 가격과 그것을 개발하는 데 든다는 4만 달러에 의문을 제기했다. 그들은 만약 마이크로소프트가 손해를 보고 있다면, 그 이유는 회사의 사업 모델에 있다고 말했다. 홈브루 컴퓨터 클럽 소식지 1976년 2월호에 실린 또 다른 공개서한에서, 회원인 마이크 헤이스는 "모든 잠재 고객을 도둑이라고 부르는 것은 '멋지지 않은' 마케팅 전략일 수 있습니다"라고 쓴소리를 남겼다.

● 마이크로소프트 초기 시절의 빌 게이츠(앉아 있는 인물)와 파트너 폴 앨런.

An Open Letter to Hobbyists

To me, the most critical thing in the hobby market right now is the lack of good software courses, books and software itself. Without good software and an owner who understands programming, a hobby computer is wasted. Will quality software be written for the hobby market?

Almost a year ago, Paul Allen and myself, expecting the hobby market to expand, hired Monte Davidoff and developed Altair BASIC. Though the initial work took only two months, the three of us have spent most of the last year documenting, improving and adding features to BASIC. Now we have 4K, 8K, EXTENDED, ROM and DISK BASIC. The value of the computer time we have used exceeds $40,000.

The feedback we have gotten from the hundreds of people who say they are using BASIC has all been positive. Two surprising things are apparent, however. 1) Most of these "users" never bought BASIC (less than 10% of all Altair owners have bought BASIC), and 2) The amount of royalties we have received from sales to hobbyists makes the time spent of Altair BASIC worth less than $2 an hour.

Why is this? As the majority of hobbyists must be aware, most of you steal your software. Hardware must be paid for, but software is something to share. Who cares if the people who worked on it get paid?

Is this fair? One thing you don't do by stealing software is get back at MITS for some problem you may have had. MITS doesn't make money selling software. The royalty paid to us, the manual, the tape and the overhead make it a break-even operation. One thing you do do is prevent good software from being written. Who can afford to do professional work for nothing? What hobbyist can put 3-man years into programming, finding all bugs, documenting his product and distribute for free? The fact is, no one besides us has invested a lot of money in hobby software. We have written 6800 BASIC, and are writing 8080 APL and 6800 APL, but there is very little incentive to make this software available to hobbyists. Most directly, the thing you do is theft.

What about the guys who re-sell Altair BASIC, aren't they making money on hobby software? Yes, but those who have been reported to us may lose in the end. They are the ones who give hobbyists a bad name, and should be kicked out of any club meeting they show up at.

I would appreciate letters from any one who wants to pay up, or has a suggestion or comment. Just write me at 1180 Alvarado SE, #114, Albuquerque, New Mexico, 87108. Nothing would please me more than being able to hire ten programmers and deluge the hobby market with good software.

Bill Gates
Bill Gates
General Partner, Micro-Soft

● 20세의 빌 게이츠가 보낸 편지에서 그는 고객과의 관계에 미래가 없을 것 같다고 적었다

1991년 8월 22일

미하엘 슈마허가 한 단어를 지우고 세계 챔피언이 되다

> 젊은 미하엘 슈마허는 벨기에 그랑프리에 갑작스럽게 참가할 기회를 얻었다. 조던 그랑프리 팀은 결과가 좋게 나올 경우, 독일인인 슈마허와 정식으로 계약하기를 원했다. 계약서에 서명하려는 마지막 순간, 슈마허는 중요한 문구를 수정했다.

1990년대 초, 메르세데스 스포츠카 팀에는 C11 스포츠카를 운전하는 스타 드라이버가 셋 있었다. 칼 벤들링거Karl Wendlinger, 하인츠-하랄트 프렌젠 Heinz-Harald Frentzen, 미하엘 슈마허Michael Schumacher였다. 당시 전문가 대부분은 프렌젠이 가장 큰 모터스포츠 스타로 성장할 것이라 생각했다. 실제로 그는 이미 F1 바로 아래 등급인 1인승 F3000 레이스에 진출한 상태였다.

카리스마 넘치는 아일랜드인 에디 조던Eddie Jordan은 안목이 뛰어난 팀 소유주였다. 레이서 출신인 그는 F3000 드라이버로 시작해, F1 총괄 경영자 버니 에클스톤Bernie Ecclestone의 도움을 받아 F1팀을 창단했다. 그러나 1991년 그의 드라이버였던 베르트랑 가쇼Bertrand Gachot가 런던에서 택시 운전사와 말다툼을 벌인 끝에 택시 안에서 최루가스를 사용한 혐의로 예기치 않게 감옥에 갇히고 말았다.

376

벨기에 그랑프리가 코앞으로 다가온 상태에서 조던은 갑작스러운 빈자리를 메꿔야 했다. 메르세데스는 F1 무대에 독일인 드라이버를 올리고 싶어 했고, 슈마허가 1991년 남은 시즌 동안 조던의 팀에서 뛰는 조건으로 그에게 1회당 약 20만 달러를 지급하는 데 동의했다. 또한 1992년과 1993년에 걸쳐 350만 달러를 추가로 지급하기로 합의했다.

조던은 슈마허를 신생팀에 정식으로 영입하고 싶었다. 다른 드라이버인 안드레아 데 체사리스Andrea de Cesaris는 숙련된 F1 조종사였지만, 경력의 막바지에 접어들고 있었고 사고를 자주 냈다. 사실 그는 후원으로 자리를 연명하던 처지였다. 만약 슈마허가 소문대로 훌륭한 선수라면 팀은 경쟁력을 갖추어 더 많은 후원을 유치할 수 있을 테고, 조던도 더 이상 '유료 드라이버'에 의존할 필요가 없을 터였다.

조던은 슈마허에게 계약서를 보냈고, 슈마허는 다음과 같이 답했다.

"제가 1991년 벨기에 그랑프리에 출전하게 해주신다면, 몬차(이탈리아 북부에 있는 밀라노 동북쪽의 도시) 대회 이전에 1991년, 1992년, 1993년 시즌과 메르세데스의 우선 옵션이 적용되는 1994년 시즌에 대해 귀하와 '드라이버 계약a driver agreement'을 체결하기로 약속합니다."

편지에서 중요한 부분은 그가 'the'를 지우고 'a'를 삽입했다는 것이다. 벨기에 그랑프리가 시작되기까지 시간이 얼마 남지 않았고, 슈마허는 실버스톤에서 좌석 피팅과 간단한 주행 연습을 해야 했다. F1에서 가장 까다로운 서킷에 속하는 오루즈Eau Rouge 코너에도 도전해야 했다. 조던은 슈마허에게 더 이상 새로운 수정을 요구하지 않았.

경기에서 슈마허는 조던의 시즌 최고 그리드와 같은 7위로 출발했고, 안드레아 데 체사레는 0.7초 뒤처진 11위를 기록했다. 레이스가 시작함과 동시에 슈마허의 클러치가 고장나버렸고, 경기는 아쉽게 끝났다. 그러나 슈마허는 충분한 잠재력을 보여주었고, 다른 팀들도 그를 영입하기 위해 관심을 보이기 시작했다.

그러나 슈마허는 이미 조던과 계약을 맺은 상태였다. 적어도 조던은 그렇게 생각했다. 슈마허의 매니저인 빌리 베버는 그들이 '그the' 계약이 아니라 '하나a'의 계약에 서명하기로 합의했으며, '한 계약'은 1년에 두 번 공장을 방문하는 계약이 될 수도 있다고 반박했다. 법원은 이 주장을 받아들였고, 결국 미하엘 슈마허는 자유롭게 베네통 팀으로 이적할 수 있었다.

조던의 팀은 이후 2년간 성능이 떨어지고 신뢰할 수 없는 엔진으로 고생했다. 만약 슈마허가 조던의 팀에 남아야 했다면, 그의 경력은 완전히 중단되었을 수도 있다. 베네통 팀의 모든 사람이 슈마허의 영입을 원했던 것은 아니었지만, 어쨌든 1년 후 슈마허는 벨기에 그랑프리에서 우승했다. 1994년에는 세계 챔피언이 되었으며, 이후 일곱 번이나 세계 챔피언 타이틀을 거머쥐었다. 안타깝게도 슈마허의 경력은 2014년 스키 사고로 중단되었다.

에디 조던은 이 일을 담담하게 받아들인다. 그는 《모터 뉴스》와의 인터뷰에서 "F1에서 큰 사건들이 'the'를 써야 할 자리에 'a'를 쓴 계약서 하나로 결판이 난다는 것은 놀라운 일이지만, 그것이 바로 모터스포츠입니다. 그 뒤로 저는 모든 문서를 매우 신중하게 확인하게 되었습니다"라고 말했다.

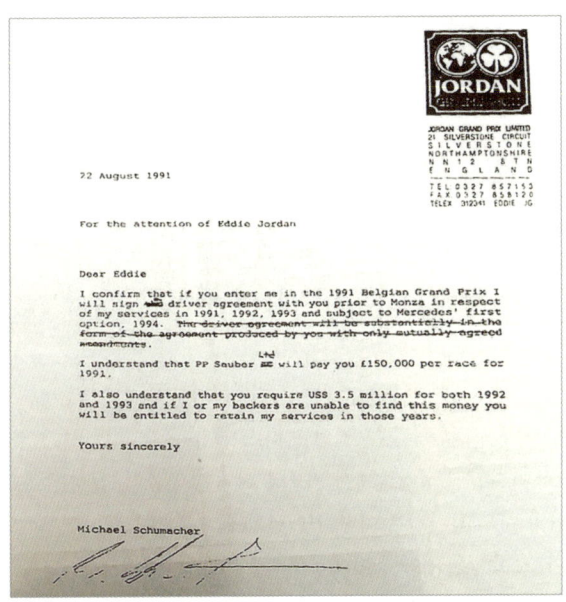

● 미하엘 슈마허는 팀의 감독인 에디 조던에게 보낸 편지의 초안에서 중요한 단어를 수정했다.

● 조던 그랑프리와 단 한 번의 레이스를 펼친 후, 미하엘 슈마허는 세계 챔피언 자리에 일곱 번 올랐으며(그중 다섯 번은 페라리 소속이었음), F1 그랑프리에서 가장 많은 우승을 차지했다.

379

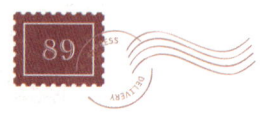

1999년 12월 31일

보리스 옐친이 러시아 통치가 예상보다 힘들었다고 인정하다

원래 미하일 고르바초프Mikhail Gorbachev의 제자였던 보리스 옐친Boris Yeltsin은 1987년 소련의 최고 통치기관인 정치국에서 최초로 사임한 인물이 되었다. 이 행동은 소련의 내부 권위가 무너져가던 시기에 그를 대중적 반항아로 만들었다. 사람들은 언제나 아웃사이더를 좋아한다.

공산당의 중앙 권력이 약해지고 철의장막과 베를린장벽이 무너지면서 모스크바의 영향력은 소련 내 러시아 공화국 너머로 확장되지 못했다. 술에 취한 채 공개석상에 나타난 것으로 유명했던 모스크바의 전 시장 보리스 옐친은 모스크바에서 큰 인기를 누렸으며, 1989년 모스크바 인민대표회의에서 92퍼센트의 득표율로 모스크바 대의원이 되었다.

그다음 해에 옐친은 러시아 공화국의 대통령으로 선출되었고, 그의 인기로 인해 전 멘토였던 고르바초프를 포함한 소련 지도부와 자주 갈등을 빚었다. 1991년 8월, 고르바초프는 군사 쿠데타로 위기에 처했다. 이때, 옐친이 그를 구했고, 고르바초프는 정치 활동에 치명타를 입었다. 이후 옐친이 이끄는 러시아가 소련에서 탈퇴했고, 그해 말 고르바초프가 사임하며 소련의 붕괴를 알렸다. 이후 옐친은 러시아연방의 대통령이 되었다.

옐친은 다른 정치인들과 마찬가지로, 현재 체제에 반대하며 권력을 잡기는 쉽지만, 정작 그 자리에서 체제를 바꾸는 일은 훨씬 어렵다는 점을 알게 되었다. 20세기의 마지막 날 그가 두 번째로 대통령직에서 사임했을 때, 그는 "우리가 쉬우리라 생각했던 일이 고통스럽고 어려운 일로 판명되었다"라는 것을 인정할 수밖에 없었다.

옐친의 급격한 경제 자유화로 물가가 무섭게 치솟았고, 자유 시장에서 경쟁할 능력이 없던 러시아 공장들이 문을 닫으면서 불황이 뒤따랐다. 그는 국민 전체에 부를 분배하려고 했지만, 그의 개혁은 결국 소수의 재벌에게 부를 집중시키는 결과를 낳았다. 부패가 만연했고, 사임할 때쯤 그의 지지율은 92퍼센트에서 2퍼센트로 급격하게 떨어져 있었다.

1999년 12월 31일, 옐친은 국영방송에서 편지를 읽는 방식으로 사임 의사를 표명했다. "친애하는 친구 여러분, 친애하는 국민 여러분"으로 시작해서 그는 "오늘 저는 러시아 대통령으로서 마지막으로 여러분께 인사드립니다 … 오늘, 나아가는 세기의 마지막 날에 저는 사임합니다." 당시 러시아 의회인 두마 선거에서 새로운 세대의 정치인들이 대거 등장했고, 옐친은 자신에게 시간이 얼마 남지 않았다고 느꼈다. "러시아는 새로운 정치인, 새로운 얼굴, 지적이고 강인하며 활기찬 사람들과 함께 새로운 천 년을 맞이해야 합니다."

옐친은 건강이 좋지 않았고 1996년에는 5중 심장 우회 수술을 받았다. 그럼에도 그는 "건강 문제 때문에 떠나는 것이 아니라 모든 문제를 종합한 결과로 떠나는 것"이라고 강조했다. 옐친은 다른 사람들과 마찬가지로 이렇게 믿었다. "우리도 암울하고 정체된 전체주의라는 과거에서 밝고 풍요롭고 문명화된 미래로 한 번에 도약할 수 있을 것이라고 믿었습니다 … 저는 너무 순진했습니다."

그는 러시아의 정치적 방향성을 통제하기 위한 마지막 시도로 당시에는 비교적 알려지지 않았던 총리 블라디미르 푸틴을 후계자로 지명했다. 옐친은 "이 나라에 대통령이 될 만한 강력한 인물이 있는데, 왜 내가 6개월이나 더 권력을 붙들어야 합니까? … 내가 그를 방해할 이유가 무엇입니까?"라고 말했다. 새로운 대통령 선거는 3개월 뒤에 치러질 예정이었다. 그는 "2000년 3월 말에 여러분이 어떤 선택을 할지 의심하지 않습니다"라고 말했다.

그리고 그가 맞았다. 3월에 푸틴이 대통령으로 당선되었고, 지금까지도 대통령직을 유지하고 있다. 자유시장경제, 부패, 그리고 권위주의가 뒤섞인 그의 통치는 공산주의 체제에 익숙한 국민들에게 지지를 얻었다. 보리스 옐친은 2007년 심부전으로 세상을 떠났다.

보리스 옐친이 러시아 국민에게 보낸 사임 편지

친애하는 러시아 국민 여러분, 우리 역사에서 중요한 날짜까지 이제 시간이 얼마 남지 않았습니다. 2000년이 우리 앞에 다가왔습니다. 새로운 세기, 새로운 천년이 도래했습니다.

우리는 모두 이 날을 맞이하기 위해 스스로 준비해왔습니다. 어린 시절에 그리고 어른이 된 후에도 우리는 2000년에 몇 살이 될지, 우리 어머니가 몇 살이 될지, 자녀들이 몇 살이 될지 계산하곤 했습니다. 그때는 새 천 년이 멀게만 느껴졌습니다. 그러나 이제 그날이 왔습니다.

사랑하는 친구, 친애하는 국민 여러분, 오늘 저는 여러분께 마지막으로 새해 인사를 드립니다. 그러나 그것이 전부는 아닙니다. 오늘 저는 러시아 대통령으로서 마지막으로 여러분께 인사드립니다. 저는 마침내 결정을 내렸습니다. 이 결정을 내리기까지 오랫동안 깊이 생각했습니다. 오늘, 나아가는 세기의 마지막 날에 저는 사임합니다.

많은 사람이 "옐친은 어떻게든 권력을 유지하려 할 것이고, 누구에게도 권력을 넘기지 않을 것이다"라고 말하는 것을 들었습니다. 그러나 그 모든 말은 거짓말입니다. 사실이 아닙니다. 저는 늘 헌법에서 벗어나는 일은 절대 하지 않을 것이라고 말해왔습니다. 두마 선거는 헌법이 정한 기간 내에 치러져야 합니다. 그리고 그렇게 되었습니다.

마찬가지로 저는 대통령 선거도 2000년 6월에 예정대로 치러지기를 바랐습니다. 이는 러시아에 매우 중요한 일이었습니다. 우리는 문명화된 방식으로 자발적으로 권력을 이양하는 중요한 선례를 만들고 있었습니다. 러시아의 한 대통령이 새로 선출된 다른 대통령에게 권력을 넘기는 일 말입니다.

그러나 저는 다른 결정을 내렸습니다. 저는 대통령 자리에서 물러납니다. 예정보다 일찍 사임하기로 했습니다. 이것이 제가 해야 할 일임을 깨달았습니다. 러시아는 새로운 정치인, 새로운 얼굴, 지적이고 강인하며 활기찬 사람들과 함께 새로운 천 년을 맞이해야 합니다. 오랜 세월 집권해온 우리 같은 이들은 물러나야 합니다.

두마 선거에서 국민이 새로운 세대의 정치인을 위해 어떤 희망과 믿음으로 투표했는지를 보며, 저는 제 인생에서 중요한 일을 완수했음을 깨달았습니다. 러시아는 결코 과거로 돌아가지 않을 것입니다. 러시아는 이제 항상 앞으로 나아갈 것입니다. …

● 1999년 3월, 보리스 옐친(오른쪽)은 블라디미르 푸틴을 러시아연방 안전보장이사회 서기장으로 승진시켰다. 전직 KGB 요원이었던 푸틴은 옐친의 사임 후 대통령 권한대행이 되었고, 2000년 5월부터 대통령직을 맡게 되었다.

2001년 8월

셰런 왓킨스가 엔론의 의심스러운 회계 관행을 비판하다

1930년대 가스 유통 회사로 시작한 엔론Enron은 1980년대 중반 케네스 레이Kenneth Lay가 CEO로 취임하면서 빠르게 성장했다. 레이는 기존 사업을 뛰어넘어 회사를 크게 확장시켰다. 회사의 역량을 초과하는 의심스러운 거래가 이루어졌고, 이는 언제 꺼질지 모르는 거품과도 같았다.

1990년, 케네스 레이는 파산한 퍼스트시티 내셔널은행 출신 제프 스킬링Jeff Skilling과 콘티넨털 일리노이 내셔널은행과 신탁회사 출신인 앤드류 패스토우Andrew Fastow와 함께 엔론에 합류했다. 이 세 사람은 여러 나라에 복잡하게 얽혀 있는 다국적기업을 매입하거나 설립해서 그 속에 부채를 숨기고 이익을 부풀렸다. 이들은 엔론의 휴스턴 본사에서 이사들과 회계사들이 자신들의 의심스러운 관행에 동조하도록 기업문화를 조장했고, 불법적인 일에 이의를 제기하는 대신 용인하는 분위기를 만들었다.

다국적인 확장과 눈부신 수익이라는 화려한 겉모습 뒤에는 자회사를 통해 손실을 감추는 부정 회계 시스템이 있었다. 엔론은 이런 방식으로 주주들에게 회사가 엄청난 투자 수익을 낼 수 있다는 잘못된 믿음을 심어줌으로써 자금이 계속 회사로, 실제로는 경영진의 주머니로 들어오도록 유도했다.

그러나 2001년 8월, 제프 스킬링이 엔론에서 사임했고, 회사의 기업 개발 부사장인 셰런 왓킨스가 회계 시스템에 우려를 표명하기 시작했다. 처음에 왓킨스는 레이에게 익명으로 편지를 보냈다. 왓킨스는 엔론의 회계 담당이었던 아서 앤더슨Arthur Andersen에서 근무한 경험이 있었고, 자신이 하는 말의 의미를 잘 알고 있었다. 그녀는 "저는 우리가 회계 스캔들의 물결 속에서 붕괴할까 봐 극도로 불안합니다"라고 고백했다.

겉으로는 재정 상태가 매우 좋아 보이던 회사에서 스킬링이 갑자기 떠난 것도 의심스러웠다. 왓킨슨은 "그는 즐겁지 않았고 미래를 내다봤을 때 이 문제를 해결할 수 없다는 걸 알았으며, 2년 후에 수치스럽게 사임하는 것보다 지금 배를 버리는 게 낫다고 생각했을 겁니다"라고 편지에 썼다. 그녀는 특히 2002년과 2003년에 만기 예정이었던 두 가지 계획인 '콘도르'와 '랩터'를 염두에 두고 있었다. 이 계획은 약속한 수익을 내지 못할 것이 분명했다. 왓킨슨은 레이에게 "1년 동안 은행을 다 털어 쓰고 2년 뒤에 갚으려는 것과 비슷해요"라고 말했다. "우리는 너무 많은 감시를 받고 있으며, '재배치된' 직원 중 불만을 품은 이들이 그 '수상한' 회계를 파헤쳐 우리를 곤경에 빠뜨릴지도 모릅니다."

왓킨스가 레이에게 던진 질문은 엔론과 엔론의 회계사 모두에게 조용한 공포를 불러일으켰다. 경영진은 주식을 처분했고, 아서 앤더슨은 엔론이 여전히 건전한 상태라고 주장하면서도 문서를 파기했다.

결국 그들의 가면이 벗겨졌고, 12월 2일 엔론은 미국 기업 역사상 가장 큰 규모로 파산했다. 당시 세계 5대 회계법인에 속했던 아서 앤더슨도 함께 무너졌다. 스킬링은 중범죄로 24년형을 선고받고 12년을 복역한 후, 2019년 2월에 석방되었다. 패스토우는 사기, 자금세탁, 공모 혐의로 유죄를 선고받았지만, 국정 증인으로 협력해 형량을 줄였고 2006년에 풀려났다. 레이는 10건의 혐의로 유죄판결을 받았으나 선고 전에 심장마비로 사망했다. 셰런 왓킨스는 현재도 각종 콘퍼런스에서 미국 기업문화의 위험성을 알리고 있다.

● 2002년 2월 26일, 셰런 왓킨스(맨 왼쪽), 제프리 스킬링(가운데), 제프리 맥마흔은 미국 상원 상업과학 운송위원회에서 증언했다.

Dear Mr. Lay,

Has Enron become a risky place to work? For those of us who didn't get rich over the last few years, can we afford to stay?

Skilling's abrupt departure will raise suspicions of accounting improprieties and valuation issues. Enron has been very aggressive in its accounting—most notably the Raptor transactions and the Condor vehicle....

We have recognized over $550 million of fair value gains on stocks via our swaps with Raptor, much of that stock has declined significantly.... The value in the swaps won't be there for Raptor, so once again Enron will issue stock to offset these losses. Raptor is an LJM entity. It sure looks to the layman on the street that we are hiding losses in a related company and will compensate that company with Enron stock in the future.

I am incredibly nervous that we will implode in a wave of scandals. My 8 years of Enron work history will be worth nothing on my resume, the business world will consider the past successes as nothing but an elaborate accounting hoax. Skilling is resigning now for "personal reasons" but I think he wasn't having fun, looked down the road and knew this stuff was unfixable and would rather abandon ship now than resign in shame in 2 years.

Is there a way our accounting gurus can unwind these deals now? I have thought and thought about how to do this, but I keep bumping into one big problem—we booked the Condor and Raptor deals in 1999 and 2000, we enjoyed a wonderfully high stock price, many executives sold stock, we then try and reverse or fix the deals in 2001 and it's a bit like robbing the bank in one year and trying to pay it back 2 years later....

I realize that we have had a lot of smart people looking at this and a lot of accountants including AA & Co. have blessed the accounting treatment. None of this will protect Enron if these transactions are ever disclosed in the bright light of day....

The overriding basic principle of accounting is that if you explain the "accounting treatment" to a man on the street, would you influence his investing decisions? Would he sell or buy the stock based on a thorough understanding of the facts?

My concern is that the footnotes don't adequately explain the transactions. If adequately explained, the investor would know that the "Entities" described in our related party footnote are thinly capitalized, the equity holders have no skin in the game, and all the value in the entities comes from the underlying value of the derivatives (unfortunately in this case, a big loss) AND Enron stock and N/P....

The related party footnote tries to explain these transactions. Don't you think that several interested companies, be they stock analysts, journalists, hedge fund managers, etc., are busy trying to discover the reason Skilling left? Don't you think their smartest people are pouring [sic] over that footnote disclosure right now? I can just hear the discussions—"It looks like they booked a $500 million gain from this related party company and I think, from all the undecipherable ½ page on Enron's contingent contributions to this related party entity, I think the related party entity is capitalized with Enron stock."…. "No, no, no, you must have it all wrong, it can't be that, that's just too bad, too fraudulent, surely AA & Co. wouldn't let them get away with that?"

● 셰런 왓킨스는 최고경영자 제프리 스킬링이 2001년 8월 14일 갑작스럽게 사임한 후 엔론 회장 케네스 레이에게 익명으로 이 편지를 보냈다.

2003년 6월 30일

켈리 박사가 자신이
BBC 보도의 출처였다고 말하다

2002년 영국 정부는 이라크가 보유한 대량살상무기의
평가 보고서를 의뢰했다. 이라크 지도자 사담 후세인Saddam Hussein을
무너뜨리기 위해 이라크를 침공하려는 계획을 지지하기 위해서였다.
하지만 이는 전쟁을 정당화하기 위한 허술한 변명에 불과했다.

'수상한 보고서'로 알려지게 된 이 문건에는 사담 후세인의 명령이 있으면, 이라크가 45분 이내에 화학·생물학 무기를 발사할 수 있다는 내용이 포함되었다. 생물학전戰 전문가인 데이비드 켈리David Kelly 박사는 이 문서를 교정해달라는 요청을 받았다. 하지만 켈리 박사는 45분이라는 대응 시간 등 일부 주장에 동의하지 않았다.

2003년 3월, 대량살상무기를 제거하고 테러를 종식한다는 명분으로 미국과 영국 연합군이 이라크를 침공했다. 그러나 이들은 대량살상무기의 증거를 찾지 못했다. 2003년 5월, 켈리 박사는 BBC 기자 앤드류 길리건Andrew Gilligan과의 비공개 인터뷰에서 해당 보고서에 의구심을 표했다. 그는 토니 블레어Tony Blair 총리의 공격적인 대변인 앨리스테어 캠벨Alastair Campbell이 이라크 침공에 대한 대중의 지지를 끌어내기 위해 이 보고서를 '과장'했다고 생각했다.

길리건은 자신의 정보원인 켈리의 이름을 밝히지 않은 채 보도에서 캠벨의 이름을 언급하며 비난했다. 이라크 침공에 반대하는 사람들은 이 보도를 블레어 총리가 전쟁을 위해 의도적으로 명분을 조작했다는 증거로 인용했다. 많은 영국인의 목숨이 희생되었고 이라크는 큰 혼란에 빠졌다. 미국과 영국이 전쟁을 강행할 만한 명확한 명분은 존재하지 않았다. BBC에 정보원을 공개하라는 압박이 커지자, 켈리 박사는 국방부의 직속상관에게 길리건을 만났다는 사실을 인정하는 비밀 편지를 쓰기로 결심했다.

켈리 박사는 자신이 이라크에서 무기 조사관으로 일한 경험을 이야기하긴 했지만, 이 보고서를 언급한 적은 없다고 부인했다. "한 친구가 그 발언이 이라크의 화학적·생물학적 전투 능력에 관해 제가 할 법한 말이라고 하기 전까지는 제가 길리건의 정보원이라는 생각을 꿈에도 하지 못했습니다"라고 말했다. 그는 "길리건이 나와의 만남을 상당히 과장했거나, 보고서와 밀접한 연관이 있는 다른 사람을 만났거나 혹은 여러 출처에서 발췌한 발언을 종합해 기사를 작성했을 가능성도 있습니다"라고 언급했다.

정부 역시 한 직원이 길리건을 만났다고 인정했다고만 발표했다. 그러나 발표된 세부 사항은 켈리의 신원을 유추하기에 충분했다. 곧 켈리가 길리건의 정보원으로 밝혀졌다. 많은 사람은 정부가 길리건의 보도를 깎아내리려고 일부러 켈리의 신원을 밝혔다고 믿는다.

켈리는 지지자와 비판자 모두로부터 거센 압박을 받았다. 온화하고 부드러운 성격이었던 그는 7월 15일과 16일 이틀 연속으로 두 개의 청문회에서 공격적인 심문을 받았다. 그의 대답은 때때로 너무나 작아서 거의 들리지 않을 정도였다. 이 경험은 그에게 깊은 충격을 주었다. 7월 17일 오후, 그는 집을 나와 좋아하던 인근 숲에서 진통제를 과다 복용한 후 자신의 손목을 그었다. 그의 시신은 다음 날 아침 발견되었다.

음모론자들은 켈리가 정부 요원에게 살해되었을지도 모른다고 주장했다. 그러나 정부 조사에서 켈리의 자살에 정부 책임은 없다는 결론이 나왔다. 길리건은 보도의 정확성에 관해 조사를 받은 뒤 BBC에서 사임했다. 블레어 정부는 이후 재집권에 성공했지만, 토니 블레어와 앨리스테어 캠벨은 나라를 불법적인 전쟁으로 몰아넣기 위해 보고서를 조작했다는 의혹에서 영원히 자유롭지 못하게 되었다.

● 전 UN 무기 조사관 데이비드 켈리 박사가 2003년 7월 15일, 하원에 도착했을 때 찍힌 사진. 그가 생을 마감하기 이틀 전이었다.

● 시위대가 런던의 왕립 법원 앞에서 경고 문구를 들고 있다. 토니 블레어 영국 총리는 켈리 박사의 죽음과 이라크전쟁의 명분이 된 '수상한 보고서'를 파헤친 '허튼 조사'에서 증언하기로 되어 있었다. 시위대의 경고 문구에는 국방부 장관 제프 훈, 토니 블레어, 외무부 장관 잭 스트로를 비난하는 내용이 담겨 있다.

2005년 1월

바비 헨더슨이 스파게티 괴물을 인정하라고 요청하다

2005년, 캔자스주 교육위원회는 학교교육에 지적 설계론을 도입하는 문제를 논의했다. 지적 설계론은 세상이 너무 복잡해서 스스로 진화할 수 없으며 더 높은 존재, 구체적으로는 기독교의 신이 세상을 창조했다는 주장을 담고 있다. 그러나 여기에 동의하지 않는 사람들도 있었다.

창조론자와 종교적 보수주의자들은 진화론에 결함이 있다고 가르치고 싶어 했으며, 교과과정에서 유신론에도 동등한 시간을 할애해야 한다고 제안했다. 과학자들은 이에 경악했다.

물리학 전공자인 바비 헨더슨Bobby Henderson은 '걱정하는 시민'을 자청하며 캔자스 교육위원회에 공개서한을 보내 "학생들이 한 가지 지적 설계론만 듣게 될 것"이라는 허황된 우려를 표명했다. 오리건 출신의 25세 청년인 헨더슨이 보낸 서한에 따르면, 지적 설계론에도 많은 이론이 있으며 "전 세계 많은 사람과 마찬가지로 자신은 날아다니는 스파게티 괴물이 우주를 창조했다는 강한 믿음을 가지고 있다"라고 주장했다.

그는 지적 설계론을 주장하는 이들과 같은 방식으로 자신의 신학적 주장을 펼쳤다. 학생들이 "여러 관점을 들어보고 스스로 선택할 수 있도록 하는 게" 얼마나 중요한지를 고려해, 헨더슨은 학교에서 학생들에게 날아다니는 스파게티 괴물이 지적 설계에 관여했다는 내용을 가르쳐야 한다고 주장했다. 결국 그는 "지적 설계론이 과학적 이론에 근거한 것이라면, 우리 이론 역시 과학에 근거하고 있으므로 이를 가르쳐야 한다"라고 덧붙였다.

헨더슨은 자신이 만든 허구 과학 이론을 전지전능한 신에 관한 친숙한 종교적 은유와 엮어 지적 설계론을 풍자했고, 지적 설계론을 과학이라고 주장하는 이들에게 의문을 제기하며 그 정당성을 무너뜨리려 했다.

창조론자들은 과학에서 통계적으로 중요하지 않은 이상 현상을 지적함으로써 오랫동안 탄소연대측정법의 신뢰성을 떨어뜨리려고 노력해왔다. 헨더슨 역시 탄소연대측정법에 반대했다. 그는 스파게티 괴물이 "면발로 결과를 조작했기 때문"에 이상한 수치가 나온 것이라고 비판했다. 게다가 "진화 과정을 뒷받침하는 압도적인 과학적 증거는 단지 우연에 불과하다"라고 말했다. 헨더슨과 같은 '파스타파리안PastaFarians'에 따르면, 이런 우연은 '그(날아다니는 스파게티 괴물)가 이미 설계해둔 것'이었다.

창조론자들에 따르면, 노아의 홍수와 같은 자연재해는 불신자들에게 내린 신의 경건한 처벌이었다. 헨더슨은 동일한 논리를 사용해 "지구온난화, 지진, 허리케인과 기타 자연재해는 1800년대 이후 해적 수가 감소한 것에 따른 결과"라고 주장했다. 이 이론을 시각적으로 설명하려고 일부러 말도 안 되는 그래프를 첨부했다. 상관관계가 인과관계와 같지 않다는 헨더슨의 근본적인 주장은 리처드 도킨스와 같은 저명한 무신론자들이 훨씬 깊이 있게 다뤄온 주제이기도 했다.

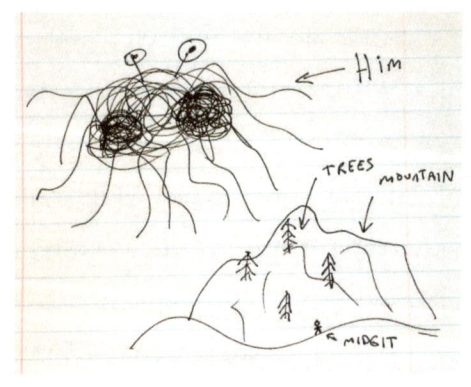

● 바비 헨더슨이 아무렇게나 그린 상징적 그림.

날아다니는 스파게티 괴물은 많은 주목을 받았고, 실제로 파스타파리안 추종자들을 만들어내며 무거운 주제를 경쾌하게 풀어냈다. 이후 캔자스주 교육위원회에서 공화당과 민주당 간의 세력 균형이 변화하면서 지적 설계론은 결국 교육과정에 편입되지 못했다.

Statement regarding Traditional Pastafarian Headgear:

Allow me to confirm that the wearing of a Colander is a tradition in the Pastafarian faith. Not all followers dress so formally, but it is a common practice for us to do so while making official identification documents.

As you know, religion plays a serious part in many people's lives, including the wearing of specific clothing. Believers over the years have sometimes unfortunately experienced resistance, mockery, or even discrimination for simply following the guidelines of their religion.

Thankfully case law has repeatedly affirmed that believers have a constitutionally-protected right to wear such clothing in nearly all public situations including: work, school, while taking identification photos, even in the courtroom — provided that the clothing does cause undo , harm. That is to say, that religious clothing is with very few exceptions a protected right.

We, the Church of the Flying Spaghetti Monster, are not a litigious group but of course we, along with the ACLU and others, have an interest in defending the individual rights and liberties guaranteed by the Constitution and the laws of the United States.

Thank you for your cooperation and May You Be Touched by His Noodly Appendage.

Sincerely,

Bobby Henderson, Church of the Flying Spaghetti Monster

● 날아다니는 스파게티 괴물 교회의 칙령 중 하나. 25달러면 파스타파리안 사제가 될 수 있다.

● 날아다니는 스파게티 괴물은 아르네 니클라스 얀손Arne Niklas Jansson의 작품인 〈그분의 면으로 된 촉수에 닿아Touched by His Noodly Appendage〉 같은 훌륭한 예술 작품에 영감을 주었다.

2010년 2월 3일

첼시 매닝이 위키리크스에 민감한 데이터를 보내다

> 첼시 매닝Chelsea Manning의 이야기는 보는 관점에 따라 반역, 군대의 실패 또는 성 정체성에 관한 이야기로 읽힌다. 한 가지 확실한 점은 남성성을 강조한 미군의 환경이 그녀의 여성성을 '치유'할 것이라고 기대한 것은 실수였다는 사실이다.

    첼시는 '브래들리'라는 세례명을 받고 남자로 자랐다. 그녀의 어머니는 임신 중일 때부터 출산 후까지 줄곧 알코올의존증에 시달렸다. 이 때문에 언니 케이시가 첼시의 어린 시절 대부분을 보살폈다. 어머니는 첼시가 11살일 때 자살을 시도했고, 13살일 때 부모님이 이혼했다.

    남성으로 태어났지만 여성성을 지녔던 첼시는 학교에서 괴롭힘의 대상이 되었다. 17살이 되자 그녀는 자신을 게이 남성이라고 생각했지만, 날뛰는 기분은 종잡을 수 없었다. 때로는 감정을 억누르다가 어느 날은 새어머니를 칼로 위협하기도 했다. 첼시는 2007년에 미 육군에 입대했다. 하지만 그곳에서 끊임없는 육체적 훈련과 많은 괴롭힘 때문에 정신적으로 무너져버렸다. 이후 그녀는 정보 분석 부서로 전출되었는데, 그 일은 컴퓨터에 능숙하고 예리하며 사려 깊은 그녀에게 잘 맞았다.

이 부서에서는 여러 민감한 정보에 접근할 수 있었다. 그녀는 자신을 여성이라고 생각하기 시작했지만, 당시 군대는 "묻지도, 말하지도 말라Don't Ask, Don't Tell"라는 정책을 유지하고 있었다. 그녀는 고립감과 좌절감 속에서 심리적 압박을 느끼고 있었다. 이러한 정서적 불안정은 사람들의 우려를 샀고, 그녀는 정신 건강 상담사에게 상담을 받게 되었다. 이후 그녀는 자신과 타인에게 해를 끼칠 위험이 있었음에도, 분석가로서의 능력을 인정받아 2009년 바그다드에 배치되었다.

자신의 정체성과 자신이 반대하는 전쟁에서의 역할에 불만을 품은 첼시 매닝은 위로를 얻기 위해 인터넷에 의지했고, 비밀 기록을 공개하는 데 전념하는 조직 '위키리크스'를 발견했다. 2010년 1월 초, 그녀는 이라크와 아프가니스탄전쟁에 관한 약 50만 개의 군 문서를 SD카드에 복사했고, 이를 다음 휴가 때 카메라에 담아 미국으로 밀반입할 계획을 세웠다.

이 파일들을 『워싱턴 포스트』에 제공할 생각이었던 매닝은 텍스트 파일 형태의 설명서를 추가했다. 그녀는 "이라크와 아프가니스탄전쟁에 관한 역사적으로 중요한 항목"이라고 적었다. "이 방대한 데이터를 대중에게 효과적으로 전달 및 배포하고 출처를 보호하기 위해서는 이 정보 유출을 90일에서 180일 동안 보류할 필요가 있습니다." 자신이 하는 일에 힘을 얻은 그녀는 이렇게 덧붙였다. "이것은 전쟁의 안개를 걷어내고 21세기 비대칭 전쟁의 참모습을 드러내는 우리 시대의 매우 중요한 문서입니다. 좋은 하루 보내세요."

『워싱턴 포스트』와 『뉴욕타임스』에서 그녀가 제공하려는 정보에 관심을 보이지 않자, 그녀는 그 자료를 위키리크스에 보냈다. 이후 3개월 동안 매닝은 민간인과 언론인을 대상으로 한 미국의 헬리콥터 공격 영상을 비롯한 추가 파일을 전달했다. 이 영상이 위키리크스를 통해 공개되면서, 위키리크스는 억압된 진실을 폭로하는 단체로서 명성을 다질 수 있었다.

첼시 매닝은 일부러 체포되기를 원했을 수도 있다. 그녀는 상관에게, 해당 헬리콥터 공격 영상이 자신이 근무하는 네트워크에 저장된 파일의 사본이라는 점을 지적했다. 2010년 5월, 매닝은 해커 출신 저널리스트 에이드리언 라모와 온라인으로 대화를 나누면서 모든 일을 자백했다. 라모는 그녀가 사람들의 생명을 위협하고 있다고 판단해, 그녀를 육군 방첩부에 신고했다. 매닝은 5월 26일에 체포되었고 35년 형을 선고받았다.

오바마 대통령이 2017년 1월 대통령 집무실을 떠나면서 매닝의 형을 감형했다. 그러나 당시 취임을 앞둔 트럼프 대통령은 트위터에서 매닝을 겨냥해 "은혜를 모르는 반역자, 끔찍하다!"라고 비판했다. 2019년 매닝은 위키리크스 설립자 줄리안 어산지에 대한 증언을 거부했다는 이유로 다시 수감되었다.

첼시 매닝이 위키리크스에 보낸 편지

이라크와 아프가니스탄전쟁에 관한 역사적으로 중요한 항목. 이 방대한 데이터를 대중에게 효과적으로 전달 및 배포하고 출처를 보호하기 위해서는 이 정보 유출을 90일에서 180일 동안 보류할 필요가 있습니다. 이것은 전쟁의 안개를 걷어내고 21세기 비대칭 전쟁의 참모습을 드러내는 우리 시대의 매우 중요한 문서입니다. 좋은 하루 보내세요.

● 브래들리 에드워드 매닝으로 태어난 첼시 엘리자베스 매닝은 2010년부터 2017년까지 위키리크스에 75만 건의 문서를 공개한 혐의로 감옥에 갇혔다. 매닝은 위키리크스 설립자 줄리안 어산지를 조사하는 대배심에 출석해 증언하라는 명령을 거부해 2019년 3월 법정 모독죄로 다시 감옥에 갇혔다. 매닝은 군사재판에서 자신이 아는 것은 모두 밝혔다고 주장했다.

2010년 4월 14일

우주비행사들이 미국의 우주 경쟁력 약화를 안타까워하다

미국의 베테랑 우주비행사들은 자국이 더 이상 우주비행사나 위성을 궤도로 보내지 못하고 우주 경쟁에서 한 수 아래였던 러시아에 전적으로 의존하게 되자 경악을 금치 못했다.

나사의 컨스털레이션 프로그램Constellation programme은 2004년 조지 W. 부시 대통령이 우주 탐사에 관심을 표명하면서 시작되었다. 이 프로그램의 미션은 '인간이 달에 장기간 거주할 수 있도록 만들어 화성과 더 먼 우주를 여행하기 위한 발판을 마련하는 것'이었다.

국제우주정거장ISS의 예정된 완공과 NASA 우주왕복선의 은퇴 계획에 이어, 컨스털레이션 프로그램은 우주 탐사 분야에서 흥미진진한 새로운 단계가 될 것으로 기대되었다. 이 프로그램의 탄생은 최초로 달에 착륙했던 베테랑들에게 매우 기쁜 소식이었다. 인류 최초로 달에 발을 디딘 우주비행사 닐 암스트롱은 이전에 "저는 세기말까지 우리가 실제로 이룬 것보다 훨씬 더 많은 것을 이룰 것이라고 확신했습니다"라고 말했다. 케네디 대통령이 1962년에 시작한 우주 프로그램은 1972년 아폴로 17호로 막을 내렸다. 암스트롱의 동료인 유진 서넌은 "여전히 내가 달에 발을 디딘 마지막 사람이라는 사실이 매우 실망스럽습니다"라고 한탄했다.

우주왕복선 이후 NASA는 새로운 아레스 I 로켓과 대형 발사체인 아레스 V 로켓을 활용해 우주 내외부 탐사를 위한 차세대 우주선을 개발하기 시작했다. 닐 암스트롱, 유진 서넌, 짐 러벨은 "NASA뿐 아니라 미국 전역에서 열기가 뜨거웠습니다"라고 언급했다. 그러나 버락 오바마 대통령의 재임 중 진행된 두 차례 검토에서 컨스털레이션 프로그램은 "예산을 초과하고, 일정이 지연되었으며, 혁신이 부족하다"라는 평가를 받았다. 오바마 대통령은 2010년에 국제우주정거장의 운영 기간을 연장했지만, 컨스털레이션 프로그램의 예산은 완전히 없앴다.

아폴로 11호의 닐 암스트롱, 아폴로 13호의 짐 러벨, 아폴로 17호의 유진 서넌, 이 세 명의 베테랑 우주비행사는 이 결정을 한탄하는 공개서한에 이름을 올렸다. 이들은 아레스 로켓 없이 우주왕복선이 곧 은퇴하면, "미국이 저궤도와 국제우주정거장에 접근할 수 있는 유일한 경로는 러시아와의 협정을 통해 소유즈Soyuz 좌석을 구입하는 방법뿐입니다"라고 말했다.

전직 우주비행사들이 동의한 바와 같이, 컨스털레이션 프로그램 연구개발에 든 시간 및 비용의 손실 그리고 프로그램이 다시 가동될 경우에 이를 재구축하는 데 드는 비용은 지금까지 투자된 100억 달러에 대한 엄청난 낭비였다. 이들은 1969년 우주 경쟁에서 승리한 나라가 "저궤도로 가는 운송수단도 없이 향후 얼마나 걸릴지 모르지만 지구 궤도를 넘어가는 인간의 탐사 능력마저 잃어버린다면, 이 나라는 이류나 삼류 국가로 전락하게 될 것"이라고 예상했다.

세 우주비행사가 참여한 아폴로 프로그램은 새로운 미션을 수행할 때마다 단계적으로 누적된 교훈을 잘 활용했다. 이들은 공개서한에서 실질적이고 실용적인 우주 탐사를 대체할 방법은 없다고 주장했다. "실제 우주선을 운영함으로써 얻게 될 기술과 경험을 잃어버린다면 미국은 서서히 평범함으로 가는 긴 내리막길을 걷게 될 것입니다"라고 경고했다.

미래는 아직 어떻게 될지 모른다. 미국은 실제로 러시아 소유즈 우주선에 의존하게 되었고, 이제는 일론 머스크 같은 민간 기업가들의 우주선까지 활용하고 있다. NASA는 여전히 태양계와 그 너머를 탐사하는 심우주 탐사선 프로그램을 진행하고 있다. 아레스 로켓 시리즈는 취소되었지만, NASA는 여전히 아레스 로켓을 탑재할 예정이었던 오리온 우주선을 개발하고 있다. 한편, 중국을 비롯한 다른 나라들은 우주로의 다음 도약을 위한 달 기지라는 아이디어를 적극적으로 추진하고 있다.

미국의 우주비행사들이
버락 오바마에게 보낸 공개서한

… 이 비전을 실현하기 위한 비행 부품 및 인프라 설계와 제작이 순조롭게 진행되고 있었습니다. 프로그램의 모든 주요 부문에 대한 세부 계획이 시작되었으며, NASA뿐 아니라 미국 전역에서 열기가 뜨거웠습니다.

오바마 대통령이 최근 NASA 예산을 발표하면서 총 자금을 약간 증액하고, 연구 및 기술 개발에 상당한 투자를 하고, 2020년까지 국제우주정거장 운영을 연장하며, 아직 구체적으로 정의되지 않은 새로운 대형 우주발사체 개발을 위한 장기 계획을 수립하고, 저궤도에 상업적으로 접근하기 위한 상당한 자금을 지원하겠다고 제안했습니다.

이러한 제안 중 일부는 타당하지만, 아레스 I 로켓 및 아레스 V 로켓, 오리온 우주선이 포함된 컨스털레이션 프로그램을 취소하기로 한 결정은 치명적입니다.

미국이 저궤도와 국제우주정거장에 접근할 수 있는 유일한 경로는 러시아와의 협정을 통해 소유즈 좌석을 구입하는 방법(좌석당 가격이 5천만 달러 이상이며, 가까운 시일에 금액이 상당히 오를 것으로 예상됨)뿐입니다. 우리가 자체 운송 수단을 확보하기 전까지 말입니다. 대통령의 제안에 포함된 궤도로 가는 상업용 운송 수단을 언제 이용할 수 있을지 확실히 예측할 수 없지만, 우리가 예상했던 것보다 훨씬 더 오랜 시간이 걸리고, 많은 비용이 소요될 가능성이 큽니다.

스콧 카펜터	밥 크리펜	짐 맥디빗	브루스 맥캔들리스
닐 암스트롱	마이클 D. 그리핀	진 크란츠	프랭크 보먼
제임스 러벨	에드 깁슨	조 커윈	폴 와이츠
유진 서넌	짐 케네디	프레드 헤이즈	조지 뮬러
크리스 크래프트	엘런 빈	제럴드 카	해리슨 슈미트
잭 루스마	알프레드 M. 워든	제이크 가른	딕 고든
밴스 브랜드	글린 러니	찰리 듀크	

● 달 탐사차인 '루나 로버'는 2024년 이전까지 미국의 마지막 달 표면 방문이었던 아폴로 17호 임무 중에 우주비행사 유진 서넌과 해리슨 슈미트가 초기 아폴로호 임무 당시보다 더 먼 거리에서 암석 표본을 수집할 수 있도록 도왔다.

2013년 1~7월

밴드 푸시 라이엇이
슬라보예 지젝과 철학을 교류하다

푸시 라이엇Pussy Riot은 러시아의 여성 펑크 밴드로, 러시아에서 여성과 LGBT(레즈비언, 게이, 양성애자, 트랜스젠더 등의 성 정체성을 가진 사람들을 지칭하는 말—옮긴이)의 권리를 지지하는 즉흥 거리 공연으로 이름을 알렸다. 이들은 블라디미르 푸틴 대통령의 정책에 정면으로 반대해 푸틴과 충돌을 겪었다.

2012년 2월 21일, 푸시 라이엇은 모스크바의 구세주 그리스도 대성당에서 플래시몹(정해진 시간과 장소에 모여 정해진 행동을 하고 곧바로 흩어지는 것—옮긴이) 형식의 공연을 열어 푸틴과 러시아정교회 대주교 간의 유착 관계에 항의했다. 사제들은 이를 신성모독이라고 비난했고, 공연은 성당 경비원에 의해 중단되었다. 2주 후, 이 밴드의 멤버 나데즈다(나디야) 톨로콘니코바, 예카테리나 사무체비치, 마리아 알료히나가 체포되었다. 이들은 8월 17일에 '종교적 증오에 의한 폭력 행위'로 2년 형을 선고받았다.

러시아 내에서는 비교적 큰 동정을 받지 못했지만, 국제사회는 그들의 형량이 지나치게 가혹하다고 평가했다. 국제사면위원회Amnesty International는 그들을 양심수로 선언했다. 멤버들은 각각 다른 감옥에 수감되었으며, 교도관과 다른 수감자들은 그들을 거칠게 대했다.

2013년 1월부터 『필로소피』는 나데즈다 톨로콘니코바와 류블랴나대학교 철학과 교수인 슬라보예 지젝 간의 서신 교환을 주선했다. 지젝은 고급문화와 대중문화를 아우르는 사상으로 '문화 이론의 엘비스'라는 별명을 얻은 인물이었다. 지젝은 이 서신을 통해 '이론적 대화를 나눌 동등한 파트너'였던 펑크 가수를 알게 되었다. 나데즈다와 지젝은 자본주의에 대한 비판을 주고받았으며, 설령 뚜렷한 대안이 없더라도 현 상태를 공개적으로 비판하는 시위의 중요성을 주장했다.

나데즈다는 러시아어로 "우리는 최종적인 답이나 절대적인 진리를 가지지 않은 세력의 일부입니다. 우리의 사명은 의문을 제기하는 것입니다"라고 썼다. 지젝은 '순전히 부정적인 분노의 거부 표현'인 시위에 의문을 제기했지만, "그들이 한 행동의 역동성 아래에는 확고한 윤리적-정치적 안정성이 있다"라며 푸시 라이엇을 칭찬했다. 푸시 라이엇의 저항이 신중한 철학적 입장에 기반을 두었다고 생각했기 때문이다.

나데즈다는 러시아에 도입되는 퇴행적인 자유 제한 조치에 분노를 표했다. "제가 이토록 화가 났던 마지막 순간은 2011년 푸틴이 세 번째 대통령 출마를 선언했을 때였습니다. 이 분노와 결의가 푸시 라이엇의 결성으로 이어졌습니다." 또한 그녀는 영국과 미국이 러시아나 중국과 무역을 하면서 이 억압적 정권에 묵시적 지지를 표하고 있다는 점을 강하게 비판했다. "말이 아닌 돈을 통해 승인한 셈이죠." 지젝은 "푸시 라이엇이 권위주의 국가에 자유민주주의적 항의를 했다고 여겨졌을 때는 모두가 당신들을 응원했습니다. 그러나 글로벌 자본주의를 거부한 것이 분명해지는 순간, 푸시 라이엇에 대한 보도가 훨씬 더 모호해졌습니다"라고 지적하며, 상황을 흥미롭게 바라보았다.

이는 펑크 가수와 교수 사이에서 흔히 오갈 수 있는 대화가 아니었다. 이 서신 교환은 두 당사자 모두에게 도움이 되었다. 감옥에 있는 톨로콘니코바에게는 위로가 되었고, 지젝에게는 새로운 깨우침을 주었다. 지젝은 "당신은 스탈린과 현대 글로벌 자본주의 사이에 숨겨진 연속성을 보여줍니다"라고 말했다.

2013년 12월 23일, 톨로콘니코바와 알료히나는 사면 조치로 석방되었다. 세상의 시선이 러시아 소치 동계 올림픽에 집중되기 불과 한 달 전이었다. 톨로콘니코바와 알료히나는 올림픽에 대한 국제적 보이콧을 촉구했고, 이는 많은 러시아인을 분노하게 했다. 한번은 패스트푸드 매장에서 구타를 당했고, 소치에서 경비원으로 활동하던 코사크족에게 채찍질을 당하기도 했다. 그럼에도 그들은 여전히 목소리를 내고 있다.

나데즈다 톨로콘니코바가
슬라보예 지젝에게 보낸 편지

친애하는 슬라보예에게,

재봉실에서 일하면서 서둘러 쓴 지난번 편지에서 저는 유럽과 미국에서 '글로벌 자본주의'가 작동하는 방식과 러시아에서 작동하는 방식의 차이를 제가 할 수 있는 만큼 명확하게 밝히지 못했습니다. 그러나 최근 러시아에서 일어난 알렉세이 나발니 재판과 위헌적이고 반자유적인 법의 통과는 저를 분노하게 했습니다. 우리 나라에서 일어나는 특정한 정치적·경제적 관행을 짚고 넘어가야 한다고 생각합니다. 이토록 화가 났던 마지막 순간은 2011년 푸틴이 세 번째 대통령 출마를 선언했을 때였습니다. 이 분노와 결의가 푸시 라이엇의 결성으로 이어졌습니다. 이제 무슨 일이 일어날까요? 시간이 말해주겠지요.

러시아에서 저는 소위 1세계 국가들이 가난한 나라에 냉소적인 태도를 보인다는 것을 뼈저리게 느낍니다. 제 개인적인 생각에 '선진국'은 국민을 억압하고 그들의 권리를 침해하는 정부에 지나치게 충성합니다. 유럽과 미국 정부는 중세의 법률을 따르고 정치적 반대자를 감옥에 가두는 러시아와 자유롭게 협력합니다. 생각만 해도 소름이 돋을 정도로 억압이 심한 중국과도 협력합니다. 관용의 한계는 어디까지일까요? 그리고 언제 관용이 협력, 순응, 공모가 되었을까요?

냉소적으로 "그들이 자기 나라에서 원하는 대로 하게 두자"라고 생각하는 것은 더 이상 통하지 않습니다. 러시아와 중국 그리고 이와 같은 나라들은 이제 글로벌 자본주의 체제의 일부가 되었기 때문입니다.

러시아의 석유와 가스를 수입하는 국가들이 자신들의 신념에 대한 용기를 보여주고 자원 구매를 중단했다면, 원자재에 의존하고 있는 푸틴 치하의 러시아는 매우 약해졌을 것입니다. 유럽이 '마그니츠키법(미국의 마그니츠키법은 인권 침해에 관여한 러시아 관리들에게 제재를 가할 수 있도록 허용함)'을 통과시키는 정도의 소박한 조치만 보이더라도, 도덕적 측면에서 많은 것을 말해줄 것입니다. 2014년 소치 동계올림픽을 거부하는 것도 또 다른 윤리적 행보가 될 것입니다. 그러나 원자재 무역을 계속하는 것은 러시아 정권에 대한 묵시적 승인으로 여겨집니다. 말이 아닌 돈을 통해 승인한 셈이죠. 이는 세계 경제 시스템의 핵심에 있는 정치적·경제적 현상 유지와 노동 분업을 보호하려는 욕구를 배신하는 행동입니다.

당신은 "고장나서 녹슬어버린 사회 체계는 살아남을 수 없다"라며 마르크스를 인용했습니다. 하지만 저는, 경제의 주요 부문을 통제하는 10명이 블라디미르 푸틴의 오랜 친구인 나라에서 감옥 생활을 하고 있습니다. 그들은 푸틴과 함께 학교를 다녔거나, 스포츠를 했거나, KGB에서 함께 복무했던 사람들입니다. 이것이 고착된 사회체계 아닐까요? 이것이 봉건 체제와 무엇이 다를까요?

슬라보예, 우리의 서신 교환에 깊이 감사드리며, 당신의 답장을 손꼽아 기다립니다.

진심을 담아,
나데즈다

● 2012년 법정에 출석한 나데즈다 톨로콘니코바(왼쪽), 예카테리나 사무체비치, 마리아 알료히나. 사무체비치는 2달 뒤 집행유예로 석방되었다.

2013년 10월 31일

에드워드 스노든이 독일 언론에 충격적인 사실을 폭로하다

> 미국과 동맹국 정보기관의 민감한 문서를 전 세계 언론에 유출한 내부 고발자 에드워드 스노든Edward Snowden은 이를 '정치적 표현'이라고 설명했다. 가장 충격적인 사실은 미국이 적대국뿐 아니라 동맹국이었던 독일의 앙겔라 메르켈 총리까지 도청해왔다는 폭로였다.

2006년부터 2013년까지 스노든은 중앙정보국CIA, 국가안보국NSA, 국방정보국DIA 등 여러 정보기관에서 직접 근무하거나, 이 기관에 서비스를 제공하는 회사에서 일하며 사이버 방첩 업무를 담당했다.

스노든은 일하는 과정에서 국가 및 국제 법률의 경계를 넘나드는 위태위태한 보안 작전에 참여했다. 2012년 그는 미국 정부의 감시 활동에 대한 문서를 내려받기 시작했다. 자신의 일에 회의를 느끼던 스노든은 국가정보국 DNI 국장인 제임스 클래퍼가 의회 증언에서 선서를 하고도 거짓말하는 것을 본 것이 결정적인 계기가 되었다고 주장했다.

스노든은 2013년 5월 20일 홍콩으로 도피하기 전, 자신이 목격한 국가의 권력 남용 증서를 최대한 많이 수집했다. 홍콩에서 그는 영국의 『가디언』과 미국의 『워싱턴 포스트』에 수천 건의 비밀문서를 공개했다. 이 문서들은 미국이 전 세계 수백만 명의 일반 전화 사용자와 온라인 게이머, 구글과 야후 같은 기업의 고객 정보를 정기적으로 수집하고 있음을 보여주었다. 사실상 인터넷에서 이루어지는 거의 모든 활동이 대상이었다. 국가안보국이 이런 활동을 위해 2013년에 사용한 소위 '검은 예산'은 520억 달러에 달했다.

대규모 권력 남용이 틀림없었다. 그뿐 아니라 스노든은 미국이 적대국이 아닌 가장 가까운 동맹국을 상대로도 첩보 활동을 벌이고 있다며, 그 규모까지 공개했다. 호주, 캐나다, 스칸디나비아, 유럽에 있는 35명의 세계 지도자가 감시 활동의 대상으로 드러났다. 독일 앙겔라 메르켈 총리의 개인 휴대전화도 감시 대상이었다. 메르켈 총리는 이를 두고 "친구 사이에 스파이 활동을 하는 것은 용납할 수 없다"라며 항의했다.

2013년 6월, 스노든의 미국 여권은 취소되었고, 그는 홍콩에서 모스크바로 다시 도피했다. 독일은 스노든이 공개한 정보에 관한 공식 조사를 시작했다. 스노든은 증언을 위해 상대적으로 안전했던 러시아를 떠나는 행동은 위험하다고 생각했다. 대신 그는 독일 총리, 의회, 주 검찰에 공개서한을 보내 자신의 '정치적 표현'을 옹호했다.

스노든은 자신이 일했던 미국의 여러 기관을 나열했다. "이 조직을 위해 일하는 과정에서 저는 제 정부가 체계적으로 법을 위반하는 것을 목격했고, 도덕적으로 행동해야 할 의무가 있다고 느꼈습니다"라고 썼다. 그는 자신의 폭로가 지위의 고하를 막론하고 많은 사람에게 환영받았으며, "대중의 신뢰를 저버리고 은폐되었던 남용을 해결하기 위한 새로운 법안과 정책이 제안되는 결과를 낳았다"라고 언급했다.

스노든은 이렇게 말을 이어갔다. "제 노력이 부인할 수 없는 긍정적인 결과를 냈는데도 정부는 여전히 이를 배신으로 여기고 있으며, '정치적 표현'을 변호할 수 없는 중범죄로 폄하하려 하고 있습니다. 그러나 진실을 말하는 것은 범죄가 아닙니다."

오바마 행정부는 스노든이 밝힌 진실에 기반해 미국의 감시 활동을 검토하라고 지시했다. 그 결과 약 46건의 정책을 변경하도록 권고했으며, 이 대량 감시가 테러를 예방했다는 증거는 발견되지 않았다. 스노든이 폭로한 특정 관행 외에도 그는 우리가 인터넷을 사용하는 동안 악의적인 감시에 얼마나 취약한지를 알려주었다. 에드워드 스노든은 여전히 모스크바의 비밀 장소에서 망명을 이어가고 있다.

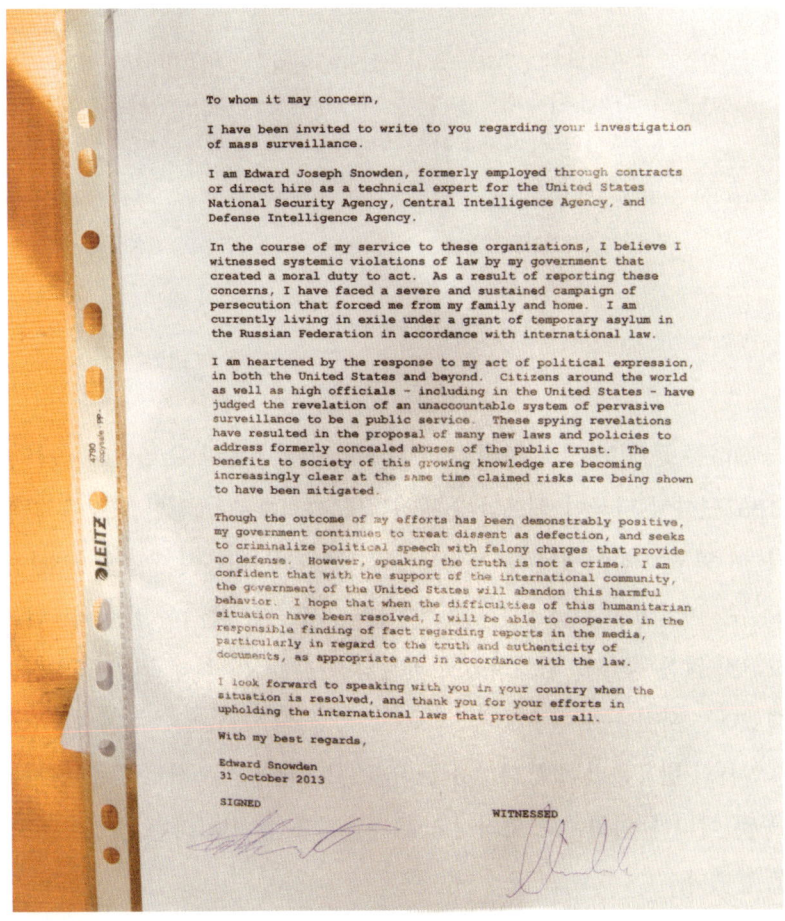

● 스노든의 문서가 공개한 감시 정보는 미국의 가장 가까운 북대서양 조약기구NATO 동맹국들의 정보기관들조차 놀라게 했다.

2013년 12월 11일

내부 고발자들이 미래의 내부 고발자들에게 호소하다

아날로그 시대의 에드워드 스노든이었던 대니얼 엘스버그Daniel Ellsberg는 1971년 『뉴욕타임스』에 베트남전쟁 중 미국 정부의 기만행위를 담은 문서를 유출했었다. 이 문서는 이후 '펜타곤 문서'로 널리 알려졌다.

'펜타곤 문서'는 사실 미국 국방부가 의뢰한 장문의 보고서로, 1945년부터 1967년까지 미국이 베트남에 정치적·군사적으로 개입한 역사를 다루고 있다. 이 연구에 참여했던 대니얼 엘스버그는 일부 내용에 우려를 표했다. 이 보고서는 미국이 베트남 인근 캄보디아와 라오스를 폭격하고 북베트남에서 보고되지 않은 공습을 감행하면서 베트남전쟁에서의 작전 권한을 비밀리에 확대했다는 사실을 보여주었다.

언론의 반응은 신랄했다. 『뉴욕타임스』는 펜타곤 문서로 존슨 행정부가 "대중뿐 아니라 의회에도 조직적으로 거짓말을 해왔다"라는 사실이 드러났다고 전했다.

에드워드 스노든처럼 엘스버그도 기득권층에게 특히 큰 비난을 받았다. 1973년 1월 3일, 그는 1917년에 제정된 간첩법에 따라 기소되었다. 국가에 대한 범죄를 저지른 혐의에 더해 절도와 공모 혐의가 추가되어 최대 115년 형이 선고될 예정이었다.

그러나 다행히도 '배관공들'이 그의 사건에 관여했다는 사실이 밝혀졌다(364쪽 참고). 배관공들은 닉슨 대통령 재임 당시 백악관에서 고용한 불법 기관으로, 워터게이트 호텔에서 민주당 전당대회 도청 임무를 맡았고, 엘스버그 사건에서도 불법적인 증거 수집 업무를 담당했다. 1973년 5월 11일, 정부의 부정행위와 불법 증거 수집이 밝혀지고 레너드 보딘과 하버드대학교 법학과 찰스 네슨 교수가 변호에 나선 덕분에 윌리엄 매튜 번 주니어 판사는 엘스버그에 대한 모든 혐의를 기각했다. 그리고 마침내 2011년 6월, 펜타곤 문서의 전체 내용이 공개되었다.

에드워드 스노든 사건이 전 세계적으로 주목을 받자, 엘스버그는 다른 내부 고발자들과 함께 전 세계의 주요 자유 언론에 공개서한을 쓰기로 했다. 그들은 고발자들이 정부에게 기만당하고 있는 대중을 대신해 일하고 있으며, 스노든과 같은 사람은 정부에 책임을 묻도록 돕는 영웅적 존재라고 주장했다. 내부 고발자들은 이러한 노력이 훼손되거나 다른 잠재적 내부 고발자가 체면을 유지하려는 정치인들 때문에 제지당하거나 난처해지는 상황을 보고 싶지 않았다.

미래의 내부 고발자에게 보낸 공개서한

적어도 2001년 9월 이후부터 서방 정부와 정보기관들은 자신들의 권력 범위를 확대하는 동시에 개인정보 보호, 시민의 자유, 정책에 대한 공공 통제를 약화하기 위해 열심히 노력해왔습니다. 전에는 편집증, 전체주의, 음모론으로 여겨졌던 것들이 스노든의 폭로 이후로는 오히려 그 전체의 조금도 드러내지 못한 것으로 밝혀졌습니다.

정말 놀라운 것은 이런 일들이 일어나고 있다는 경고를 수년간 받아왔다는 사실입니다. 전체 인구를 대상으로 한 대규모 감시, 인터넷의 군사화, 프라이버시의 종말이 그것입니다. 이 모든 것이 '국가 안보'라는 이름 아래, 어둠 속에서 이루어지고 있습니다. 이는 정부가 논쟁을 차단하고 책임을 지지 않는, 책임을 질 수 없게 하는 구호가 되어버렸습니다. 비밀 법률, 비밀 해석, 비밀 법원이 이를 처리하고 실질적인 의회 감독은 전혀 이루어지지 않고 있습니다.

점점 더 많은 용감하고 원칙을 지키는 내부 고발자들이 나서고 있는 상황에서도 언론은 대체로 이런 상황에 거의 관심을 두지 않았습니다. 부시 행정부에서 시작되어 오바마 행정부에서 급격하게 강화된 진실을 말하는 사람들에 대한 전례 없는 탄압은 거의 주목받지 못했고, 단지 동료 시민들에게 무슨 일이 일어나고 있는지 알렸다는 이유만으로 선의를 가진 사람들이 중범죄로 기소되었습니다.

우리 시대의 쓸쓸한 아이러니 중 하나는, 전 CIA 요원이었던 존 키리아쿠가 미국의 고문 사실을 폭로해서 감옥에 있는 동안, 고문을 한 사람들과 이를 지원한 사람들은 여전히 자유롭게 돌아다니고 있다는 점입니다.

마찬가지로 위키리크스 정보원 첼시(구 브래들리) 매닝은 '적(대중을 뜻함)을 도운 혐의'로 기소되었습니다. 매닝은 35년 형을 선고받았지만, 2003년에 불법적이고 재앙에 가까운 이라크전쟁을 계획한 사람들은 여전히 고위 인사로 대우받고 있습니다.

지난 10년간 토머스 드레이크, 윌리엄 비니, 커크 위비 같은 수많은 전직 국가안보국 관리들이 나서서 해당 기관 내의 대규모 사기, 광범위한 불법 행위, 권력 남용을 폭로해왔습니다. 그러나 국가안보국과 정부는 무조건적 탄압으로 일관했습니다. 강력한 세력을 상대로 내부 고발을 한다는 것은 결코 유쾌한 일이 아님니다. 그러나 서구 언론의 실망스러운 대응에도 불구하고 내부 고발은 진실과 균형 잡힌 논의, 민주주의 유지를 위한 마지막 수단입니다. 윈스턴 처칠이 "다른 모든 형태의 정부를 제외하고는 최악의 정부 형태"라고 표현한 그 취약한 민주주의 말이죠. …

● 2004년에 찍힌 대니얼 엘스버그의 사진. 그는 1977년에 '펜타곤 문서'를 유출해 간첩법으로 기소되었으나, 무죄를 선고받았다.

2017년 ~

예술품에 이어 편지 투자 붐이 일어나다

> 역사의 중요한 순간을 담은 원본 편지가 최근 경매에서 엄청난 가격으로 거래되고 있다. 많은 사람이 역사를 만들어내거나 기록하고 있는 바로 그 종이를 손에 쥐는 것만으로도 돈을 낼 만한 가치가 있다고 여겼다. 그렇다면 편지는 정말 투자할 만한 가치가 있는 상품일까?

    2017년 7월, 위대한 과학자 알베르트 아인슈타인이 직접 작성하고 서명한 편지 묶음이 이스라엘 경매에서 21만 달러에 팔렸다. 이 편지의 원래 수신자는 동료 과학자 데이비드 봄을 포함한 여러 명이었다. 구매자 중에는 마술사 유리 겔러도 있었다. 원래 경매장 측은 판매가를 4만 6,000달러로 예상했다. 그해 말 도시에서 열린 또 다른 아인슈타인 편지 경매와 비교하면 이 가격은 그저 시작에 불과했다.

    아인슈타인이 도쿄 임페리얼 호텔의 벨보이에게 남긴 메모는 2017년 10월 이스라엘에서 무려 170만 달러에 팔렸다. 가격에 영향을 준 요인은 여러 가지였다. 손으로 쓴 직접 쓴 메모였고, 유명한 건축가인 프랭크 로이드 라이트가 설계한 호텔(나중에 철거됨)의 공식 로고가 인쇄된 편지지에 적힌 메모였다. 이 메모가 작성된 배경 또한 흥미로웠는데, 팁을 줄 현금이 없었던 아인슈타인은 자신의 명성이 팁보다 더 큰 가치를 지니길 바라며 이 메모를 남겼다. 게다가 벨보이의 직계 후손이 이를 판매했기 때문에 출처도 확실했다. 메모의 내용 또한 특별했다. 여기에서 아인슈타인은 상대성이론이 아닌 행복 이론을 펼쳤다. 내용은 이랬다.

> 평온하고 소박한 삶이 끊임없는 불안과 결합한 성공을 추구하는 삶보다 더 많은 행복을 가져다줍니다.
>
> 알베르트 아인슈타인
> 1922년 11월, 도쿄에서

역사 속 편지가 미래에 현명한 투자 상품이 될 가능성이 있을까? 위대한 예술가들의 그림은 판매 시장에서 점점 더 찾아보기 어려워졌다. 2019년 6월 파리에서 경매에 나온 반 고흐의 초기 작품은 그곳에서 20년 만에 처음으로 경매에 부쳐진 작품이었다. 이와는 대조적으로 중요한 편지를 사고파는 시장은 점점 확대되고 있다.

이제 역사적 필사본을 전문으로 취급하는 딜러가 생겨났으며, 주요 경매소에서도 중요한 편지가 포함된 책과 필사본을 정기적으로 판매하고 있다. 2019년 6월 한 달 동안만 해도 소더비에서는 마오쩌둥이 1948년에 쓴 편지가 30~40만 달러에 출품되었으며, 크리스티에서는 작곡가 레너드 코헨Leonard Cohen이 자신의 뮤즈인 마리안 이렌Marianne Ihlen에게 쓴 편지의 경매가 진행되었다. 비틀스 해체를 앞두고 작성된 1969년의 편지 두 통은 2019년 경매에서 55만 달러에 출품되었다.

21세기에는 손으로 쓴 역사의 한 조각을 소유하려는 경매가 주를 이루고 있다. 2017년 뮤지컬 《해밀턴》의 성공에 힘입어 소더비 뉴욕은 알렉산더 해밀턴의 책상에서 발견된 편지와 여러 문서 모음을 260만 달러에 판매했다. 그러나 이 가격도 경매에서 거래된 편지의 최고가에 비하면 한참 낮은 가격이다. DNA를 발견한 과학자 프랜시스 크릭Francis Crick이 아들 마이클에게 보낸 편지는 2013년 크리스티 뉴욕 경매에서 609만 8,500달러에 낙찰되었다. 그는 1953년에 작성한 이 편지에서 DNA의 발견을 설명하고 있으며, DNA 이중나선 그림도 직접 그려 넣었다.

손편지를 쓰는 문화가 점점 사라져간다. 이메일은 한 번의 실수로도 쉽게 사라진다. 그러니 모든 오래된 서류는 점점 더 귀중해질 것이다. 종이로 된 편지는 과거와의 매개체이자 목소리다. 어쩌면 할아버지, 할머니의 오래된 상자 속에 보물 같은 편지가 남아 있을지도 모른다.

● 알베르트 아인슈타인은 1954년에 쓴 편지에서 신과 종교에 대한 의견을 밝혔다. "신이라는 단어는 내게 인간의 약함을 표현한 말이고 그 약함이 만들어낸 산물일 뿐이다. 성경은 고귀하지만, 여전히 원시적인 전설 모음에 불과하다. 아무리 미묘한 해석이라도 나에게는 그 의미가 바뀌지 않는다." 이 편지는 2018년 크리스티 뉴욕 경매에서 100만에서 150만 달러 사이에 낙찰될 것으로 예상되었는데, 실제로는 289만 2,500달러에 팔렸다.

● J.R.R. 톨킨J.R.R. Tolkien이 『반지의 제왕』 3부작에서 세 번째 부분을 완성하는 일이 어렵다고 토로한 미공개 편지가 2014년 본햄스 런던 경매에서 약 1만 3,800달러에 팔렸다.

2018년 1월 1일

엔터테인먼트 산업의 여성들이 변화를 요구하다

2018년 1월 1일, 『뉴욕타임스』에는 연예계에 종사하는 여성 300명 이상이 서명한 공개서한이 실렸다. 여성들이 영화 산업의 남성 임원을 성적 학대 혐의로 고발하는 일이 급증하는 가운데, 이 서한은 성희롱과 성 불평등 관행을 끝내라고 요구했다.

    이 서한은 '공격적인 손님에게서 벗어나려 한 가사도우미'부터 '고객에게 강제 추행을 당한 가정 간병인'에 이르기까지 모든 여성과 연대를 선언했다. 이 서한은 할리우드 엘리트 여성만이 학대를 고발할 힘과 용기를 가질 수 있다는 비판을 피하기 위해 자신들이 "생계를 유지하기 위해 모욕적으로 불쾌한 행동을 참아야 했던 모든 산업의 여성들"을 대변한다고 주장했다.
    서명자들은 "남성 중심의 일터에 여성이 진입하고 승진하며, 자신의 목소리를 내고 인정받기 위해 투쟁해야 하는 상황은 끝나야 한다. 이 견고한 독점의 시간은 끝났다"라고 주장했다. 이 공개서한은 이전에 자신들이 저지른 성적 부정행위가 절대로 드러나지 않을 것이라 생각했던 많은 남성에게 충격을 안겼다. '타임스 업Time's Up'이라는 문구는 이 캠페인의 상징이자, 이를 목표로 설립된 조직의 대표적인 이름이 되었다.

이 운동은 2017년, 할리우드의 거물 하비 와인스타인Harvey Weinstein의 성범죄 사실이 보도되면서 시작되었다. 뉴욕 경찰은 2018년 5월 와인스타인을 여러 범죄 혐의로 기소했다. 그는 100만 달러의 보석금을 내고, 전자 발찌 착용을 명령받은 채 풀려났다. 그는 계속 자신의 무죄를 주장했다.

이 사건의 재판 결과와 관계없이 와인스타인의 평판은 무너졌고, 그의 이름은 성적 부정행위와 영원히 뗄 수 없는 사이가 되었다. '와인스타인 효과'라는 표현은 이후 세계 각지에서 힘 있고 유명한 남성에게 당한 성폭행 피해 사실을 폭로하는 현상을 설명하는 문구가 되었다.

성범죄 뉴스가 언론의 헤드라인을 장식하는 동안, 서한은 이것이 더 광범위한 문제의 징후임을 지적했다. "조직적인 성 불평등과 권력 불균형이 여성을 향한 모욕과 괴롭힘을 조장하는 환경을 조성합니다." 서한은 이어서 "모든 산업에 걸쳐 리더십과 권력을 가진 여성의 수를 크게 늘리고, 모든 여성 근로자에게 동등한 대표성, 기회, 혜택, 임금을 보장할 것을" 요구했다.

이 서한은 변화를 위한 자원 계획도 제시했다. 성범죄 피해자들이 가해자에게 책임을 묻고 목소리를 내도록 돕기 위해 법률 기금이 마련되었다. 그 결과 1년 남짓한 기간에 2,000만 달러 이상이 모였다.

타임스 업 운동은 단독으로 일어난 것이 아니다. 마찬가지로 큰 주목을 받은 미투 운동#MeToo은 수십 개국에서 만연한 성폭력에 관한 인식을 제고하고 있다. 프랑스어 버전인 '당신의 가해자를 고발하라#BalanceTonPorc'는 강력한 혐오감을 잘 표현한다. 두 운동 모두 많은 국가에서 성평등을 위한 권력 균형 재조정을 목표로 하는 광범위한 운동의 일부다. 이는 여성의 시민권 획득을 위한 오랜 투쟁의 새로운 단계로도 볼 수 있다.

타임스 업 운동은 최소한 한 가지 변화를 이미 이루었다. 서한은 여성, 심지어 영향력 있는 할리우드 스타조차도 예전에는 "목소리를 내면 공격받고 몰락할까 봐" 두려워 침묵을 지켰다고 주장했다. 타임스 업 운동은 그 침묵을 깨뜨렸다.

JANUARY 1, 2018

Dear Sisters,

We write on behalf of over 300 women who work in film, television and theater. A little more than two months ago, courageous individuals revealed the dark truth of ongoing sexual harassment and assault by powerful people in the entertainment industry. At one of our most difficult and vulnerable moments, Alianza Nacional de Campesinas (the National Farmworker Women's Alliance) sent us a powerful and compassionate message of solidarity for which we are deeply grateful.

To the members of Alianza and farmworker women across the country, we see you, we thank you, and we acknowledge the heavy weight of our common experience of being preyed upon, harassed, and exploited by those who abuse their power and threaten our physical and economic security. We have similarly suppressed the violence and demeaning harassment for fear that we will be attacked and ruined in the process of speaking out. We share your feelings of anger and shame. We harbor fear that no one will believe us, that we will look weak or that we will be dismissed; and we are terrified that we will be fired or never hired again in retaliation.

We also recognize our privilege and the fact that we have access to enormous platforms to amplify our voices. Both of which have drawn and driven widespread attention to the existence of this problem in our industry that farmworker women and countless individuals employed in other industries have not been afforded.

To every woman employed in agriculture who has had to fend off unwanted sexual advances from her boss, every housekeeper who has tried to escape an assaultive guest, every janitor trapped nightly in a building with a predatory supervisor, every waitress grabbed by a customer and expected to take it with a smile, every garment and factory worker forced to trade sexual acts for more shifts, every domestic worker or home health aide forcibly touched by a client, every immigrant woman silenced by the threat of her undocumented status being reported in retaliation for speaking up and to women in every industry who are subjected to indignities and offensive behavior that they are expected to tolerate in order to make a living: We stand with you. We support you.

Now, unlike ever before, our access to the media and to important decision makers has the potential of leading to real accountability and consequences. We want all survivors of sexual harassment, everywhere, to be heard, to be believed, and to know that accountability is possible.

We also want all victims and survivors to be able to access justice and support for the wrongdoing they have endured. We particularly want to lift up the voices, power, and strength of women working in low-wage industries where the lack of financial stability makes them vulnerable to high rates of gender-based violence and exploitation.

Unfortunately, too many centers of power – from legislatures to boardrooms to executive suites and management to academia – lack gender parity and women do not have equal decision-making authority. This systemic gender-inequality and imbalance of power fosters an environment that is ripe for abuse and harassment against women. Therefore, we call for a significant increase of women in positions of leadership and power across industries. In addition, we seek equal representation, opportunities, benefits and pay for all women workers, not to mention greater representation of women of color, immigrant women, disabled women, and lesbian, bisexual, and transgender women, whose experiences in the workforce are often significantly worse than their white, cisgender, straight peers. The struggle for women to break in, to rise up the ranks and to simply be heard and acknowledged in male-dominated workplaces must end; time's up on this impenetrable monopoly.

We are grateful to the many individuals – survivors and allies – who are speaking out and forcing the conversation about sexual harassment, sexual assault, and gender bias out of the shadows and into the spotlight. We fervently urge the media covering the disclosures by people in Hollywood to spend equal time on the myriad experiences of individuals working in less glamorized and valorized trades.

Harassment too often persists because perpetrators and employers never face any consequences. This is often because survivors, particularly those working in low-wage industries, don't have the resources to fight back. As a first step towards helping women and men across the country seek justice, the signatories of this letter will be seeding a legal fund to help survivors of sexual assault and harassment across all industries challenge those responsible for the harm against them and give voice to their experiences.

We remain committed to holding our own workplaces accountable, pushing for swift and effective change to make the entertainment industry a safe and equitable place for everyone, and telling women's stories through our eyes and voices with the goal of shifting our society's perception and treatment of women.

In Solidarity

● 『뉴욕타임스』에 실린 획기적인 공개서한. 300명 이상의 연예계 종사자들이 비로소 자신들의 목소리를 냈다.

2019년

그레타 툰베리가 인도 총리에게 쓴 편지를 낭독하다

스웨덴의 여학생 그레타 툰베리Greta Thunberg는 젊은이 특유의 두려움 없는 태도로 기후 변화에 대응을 촉구하며 정부에 맞섰다. 2019년에 툰베리는 인도 나렌드라 모디Narendra Modi 총리에게 인도의 환경 보호를 위해 더 많이 조치할 것을 촉구했다.

그레타 툰베리는 '기후를 위한 학교 파업'이라는 1인 시위로 전 세계의 주목을 받았다. 툰베리는 선생님들이 보여준 야위어가는 북극곰과 바닷속을 떠다니는 플라스틱 섬 이미지에 충격을 받았다. 그녀는 지구의 기후와 환경을 보호하는 활동이 왜 그렇게 적은지 이해할 수 없었다.

2018년 8월, 15세였던 툰베리는 항의의 표시로 매주 금요일에 학교를 빠지고 시위를 하기로 결심했다. 그녀는 스웨덴 의회 계단에서 정치인들에게 전단지를 나눠주며 하루를 보냈다. 그 전단지에는 "여러분 같은 어른들이 제 미래를 망치고 있기 때문에 제가 지금 이 일을 하고 있습니다"라고 써 있었다. 스웨덴 TV 뉴스 제작진이 툰베리의 시위를 보도한 이후, 많은 사람이 그녀와 함께 시위에 참여하기 시작했고, 시간이 지나면서 이 운동은 국경을 넘어 퍼져 나갔다.

툰베리는 여전히 스톡홀름에서 금요일 시위 자리를 지키면서도, 전 세계 다양한 시위에 참여하고 있다. 2019년 5월, 그녀는 익스팅션 레벨리언 Extinction Rebellion이 주최한 대규모 시위에 참석해 연설했다. "우리는 전례 없는 시급한 위기에 직면해 있지만, 우리 지도자들은 모두 어린아이처럼 행동하고 있습니다."

툰베리는 지도자들로 가득 찬 UN 기후변화 회의에서 그들을 향해 "여러분들은 기후변화에 관해 진실을 있는 그대로 말할 만큼 성숙하지 못합니다. 그 짐조차도 우리 아이들에게 떠넘기고 있습니다"라고 말했다. 2019년 1월 다보스 세계경제포럼에서 툰베리는 다음과 같이 말했다. "일부 사람, 일부 기업, 특히 일부 의사결정권자는 상상하기도 어려운 많은 돈을 벌기 위해 얼마나 귀중한 가치를 희생하고 있는지 정확히 알고 있습니다. 오늘 이 자리에 계신 많은 분이 그 부류에 속한다고 생각합니다."

툰베리는 특히 인도의 나렌드라 모디 총리를 강하게 비판했다. 그녀는 2019년 2월 15일 인터뷰에서 모디 총리에게 직접 영상 편지를 전달했으며, 단호하게 말했다. 그녀는 "존경하는 모디 총리님"이라고 운을 뗐다. "기후 위기에 관해 그저 말만 하는 것이 아니라 지금 당장 행동에 나서야 합니다."

사실 모디 총리는 "그저 말만 하는 데" 그친 것이 아니라 더 나쁜 방향으로 가고 있었다. 2014년 집권 이후 그는 환경, 산림, 기후 변화 관련 부서의 예산을 절반으로 줄였고, 야생 동물 보호 및 오염 감시 권한을 축소했다. 모디 총리는 유전자 변형 작물을 장려하며, 이에 반대했던 그린피스 은행 계좌를 동결했다. 규제를 완화해 기업들이 오염이 심한 지역에서 자유롭게 사업을 재개할 수 있도록 했으며, 자신들이 오염시킨 정도만 자발적으로 보고하면 문제가 없게끔 만들었다.

툰베리는 흔들림 없는 눈빛으로 모디 총리에게 말했다. "계속 이렇게 하고 … 평소처럼 사업을 하면서 작은 승리만 이야기하고 자랑하다가는 결국 더 크게 실패할 것입니다. 그렇게 되면 총리님은 미래 인류 역사에서 최악의 악당으로 기억될 것입니다. 총리님도 그런 평가를 원하지는 않으실 겁니다."

이는 말랄라 유사프자이Malala Yousafzai가 2014년 어린이의 교육권을 위해 했던 일과 비슷하다. 그레타 툰베리는 어린이들이 지속 가능한 환경과 미래를 누릴 권리를 위해 이 일을 하고 있다. 유사프자이는 2014년 17세의 나이로 역대 최연소 노벨평화상 수상자가 되었다. 유사프자이의 발자취를 따라 두려움 없이 걸어가는 툰베리도 2019년 노벨평화상 후보에 올랐다.

그레타 툰베리가 인도 총리에게 보낸 편지

존경하는 모디 총리님께,

기후 위기에 관해 그저 말만 하는 것이 아니라 지금 당장 행동에 나서야 합니다. 계속 이렇게 하고 … 평소처럼 사업을 하면서 작은 승리만 이야기하고 자랑하다가는 결국 더 크게 실패할 것입니다. 그렇게 되면 총리님은 미래 인류 역사에서 최악의 악당으로 기억될 것입니다. 총리님도 그런 평가를 원하지는 않으실 겁니다.

● 스톡홀름에서 금요일마다 시위를 벌이는 그레타 툰베리.

● 툰베리는 눈이 오는 날에도 종종 반 친구들이나 다른 청소년 활동가들과 함께 시위에 나섰다.

부록

헬렌 켈러와 벨의 평생에 걸친 우정

알렉산더 그레이엄 벨은 역사상 매우 특별한 여성으로 손꼽히는 헬렌 켈러의 친구이자 후원자였다. 처음에는 헬렌 켈러의 스승인 앤 설리번(메이시)과 편지를 주고받았지만, 시간이 지나면서 헬렌이 점차 타자기를 사용해 직접 편지를 작성할 수 있게 되었다. 지금 소개할 두 통의 편지는 평생의 우정을 잘 보여주는 기록으로, 켈러가 노인이 된 벨을 설득해 자신의 생애를 다룬 영화에 출연시키려고 노력하는 내용이 담겨 있다.

25 세미놀 애비뉴,
포레스트 힐즈 뉴욕,
롱아일랜드

1918년 7월 5일

친애하는 벨 박사님께,
박사님께서 말씀하신 그 멋진 잠수함 추적기의 가장자리에 앉아서 이 편지를 읽어주시겠어요? 그렇게 빠른 배를 완전히 안전하게 탈 수 있다면 말이죠. 이 편지를 끝까지 읽어주시고, 읽은 내용을 차트나 다른 일과 혼동하지 않으셨으면 해요! 제가 쓰려고 하는 내용은 매우 중요해요. 박사님과 저, 제 선생님에 관한 이야기거든요.

몇 주 전 뉴욕에서 박사님을 뵈었을 때, 제 인생 이야기를 영화로 각색할 거라고 말씀드렸고, 박사님께 그 영화에 출연할 의향이 있으신지 여쭈었어요. 박사님은 웃으시면서 "영화를 찍기 위해서 켈리포니아까지 가야 한다고?"라고 말씀하셨죠. 음, 다행히 그렇게 하지 않아도 될 것 같아요. 지금 계획은 서부에서 중요한 장면을 촬영하기 전에 여기와 보스턴, 그 주변에서 몇 장면을 찍는 거예요. 이 촬영은 저의 성장, 교육, 열망, 포부, 우정을 충실하게 담아낼 거예요. 제 의도는 제 인생에서 중요한 역할을 한 분들을 가능한 한 보여주고자 하는 것이고요. 제작진은 오프닝 장면에서 카루소와 설리번 선생님 그리고 박사님께서 저와 함께 출연해주기를 간절히 바라고 있어요.

짧은 장면을 찍기 위해 박사님께 먼 길을 와달라고 요청드리는 게 매우 망설여져요. 그동안 보여주신 많은 사랑과 관용이 없었더라면, 감히 이런 부탁을 드릴 생각조차 못했을 거예요. 뉴욕이나 보스턴까지의 여정에 얼마나 큰 노력이 필요한지 잘 알고 있습니다. 여름철 여행이 얼마나 불편한지도 알고요. 하지만 이 일이 희생을 감내할 만큼 충분히 가치 있고 중요하다는 데 동의해주시길 부탁드려요. 박사님은 평생 다른 사람을 섬기는 비전을 품고 계셨지요. 만약 이 영화가 우리의 기대에 부응한다면, 영화는 교육에 영구적으로 기여하는 작품이 될 거예요.

박사님이 오실 수 없게 될 때를 대비해 박사님의 '대역'을 쓸 수도 있어요. 하지만 그건 박사님을 흉내 내는 것일 뿐, 소중한 박사님 자체는 아니기에 저는 박사님을 대신하는 사람에 불과한 그를 어떻게 대해야 할지 모르겠어요.

친애하는 벨 박사님, 저의 여정에 박사님께서 함께해주신다면 정말 행복할 거예요! 실제 여행을 할 때도 제게 긴 시간을 짧고 지루하지 않게 만들어주셨던 깃처럼요. 제 인생을 담은 영화에서도 박사님의 유려한 손길이 제 길을 밝고 흥미롭게 만들고 시련 속에서도 희망과 용기로 저 외에 다른 많은 사람이 끝까지 나아갈 수 있도록 힘이 되어주실 거예요. 박사님은 기번이 『로마제국쇠망사』의 마지막 장의 마지막 줄을 썼을 때, 정원으로 나가 로잔과 산이 내려다보이는 아카시아 산책로를 왔다 갔다 했다는 이야기를 알고 계시죠. 그는 달의 은빛 구슬이 물에 비치고 온 자연이 고요했다고 말해요. 저는 이 영화가 아카시아 아래를 걷는 것이라고 생각해요. 제 말은, 어떤 의미에서 이건 제 인생 이야기의 마무리가 될 거예요. 희망과 성취의 메시지가 담겨야 해요. 또한 용기, 믿음, 헌신의 중요성을 강조해야 해요. 여기에 참여하는 사람들이 실제로 저와 함께 아카시아 길을 걸었던 사람들이 아니라면, 이 메시지의 힘과 진정성이 다소 희미해질 거예요. 제 삶을 사랑과 헌신으로 풍요롭게 해준 친구 중 상당수가 이제 세상을 떠났어요. 필립스 브룩스, 올리버 웬델 홈즈, 에드워드 에버렛 헤일, 헨리 로저스, 새뮤얼 클레멘스를 비롯해 많은 사람이 살아 있었다면, 그들 또한 이 영화 속에 함께했을 거예요. 어린 시절 달콤한 새벽부터 시작된 아카시아 산책길을 저와 함께 걸어온 사람 중 남은 사람은 이제 박사님과 윌리엄 소 부인 두 분뿐입니다.

설리번 선생님을 만나기도 전에, 박사님은 어둠 속에 있는 제게 따뜻한 손을 내미셨어요. 사실 선생님이 저에게 올 수 있었던 것도 박사님 덕분이었죠. 그 모든 일이 얼마나 생생하게 기억나는지! 저는 패배감에 휩싸인 어린아이와 그 여자아이를 해방하기 위해 신이 보낸 어린 소녀를 분명하게 볼 수 있어요! 훈련받지 못한 채, 혼자서, 거의 앞에 보이지 않는 상태에 있을 때 설리번 선생님은 제게 오셨어요. 저는 여전히 그녀의 강하고 다정하며 떨리는 손길과 제 얼굴에 한 그녀의 입맞춤을 느껴요. 때때로 저는 그 최고의 순간에 그녀가 저를 존재하게 한다고 느꼈어요. 확실히 선생님은 냉혹한 운명을 예견하고 물리쳤어요. 아, 깨어 있는 황홀함이여! 오, 빛을 향해 다가가는 발걸음의 빛나는 기쁨이여, 지식을 파악하는 열정적이고 호기심 가득한 손이여! 제 손끝은 여전히 황금빛 마음을 열어준 첫 번째 단어의 '느낌'으로 빛나고 있습니다. 모든 것이 생각하고, 살아 있는 듯했지요! 영원의 세월 동안, 어둠과 침묵 속에서 폭포처럼 쏟아진 경이로움을 제가 잊을 수 있을까요? 박사님은 그 경이로움과 기쁨의 일부입니다! 제 마음, 삶, 영혼을 환경이라는 굴레로부터 해방하려는 선생님의 노력에 박사님이 한 걸음 한 걸음 함께해주셨던 것을 저는 잊지 못합니다. 처음부터 박사님은 젊은 선생님의 엄청난 과제를 이해했습니다. 박사님은 그녀의 재능, 지칠 줄 모르는 에너지, 열정과 독창성을 누구보다 빨리 알아보셨죠. 저는 박사님이 늘 선생님의 일을 관대하게 지지해주신 점을 사랑합니다. 다른 사람들이 영혼의 힘으로 시각 장애를 극복할 수 있다는 것을 믿지 않고 의심하고 주저했을 때, 투쟁할 수 있도록 우리를 격려해 준 사람이 바로 박사님이었습니다. 제가 말하는 법을 배우겠다고 결심했을 때도 저희보다 더 신념을 가지고 저희를 응원하셨지요. 대학을 다니며 졸업할 때까지 박사님의 공감과 미래지향적인 믿음을 얼마나 가까이에서 느꼈는지! 여러 차례 제게 이렇게 말씀하셨어요. "헬렌, 어떤 한계도 너를 붙잡게 하지 마라. 네가 할 수 있다고 생각하는 건 무엇이든 할 수 있어. 많은 사람이 네 용기를 보고 용기를 얻을 거야." 박사님은 항상 제 성공을 아버지처럼 기뻐해주셨고, 일이 잘 안 될 때도 아버지처럼 다정하게 대해주셨어요. 수년이 지난 지금도 박사님은 여전히 커다란 마음으로 우리 둘을 품어주고 계시죠.

이 모든 것이 저희에게 얼마나 소중한지 어떻게 표현할 수 있을까요? 저희가 박사님의 우정에서 느끼는 모든 행운, 자부심, 기쁨, 영감을 말로 다 표현할 수 없습니다. 그래서 저희는 박사님이 제 영화에 꼭 등장해주시기를 간절히 바랍니다. 박사님의 이름만으로도 고귀한 생각과 열망이 일어나요. 그 이름은 우리 마음속에 깊고 달콤한 울림을 주며, 한없이 너그럽고 인류를 위해 헌신하는 아름다운 삶을 이야기해줍니다. 프락시텔레스가 돌에 생기를 불어넣었듯이 박사님은 말하지 않는 입술에 생생한 언어를 불어넣으셨지요. 박사님은 언어의 단비를 사막에 내려, 들리지 않던 곳에 소리를 전해주셨어요. 인간의 사상에 힘을 실어 대담한 소리의 날개를 타고 육지와 바다 위로 퍼져 나가게 합니다. 박사님의 이름을 알고 마음을 다하는 수많은 사람이 박사님의 얼굴을 보며 기뻐할 수 있도록 해주시면 안 될까요?

두 사람의 애정을 담아,
당신의 다정한 친구
헬렌 켈러

＊추신. 그들은 이달 중순쯤에 박사님을 찍고 싶어 합니다.

● 대학교 졸업 가운을 입은 헬렌 켈러와 알렉산더 그레이엄 벨.

● 헬렌 켈러가 언급한 '잠수함 추적기'는 벨의 수면 비행선hydrofoils 실험을 가리키는 표현이다. 벨은 11년간 케이시 볼드윈Casey Baldwin과 함께 다양한 수상 비행선을 개발했으며, 1919년 그들이 개발한 HD-4가 노바스코샤주의 브라스도르 호수에서 시속 113킬로미터의 속도로 움직이는 데 성공했다.

베인 브레악 베덱 근처 노바스코샤

1918년 7월 18일

사랑하는 헬렌에게,

나는 영화에 출연하는 데 극도로 거부감을 가지고 있었고, 프랜시스 트레벨리언 밀러 박사에게 단호히 거절하는 편지를 쓴 직후에 네가 쓴 7월 5일자 편지가 도착했구나. 네 편지는 돌 같은 마음도 움직일 만한 내용이었고, 나는 깊이 감동했단다. 그 편지는 오래전 워싱턴에서 만났던 작은 소녀를 떠오르게 했어. 나에게 넌 여전히 그 작은 소녀란다. 너를 위해서라면 네가 원하는 어떤 것이든 해주겠다고 말할 수 있어. 하지만, 네가 캘리포니아로 가기 전에 내가 미국으로 가기는 어려울 것 같고, 네가 돌아올 때까지 기다려야 할 것 같구나.

처음 너를 만났을 때 난 71살도 아니었고 머리도 하얗지 않았으며 넌 일곱 살밖에 안 된 어린 소녀였어. 그러니 과거의 어떤 장면을 찍는다면 우리 역할을 대신할 사람을 찾아야 하는 건 분명하구나. 어린 시절, 네 기억 속에 있는 알렉산더 그레이엄 벨을 재현할 사람으로 짙은 머리카락을 가진 사람을 찾아야 할 거야.

그러고 나서 나중에 우리가 현재 모습으로 함께 등장하는 장면이 나오면 대비가 되면서 더욱 흥미롭겠지. 네가 캘리포니아에서 돌아오면 분명히 우리 둘 다 가능한 때 만날 수 있을 거란다.

많은 사랑을 담아 너와 선생님에게,
너의 애정 어린 친구
알렉산더 그레이엄 벨

헬렌 켈러
뉴욕, 롱아일랜드, 포레스트 힐즈 세미놀 애비뉴 25

감사의 글

이 책에 실린 이미지와 편지를 제공해주신 다음 기관과 단체에 진심으로 감사를 표합니다.

아프리카 연구센터(펜실베이니아대학교), 알라미, 국립기록보관소(프랑스), Art-vanGogh.com, 연합통신, 애틀랜틱 먼슬리, AtomicArchive.com, 비아트릭스 포터 갤러리, 바이네케 고문서 도서관, BlackPast.org, 블레츨리 파크, 본햄스, 영국 도서관, 영국 온라인 기록보관소, 케임브리지대학교 도서관, 크리스티 런던, 데일리 메일, 디지털 국가안보 아카이브, 드와이트 D. 아이젠하워 도서관 및 박물관, 에디 조던 레이싱팀, 잉글리시 헤리티지, 프랭클린 D. 루스벨트 대통령 도서관 및 박물관, Founders Archives.org, FriendsOfDarwin.com, 제너럴 레지스터 오피스, 게티 이미지, 『더 가디언』, 『인디펜던트』, 국제사회역사연구소, 유대인 가상 라이브러리, 존 F. 케네디 대통령 도서관 및 박물관, 카를 마르크스 하우스, 카펠 원고 도서관, 램버스성 아카이브, 의회 도서관, 메리 에반스 사진 도서관, 매사추세츠 역사협회, 메트로폴리탄 미술관(뉴욕), 『모터스포츠 뉴스』, 립 항공 우주 박물관(스미소니언), 국립 기록보관소(큐), 런던 내셔널 갤러리, 국립해양박물관(그리니치), 카포디몬테 국립박물관, 넬슨 만델라 메모리 센터, 뉴포트 역사학회, 『뉴욕타임스』, 오하이오주립대학교, 옥스퍼드 연구소, 의회 기록보관소(런던), 파빌리온 이미지 도서관, 퍼킨스 맹학교, Portal de Archivos 스페인 포털 아카이브, 대통령 도서관(모스크바), 런던 우편 박물관, 새킷가족협회, 시몬 비젠탈 센터, 소더비, 토머스 피셔 희귀 도서 아카이브, 타임스 업, 미시간대학교 도서관, 네브래스카-링컨대학교, Venganza.org.

100통의 편지로 읽는 세계사

1판 1쇄 발행 2025년 11월 21일

지은이 콜린 솔터
옮긴이 이상미
발행인 박명곤 **CEO** 박지성 **CFO** 김영은
기획편집1팀 채대광, 백환희, 이상지, 김진호
기획편집2팀 박일귀, 이은빈, 강민형, 박고은
기획편집3팀 이승미, 김윤아, 이지은
디자인팀 구경표, 유채민, 윤신혜, 권지혜
마케팅팀 임우열, 김은지, 전상미, 이호, 최고은

펴낸곳 (주)현대지성
출판등록 제406-2014-000124호
전화 070-7791-2136 **팩스** 0303-3444-2136
주소 서울시 강서구 마곡중앙6로 40, 장흥빌딩 10층
홈페이지 www.hdjisung.com **이메일** support@hdjisung.com
제작처 영신사

ⓒ 현대지성 2025

※ 이 책은 저작권법에 따라 보호받는 저작물이므로 무단 전재와 복제를 금합니다.
※ 잘못 만들어진 책은 구입하신 서점에서 교환해드립니다.

"Curious and Creative people make Inspiring Contents"
현대지성은 여러분의 의견 하나하나를 소중히 받고 있습니다.
원고 투고, 오탈자 제보, 제휴 제안은 support@hdjisung.com으로 보내주세요.

현대지성 홈페이지

이 책을 만든 사람들
기획·편집 이은빈 **디자인** 권지혜